貞末堯司 編

マヤとインカ 王権の成立と展開

同成社

まえがき
――論集の編集に当たって――

　1960年、東京大学の南アメリカ、ペルー国アンデス地帯、コトシュ遺跡の発掘調査は、新大陸における先コロンブス期文化の日本人による学術調査の嚆矢であった。この学術調査によって新大陸、とくに中央アメリカ、南アメリカ、アンデス地帯の先コロンブス期文化研究は、多くの人びとの関心を集め、多数の研究者、研究機関を日本に誕生させることとなったのである。

　コトシュ遺跡の発掘調査から半世紀、今や日本の大学・研究所には、新大陸先コロンブス期文化研究の多くの人材が育成され、その研究成果が高い評価を得ているのは周知の事実である。1960年代から90年代にかけては、東京大学を中心とするアンデス地帯の調査が主であった。コトシュ遺跡の調査とほぼ同じ時に、ペルー北部のガルバンサル遺跡、ラス・アルダス遺跡が調査され、多くの発掘資料が得られた。また、1978年には、シカン文化学術調査団が組織され、神殿址発掘により墳墓を始めとして大量の金属製品が発見された。とくに1988年よりのクントウル・ワシ遺跡の発掘調査は、10年の期間中に神殿建築、関連墳墓、埋納された黄金製品などの発見から、アンデス地帯における文化・文明の起源に関する論考へと発展する重要な資料を提供した。このほか、ナスカ地域、ペルー海岸地帯の研究調査など日本人による学術研究は、南米古代文化の解明に大きな足跡を残し、現在も継続されているのである。

　このように、1960年代以降の日本人による南米アンデス地帯の考古学的フィールド・ワークは、中米の先コロンブス期文化研究にも大きな刺激・影響を与えていった。

　1980年代には、メキシコ国、テオティワカン遺跡の調査に日本人学者の参加が行われ、同84年には、日本国際協力の一環として、中米ホンジュラス国におけるマヤ遺跡の調査、とくに同国コパン遺跡におけるマヤ王朝の歴史的研究に数名の日本の若手研究者が参加し、マヤ文化研究に大きく貢献した。

　その後、中南米諸国の現地学会との学術交流、研究協力なども盛んに行われ、たとえば、エル・サルバドル国、チャルチュアパ遺跡の調査は、1997年から現在にいたるも発掘調査が行われている。日本人研究者の個人的参加・研究も進み、文字をもつ古代文化マヤの文字、暦法の研究・解読が大きな進展を見た点は特筆されるところであろう。

　日本における新大陸先コロンブス期文化の研究は、半世紀という時の経過によって大きな成果を挙げてきたということができよう。しかも、新大陸古代文化への関心は、多くの若い研究者の誕生をもたらし、しかも、考古学的フィールド・ワークは、埋蔵されていた多くの未知の資料を世界に開示することとなり、新大陸、先コロンブス期文化研究に大きな足跡を残すことになったのである。

　このような現状を踏まえ、今回、新大陸、先コロンブス期文化研究の第一線で、大きな成果を挙げておられる諸氏の最新の論考を、学術論文集として刊行することになったのは、まことに喜ばしい限りであるといわねばならない。

本論考は、いうまでもなく、新大陸、とくに中央アメリカ、および南アメリカ、アンデス地域に存在した先コロンブス期文化総体の研究論文の集録である。したがって、両地域に存在した多岐にわたる諸文化について論じるものであり、表題「マヤとインカ」は、いわゆる「マヤ文化」「インカ文化」といった単体文化の歴史的・文化的内容を意味するものではなく、両地域に成立した、諸文化を象徴的・文化的に内包する概念的表現であることをご理解いただければ幸甚である。

　最後に、本論集を編集するに当たり、多くの方々のご援助・ご好意をいただいた。とくに、伊藤伸幸、岩田安之、佐藤悦夫、多々良穣（以上本書執筆者）、馬瀬智光（京都市埋蔵文化財調査センター文化財保護技師）の諸氏には、編集上の問題や執筆者との連絡など、多くのご協力をいただいた。厚く御礼と感謝の意を述べる次第である。

　　　2005年7月

　　　　　　　　　　　　　　　　　　　　　　　　　　　　　　　　　　　　　　　貞末　堯司

目　　次

第Ⅰ部　中米編 ———————————————————————— 1

先古典期中期における玉座について……………………………伊藤　伸幸……3
オルメカ文化研究史における政治体制理解の再検討……………古手川博一……17
　——"オルメカ観"と考古資料——
テオティワカンの起源について……………………………………佐藤　悦夫……29
　——土器の分析より——
テオティワカンにおける「政権闘争」……………………………嘉幡　　茂……41
　——頭飾りの真意と利用——
コパンにおける古典期マヤ王権の成立と展開……………………中村　誠一……59
キニチ・ヤシュ・クック・モのコパン建国とテオティワカン…佐藤　孝裕……75
低地マヤ文明の初期王権……………………………………………青山　和夫……93
7～8世紀の東南マヤ地域…………………………………………長谷川悦夫……107
マヤにおける5の象徴性……………………………………………横山　玲子……127
　——王権と中心性をめぐって——
対立と融合と…………………………………………………………大越　　翼……139
　——ユカタン・マヤ社会の王権の特質——
歯牙変工された人物像に関する一試論……………………………多々良　穣……153
　——サクレウの王と歯牙変工との関わり——
古代マヤにおける洞窟利用とその政治的意義……………………石原　玲子……169
ベラクルス中南部地方の古典期における社会と権力の構図……黒崎　　充……191
　——ラ・ミシュテキーヤ地域の調査事例から——

第Ⅱ部　南米編 ———————————————————————— 209

先史アンデス文明の形成期と社会発展モデル……………………芝田幸一郎……211
先史アンデス文明形成期における社会統合過程…………………鶴見　英成……225
　——ヘケテペケ川中流域の事例より——

カハマルカ文化再考……………………………………………………渡部　森哉……237

アンデスの地上絵の変貌………………………………………………坂井　正人……253
　　——身体と空間をめぐって——

インカ期の中央と地方…………………………………………………岩田　安之……265
　　——インカの統治形態と象徴システム——

インカ国家における人間の犠牲………………………………………大平　秀一……279
　　——ポルボラ・バハ遺跡の墓をめぐって——

インカ国家における「切られた岩」の意味をめぐって……………森下　壽典……299
　　——エクアドル南部高地コヨクトール遺跡の事例から——

第Ⅰ部　中米編

先古典期中期における玉座について

伊藤　伸幸

はじめに

近年、オルメカ文化に関する新しい知見が得られている。例を挙げると、ラ・ベンタの遺物から文字の起源がメキシコ湾岸オルメカ文化地域である可能性が示された（Pohl, *et.al.* 2002）。また、産地がわからなかったオルメカ文化に見られる青みがかったヒスイの鉱脈が、グァテマラのモタグア川上流で発見された（Seitz 2001）。

メソアメリカにおいて、初めて玉座が出現するのはオルメカ文化からである。この文化は、先古典期中期、メキシコ湾岸を中心に繁栄した。そして、メソアメリカで最初にその影響が全域に広がった。以下に、オルメカ文化研究史を簡単に概観する。

オルメカ文化に関する研究を、本稿では80年代後半における研究の転換期から見る。この時期よりメキシコ湾岸以外の調査が進み、メキシコ湾岸の外からオルメカ文化を見直す動きが見られる。

"Regional Perspectives on the Olmec"では、今まで一括りにされたオルメカ文化をメソアメリカ各地域から見直した。メキシコ中央高原、メキシコ湾岸、オアハカ、メキシコ・チアパス州からエル・サルバドルに至る地域の発掘調査にもとづいた資料から議論が進められている。この中で、オルメカ様式の遺物がオルメカと規定されたメキシコ湾岸地域を越えて出土していることを示している。また、従来オルメカの影響を受けたといわれるオアハカ、メキシコ中央高原などメキシコ湾岸以外の地域は、在地の文化が発展したとされる（Sharer & Grove, ed. 1989）。また、"The Formation of Complex Society in Southeastern Mesoamerica"では、メソアメリカ南東部における文化の発展を扱っている。オルメカの影響ということで片づけることなく、メソアメリカ南東部を当該地域の在地文化という観点から、先古典期中期文化の発展を説明している（Fowler, ed. 1991）。一方、"Los olmecas en Mesoamérica"では、メキシコ湾岸、メキシコ中央高原、ゲレロ州、メソアメリカ南東部における考古学調査の最新成果を集めている。オルメカ文化期に相当する地域文化の発展を在地のものとする立場と、オルメカ文化を後に続く文明の母文明とする立場がある。この中で、各遺跡の詳しい最新データが示される。たとえば、石彫のリサイクル、トゥクストラ山地の噴火、ゴム球、木彫の存在、トウモロコシ栽培などである。また、オルメカ文化を3時期に区分している[1]（Clark, ed. 1994）。一方、"The Olmec World"では、オルメカの美術様式に対する再考を行っている。ここでは、美術様式を信仰と結びつけようとしている（Fowler, ed. 1995）。

"Olmec Art of Ancient Mexico"では、エル・マナティ調査、ロス・トゥクストラ地域の農耕に関する調査等の最新成果や、メキシコ国内のオルメカ様式の遺物についてまとめられる（Benson & de la Fuente, ed. 1996）。そして、"Social Patterns in Pre-Classic Mesoamerica"では、それまでの調査

成果から、先古典期社会の発展に関する研究成果をまとめている（Grove & Joyce, ed. 1999）。ここでは、オルメカという定義を中心にするのではなく、先古典期という編年上の枠組みでメソアメリカを見ている。

"Olmec Art and Archaeology in Mesoamerica"では、各遺跡における調査結果から相互に関連づけてオルメカ期における社会を検討している。交易組織、生業、信仰などが議論されている（Clark & Pye, ed. 2000）。

以上をまとめると、現時点では、単純に、オルメカ文化を一纏めにできないことが明らかである。つまり、中心とされるメキシコ湾岸地域をオルメカとした場合に、各地方では必ずしも同じ文化が発展しているわけでなく、独自の文化を発展させている。このために、従来オルメカの影響と簡単に片づけられていた考古学資料を地方文化の中で位置づけることが必要である。また、近年、先古典期文化に対する新しい知見が増加している。新しい資料を含めてオルメカ文化を地方もしくは在地の文化という観点から見直す必要がある。

オルメカ文化におけるテーブル状祭壇

2004年に、ディールが"The Olmecs: America's First Civilization"を出版し、その中でオルメカ文化史をまとめている。そこでは既にテーブル状祭壇は玉座として扱われている（Diehl 2004）。これは、メキシコのゲレロ州で見つかったオルメカ様式の洞穴壁画に負うところが大きい（図2-3）。

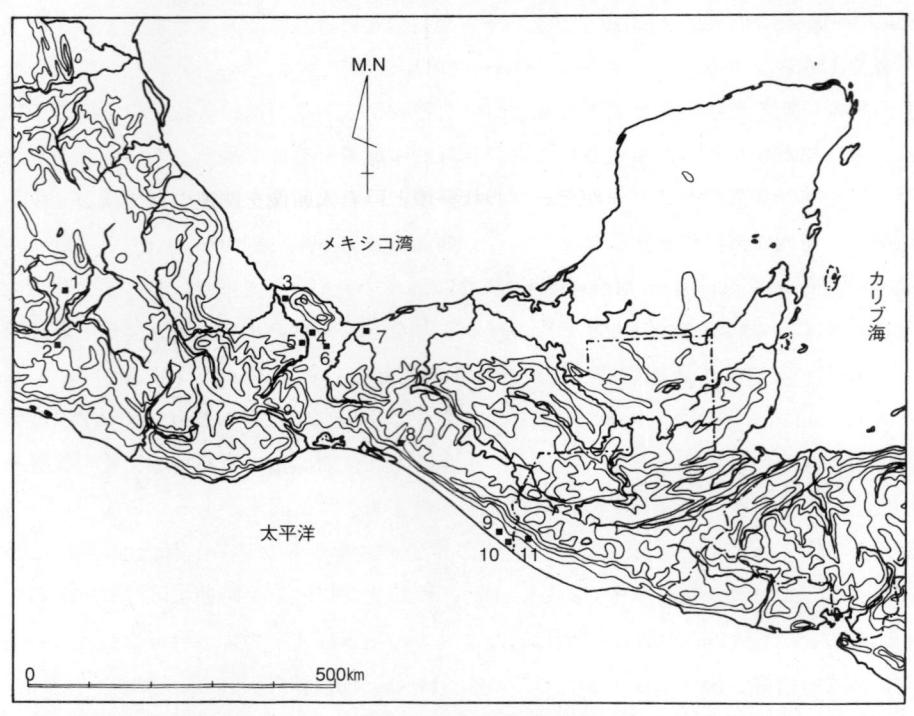

1：チャルカツィンゴ、2：オストティトラン、3：トレス・サポテス、4：ラグナ・デ・ロス・セロス、5：エル・マルケシヨ、6：ン・ロレンソ、7：ラ・ベンタ、8：ティルテペック、9：オホ・デ・アグア、10：イサパ、11：タカリク・アバフ

図1　テーブル状祭壇と関連する考古資料が出土する遺跡

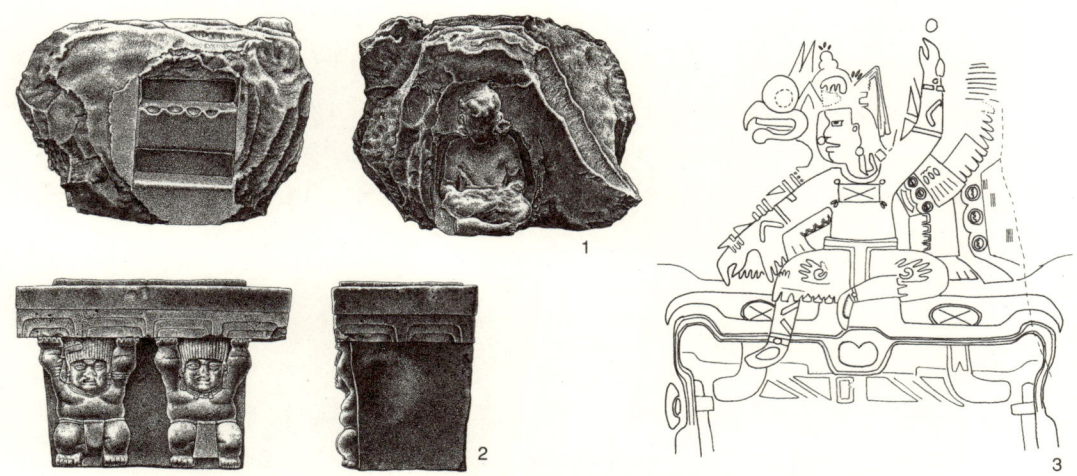

テーブル状祭壇　1：サン・ロレンソ20号記念物(Coe, et.al. 1980:fig.451より)
　　　　　　　 2：ポトレロ・ヌエボ2号記念物(同左:fig.496より)
洞穴壁画　　　3：オストティトランC-1壁画(Grove 1970: fig.5より)
図2　テーブル状祭壇とオストティトラン洞穴壁画

　グローブは1970年にオストティトラン洞穴壁画を報告している。そして、1973年に、メキシコ湾岸で出土するテーブル状祭壇と壁画に関する論考を発表した。この中でグローブは、オストティトラン洞穴の壁画からテーブル状祭壇の機能を検討している。洞穴の壁画に見られる支配者が座るジャガー神とラ・ベンタ4号祭壇テーブル部に浅浮彫りされたジャガーとの類似性、壁画に描かれたジャガーと支配者の三次元的表現などから、テーブル状祭壇がオルメカ文化においては玉座として機能していたことを明らかにした（Grove 1979・1973）。

　その後、テーブル状祭壇は玉座として示されることが多く、テーブル状祭壇に関する論考は少ない。最近では、1999年にギレスピーがテーブル状祭壇と巨石人頭像を関連づけて検討している。オルメカにおける玉座は先祖に対する祭壇であり、高位にいる親族たちの象徴である。また、現在のマヤ族ではテーブル状祭壇は先祖崇拝に使われており、オルメカ期にも先祖崇拝に使われていた。オルメカにおいて人物表現が多く、巨石人頭像などに見られるように指導者の個人的権力を強調している。一方、オルメカの支配者は権力の座である祭壇を通して、排他的な超自然力への接触をしていた。また、祭壇は三大センター（サン・ロレンソ、ラ・ベンタ、ラグナ・デ・ロス・セロス）でしか出土していないとされる（Gilespie 1999）。

　以上のように、現在は、テーブル状祭壇はオルメカ文化における支配権の正統性を示す装置として機能しているとする考えが一般化している。また、超自然的な存在との仲介をする場としても重要とされる。近年、三大センター以外のエル・マルケシヨでテーブル状祭壇が出土した（Direcciòn de Medios de Comunicaciòn, INAH 2002）。このため、テーブル状祭壇の分布地域も三大センター以外での可能性を再考する必要がある。

　ところで、テーブル状祭壇では祭壇としての役割ばかりに注意を向けられてきたが、壁龕部分に関する研究はほとんどない。大半のテーブル状祭壇には壁龕がある。そして、壁龕の中に人物が高浮彫りされる。また、テーブル状祭壇に見られる壁龕は、オストティトラン洞穴の壁画を考慮する

と、洞穴と密接な関係があることが考えられる。一方、メソアメリカ南海岸地域では、テーブル状祭壇はない。しかし、口の中に人物が表現される怪物頭部石彫が出土している。この種の石彫はメキシコ湾岸とメキシコ中央高原でも出土しており、怪物の口と洞穴との関連が見られる。これらの石彫から、テーブル状祭壇の壁龕に浮彫りされる人物の意味を検討する。最後に、オルメカ地域もしくはメキシコ湾岸地域とメソアメリカ南太平洋岸地域との比較から、後者における玉座の位置づけを考察する。また、オルメカ文化研究の現状も考慮し、先古典期における玉座についてもオルメカ文化との関わりだけでなく、地方文化の中での位置づけを試みる。

先古典期メソアメリカで出土したテーブル状祭壇

メソアメリカにおけるテーブル状祭壇は、1例を除きメキシコ湾岸地域に限られる（図1）。ラグナ・デ・ロス・セロス、サン・ロレンソ（ポトレロ・ヌエボ、サン・イシドロを含む）、ラ・ベンタ、エル・マルケシヨで出土している。これらのテーブル状祭壇は一つの石からつくり出される。他の1例はメキシコ中央高原チャルカツィンゴで出土している。数個のブロック状石で構成される組合わせ式のテーブル状祭壇である。メソアメリカ全域で7遺跡13点が出土している[2]（Coe & Diehl, ed.

表1　テーブル状祭壇

遺跡・遺物	時期	大きさ 高×長×幅(cm)	有無	テーブル部 装飾(上面)	装飾(側面)	台部 壁龕	正面の装飾(壁龕以外)	側面の装飾	備考
チャルカツィンゴ									
22号記念物	先古典期中期	100×440×140	○	無	無	有	眉、目	無	数個の石ブロック、近くより多くの埋葬
ラグナ・デ・ロス・セロス									
5号記念物	不明	85×58×60	△	無	無	円形、人物(立膝、両手前)	不明	無	近くの発掘より同一個体の破片
28号記念物	不明	86×－×－	△	無	無	人物(胡座、両手膝)	不明	不明	遺跡中心部分より出土
エル・マルケシヨ									
祭壇	不明	128×250×113	○	突起	無	方形、人物(胡座、両手膝)	不明	無	遺物は先古典期古典期のものがある。
サン・ロレンソ									
14号記念物	不明	183×343×－	○	盛上り	無	円形、人物(胡座、握綱)	綱	人物(座位、両側面)	ラグナ8近辺出土
20号記念物	先古典期中期	167×－×－	△	無	無	円形、人物(胡座、抱子供)	不明	不明	谷の端より出土
ポトレロ・ヌエボ(M.2)	不明	64×129×94	○	盛上り	連続方形	有	小人(立位)2	無	近辺からサンロレンソ期遺物出土
サン・イシドロ	不明	－×－×－	○	盛上り	連続方形	無	不明	不明	－
ラ・ベンタ									
2号祭壇	不明	99×135×130	△	無	無	円形、人物(胡座、抱子供)	無	無	マウンド下出土
3号祭壇	不明	160×168×160	△	無	無	方形、人物(胡座、不明)	人物(立位)1	人物(座位、側面)	マウンド下出土
4号祭壇	不明	160×348×193	○	盛上り	ジャガー	円形、人物(胡座、握綱)	綱、植物	人物(座位、側面)	長いマウンドの基部、1前よりヒスイ製首飾り、腕飾り
5号祭壇	不明	154×190×170	△	無	無	円形、人物(胡座、抱子供)	渦巻	人物(座位、両側面)	4号祭壇の反対側出土
6号祭壇	不明	114×137×86	○	無	無	円形、人物(胡座、両手膝)	無	無	人物前に張出し部

先古典期中期における玉座について　7

テーブル状祭壇：1.ラ・ベンタ4号祭壇、2.同5号祭壇、3.サン・ロレンソ14号記念物、4.チャルカツィンゴ22号記念物
関連する遺物：5.ラ・ベンタ59号記念物、6.同40号記念物、7.同1号石碑、8.イサパ2号記念物、9.ティルテペック出土石彫、
10.タカリク・アバフ67号記念物、11.トレス・サポテスC石碑

写真1　テーブル状祭壇と関連する遺物

1980, Dirección de Medios de Comunicación, INAH 2002, Cyphers, ed. 1997, Grove, ed. 1987, Medellín 1971, Stirling 1943)。

　テーブル状祭壇は上部と下部に分けられる。上がテーブル部、下が台部である。テーブル部は、下よりも大きな面積を占める上の部分とする。台部はテーブル部を支える下の部分とする。以下、テーブル部と台部に分けて検討する。

(1) テーブル部

　13例のうち7例でテーブル部が確認される。それ以外では、テーブル部の存在は確認できるが、その形状までは判別できない。テーブル部上面に周りより高い盛上り部分が、サン・ロレンソで3例、ラ・ベンタで1例に見られる（写真1-1）。グローブによると、この盛上り部分は人が座るための座として使われたとされる。また、1例のみであるが、エル・マルケシヨでは、長辺に対して垂直で平行になる2列の線状突起が見られる。この2条の突起の上に板などを渡せば、盛上り部分と同じ効果を期待できる。実用的な用途があった可能性がある。

　一方、ポトレロ・ヌエボとサン・イシドロのテーブル状祭壇、ラ・ベンタ4号祭壇では、テーブル部側面に浮彫りが施される。チャルカツィンゴ22号記念物（写真1-4）、ラ・ベンタ6号祭壇にはテーブル部に装飾がない。他は破壊や浸食により装飾の有無は確認できない。

(2) 台　　部

　台部は重厚な直方体で、上のテーブル部を支えている。下部にやや張り出す部分をもつ台部もある。台部にはさまざまな装飾が見られる。台部が残っていないサン・イシドロを除けば、12例すべての台部正面に装飾が施される。

　台部正面では、中央部分にくぼみ部分（壁龕）をつくる事例がもっとも多く9例ある。また、ラグーナ・デ・ロス・セロス28号記念物は、破壊の度合いが大きく判断が難しいが、壁龕をもつ可能性が高い。壁龕をもたない2例では、正面部分に浮彫りが見られる。壁龕には、正面形が方形と円形になるものがある。円形が7例、方形が2例である。すべての壁龕内には、人物1人が高浮彫りされる。次に、壁龕以外に施された正面の装飾を見ると、3例で壁龕やその中の人物と関連した浮彫りが見られる。

　最後に、台部側面の装飾を見る。4例あり、2例では両側面に、他の2例は1側面にある。各側面には、人物が1もしくは2人浮彫りされる。しかし、多くの祭壇で側面が破壊され、浮彫り部分が残っていないことも考えられる（図2-1）。各テーブル状祭壇側面の浮彫りについては注意する必要がある。

(3) テーブル状祭壇に表現される風景

　テーブル部には、ほとんど装飾が見られない。しかし、ラ・ベンタ4号祭壇にはジャガーの顔が浮彫りされ、台部には壁龕などが彫られる（写真1-1）。また、2例では二重方形が連続して、浅浮彫りされる（図2-2）。このうち、ポトレロ・ヌエボ2号記念物では、テーブル部を2人の小人が両手で支えるように高浮彫りされる。

　次に、台部を検討する。チャルカツィンゴでは、正面部分に眉と目が浅浮彫りされる（写真1-4）。ポトレロ・ヌエボでは、正面にテーブル部を両腕で支えている2人の太った小人が高浮彫りされる。

その他は、壁龕が彫られている。

壁龕については、テーブル状祭壇の大半に見られる。すべての壁龕の中には、1人の人物が座っている。1例以外はすべて胡座を組んでいる。8例のうち、3例では膝の上に手を置いている。他の3例では何かを抱きあげる姿が表現される。そのうちで、ラ・ベンタ5号祭壇では子供を抱える（写真1-2）。また、他の2例でも破壊や浸食などにより詳細についての判断は難しいが、子供の可能性が高い（図2-1）。残りの2例では、綱のようなものを右手で、右足首を左手で掴んでいる（写真1-1,3）。手の位置における3類はほぼ同数である（図2-1、写真1-1～3）。一方、ラグーナ・デ・ロス・セロス5号記念物では、胡座ではなく、立膝で両手をその間に垂らし座っている。他と比較すると異質である。この姿勢は他の石彫などと比較すると、人よりは座るジャガーに似る。

正面では、そのほかに渦巻や植物が壁龕の周りを巡るように浮彫りされる。サン・ロレンソ14号記念物、ラ・ベンタ4号祭壇では、綱が台部最下端で壁龕の人物から角まで続き、台部側面の人物の左手首につながる。最下端にある綱以外に壁龕部分を縁取るように綱状の浮彫りが施され、その4ヵ所から花らしき物が出ている（写真1-1）。同5号祭壇では、壁龕部分を縁取るように、渦巻が帯状に浮彫りされる（写真1-2）。同3号祭壇では壁龕の方を向いて立つ人物が浮彫りされる。

また、側面には人物が1人もしくは2人表現される。1側面の場合と両側面の場合がある。このうち、2例は各側面に1人の人物が壁龕の人物に向かって座る。ラ・ベンタ5号祭壇は、両側にそれぞれ2人の人物が壁龕に向かって座っている。各人物はそれぞれが異なる頭飾りをし、凹面鏡を胸につけて頭蓋変工を受けた子供を抱いている。子供たちのうち、1人は頭頂が二股に割れている。こうした表現はジャガー人間によく見られる（写真1-2）。一方、同3号祭壇では、髯を蓄えた人物ともう1人の人物が向かい合って座る光景が浮彫りされる。また、この祭壇では壁龕横に、壁龕を向く1人の人物が浮彫りされる。

（4）テーブル部と関連する石彫

テーブル状もしくは板状部分をもつ石彫について検討する。

ラ・ベンタでは21、40、59号記念物で板状部分が見られる（Clewlow & Corson 1968, Drucker, et.al. 1959）。59号記念物は板状部分を頭部と尻部で支える四つん這いのジャガーである（写真1-5）。同4号祭壇は板状部分がジャガーを表現し、側面がジャガーの顔になっている。テーブル状祭壇では、ジャガーは板部分でもあり、板を支える役目もある可能性が考えられる。チャルカツィンゴでは、台部に眉と目が表現されており、テーブル部を頭で支える怪物もしくはジャガーを表現している可能性がある。いずれにせよ、ジャガーはテーブル部と密接な関係にある。ラ・ベンタ40号記念物は、テーブル状祭壇に乗る人物が丸彫りされる。この人物はテーブル部の上に乗り、両手をテーブル部に置き、足を前に投げ出している。この石彫も頭部を欠いており、人物の性質を特定できない。し

表2　テーブル部をもつ石彫

遺跡		時期	大きさ 高×長×幅（cm）	テーブル部		台部	正面の装飾	破壊	備考
				平面形	装飾				
ラ・ベンタ	59号記念物	不明	95×65×113	方形	×	ジャガー	―	○	上部に板状部分をもつ。
ラ・ベンタ	21号記念物	不明	59×59× 55	方形	×	方形	帯状浮彫り	○	
ラ・ベンタ	40号記念物	不明	74×46× 28	方形	×	方形	上に人物	○	

かし、テーブル状祭壇を利用するに際しては、オストティトランと同様にテーブル部に乗ることは明らかである（写真1-6）。同21号記念物は、テーブル状祭壇の板状部分から上半身を出している人物を表現している。テーブル状祭壇の壁龕部分がテーブル部上面にあり、そこから上半身部分を乗り出す姿とも解釈できる。しかし、人物の頭部も欠けており、その詳細については不明である。

壁龕・洞穴もしくは怪物の口に人物が表現される石彫

　ここでは、テーブル状祭壇の台部に彫られる壁龕を検討する。メソアメリカでは、壁龕・洞穴もしくは口の中に人物が表現される石彫が、メキシコ中央高原、メキシコ湾岸やメソアメリカ南海岸地域で見られる。メキシコ中央高原などでは、洞穴もしくは怪物の口とその中に表現される人物の浮彫りがある。様式より先古典期中期とされる。また、口の中に人物が浮彫りされる怪物頭部は、先古典期中期以降にメキシコ湾岸とメソアメリカ南海岸に見られる。これらに表現される情景から、テーブル状祭壇における壁龕の意味を検討する。

　壁龕・洞穴もしくは口の中に人物が表現される石彫は、口の中に人物を表現する怪物の浮彫りと、開けた口の中に人物が表現される怪物頭部石彫がある。

　最初に、怪物の口と人物が表現される浮彫りについて見ていく。チャルカツィンゴ1号記念物は、怪物の口の中に渦巻文が表現される箱状物に高い頭飾りと耳飾りをつけた人物が座る（図3-1）。同9号記念物は、怪物の頭部を浮彫りした平石である。口の部分が大きく開いている。同13号記念物は、怪物の口の中に座る人物を浮彫りしている。しかし、破片のため全体は不明である（Grove, ed. 1987）。オホ・デ・アグアでは、石像の前に表現される板状装身具に怪物の顔が浮彫りされ、その大きく開いた口の中に人物が座っている（Navarrete 1974）。これらは、怪物の口を洞穴として表

表3　壁龕・洞穴に関連する遺物

遺跡・遺物・遺構		時　期	大きさ 高×長×幅 (cm)	壁龕内部	備　考
壁画					
オストティトラン	1号壁画	不明	380×250×—	—	チャルカツィンゴと同じジャガー頭部
浮彫り					
チャルカツィンゴ	1号記念物	不明	320×270×—	人物、渦巻	上部に雲と雨滴、周りに植物
チャルカツィンゴ	9号記念物	不明	180×150×—	空洞	口を開けたジャガー頭部
チャルカツィンゴ	13号記念物	不明	250×150×—	人物(胡座、両手膝)	植物の浮彫り
オホ・デ・アグア	—	不明	66×28×24	人物	板状装身具上
怪物頭部					
トレス・サポテス	D石碑	不明	—×—×—	人物3人	広場より出土
ベラクルス	—	不明	120×—×—	人物(立位)	—
ラ・ベンタ	1号石碑	不明	256×89×74	人物	石壁南西隅付近出土、方形壁龕
ラ・ベンタ	7号祭壇	不明	120×175×—	人物(頭部のみ)	ピラミッド付近出土
ティルテペック	—	不明	118×71×55	人物(座位)	—
イサパ	2号記念物	先古典期後期	235×175×60	人物(座位)	基壇前出土
タカリク・アバフ	15号記念物	不明	84×120×52	ジャガー	7号建造物の上出土
タカリク・アバフ	23号記念物	不明	185×—×—	人物(座位)	13号建造物前出土
タカリク・アバフ	25号記念物	不明	69×84×—	人物(胡座、両手膝)	イシュチヤ川の西岸、斜面出土
タカリク・アバフ	67号記念物	～古典期前期	150×130×70	人物(片手に棒状物をもつ)	12号建造物前出土
ロス・セリートス	2号記念物	不明	80×72×24	人物(立膝、両手膝)	S建造物北、平らな部分出土

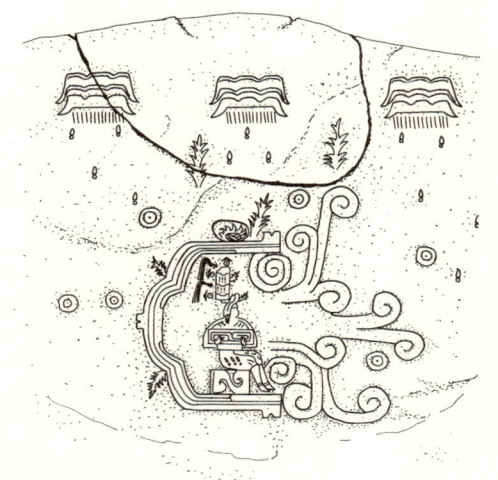 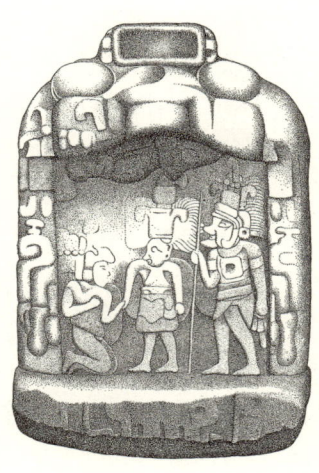

1：チャルカツィンゴ1号記念物(Grove 1984: fig.5より)　2：トレス・サポテスC石碑(Stirling 1943: fig.4より)
図3　洞穴を示す浮彫りと怪物頭部石彫

現している可能性が高い。他の要素を見ると、チャルカツィンゴ1号記念物には怪物頭部の上に雲や雨粒が表現されている。また、怪物の唇の端より植物らしきものが生えている。

　次に、怪物の頭部を三次元的に表現し、その口の中に人物が表現される石彫について考察していく。トレス・サポテスD石碑では、大きく開けた口の中に3人の人物が浮彫りされる（図3-2、写真1-11, Stirling 1943）。ベラクルス出土とされる石彫では、大きく開けた口の中に着飾った人物が表現される（Parsons 1986）。ラ・ベンタ1号石碑では、大きな怪物の口の中に女性が高浮彫りされる（写真1-7）。同7号祭壇では、小さな窪みに人物が頭を出している。この祭壇にはフクロウと人物が周りに浮彫りされる（Stirling 1943）。ティルテペックでは、大きな口をあけた怪物の口の中に、人物が全身高浮彫りされる（写真1-9, Norman 1976）。イサパ2号記念物は、大きな口を開けた怪物頭部である。開けた口の中には人物が全身高浮彫りされる（写真1-8, Stirling 1943）。タカリク・アバフ67号記念物は大きな口を開けた怪物の口の中に右手で棒状物を振り上げた人物が浮彫りされる（写真1-8, Orrego 1990）。同23号記念物は、巨石人頭像を改造して壁龕部分をつくり、その中に座る人物を表現しているとされる（Porter 1981, Porter 1989）。同25号記念物は、山の中腹にある大きな石に壁龕をつくり、その中に人物を浮彫りしている。また、同15号記念物は、壁龕より出てくるジャガー人間を浮彫りしているとされる（Orrego 1990）。ロス・セリトス2号記念物は、オムスビ形の石に壁龕部分をつくり、その中に立膝で両手を膝の上に置く人物が浮彫りされる（Bove 1989）。

　1例を除き、壁龕の人物と同様に、怪物の口の中には1人の人物が表現されている。チャルカツィンゴ1号記念物、トレス・サポテスD石碑、ベラクルス出土石彫では、背の高い頭飾り、スカート状衣裳などを着けた人物が表現される（図3-1,2）。チャルカツィンゴでは、箱状物に座り、方形物を抱える。トレス・サポテスでは、前に跪く人物、後ろに着飾った人物が立っている。この人物は、中心の人物と同様に背の高い頭飾り、スカート状衣裳を着けて、さらに右手に杖、左手にも何かもっている。しかし、イサパなどでは石彫自体が非常に浸食されているために詳細は不明である（写真1-8）。また、ティルテペック、タカリク・アバフ、ロス・セリトスなどでは、中にいる人物

自体の表現が稚拙であり、装身具などはない（写真1-9）。一方、オホ・デ・アグアでは、口の中に座る人物はジャガーの特徴をもち、鉢巻状頭飾りをするV字に割れる頭が表現される。そして、胸にはX字文をもつ胸飾りをしている。以上を考慮すると、地位の高い、首長もしくは神話上の人物が表現されている可能性が高い。オホ・デ・アグアのことを考えると、ジャガー人間ともつながりがあると考えられる。また、メソアメリカ南海岸では稚拙な表現しか見られないのは、壁龕に関連する物語自体が遠い地域での出来事であり、具体的な光景が表現できなかった可能性がある。

テーブル状祭壇および関連する石彫の出土状況

（1）テーブル状祭壇

　チャルカツィンゴ22号記念物は、中庭で建造物の一部として検出された（図4）。ラ・ベンタ2-5号祭壇はマウンド基部より出土している。同6号祭壇は、セロ・エンカンタド地区の小マウンド近くより出土した。サン・ロレンソ14、20号記念物は谷もしくは沼近くより出土している。ラグナ・

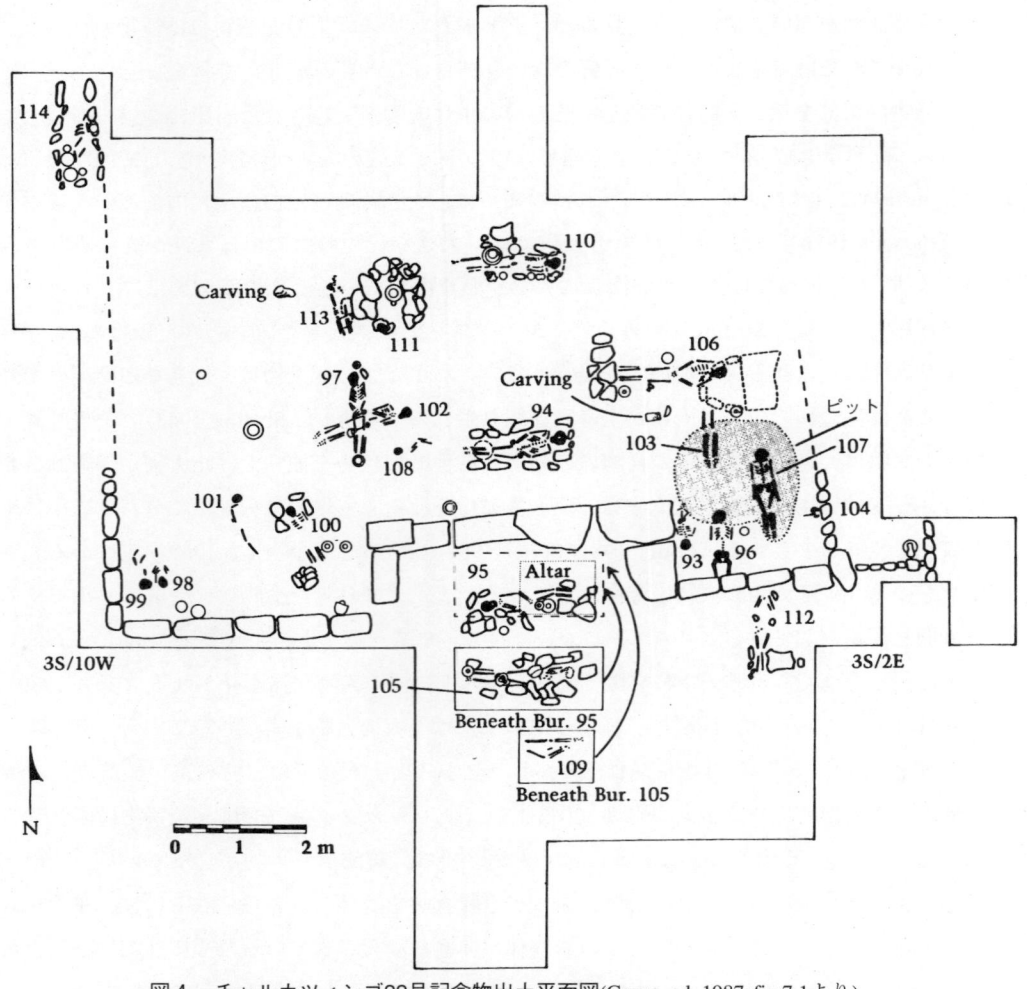

図4　チャルカツィンゴ22号記念物出土平面図(Grove, ed. 1987: fig.7.1より)

デ・ロス・セロスでは、5号記念物は38号マウンドの北、中心軸上より出土した。同28号記念物は、遺跡中心部分より出土している。ポトレロ・ヌエボ2号記念物は、ロマ・デル・サポテの丘の頂上部分より出土した。エル・マルケシヨでは、サン・フアン川が増水したときに出土した。

以上、チャルカツィンゴ、ラ・ベンタ、ラグナ・デ・ロス・セロス、ポトレロ・ヌエボでは、建造物もしくはその周辺、建造物群の中心部分、丘の頂上など、遺跡における重要な位置に置かれていた。一方、サン・ロレンソ、エル・マルケシヨでは、谷もしくは沼、川の近くより出土している。水と関連している地点に位置していた。

(2) 洞穴もしくは怪物の口として表現される石彫

チャルカツィンゴ1号記念物は岩山の大岩に浮彫りされたものである[3]。トレス・サポテスでは広場からD石碑が出土している。ラ・ベンタ7号祭壇はピラミッドの南東部分より出土している。イサパ2号記念物はギジェン期の基壇前より出土している。タカリク・アバフ15号記念物は7号建造物上より出土している。同25号記念物は川に対する斜面にあった。同23号記念物は13号記念物東側より、同67記念物は12号建造物西側より出土している。ロス・セリトス2号記念物は、S建造物北側の平地部分より出土している。その他は出土地点不明である。

以上、トレス・サポテスD石碑、ロス・セリトス2号記念物は広場より出土している。建造物前からは、イサパ2号記念物、タカリク・アバフ23、67号記念物が出土している。また、タカリク・アバフ15号記念物は建造物の上より出土している。チャルカツィンゴ1号記念物、タカリク・アバフ25号記念物は山の斜面にあった。

玉座としてのテーブル状祭壇とその壁龕

テーブル状祭壇はオルメカ期における玉座もしくは首長の権威を示す道具として使われた可能性が高い。そして、出土状況から見ると、テーブル状祭壇は遺跡の重要な位置に置かれた。また、水と関連した可能性がうかがえる。そして、テーブル状祭壇は壁龕と密接な関係にあった。

浮彫りなどで表現される壁龕もしくは洞穴を見る。チャルカツィンゴでは、石山の部分に人物が中にいる洞穴を浮彫りしている。また、これ以外にも、さまざまな神話的な光景が洞穴と人物に関連している。一方、組合わせ式テーブル状祭壇は建造物の一部となっている。しかし、壁龕はない。こうして壁龕と人物は神話として分離し山の上に昇り、テーブル部は建造物の一部となり王権に関連する装置となっている。また、テーブル状祭壇の内外から多くの埋葬が検出された。この中には子供の埋葬も見られる[4]。テーブル状祭壇は埋葬において特殊な位置を占め、人身犠牲とも関係が深い可能性がある。

タカリク・アバフ25号記念物は山の中腹にあり、山と関連が深いといえる。また、その石彫に彫られた壁龕は洞穴を意味する可能性がある。ラ・ベンタ7号祭壇では、壁龕の周りに人物とともにフクロウが浮彫りされる。このフクロウは、オストティトラン洞穴の壁画にもあり、洞穴と関連がある。イサパ2号記念物、ロス・セリトス2号記念物の人物は椅子のようなものに座っている姿勢をしている。これは、チャルカツィンゴ1号記念物に示される人物と同様に何かに座る様子を示している。以上のことを考慮すると、壁龕は、洞穴を意味する可能性がある。また、チャルカツィン

ゴ1号記念物などでは、洞穴は怪物の口としても表現される。一方、ラ・ベンタ59号記念物も考慮すると、怪物はジャガーを原型にしている可能性が高い。

メソアメリカ南海岸地域から高地にかけての中心遺跡であるカミナルフユでは、口の中に人物が表現される怪物頭部石彫はない。しかし、テーブル状祭壇の代わりに、四脚付テーブル状祭壇が見られる。この石彫は玉座として使用していた。また、イサパでは、頭部をテーブル部側面につけた四脚付テーブル状祭壇がある。タカリク・アバフでは壁龕よりジャガー人間が出ているように表現される石彫がある。このジャガー人間の前足は折り曲げており、その表現はイサパのテーブル状祭壇の頭部近くに表現されているものと似る。このことから、ラ・ベンタ4号祭壇のテーブル部と同様に、テーブル部自体がジャガーの背を表現している可能性が高い。しかし、四脚付テーブル状祭壇は壁龕をもたない。壁龕で表現していた部分は他で表現していた。

イサパなどの石碑で表現される、空と地を示す帯状部分は怪物の上顎と下顎を表現している。一方、メソアメリカ南海岸地域ではメキシコ湾岸に見られるテーブル状祭壇はなく、四脚付テーブル状祭壇である（伊藤2001・2004）。この四脚付テーブル状祭壇はこの地域の中心であるカミナルフユにもある。そして、天と地を示す帯状部分を上下にもつ石碑はカミナルフユ、タカリク・アバフなどに見られる。この地域においては、メキシコ湾岸に見られるテーブル状祭壇は、テーブル部が四脚付テーブル状祭壇に、壁龕をもつ台部が口の中に人物がいる怪物頭部として分離した[5]。そして、怪物頭部はさらに発展して、下顎上顎が変化し、空と地の帯状部分として、石碑に表現された。その口の中の出来事は石碑の主要部分で浮彫りされた。先古典期後期、メソアメリカ南海岸地域では、テーブル部と壁龕を含む台部の分離の過渡期にあった。

古典期、壁龕に関連して表現される神話と王権に関する装置が分離した結果、装置としての玉座は四脚付テーブル状祭壇となった。そして、人物が中にいる壁龕もしくは洞穴は、神話として石碑などに浮彫りされた。

おわりに

テーブル状祭壇はオルメカ文化において、権威を示す道具として使われた。メソアメリカでは、王権もしくは首長権の認証に関わる儀礼は、山をピラミッド、洞穴をピラミッド神殿の室内と見たてて行われた可能性が考えられる。

以下に、想定される先古典期から古典期にかけてのテーブル状祭壇の歴史を復元してみる。

サン・ロレンソでは、山と洞穴を兼ね備えたテーブル状祭壇があったために、高い建造物を必要としなかった。一方、壁龕の正面形が円形なのは、洞穴を表現している可能性がある。また、方形になっているのは、規格化が進んだためかもしれない。チャルカツィンゴでは実際に大きな岩山があり、そこに壁龕もしくは洞穴に関する神話を浮彫りしていた。一方、ラ・ベンタでは神話と権威を示す装置が分離しつつあり、より山に近い姿を人工的で規模の大きな土製建造物で代用しようとした。そのために、サン・ロレンソにない石碑と四脚付テーブル状祭壇がラ・ベンタに見られる。

一方、神話と権威を一緒にした組織と決別するために、テーブル状祭壇などをサン・ロレンソでは破壊した可能性がある。そして、サン・ロレンソより後に栄えたとされるラ・ベンタでは、その

分離した組織を発展させようとした。しかし、ラ・ベンタは先古典期後期に生き延びることなく、その役割はカミナルフユ、イサパなどがあるメソアメリカ南海岸地域に委ねられた。

　ところで、古典期、マヤ低地の石碑は、王の誕生、即位、逝去、戦勝記録など歴史的事件が記録される。石碑と祭壇がマヤ南部高地から中部低地に下りる際に、王権に関連する装置としての四脚付テーブル状祭壇が伝わった。しかし、洞穴内での神話もしくは儀礼を石碑には示さなくなり、代わりに王たちの事績を記録するようになった。一方、マヤ南部太平洋側斜面を見てみると、古典期コツマルワパ様式石彫には、物語的な場面が浮彫りされる。その様式はイサパーカミナルフユ様式の石碑から発展した可能性が高い。また、同時に、四脚付テーブル状祭壇も、独自の形で継承した。コツマルワパ地域ではペテン地域と比べるととくに高い建造物がなかった。これは、より身近に神話的な石碑があったせいではないであろうか。一方、ティカルなどの中部低地では、神聖なる山に精神的により近づくために、背の高い建造物をつくったとのではないであろうか。そして、神話よりも歴史的な事件を石碑に記録するようになった。

　以上に、復元したテーブル状祭壇の歴史は、テーブル状祭壇と壁龕に関連する遺物から検討したものである。少しでも、マヤ王権研究の一助になれば幸いである。

註

1) 前期（1200〜900BC）、中期（900〜600BC）、後期（600〜300BC）である。
2) サン・ロレンソ18号記念物はテーブル状祭壇破片の可能性がある。しかし、その平面形がT字状であり、本稿で扱うテーブル状祭壇とは形が異なるため、ここでは扱わない。
3) 13号記念物は5号記念物より山を下ったところで出土している。方形の板状石の一部とされる。また、9号記念物は、4号建造物上より盗掘されたとされる。
4) 遺跡内の他の発掘区（建造物部分など）と比較しても、非常に多くの埋葬が出土している。
5) ラ・ベンタ1号石碑、トレス・サポテスD石碑は、形を見ると角張っており、怪物頭部というよりは石碑といった方が適切かもしれない。壁龕部分が石碑に変化する過渡期の石彫といえるかもしれない。

参考文献

伊藤　伸幸　2001　「南メソアメリカ太平洋側斜面の四脚付テーブル状台座形石彫」『名古屋大学文学部研究論集、史学』47:7-26頁。

伊藤　伸幸　2004　「南メソアメリカ出土石彫に表現される四脚付テーブル状台座の考古学的分析」『古代文化』56-1:27-44頁。

Benson, E.P. and B. de la Fuente. (ed.)　1996　*Olmec Art of Ancient Mexico*. National Gallery of Art, Washington.

Bove, F.J.　1989　*Formative Settlement Patterns on the Pacific Coast of Guatemala: A Spatial Analysis of Complex Societal Evolution*. BAR International Series 493, Oxford.

Clark, J.E. (ed.)　1994　*Los olmecas en Mesoamérica*. CITIBANK, México, D.F.

Clark, J.E. and M.E. Pye. (ed.)　2000　*Olmec Art and Archaeology in Mesoamerica*. National Gallery of Art, Washington.

Clewlow, C.W. and C.R. Corson.　1968　New Stone Monuments from La Venta, 1968. *Contributions of the University of California Archaeological Research Facility* 5:171-203.

Coe, M.D. and R.A. Diehl.　1980　*In the Land of the Olmec: The Archaeology of San Lorenzo Tenochtitlán*. University of

Texas Press, Austin.

Cyphers, A. (ed.)　1997　*Población, subsistencia y medio ambiente en San Lorenzo Tenochtitlán*. Instituto de Investigación Antropológicas, UNAM, México, D. F.

Diehl, R.A.　2004　*The Olmecs: America's First Civilization*. Thames & Hudson, London.

Dirección de Medios de Comunicación, INAH.　2002　"Hallazgo de un altar olmeca, El Marquesillo, Veracruz." *Arqueología Mexicana* 54:15.

Drucker, P., R.F. Heizer and R.J. Squier.　1959　*Excavations at La Venta, Tabasco, 1955*. Burea of American Ethnology, Bulletin 170, Smithsonian Institution, Washington, D. C.

Fowler, Jr., W.R.　1991　*The Formation of Complex Society in Southeastern Mesoamerica*. CRC Press, Boca Raton.

Gilespie, S.D.　1999　Olmec Thrones as Ancestral Altars: The Two Sides of Power. In *Material Symbols*, edited by J. E. Robb:224-253.

Grove, D.C.　1970　*Los murales de la cueva de Oxtotitlan Acatlan Guerrero*. Serie Investigaciones 23, INAH, México, D. F.

Grove, D.C.　1973　Olmec Altars and Myths. *Archaeology* 26(2):128-135.

Grove, D.C.　1984　*Chalcatzingo: Excavation on the Olmec Frontier*. Thames and Hudson, London.

Grove, D.C. (ed.)　1987　*Ancient Chalcatzingo*. University of Texas Press, Austin.

Grove, D.C. and R.A. Joyce. (ed.)　1999　Social Patterns in Pre-Classic Mesoamerica: A Symposium at Dumbarton Oaks 9 and 10 October 1993. Dumbarton Oaks Research Library and Collection, Washington, D.C.

Medellin Zenil, A.　1971　*Monolitos olmecas y otros en el museo de la universidad de Veracruz*. Corpus Antiquitatum Americanensium, Mexico V. Union Académique Internationale, INAH, México.

Navarrete, C.　1974　*The Olmec Rock Carvings at Pijijiapan, Chiapas, Mexico and Other Olmec Pieces from Chiapas and Guatemala*. Papers of the New World Archaeological Foundation 35, Brigham Young University, Provo, Utah.

Norman, V.G.　1976　*Izapa Sculpture*. Papers of the New World Archaeological Foundation 30, Brigham Young University, Provo, Utah.

Orrego Corzo, M.　1990　*Investigaciones arqueológicas en Abaj Takalik, El Asintal, Retalhuleu, año 1988: Reporte 1*. Ministerio de Cultura y Deportes, Guatemala.

Parsons, L.A.　1986　*The Origins of Maya Art: Monumental Stone Sculpture of Kaminaljuyu, Guatemala, and the Southern Pacific Coast*. Studies in Pre-Columbian Art & Archaeology 28, Dumbarton Oaks Research Libray and Collection, Washingto, D.C.

Pohl, M.E., K.O. Pope and C. von Nagy.　2002　Olmec Origins of Mesoamerican Writing. *Science* 298:1984-1987.

Porter, J.B.　1989　Olmec Colossal Head as Recarved Thrones. *RES* 17/18:22-29.

Porter Weaver, M.　1981　*The Aztec, Maya, and Their Predecessors*. Second edition, Academic Press, New York.

Seitz, R., G.E. Harlow, V.B. Sisson and K.E. Taube.　2001　"Olmec Blue" and Formative Jade Sources: New Discoveries in Guatemala. *Antiquity* 75:687-688.

Sharer, J.R. and D.C. Grove.　1989　*Regional Perspectives on the Olmec*. School of American Research Advanced Seminars Series, Cambridge University Press, Cambrigde.

Stirling, M.W.　1943　*Stone Monuments of Southern Mexico*. Burea of American Ethnology, Bulletin 138, Smithsonian Institution, Washington, D.C.

オルメカ文化研究史における政治体制理解の再検討
― "オルメカ観"と考古資料 ―

古手川博一

1. 本論の目的

　今日までのオルメカ文化[1]研究において、それが"王権"にもとづくものであったのかどうかは別として、「階層化された社会で、ある種の"エリート階層（あるいはそれに属する特定の個人）"に導かれたものである」という見方が一般的である。そしてオルメカの"エリート像"[2]について、具体的に"族長"、"首長"、"王"、"宗教的指導者"などさまざまな見解が述べられてきた。

　しかし、今日的考古学という視点からオルメカ文化に関する過去の研究を振り返った際に、はたして、そのような社会観は考古学的解釈として成立しているのであろうか。技術的にも理論的にも学問的発達過程にある考古学という学問において、オルメカ文化研究が始まった約150年前と現在では情報収集・分析にさまざまな差異があることは明確である。しかし、冒頭の"オルメカ観"が拠り所としているのは20世紀半ばの発掘データなのである。近年、さまざまな考古学的な成果が報告されており、オルメカ文化研究も新たなステージに立ち、これまでの研究成果を再検討しさらに研究を深化する時期が来ているといえる。

　そこで本論では、これまでのオルメカ研究において"エリート階層"がどのように考えられるに

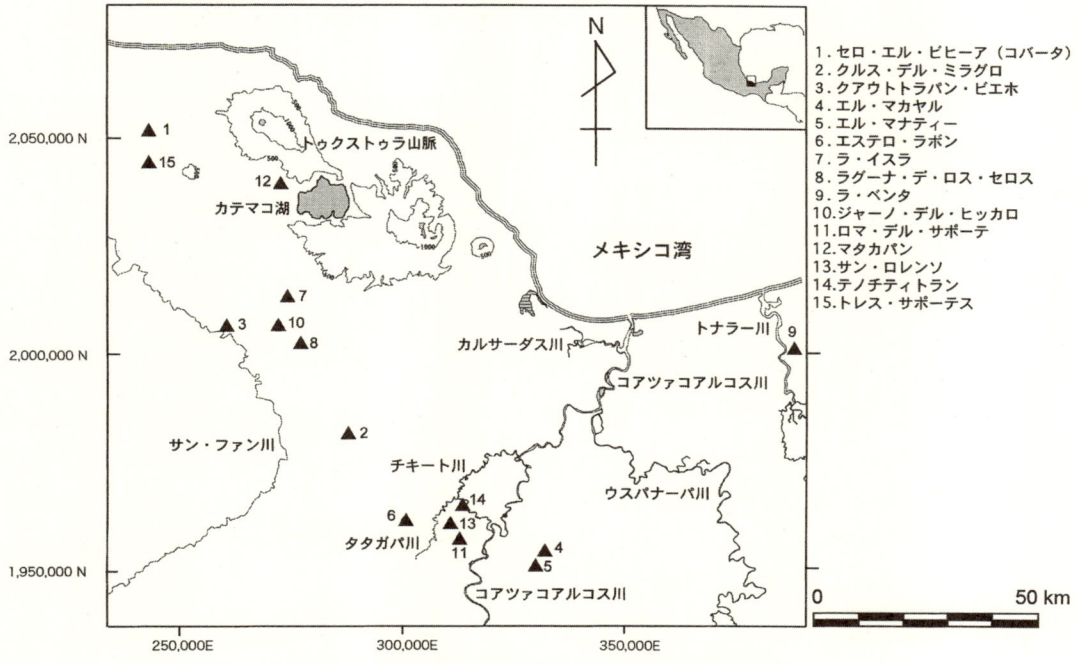

図1　メキシコ湾沿岸地域のオルメカ文化主要遺跡

至ったか、研究史を振り返り、各研究者の"オルメカ観"を明確にすることから始める。つまり、これまでのオルメカの"エリート像"を支えてきた根拠を明らかにし、今日までの研究の拠り所となっている民族学的類推[3]、図像解釈、埋葬、建築などに関する再検討を行う。そのような、検討を踏まえたうえで、今後どのように研究を進めるべきなのか、不足点を補うために何が必要なのかを確認したい。

2. オルメカ文化研究における"エリート観"

初めに、これまでのオルメカ文化研究を概観しておく。1862年、トレス・サポーテス（Tres Zapotes）遺跡において最初の巨石人頭像がメルガールによって発見され、1869年に地理学会で報告されたのが、今日まで続くオルメカ文化研究の始まりということができる。その後1950年代頃まで、アメリカ合衆国の研究者を中心にメキシコにおける"探検"と"発見"が相次いで行われた。60年代以降は、それらの発見に沿ってさまざまなテーマでオルメカ文化に関する議論が活発に行われてきた。本論では、研究史の中でも中心的な役割を担い、今日までその影響が強く残っていると考えられる研究者の中から幾人かを選んで[4]、彼等の"オルメカ観"を検討していきたい。

スターリング、ドラッカーの"エリート像"

スターリング（Stirling）とドラッカー（Drucker）は1930年代後半から、ベラクルス州南部のトレス・サポーテス遺跡、サン・ロレンソ（San Lorenzo）遺跡やタバスコ州西部のラ・ベンタ（La Venta）遺跡などのオルメカ文化に属する遺跡を精力的に発掘調査したアメリカ人の考古学者である。層位的な発掘調査から土器編年を組み立て、放射性炭素年代測定を行うなどして、オルメカ文化研究に大きく貢献したことは明らかである。しかし、オルメカ文化における彼等の"エリート像"構築に大きく影響した記念碑的石彫に関する考古学的情報、とくに発掘時の詳細なデータはなぜか非常に少ない。

スターリングは彼の著作の中で、オルメカの"エリート像"を多くの記念碑的石彫に描写されている人物に見出し、そのような人物を"族長（chieftain）"あるいは"最高位の聖職者（priest of highest rank）"として描き出している。

ドラッカーはラ・ベンタ遺跡やサン・ロレンソ遺跡などの大センターから出土する遠隔地からのさまざまな交易品に注目する。さらに巨大な記念碑的石彫に描かれるモチーフの解釈を頼りに、そのような交易を可能にしたオルメカ社会を"原初的な国家（primitive state）"の段階に位置づけた。そして、この"原初的な国家"を実現するために、一人の人物（明確にその社会的地位の名称を与えることはしない）が"エリート階層"をコントロールすることによって、階層化された社会を運営していたと考えている。

コウ、ディールの"エリート像"

コウ（Coe）とディール（Diehl）はそれぞれ著名なアメリカ人の考古学者で、1960年代後半に共同で行ったサン・ロレンソ遺跡の発掘調査で大きな成果を上げた。

コウは、サン・ロレンソ遺跡の発掘で発見された食人習慣の痕跡や記念碑的石彫に表現される図像の解釈、そして広範囲に渡る交易に注目し、オルメカ社会を"軍事的な国家（state）"と位置づ

け、その"エリート像"として強力な力とカリスマ性をもった一個人を想定し、その人物を"王"として考えている。

一方、ディールは、コウと同じサン・ロレンソ遺跡のデータを用いながらもオルメカ社会を"首長国（chiefdom）"と位置づける[5]。そしてその"エリート像"を明確な用語によって示すことはないが、一人のリーダー、つまり"首長"を想定していると考えられる。

ゴンサーレス・ラウックの"エリート像"

ゴンサーレス・ラウック（Gonzáles Lauck）は近年、ラ・ベンタ遺跡で精力的に発掘調査を継続しているメキシコ人考古学者である。

彼女は、計画的に建設されたかのように配置されたマウンド群をもつラ・ベンタ遺跡を都市と見なす。そして、その中で特定の用途によって空間利用が行われていることを指摘し、オルメカ社会は分業化が進んだ階層化社会で、"エリート像"を"王"あるいは"聖職者"という用語を用いて表現している。

サイファースの"エリート像"

サイファース（Cyphers）は、メキシコ国立自治大学に籍を置くアメリカ人の考古学者で、1980年代後半以降サン・ロレンソ遺跡を含めてその周辺を精力的に調査している。

彼女は、サン・ロレンソ遺跡の発掘調査で得られたデータをもとに、とくに記念碑的石彫の資源獲得やその制御、および用途に関する考察を行い、オルメカ社会を初期の平等社会から、さらに大きく発展し階層化が進んだ複雑社会と考え、それを"初期国家（incipiente Estado）"と呼ぶことができるかもしれないと考えている。そして、その"エリート像"を"支配者"あるいは単に"エリート"という言葉で表現している。

3．考古資料の再検討

前節で見てきたように、"エリート像"の考察においては、その存在はマウンドの建造や巨大な記念碑的石彫の原料やその他の奢侈品などの交易を拠り所としている。そしてその性格については民族学的類推や記念碑的石彫（図2）に描かれた図像に大きく頼ってきた。ここではそれらの"解釈"の根拠となったデータ、あるいはその"解釈"の方法が考古学的に正当性を見出すことができるのか検証してみたい。

スターリング、ドラッカーの考古資料解釈

まず、スターリングがその"エリート像"の拠り所とした記念碑的石彫に表現される人物像である。そもそも、オルメカの記念碑的石彫には誰が描かれているのかを示す文字が見あたらない、仮にそれを示す文字あるいは記号が描かれているとしても、それは残念ながら今でも解明されてはいない。したがって、そこに描かれている人物が何者でどのような社会的地位の人物なのかは記念碑的石彫のみから直接知ることができない。しかし、その他のメソアメリカ諸文化においては、記念碑的石彫に表現される人物は社会的高位の人物であることが、マヤ文化の石碑の研究などから知ることができる。もちろん、このことはオルメカ文化において同様の基準で記念碑的石彫が製作されたことを直接示してはいない。しかし、その製作に必要な作業量（原材料の探索、確保、運搬。そ

して、実際に彫刻する際に必要とされる時間と人員）を考えても、その膨大な作業量に見合うだけのテーマはやはり特殊な人物であることは否定できないかもしれない。したがって、彼が描いた"族長"というオルメカの"エリート像"は、妥当だといえるかもしれない。

しかし、"最高位の聖職者"という描写はどうであろうか。少なくとも、オルメカ文化に確立した"宗教"が存在していた証拠は考古学的には見つかっていない。そのような状況で、オルメカの"エリート像"を"最高位の聖職者"として描いてしまうことは許されるのであろうか。世界的に見ても呪術師などを含めた"聖職者"が、社会的に高い地位を与えられてきたことは多くの事例によって示されている。だが、オルメカ文化の図像から、そこに描写される人物の職務を識別する術をまだわれわれはもっていない。それにも関わらず、その職務が階層化されており、その階層の中でも"最高位"の人物であったと同定することはなおさら困難である。

ドラッカーはオルメカ文化の"エリート像"を、「"原初的な国家"の"エリート階層"をコントロールしていた一個人」と描写した。それに加えて彼は、コウが描く軍事的色彩の強い国家像を記念碑的石彫に描かれるシーンの解釈から否定している。考古資料から政治形態を規定することは非常に難しく、今後さらに分析を重ねる必要があると考えられるので、ここでは"原初的な国家"という部分は保留しておく。

彼は記念碑的石彫に表現される人物の振る舞いや衣装の分析から、オルメカ社会の階層化、さらには対外関係での対等性を示そうとしている。確かに、記念碑的石彫に表現される人物の間ではその装飾性や描かれる場面での関係から、格差を読み取ることは可能である。しかし、ある場面に描かれる中心人物がその社会の中心人物であったことを示しているとは断言できない。そうなると、階層化された社会の中での"一個人"という描写は何をもって示すことができるのだろうか。埋葬あるいは居住施設などから、他のエリート階層よりも優位であったこと示す証拠を提示しなければならないであろうが、残念ながら今日までにそのようなデータの提示は行われていない。また彼は、ラ・ベンタ遺跡の石碑3に注目し、そこに表現されるテーマをラ・ベンタの要人と他地域からの人物の対面の場面と見る。そして、彼等2人が対等の位置に同じ大きさで描かれることから、彼等の関係を対等と見なす。しかし、どちらの人物の衣装も同様な衣装がその他のオルメカ文化の記念碑的石彫に表現され、どちらが他地域からの人物なのか明確ではない。また、その場面がどのような状況を描いているのかも明確ではない。さらに図像解釈の難しさゆえか、彼は衣装の解釈についても誤解している可能性がある。彼は記念碑的石彫に表現される人物が身につけているスカート状の腰巻きを女性のエリートのための衣装と考えた。しかし、それは必ずしも女性が身につける必要はないし、その衣装以外にその人物を女性であると認識することも難しい。私見では、メキシコ湾沿岸地域のオルメカ文化の記念碑的石彫に明らかに女性と識別することができる人物が表現されている証拠は見あたらない。

コウ、ディールの考古資料解釈

コウは、さまざまな記念碑的石彫に表現されるモチーフや、広範囲に渡る交易関係からオルメカ社会を高度な段階の軍事的国家と想定している。コウの"オルメカ観"で問題となるのは、"軍事的"という部分である。広範囲に渡る交易を行うために、軍事力が必ずしも必要であろうか。また、

オルメカ文化研究史における政治体制理解の再検討 21

巨石人頭像：San Lorenzo石彫89(a)　La Venta石彫1(b)　Tres Zapotes石彫A(c)　玉座：San Lorenzo石彫20(d)　La Venta祭壇4(f)
石　　　碑：La Venta石碑2(e)　3(g)
その他の彫像：San Lorenzo石彫77(h)　San Lorenzo石彫10(i)　Tenochtitlán石彫1(j)　La Venta石彫77(k)

図2　記念碑的石彫（縮尺不同）

それを他の考古資料から示すことが可能であろうか。

　オルメカ文化の広範囲に渡る交易は、それが直接的あるいは間接的なものであったとしても、サン・ロレンソ遺跡のみならずその他の遺跡からも出土するさまざまな遺物からその存在を示すことが可能である。たとえば、翡翠や黒曜石の一部は今日のグアテマラとホンジュラスの国境付近から運ばれてきており、蛇紋岩はプエブラ州やオアハカ州あたりから、黒曜石はメキシコ中央高原からも運ばれてきている。そして、オルメカ文化において重要な遺物の一つである巨大な記念碑的石彫を製作するために使用された玄武岩でさえ、もっとも近い産地でも遺跡からは直線距離で数十キロ離れており、そこから一塊で数十トンにも達する岩石を運んでいる。確かに、このような広範囲に渡るさまざまな資源の獲得にはある程度の統制された交易を想定する必要があるかもしれないが、ここでコウはアステカにおける"ポチテカ"を例に挙げ類推を行っている。しかし、アステカが栄えた時代とオルメカが栄えた時代では大きな時間的格差があり、その当時の社会状況が同じであったとは限らないし、少なくとも同じであったことを示す考古資料は見つかっていない。

　そして、コウがオルメカ文化の軍事的側面に注目する理由として提示した、記念碑的石彫に表現される"武器"が問題となる。振りかざした棍棒状のもの、あるいは"Knuckle Duster"などと呼ばれるものがその具体例として示されるが（図 2-e, g, i）、これらの"武器"らしきものは考古資料としては 1 点も出土していない。もちろん、コウ自身もそのことは承知しており、それらが木製品であった可能性を指摘して、その図像解釈の正当性を主張している。しかし仮に、これらが木製品であったとしても記念碑的石彫にそれらをもつ人物は描かれるが、彼等が戦っている様子は一場面も描かれていない。ラ・ベンタ遺跡の石碑 2（図 2-e）などをその場面と捉える見方もあるが、確実な証拠とすることはできない。また、ラ・ベンタ遺跡の祭壇 4[6]（図 2-f）側面に見られる場面を縄につながれた捕虜と見る解釈もあるが、それもまた不完全な証拠である。実際、同じ祭壇 4 の解釈としてその縄を親族のつながり（Grove1973;1981）、社会的地位を示すもの（Cyphers 1997;2004）として解釈[7]することも可能である。

　そして、その社会を率いた"王"が強力な力やカリスマ性をもっていたかということを、考古資料から明らかにすることは不可能に近い。

　同じサン・ロレンソ遺跡の発掘データを用いながら、ディールはコウに比べて緩やかな表現を用いている。それが"首長国"であったかどうかは、ドラッカーのところでも述べたように、ここでは保留しておく。しかし、問題となるのはディールが想定するその"エリート像"が一個人であったかどうかである。この点もドラッカーの"解釈"で述べたように非常に難しく、彼は、その根拠となる考古資料を明示していない。確かに"首長国"という政治体制を想定すれば、そこには首長が必要になってくる。しかし繰返しになるが、"首長国"であったかどうかを考古学的に確認することが難しいのである。

ゴンサーレス・ラウックの考古資料解釈

　彼女は、実際にはオルメカ文化の政治体制に関する考察からは、一線を画しているように見受けられる。しかし、彼女の論文のいくつかでは、それらに関する記述が現れる。だが、彼女のそのような記述は、ラ・ベンタ遺跡調査の偉大な先人であるスターリングに敬意を表してその用語を踏襲

しているると見ることもできる。
　彼女がラ・ベンタ遺跡を、計画的に建設された都市遺跡と見るが、その根拠となる各マウンドの形成時期に関するデータが広く公開されていないという問題がある。そして彼女は発掘調査によって、ラ・ベンタ遺跡内においてどこが何の目的で使用されたのかという空間の機能を考察し、用途に応じて空間利用が行われた都市を想定する。そして、そのような都市生活の復元からラ・ベンタ遺跡における分業を見出すが、その根拠となるデータがきちんと開示されているとはいい難い。これらのデータへのアクセスが開かれていないと、他の考古学者による検証が不可能となってしまう。しかし、これはメキシコという国の出版事情にも大きく影響されることなので、現在では致し方ないのかもしれない。

サイファースの考古資料解釈
　彼女は、自身が中心となって行ったサン・ロレンソ遺跡の調査から、先古典期前期のサン・ロレンソ遺跡周辺地域（面積690ha）を中心に当時の社会の復元を試みている。その関心は非常に広く、土器片などの小さな考古資料から巨大な記念碑的石彫や建築遺構などの大きなもの、そして、古環境の復元や大小の遺跡間の関係までさまざまな考察を行っている。近年はとくに記念碑的石彫に注目し、そこからオルメカ社会の復元を試みている。
　彼女はサン・ロレンソ地域の古環境復元と遺跡の立地から、コウとディールが提唱したサン・ロレンソ遺跡における水の管理の重要性を再確認し、記念碑的石彫の研究からは同様に石材管理の重要性を指摘している。そして、それらの管理を行うために遺跡間に階層化が浸透し、遺跡内でも階層化が進んだと考えている。そして、そのようなオルメカ社会を"初期国家"の段階に位置づけている。
　彼女はその社会復元の中で"エリート像"を表現する際には、比較的慎重な態度をとり"支配者"あるいは"エリート"と彼等のことを表現し、巨石人頭像（図2-a〜c）を彼等の肖像と見なしている。サン・ロレンソ遺跡だけでも10体、その他の遺跡も含めると今日までにメキシコ湾沿岸地域から合計17体の巨石人頭像が発見されている。そして、それらはおのおの特徴的な頭飾りを身につけ、顔の描写もそれぞれ異なり、まるで実在の個人の肖像と見ることができるかもしれない。したがって、それらが実在であろうが想像上であろうが異なる人物を描写していると見なすことは可能であるが、それがそれぞれの遺跡の支配者であったことを明確に示す考古資料は見つかっていない。また、サイファースは、そのような特徴的な頭飾りが個人を示す指標となる可能性を指摘している。しかし、ラ・ベンタ遺跡からは豪華な副葬品を身につけた人物の埋葬が見つかっているにも関わらず、それらの副葬品の出土状況からその頭飾りを復元しても、ラ・ベンタ遺跡の4体のどの巨石人頭像の頭飾りにも一致しない。もちろん、考古学の情報は日々積み重ねられるものなので、今日ないものが明日発見されることは十分に考えられ、巨石人頭像の頭飾りと同様の装身具が発見されたり、あるいはこれまでに発見された埋葬に見られた頭部の装飾品と同じ頭飾りを被った巨石人頭像が見つかる可能性もある。

ま　と　め
　上記のように、今日までのオルメカ文化における政治体制の理解においては、文化的にも大きな

特徴となっている巨大な記念碑的石彫が重要な役割を果たしてきた。しかし、そのほとんどが考古学的な情報を伴わない遺物であり、そこに表現される図像の解釈には、オルメカ文化と文化的なつながりが不明確な諸文化の事例が多く利用され類推が行われてきた。

たとえば、巨大な記念碑的石彫の中でももっとも特徴的な巨石人頭像の解釈である。これまでに、その人物像に関してさまざまな見解が示され、それを"王"や"球技競技者"と呼ぶこともあった。しかし、それが"王"や"球技競技者"であったという考古学的な証拠は何一つ発見されていない。確かに、後の時代に使用された球技のボールに類似したゴムの塊が発見されており、おそらく球技は存在していたであろう。しかし、"球技競技者"とされた理由はその頭飾りが後の時代の球技競技者の使用していたものと類似していたからであり、われわれはオルメカ文化の人びとがどのような格好で球技を行っていたのかを直接示す考古資料をもっていない。

また、以前は"祭壇"と呼ばれ今日では"玉座"と呼ばれる巨大な記念碑的石彫（図2-d, f）がある。"祭壇"とされた理由も、その形態が後の文化の祭壇に似ていたからである。そして、その見解を改めた"玉座"という解釈は、その発端がメキシコ湾沿岸部を遠く離れたゲレーロ州で発見された壁画であり、その見解を補強した材料はメソアメリカ南部あるいは南アメリカの民族誌であった。

そして、オルメカ文化をジャガーと結びつけて考える宗教観も、他地域の民族誌と石彫の誤った解釈にあったと考えられる。サン・ロレンソ遺跡の衛星都市と考えられているロマ・デル・サポーテ（Loma del Zapote）遺跡やテノチティトラン（Tenochtitlán）遺跡[8]、そしてラグーナ・デ・ロス・セロス（Laguna de los Cerros）遺跡で発見された石彫（図2-j）を、ジャガーと人間の女性が交わる場面と解釈してしまったことに端を発すると考えられる。今では、多くの研究者はそれらの石彫をそのように考えないが、一度つくられたイメージを払拭するのは難しいのかもしれない。

もちろん、これらの記念碑的石彫の解釈以外からのアプローチも行われてきた。遠隔地からの搬入品、巨大な建造物の建設、膨大な時間と労力を必要とする人工物の製作など、これらは確かにそのコントロールが必要なことを示す間接的な証拠であろう。しかし、その作業を実際に行ったであろう人びとについては考古学的にはまったくわかってないといっても良い。その原因は、それらの人びとの生活に関する考古資料がほとんど報告されていない点にある。このようなオルメカ文化に関する考古学の状況の中で、本論で扱った前半3名の研究者は比較的果敢にその解釈を広げることを試み、後半の3者は比較的慎重な姿勢をとっていると見ることができるかもしれない。

4. 展　　望

今日まで、オルメカは一般的に「謎の文明」と呼ばれることが多かった。しかし、本当に「謎の文明」なのだろうか。本論で詳細に述べることはできなかったが、オルメカ文化に関する考古学的な研究はゆっくりとではあるが、確実に進展し情報も蓄積されてきている。では、いったい何が原因で「謎の文明」と呼ばれるのであろうか

オルメカ文化の巨大な記念碑的石彫は考古学者のみならず、多くの人びとを魅了してきたし、筆者自身もその一人である。したがって、多くの人がそれに関心をもつことは自然な流れだったのか

もしれないし、そのおかげで今日までオルメカ文化研究が継続して行われてきたといえる。しかし、その研究においては、それが必ずしも良い方向には向かなかった。つまり、オルメカ研究の最大の関心事が常にそれらの巨大な記念碑的石彫に向かってしまい、それ以外の分野に大きな注意が払われることが少なくなってしまったのである。

たとえば、本論でも問題にした巨大な記念碑的石彫に描かれる図像の解釈である。これまで多くの研究者が、その解明に取り組んできた。しかし、その際に常に論拠として示されてきたものは、上述のような他地域あるいは時期的に後の諸文化の事例、民族誌などであった。だが、考古学で明らかにされる事柄というものは、"事実"の積み重ねであり、その物質文化理解の進展はその遺物や遺構が経てきた長い歴史と同様に非常にゆっくりとしたものであるが、確実に蓄積されるものである。

それでは、今後の研究においてどうすれば良いのか。まず一番大切なのは詳細な発掘データの収集である。そのために精度の高い調査を行い、可能な限りの情報を収集しそれを公開することである。その結果、それぞれの研究者の見解あるいは"解釈"が正当であるのか確認することができ、それにもとづいてさらに先に進むことができる。そして、忘れてはならないのは、発掘調査はデータの破壊行為でもあるということである。一度掘り出されたものは、二度ともとの状態に戻すことはできない。したがって、今日オルメカ文化研究においてもっとも大きな問題となっている記念碑的石彫の考古学的なコンテクストの欠如は、今となってはどうすることもできない。しかし、それを諦めてしまうのでは将来の発展につながらない。考古学は過去を知ることによって将来の人類の方向性を模索する学問なのであるから、何を見つけるかが重要なのではなく、どのように見つかったかを詳細に記録し、それを将来につなげることが重要なのである。そして、そのような情報の蓄積が仮説の構築や推論を可能にする。

そして、もう一つのオルメカ研究における大きな問題点として挙げられるのが、本論で取り上げたディール自身も指摘していることであるが、"エリート階層"を支えたはずの"非エリート階層"の実態に関するデータの欠如である。つまり、今日までに蓄積されている考古学的データのほとんどすべてが、大きな遺跡の中心部分で得られた、おそらく"エリート階層"のものであろうというデータばかりなのである。したがって、大きく2層に分けることのできる"支配—非支配"の関係では、その片方の"支配者階層"の存在しか考古資料としては示されていないのである。

さらに、メソアメリカの先古典期文化研究全体においても、大きな問題となるオルメカ文化の定義という問題がある。今日まで、多くの研究者がその解明に取り組んできたが、現在に至ってもその問題が明確に解決されたとはいい難い。今後は、さらに考古学的な視点からの物質的特徴やその広がりと連続性を再確認し、再考する必要があるのかもしれない。そうすることによって、少なくとも"考古学的な"オルメカ文化の定義が可能になってくるはずである。

考古学においては、"あったもの"を証明することより、"なかったもの"を証明することの方が困難である。したがって、オルメカ文化に"王権"があったのかなかったのか答えを出すことは現段階の資料では難しい。しかし、現在までに蓄積された資料から、当時の政治体制について少なくともこういうものはあったということは可能であろう。その結果が冒頭に示したような、「階層化

された社会で、ある種の"エリート階層"に導かれたものである」という見方であり、それは納得することができる。したがって、今後は上に示したような問題点を克服しつつ、より考古学的な事実、つまり考古資料からオルメカ文化の"エリート階層"の性格について議論を深め、冒頭に示した"オルメカ観"が"王権"によるものなのかを明らかにしていく必要があるだろう。

註

1) 何をもってオルメカ文化を指すかという問題は現在でも未解決ではあるが、二つの解釈に大別される。一方が広義のオルメカ文化で、いわゆる"ジャガー的モチーフ"に代表される美術様式を伴うメソアメリカの広範囲にわたる先古典期の文化を指し、他方が狭義のオルメカ文化でメキシコ湾沿岸地域の巨大な記念碑的石彫を伴う先古典期文化のみに用いる。本論では後者の立場で論を進める。
2) 本論でいう"エリート像"とは、それが王権にもとづくものであれば、王あるいは王族のことを指す。
3) 類推法（アナロジー）の考古学研究への援用について、多くの議論があるのは周知のとおりである。最近の考古学研究においては、その援用の適性について考古学者自身がかなり慎重に吟味したうえで、各自の研究に利用したり、類推法が用いられた諸研究に関する検討がしっかりと行われるようになってきている。しかし、本論の主題となる今日までのオルメカ研究においては、それが十分に機能しているとはいい難い状況も看取できる。
4) 当然ながら、ここに挙げる研究者以外にも重要な研究を行った研究者は数多くいるが、紙面の都合上、全員の研究を検討することはできない。しかし、基本的な問題点は共通しているので本論の趣旨は果たすことができると考える。
5) 最近のディールの著書では、新しいデータはこれまでのオルメカ社会に対する見解に再考を迫っているが、この立場を保持するか放棄するか決めかねていると語っている。しかし、どのような立場になるにせよ、オルメカ社会が非常に発達し階層化した構造をもっていたことは、さまざまな考古学的なデータが示していると考えている（Diehl 2004）。
6) オルメカ文化の記念碑的石彫には、それぞれ番号がつけられており、とくにラ・ベンタ遺跡ではスターリングによって形態ごとに形式分類され、その形式ごとに独立して番号がつけられている。したがって、現在ではその機能を論じる際には"玉座"と呼ぶが、名称としては依然として"祭壇"として表記するのが一般的である。
7) これらの解釈もまた考古資料にもとづくというようりも、民族誌資料との類推に大きく頼っているという問題点がある。
8) 今日のメキシコシティに存在したアステカの都テノチティトランと同名だが、もちろん別の遺跡である。

参考文献

Coe, Michael D.　1965　The Olmec Style and its Distribution. *Handbook of Middle American Indians. Vol.3. Archaeology of Southern Mesoamerica. Part 2.*（edited by G.R.Willy）:739-775. University of Texas Press.

Coe, Michael D.　1972　Olmec Jaguars and Olmec Kings. *The Cult of The Feline. A Conference in Pre-Columbian Iconography. October 31st and November 1st, 1970.*（edited by E.P.Benson）:1-18. Dumbarton Oaks Research Library and Collections.

Coe, Michael D.　1989　The Olmec heartland: evolution of ideology. *Regional Perspectives on the Olmec.*（edited by R.J.Sharer and D.C.Grove）:68-82. Cambridge University Press.

Coe, Michael D.　2002　*Mexico. From the olmecs to the aztecs.* Fifth edition. Thames and Hudson.

Coe, Michael D. and Richard A. Diehl   1980   *IN THE LAND OF THE OLMEC*. University of Texas Press.

Covarrubias, Miguel   1946   El arte olmeca o de La Venta. *Cuadernos Americanos, añs5*, 28 (4):153-179.

Covarrubias, Miguel   1957   *Indian Art of Mexico and Central America*. Alfred A. Knopf, Inc.

Cyphers, Ann   1995   Las cabezas colosales. *Arqueología mexicana*. Vol.II.Núm.12:43-47.

Cyphers, Ann   1996   Reconstructing Olmec Life at San Lorenzo. *Olmec Art of Ancient Mexico*. (edited by E.P.Benson and B.de la Fuente):61-71. National Gallery of Art, Washington.

Cyphers, Ann   1999   From Stone to Symbols: Olmec Art in Social Context at San Lorenzo Tenochtitlán. *Social Patterns in Pre-Classic Mesoamerica*. (edited by D.C.Grove and R.A.Joyce):155-181.

Cyphers, Ann   2004   *Escultura olmeca de San Lorenzo Tenochtitlán*. Universidad Nacional Autónoma de México.

Cyphers, Ann (coordinadora)   1997   *POBLACIÓN, SUBSISTENCIA Y MEDIO AMBIENTE EN SAN LORENZO TENOCHTITLÁN*. Universidad Nacional Autónoma de México.

De La Fuente, Beatriz   1990   Introducción al Simposio "Recientes Investigaciones sobre la Civilización Olmeca". *Arqueología*. Núm.3:3-4.

Diehl, Richard A.   1989   Olmec archaeology: what we know and what we wish we know. *Regional Perspectives on the Olmec*. (edited by R.J.Sharer and D.C.Grove):17-32. Cambridge University Press.

Diehl, Richard A.   1996   The Olmec World. *Olmec Art of Ancient Mexico*. (edited by E.P.Benson and B.de la Fuente):29-33. National Gallery of Art, Washington.

Diehl, Richard A.   2000   Olmec Archaeology after Regional Perspectives: An Assessment of Recent Research. *Olmec Art and Archaeology in Mesoamerica*. (edited by J.E.Clark and M.E.Pye):19-29. National Gallery of Art, Washington.

Diehl, Richard A.   2004   *The Olmecs. America's First Civilization*. Thames & Hudson.

Drucker, Philip   1952   *La Venta, Tabasco. A Study of Olmec Ceramic and Art*. Smithsonian Institution Breau of American Ethnology Bulletin 153.

Drucker, Philip   1981   On the Nature of Olmec Polity. *The Olmec and Their Neighbors. Essays in Memory of Matthew W. Stirling*. (edited by E.P.Benson):29-48. Dumbarton Oaks Research Library and Collections.

González Lauck, Rebecca B.   1994   La antigua ciudad olmeca en La Venta, Tabasco. *Los olmecas en Mesoamerica*. (J.E. Clark coordinador):93-111. Citibank.

González Lauck, Rebecca B.   1995   La Venta. Una gran ciudad olmeca. *Arqueología mexicana*. Vol.II.Núm.12:38-42.

González Lauck, Rebecca B.   1996   La Venta: An Olmec Capital. *Olmec Art of Ancient Mexico*. (edited by E.P.Benson and B.de la Fuente):73-81. National Gallery of Art, Washington.

González Lauck, Rebecca B.   2000   La zona del Golfo en el Preclkgico: la etapa olmeca. *Historia Antigua de México*.Vol.1. (Linda Manzanilla y Leonardo López Luján coordinadores):363-406. Instituto Nacional de Antropología e Historia, Universidad Nacional Autónoma de México y Miguel Angel Porrua.

Grove, David C.   1973   Olmec Altars and Myths. *Archaeology* 26:128-135.

González Lauck, Rebecca B.   1981   Olmec Monuments: Mutilation as a Clue to Meaning. T*he Olmec and Their Neighbors. Essays in Memory of Matthew W. Stirling*. (edited by E.P.Benson):49-68. Dumbarton Oaks Research Library and Collections.

González Lauck, Rebecca B.   1987   "Torches," "Knuckle Dusters," and the Legitimization of Formative Period Rulerships. *Mexicon* 9 (3):60-65.

Porter, James   1990   Las cabezas colosales olmecas como altares reesculpidos: 'mutilación', revolución y reesculpido. *Arqueología* 3:91-97.

Stirling, Matthew W.　1940　Great Stone Faces in the Mexican jungle. *National Geographic Magazine* 78-3:309-334.

Stirling, Matthew W.　1943a　La Venta's Green Stone Tigres. *National Geographic Magazine* 84-3:321-332.

Stirling, Matthew W.　1943b　Stone Monuments of Southern Mexico. *Breau of American Ethnology Bulletin* 138.

Stirling, Matthew W.　1947　On the Trail of La Venta Man. *National Geographic Magazine* 91-2:137-172.

Stirling, Matthew W.　1955　Monuments of the Rio Chiquito. *Breau of American Ethnology Bulletin* 157:1-23.

Stirling, Matthew W.　1965　Monumental Sculpture of Southern Veracruz and Tabasco. *Handbook of Middle American Indians* 3:716-738.

Stirling, Matthew W.　1968　Early History of the Olmec Problem. *Dumbarton Oaks Conferences on the Olmec*, October 18th and 19th, 1967 (edited by E. P. Benson):1-8. Dumbarton Oaks Research Library and Collections.

Matthew W. Stirling and Marion Stirling　1942　Finding Jewels of Jade in the Mexican Swamp. *National Geographic Magazine* 82-5:635-661.

Symonds, Stacey, Ann Cyphers y Roberto Lunagómez　2002　*Asentamiento prehispánico en San Lorenzo Tenochtitlán*. Serie San Lorenzo 2. Universidad Nacional Autónoma de México.

テオティワカンの起源について
―土器の分析より―

佐藤　悦夫

1. はじめに

　標高約2,300mのメキシコ盆地に位置するテオティワカン遺跡は、前1世紀から後7世紀頃まで栄えたアメリカ大陸最大級の都市国家であった。テオティワカンでは、入念な都市計画にもとづいた建築活動が、サクワリ期（AD 1～150年）に行われた。その都市設計の軸となったのが、一辺約150m、高さ45mの「月のピラミッド」を基点として、都市の中央部を南北に走る長さ4km、幅45mの「死者の通り」と呼ばれる大通りであった。この通りに沿って20以上の神殿が建設され、この中でも「太陽のピラミッド」は、一辺約220m、高さ65mの規模をもつ巨大な神殿であった。その後、ミカオトリ期（AD150～200年）頃「ケツァルコアトルの神殿」が都市の南側につくられ、テオティワカンにおける巨大なモニュメント建築は終わる。

　パトラチケ期（BC150～AD1）はテオティワカンが都市として発展する最初の時期である。都市の北側（通称Old Cityと呼ばれる地域）で主に居住の痕跡が見られる。その広さは、約6km²で、当時の人口は5,000人と考えられている。

　本稿は、1998年より開始した月のピラミッドの調査により出土した土器の中でパトラチケ期の土器に着目し、他地域との比較を通してテオティワカン遺跡の起源を探ろうとするものである。

2. 月のピラミッド考古学プロジェクト

　月のピラミッド考古学プロジェクトは、愛知県立大学の杉山教授とメキシコ人類学歴史学研究所のルベン・カブレラを調査団長として1998年に開始した。2004年までに第7次調査が行われている。この調査の目的は、古代都市の起源と複合社会の形成メカニズムを歴史的に復元することである（杉山 2000）。

　月のピラミッド考古学プロジェクトでは、ピラミッド外部の調査ならびに前庭部とピラミッド内部にはトンネルを入れて調査が開始された。これらの調査により、7期の建造物が確認された（図1）。第1期から3期までの建造物は、前庭部基壇内で発見され規模も大きくない。第4期の建造物は飛躍的に拡張された。東西89.5m、南北89.1mの正四角錐台形をした基壇であったと推定されている。第5期の建造物は、4期の建造物の南側を破壊しピラミッドの正面に前庭部がつけ加えられ、またタルー・タブレロ様式が出現する。したがって、5期の建造物で初めて現在の「月のピラミッド」に見られる、基壇本体と前庭部を組み合わせ、さらにタルー・タブレロ様式をもつ建築様式が出現する。6期の建造物は、南側正面部分の全面的な取壊し、北面、東西側面の飛躍的な拡大によって特徴づけられる。また、形状や方向性も現在の「月のピラミッド」と同様で、その規模のほぼ

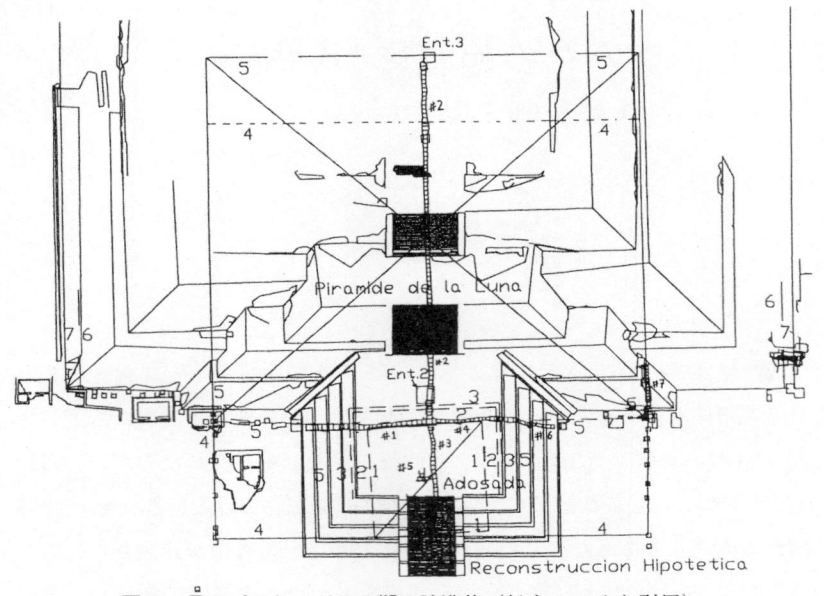

図1 月のピラミッドの7期の建造物（杉山2000より引用）

それに近いものとなった。7期の建造物は現在の「月のピラミッド」である。

それぞれの建造物からは、その建築に伴って生贄にされた人物の墳墓が発見されている。墳墓2は、第4期の建造物に伴う墳墓であり後ろ手に縛られた1体の人骨とピューマやジャガー等の動物、鷲などの鳥類が見つかってる。墳墓3は、5期の建造物に伴う墓であり4体の人骨や貝などの副葬品があった。墳墓4は、6期の建造物に伴うもので、墓室はつくられず建造部の盛土の中から頭蓋骨のみが出土した。2002年から2003年に発掘された6期の建造物に伴う墳墓5からは、ヒスイの首飾りや耳飾りを身につけた人骨が3体発見された。また、マヤのエリート階級が身につけた四角いヒスイのペンダントや高さ13cmほどのヒスイの人形も見つかっているので、これらの生贄にされた人物はマヤに関係のある人物であると推定されている。また、2004年には墳墓6が発掘され、墓の中からは精巧なヒスイのモザイクで飾られた人形なども出土している。

3. 月のピラミッド出土のパトラチケ期の土器

（1） 土器の研究史

テオティワカンの土器研究は1960年以降本格的に開始されたが、マヤ研究のような統一的な分類方法は確立されておらず、また博士論文等での研究報告は多くあるが、正式な出版物は少ない。

セジュルネは、1950年から60年代に発掘されたアテテルコ（Atetelco）地区、サクアラ（Zacuala）地区、ヤヤウアラ（Yayahuala）地区の土器を紹介している。これらの発掘により、香炉を含む多くの完形の土器が出土し、それらの土器はテオティワカンⅠ期からテオティワカンⅣ期までの時期の土器として分類された（Sejourne 1966）。

スミスは、マヤ研究で使用されているType-Variety分類法を使用して1960年代に発掘された太陽のピラミッド出土の土器を分析した。スミスは、土器のタイプの命名法などにマヤ研究の方法論をそのまま適用したために、スミスの研究報告は他のテオティワカンの土器研究とは大きく異なっている（Smith 1987）。

ベニホフは、テオティワカン地図プロジェクト（Teotihuacan Mapping Project）の土器の分析を行

った。この報告書は、出版されることはなかったが、原稿が存在する。ベニホフ等は、表面調整や胎土の特徴に応じてWareを定義し、それぞれのWareの中で器種を決定し、時代ごとの変化を報告している（Bennyhoff and Millon 1967）。

ラットレイは、ベニホフ等のWareおよび土器のタイプ名の命名法を踏襲し、さらに上述したテオティワカン地図プロジェクトにおける試掘調査の土器データを使い、それぞれのタイプの編年を確立した（Rattray 2001）。

（2）時期区分

テオティワカンの時期区分は、1960年代にミリョン等を中心に行われたテオティワカン・マッピング・プロジェクトで作成された時期区分が使用されていたが（Millon 1973）、近年ラットレイにより表1に示すようにトラミミロルパ期以降の絶対年代が修正された（Rattray 2001）。

（3）基本器種

テオティワカン遺跡では多くの土器の器種[1]が報告されている（Bennyhoff and Millon 1967, Rattray 1981, Blucher 1971）。本稿では、パトラチケ期からミカオトリ期に出現する器種に関して取り上げる。また、Bowlに関しては、胴部や口縁部の形に注目して細分している。

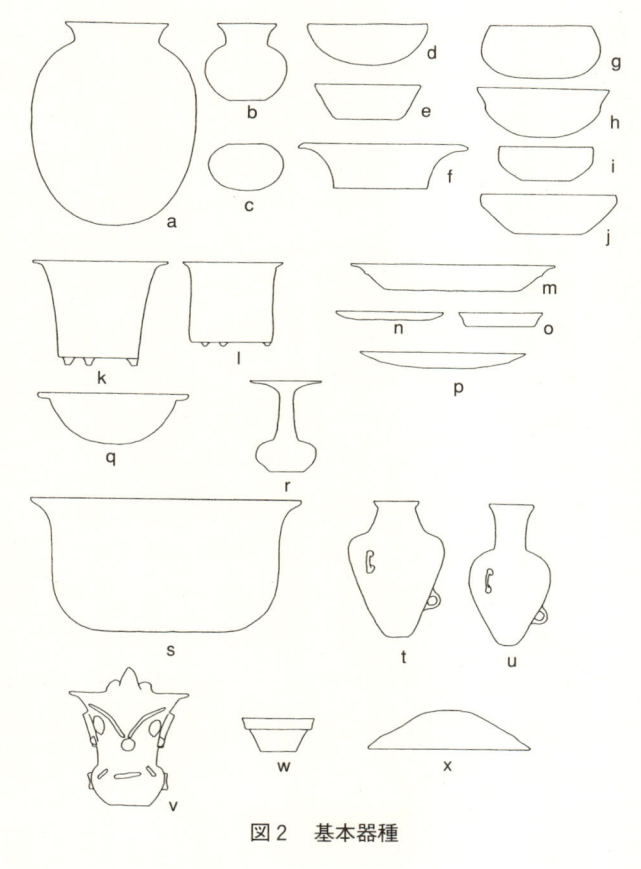

　Olla：頚部が外反する大型の短頚壺（図2-a）。

　Jar：Ollaより小型で、頚部が外反する短頚壺（図2-b）。

　Tecomate：口径が15cm〜30cmの胴部が強く内湾し、最大の胴部直径が口縁部直径より大きくなる無頚壺（図2-c）。

　Bowl

　　Simple Bowl：胴部がなだらかに内湾する碗（図2-d）。

　　Flaring Bowl：胴部が外傾する碗（図2-e）。

表1　テオティワカンの時期区分

	Millon 1973	Rattray 2001
パトラチケ期（Patlachique phase）	BC150-BC1	BC150-1
サクワリ前期（Early Tzacualli phase）	AD1-100	AD1-100
サクワリ後期（LateTzaucualli phase）	100-150	100-150
ミカオトリ期（Miccaotli phase）	150-200	150-200
トラミミロルパ前期（Early Tlamimilolpa）	200-300	200-250
トラミミロルパ後期（Late Tlamimilolpa）	300-450	250-350
ショラルパン前期（Early Xolalpan phase）	450-550	350-450
ショラルパン後期（Late Xolalpan phase）	550-650	450-550
メテペック期（Metepec phase）	650-750	550-650

（出所：Millon 1973, Rattray 2001）

図2　基本器種

　　　　Outcurving Bowl：胴部および口縁部が外反する碗（図2-f）。
　　　　Incurving Bowl：胴部が内湾する碗（図2-g）。
　　　　Shouldered Bowl：胴部の中央部または上部にかけて突出部をもち断面図では"S"字型の形
　　　　　の胴部になる碗（図2-h）。
　　　　Angled Bowl：なだらかに内湾する胴部から口縁部が垂直に立ち上がる碗（図2-i～j）。
　　　　Corrugated Bowl：口縁部断面が波型になる碗。
　　　　Pinched Bowl：波状の口縁部をもつ碗。
　　Vase：平底で胴部が直立または外傾するシリンダー状の鉢（図2-k～l）。
　　Dish：器高がBowlより低い平底の皿（図2-m）。
　　Plate：器高がDishより低い平底の皿（図2-n～o）。
　　Comal：胴部がほとんどない丸い鉄板状の皿（図2-p）。
　　Cazuela：口縁部が多く外反する大型の深鉢（図2-q）。
　　Basin：器厚が厚く胴部が外傾あるいは直立する平底の大型の鉢（図2-s）。
　　Florero：口縁部が大きく外反し頸部が直立あるいは内傾する小型の長頸壺（図2-r）。
　　Amphora：頸部が直立あるいは内傾し、取手が胴部につく器高の高い大型の壺（図2-t～u）。
　　Tlaloc Jar：器の正面にトラトック神が塑像されている儀式用の壺（図2-v）。
　　Incensario：香炉、さまざまな器形がある（図2-w）。
　　Cover：器の蓋（図2-x）。
　　Miniature：ミニチュア土器、さまざまな器種がある。
　　Support：土器の底部につけられる脚。

(4) パトラチケ期の土器の出土状況

　月のピラミッドは、前述したトンネル発掘により7期の建造物の増改築があったことが解明されている。土器の分析は、第1期の建造物の下にあり、地山直上の自然堆積層と考えられる第56層から開始し、第1期の建造物から第5期の建造物の盛土から出土した土器をコンピュータに1片ずつデータを登録している（使用ソフトはAccess）。それぞれの建造物の盛土から出土した土器片数および登録数は表2に示す。口縁部破片、文様のある胴部破片や底部破片が主に抽出され、登録されて分析されている。

(5) パトラチケ期の土器の特徴

　2000年から土器分析が開始され、現在分析途中である。したがって、最終的なタイプ名はつけられていない。これらの土器ユニットは、胎土、表面調整、装飾技法の属性に着目しグループ化して、暫定的なグループ名がつけられている。

1) Coarse Matte group

　褐色あるいは明褐色（7.5YR 6/6, 2.5YR 6/8）の砂質の胎土で柔らかい。表面はナデ調整が行われ、色は胎土と同様である。器種はIncensarioである。

表2　土器の出土数

	土器片数	登録数
自然堆積層	2,090	194
1期建造物の盛土	4,885	263
2期建造物の盛土	12,348	768
3期建造物の盛土	602	39
4期建造物の盛土	12,310	1,066
5期建造物の盛土A	4,565	545
5期建造物の盛土B	3,352	247
Total	40,152	3,122

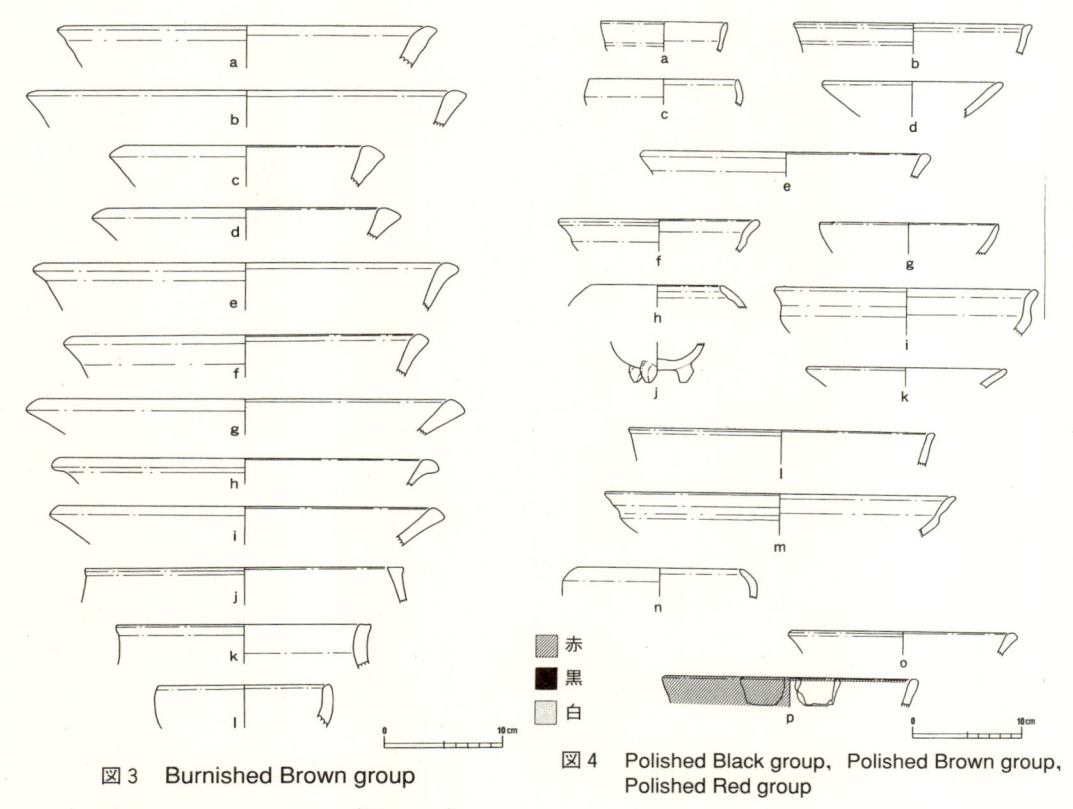

図3　Burnished Brown group

図4　Polished Black group, Polished Brown group, Polished Red group

2）　Burnished Brown group（図3-a〜l）

　胎土はやや荒いものから良質のものまであり、色は褐色からオレンジ系褐色および黒色である（7.5YR 6/6, 6/4, 5YR 5/6, 2.5YR 5/8）。表面は内外面ともよく調整され、褐色からオレンジ色である（7.5YR 5/6, 6/4, 6/6, 3/2, 5YR 5/6, 6/6, 2.5YR 5/8）。器種はOlla、Jar、Simple Bowl、Shoulderd Bowlなどが見られる。大型壺の"Round Wedge Rim"と呼ばれる肥厚する口縁部は、典型的なパトラチケ期の特徴である。

3）　Polished Black group（図4-a〜i）

　胎土は良質で、色は褐色から黒色までである（7.5YR 7/4, 5YR 3/4）。表面は内外面ともよく研磨され、一般的には内外面とも黒色であるが、片面だけ黒色の土器もある。器種はSimple Bowl、Shouldered Bowl、Outcurving Bowl、Angled Bowl、Flaring Bowl、Jar、Tecomateなどがある。Tecomateは、サクワリ期以降は消滅する器種である。

4）　Polished Brown group（図4-j〜o）

　胎土良質で、色は褐色、暗褐色、オレンジ系褐色である（7.5YR 6/6, 6/4, 5YR 5/6, 6/6）。表面は内外面ともよく研磨され、一般的には内外面とも褐色、暗褐色、オレンジ系褐色である（7.5YR 6/4, 5/6, 6/6, 5YR 5/4, 6/8）。器種はSimple Bowl、Shouldered Bowl、Outcurving Bowl, Vase, Jar, Tecomateなどがある。

5）　Polished Red group（図4-p）

　胎土は良質で、色は褐色、暗褐色、オレンジ系褐色および黒色である（7.5YR 6/6, 6/4, 5YR 6/6）。

図5 Red on Natural group、Red and Black on Natural group

図6 Negative group、Red on Natural group、Red and Black on Natural group

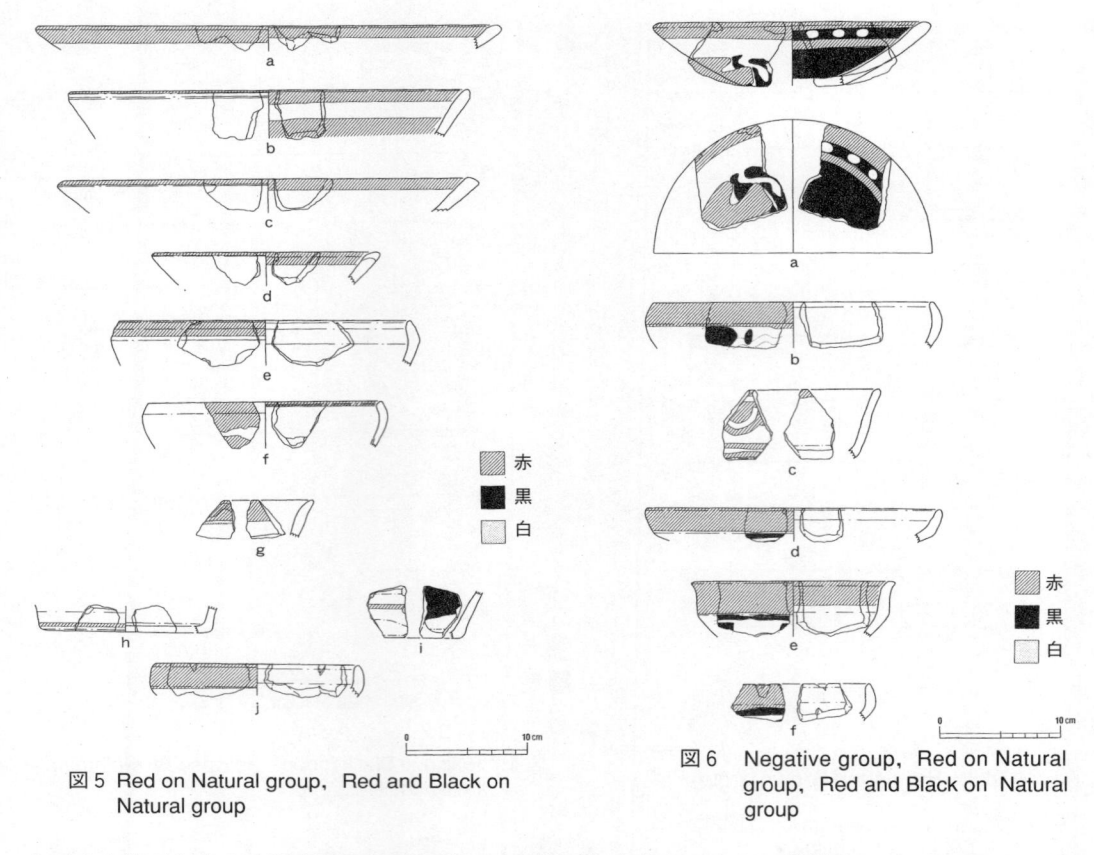

表面は内外面ともよく研磨され、一般的には内外面とも赤色である。器種はSimple Bowl、Flaring Bowl、Vase、Jar、Tecomateがある。

6) Red on Natural group（図5-a～h, J、図6-c）

褐色の表面に赤色のペイントが施されるグループで、胎土は良質、色は明褐色から褐色である（5YR 4/6, 6/6, 7.5YR 5/4, 6/6）。表面は研磨され、一般的にスリップはかけられない（7.5YR 7/4, 5/4,5/2）。器種はFlaring Bowl、Pinched Bowl、Simple Bowl、Angled Bowl、Jar、Vaseが見られる。

7) Red and White on Natural group

褐色の表面に赤色と白色のペイントが施されるグループで、胎土は良質、色は褐色である（5YR 5/4, 5/6）。表面は研磨され、スリップはかけられない（5YR 5/4, 7.5YR 6/4）。器種はSimple Bowl、Jarなどがある。

8) Red and Black on Natural group（図5-i、図6-d～f）

褐色の表面に赤色と黒色のペイントが施されるグループで、胎土は良質、色は表面と同様に褐色である（7.5YR 6/6）。表面は研磨されているがスリップはかけられない。器種はShouldered Bowl、Simple Bowl、Angled Bowl、Jarが見られる。

9) Red, White and Black on Natural group

褐色の表面に赤色、白色、黒色のペイントが施されるグループで、胎土は良質、色は表面と同様に褐色である（7.5YR 7/4）。表面は研磨されているがスリップはかけられない。器種はBowl、Vase

表3 パトラチケ期の土器のタイプ別構成比

	56 層		1期の建造物		2期の建造物		3期の建造物		4期の建造物		5期の建造物		合計(口縁部数)	
Coarse Matte group	3	2.1%	2	1.0%	1	0.2%	0	0.0%	1	0.6%	0	0.0%	7	0.7%
Fine Matte group	0	0.0%	0	0.0%	0	0.0%	0	0.0%	0	0.0%	0	0.0%	0	0.0%
Burnished Brown group	73	51.4%	53	27.0%	199	43.3%	5	62.5%	75	48.4%	30	40.0%	435	42.0%
Polished Black group	14	9.9%	51	26.0%	46	10.0%	1	12.5%	4	2.6%	1	1.3%	117	11.3%
Polished Brown group	18	12.7%	36	18.4%	54	11.7%	1	12.5%	25	16.1%	12	16.0%	146	14.1%
Polished Red group	6	4.2%	8	4.1%	28	6.1%	0	0.0%	23	14.8%	7	9.3%	72	6.9%
Red on Natural group	20	14.1%	32	16.3%	94	20.4%	1	12.5%	19	12.3%	13	17.3%	179	17.3%
Red and White on Natural group	1	0.7%	0	0.0%	19	4.1%	0	0.0%	5	3.2%	8	10.7%	33	3.2%
Red and Black on Natural group	3	2.1%	7	3.6%	5	1.1%	0	0.0%	0	0.0%	1	1.3%	16	1.5%
Red, White and Black on Natural group	0	0.0%	0	0.0%	7	1.5%	0	0.0%	0	0.0%	1	1.3%	8	0.8%
Negative group	4	2.8%	7	3.6%	7	1.5%	0	0.0%	3	1.9%	2	2.7%	23	2.2%
Dense group	0	0.0%	0	0.0%	0	0.0%	0	0.0%	0	0.0%	0	0.0%	0	0.0%
Thin Orange group	0	0.0%	0	0.0%	0	0.0%	0	0.0%	0	0.0%	0	0.0%	0	0.0%
Granular group	0	0.0%	0	0.0%	0	0.0%	0	0.0%	0	0.0%	0	0.0%	0	0.0%
Total	142	100.0%	196	100.0%	460	100.0%	8	100.0%	155	100.0%	75	100.0%	1036	100.0%

がある。

10) Negative group（図6-a〜b）

ネガティヴ文様をもつグループは、胎土は少量のテンパーを含むが良質であり、色は褐色からオレンジ色（7.5YR 6/6, 7/4, 5YR 6/6）である。表面は良く研磨され、オレンジ色スリップがかけられる場合がある。ネガティヴ文様は、スリップの上あるいは素地の上から直接描かれ、その上から黒色または暗褐色の薄いペイントを施すことによりネガティブ文様を浮き出させている。さらに口縁部には赤色のペイントが施され、赤、オレンジ、黒色の3色の文様が見られる。ネガティヴ文様のモチーフは円、波形、斜線などである。器種はFlaring Bowl、Simple Bowl、Angled Bowlである。

表3は、パトラチケ期の土器グループごとの構成比である。パトラチケ期に属する土器の個体数（口縁部数）は1,036で、その中でBurnished Brown groupが42.0%を占める。そのほか、Red on Natural group（17.3%）、Polished Brown group（14.1%）、Polished Black group（11.3%）の出土数が多い。

4．周辺地域との比較

(1) トラチノルパンとの比較

ブラチャー（Blucher）によると、トラチノルパン（Tlachinolpan）遺跡[2]のパトラチケ期には、Burnished Ware（97.2%）、Polished Ware（1.8%）、Dense Ware（0.25%）、Coarse Ware（0.10%）の四つの土器グループが報告されている（Blucher 1971: 304-362）。さらにそれぞれのグループは、装飾の違いや器形の違いによってさらに細分されている（表4）。

Burnished Ware の胎土は、テンパーが次のサクアリ期の土器より少なく良質である。表面調整では、赤褐色の表面に整形痕が条線となって残る。

Burnished Wareに属する無装飾の土器群（Plain）では、Olla、Jar、Bowl、Tecomate、Vase、Plate、Comal、Cazuela、Basinの器種があり、OllaやBowlが多く出土する。Ollaの器形の特徴は、"Wedge

表4　トラチノルパン遺跡におけるパトラチケ期の土器*

土器のグループ		パトラチケ期の土器全体における割合（％）
Burnished Ware		97.20
	A.Plain	84.50
	Olla	49.10
	Jar	4.80
	Tecomate	2.40
	Basin	0.35
	Comal	0.05
	Bowls	25.60
	Supports	1.25
	Plate	0.05
	Vase	0.90
	B.Decorated Monochrome	0.45
	C.Bichrome	11.60
	Olla	0.65
	Jar	1.20
	Tecomate	0.05
	Bowl	7.20
	Supports	0.50
	Plate	0.05
	Vase	0.10
	Others	1.85
	D.Polychrome	0.60
	Jar	0.05
	Tecomate	0.05
	Bowl	0.50
Polished ware		1.80
	A.Plain Monochrome	0.85
	B.Decorated monochrome	0.35
	C.Bichrome	0.50
	D.Incised Bichrome	0.05
	E.Polychrome	0.05
Dense Ware		0.25
Coarse Ware		0.10

*この表はBlucher（1971）の報告書から作成した。ネガティヴ文様をもつ土器は、少数のためこの表から除外している。

"rim"と呼ばれる口縁部の形にある。この口縁部は口唇部にかけて肥厚し、口唇部が平らになる。この口縁部のバリエーションとして、口唇部の内側のみが丸くなるものや口唇部が丸くなるものなどがあるが、どの口縁部もその厚さは胴部より厚くなるのが特徴である。ベニホフ等によると、この"Wedge rim"は、パトラチケ期の時期を決定する指標とされている（Bennyhoff and Millon 1967）。Bowlはさまざまな器形のバリエーションが認められる。その中で代表的な器形は、Shouldered Bowlで胴部の中央部または上部にかけて突出部をもち、断面図では"S"字型の形の胴部になるもの、Simple Bowlと呼ばれるなだらかに内湾する胴部を有するものなどである。Tecomateは、メキシコ盆地では、この時期を最後に消滅する（Blucher 1971:313）。

　沈線などの装飾をもつ土器群（Decorated Monochrome）は出土数が少ないが、装飾技法としては沈線（Incision）や刺突文（Punctuation）や口唇部に造形を加えたものが報告されている。

　彩色を有する土器群では、Burnishedされた土器の表面の上に赤色や白色の単色で文様を描いたものと（Bichrome）と赤色と白色の2色で文様を描いたもの（Polychrome）の2種類がある。Bichromeの器種としてはOlla、Jar、Tecomate、Bowl、Plate、Vaseがあり、その中でBowlやJarが多い。Bowlの中では、前述したShouldered BowlやSimple Bowlのほかに、なだらかに内湾する胴部から口縁部が垂直に立ち上がるRim-angled Bowlや胴部が外傾するFlaring Bowlなどが一般的である。文様は、Bowlでは一般的に口唇部および口縁部内部に赤色のバンドが施される。そのほか、山形文などの文様も見られる。OllaやJarでは、Bowl同様に口唇部や口縁部に赤色のバンドがある以外は、胴部の外面に水平の赤色バンドが施される。

　Polished Wareは全体として出土数が少ないが、胎土はBurnished Wareと同様に良質である。表面は良く研磨され光沢がある。浅い研磨痕が見られる。

　無装飾の土器群（Plain Monochrome）では、表面の色が黒色（29.4％:トラチノルパン出土のパトラチケ期のPlain Monochromeの中での割合、以下同様）、赤褐色（Red-brown:23.5％）、褐色

（Brown:17.6％）、赤色（11.8％）と続く。器種は、Bowl、Jar、Vaseである。装飾をもつ土器群では、沈線を用いた装飾が施される。デザインとしては、1本の水平線、2本の平行線、複数の沈線で斜線を構成するものなどがある。彩色を施された土器群では、赤色の顔料を使って、土器の内面に単純な赤色のバンドが施される。Polychromeでは、赤色のバンドと白色の山形紋の組合わせが見られる。

　Dense Wareは、非常に良質のキメの細かい硬い胎土をもつが、テンパーは少数ながら大型のものが入れられる。表面は比較的よく磨かれ、研磨された土器に近い。器種としてはOllaのみである。

　Coarse Wareは砂質の胎土で、表面はナデ調整が施されるだけである。この時期のCoarse Wareを構成する器種は儀式用の香炉（Incensario）である。

　ネガティヴ文様をもつ土器は、Burnished WareやPolished Wareのそれぞれの土器グループに見られる。土器の表面の色（Brown）とネガティヴ文様を組み合わせたもの（Bichrome Resist）とそれに赤色のペイントがつけ加えられたもの（Polychrome Resist）に分類されている。Bichrome ResistのBowlの器形は、Shouldered Bowlで口縁部にサークルや波型文などのネガティヴ文様が見られる。Polychrome Resistでは、OllaやJarあるいはBowlなどの器種がある。Ollaでは、外面に縦の赤色のバンドと三角形のネガティヴ文様の組合わせ、Bowlでは内外面に赤色のバンドやサークルとネガティヴ文様の組合わせが見られる。

　トラチノルパン遺跡のパトラチケ期の土器では、Burnished Wareの文様のないタイプが84.5％、Polished Wareの文様のないタイプが0.85％であり（表4）、構成比から考えると月のピラミッドの資料とは異なる。月のピラミッド出土のパトラチケ期の土器には、Polished BlackやPolished Brownなどの研磨系の土器が比較的多い。この違いは、パトラチケ期における時代差を示している可能性がある。一方、両遺跡において出土数のもっとも多いBurnished Brownグループは、"Wedge rim"の存在など共通点が認められる。

(2) メキシコ盆地南部の遺跡との比較

　メキシコ盆地の南部には、円形ピラミッドで有名なクィクィルコ（Cuicuilco）遺跡がある。ミュラーの報告によるとクィクィルコ7期がパトラチケ期に相当する（Muller 1990）。クィクィルコ7期の土器は、大きくCoarse Matte group、Burnished group、Polished group（Painted groupを含む）および外部からの移入された土器に分類されているが[3]、出土数については報告されていないので、それぞれのグループの構成比は比較できない。

　クィクィルコのCoarse Matte groupではコップ状の香炉が出土している。このタイプの香炉は月のピラミッドの資料では見られないが、ベニホフ等は類似の香炉を報告している（Bennyhoff and Millon 1967）。Burnished groupでは、取手付きのOllaやCazuelaが見られる。Polished groupでは、ネガティヴ文様をもつ土器、赤色、褐色、黒色などの単色研磨土器、Red on NaturalやPolychromeなどの彩色土器が見られる。器形では、三脚付碗や口唇部が歯状になる碗、胴部が波型になる碗、胴部の断面がS型になる碗（Shouldered Bowl）などがあり、トラチノルパンや月のピラミッドの土器と類似している。

　テママトラ遺跡は、メキシコ盆地の南側に位置する遺跡である。2000年にこの遺跡の土器の報告

書が出版された（Serra *et al.* 2000）。この遺跡は次の五つの時期が認められている。土器の種類は、香炉（タイプ名：Mesa sin engobe terminal）、Burnished Brownグループ（タイプ名：Agua alisado）、Polishedグループ（タイプ名：Cuicuilco bayo, Cuicuilco rojo）、彩色グループ（タイプ名：Cuicuilco rojo sobre bayo）、ネガティヴ文様グループ（タイプ名：Negativo terminal）がある。Agua alisadoタイプでは、口縁部が外反するOllaがある。口縁部内側がやや削り取られる成形は、月のピラミッドのサクワリ期の土器によく見られる。また、Negativo terminalタイプやCuicuilco bayoタイプも月のピラミッドの土器に類似するものが認められる。

5. おわりに

本稿では月のピラミッド出土のパトラチケ期の土器を中心に、トラチノルパン遺跡、クィクィルコ遺跡、テママトラ遺跡の土器資料と比較しながらテオティワカンの起源を探ることを試みた。土器の資料からは、テオティワカン盆地の北部にあるトラチノルパン遺跡との類似性が強いことはいうまでもないが、メキシコ盆地全体の中で比較すると盆地の南側に位置するクィクィルコ遺跡やテママトラ遺跡とも関連性が強いことがうかがえる。しかし、従来いわれているヒトレ火山の噴火によるクィクィルコ遺跡の滅亡、その結果、クィクィルコ遺跡からテオティワカン盆地への移民という解釈を実証するためには、土器の構成比の比較などのより詳細な分析を必要とする。

現在、遺跡公園になっているテオティワカンの中心地域では、パトラチケ期の建造物は発見されていない。月のピラミッド1期の建造物はサクワリの初頭に位置づけられ、2期、3期の建造物はミカオトリ期の初頭に位置づけられる（佐藤 2004）。テオティワカンで軍事的色彩の強い王権が出現するのは、墓の副葬品や建造物の規模などから考えて月のピラミッドでは4期の建造物、それと同時期と考えられているケツァルコアトルの神殿が建設された時期である（杉山 2001）。この時期は、ミカオトリからトラミミロルパ前期頃と考えられる。トラミミロルパ期は、テオティワカンの土器製作において新しい器種や装飾技法が出現するなど大きく変化する時期である。Three-prong Burner、組合わせ式の香炉（Composite Censer）やカンデレロ（Candelero）などの香炉において新器種が見られる。また、装飾技法では前時代のCross-hatch IncisingやFlutingの技法がなくなり、Groove Incising、Plano-reliefや赤鉄鉱を使用したSpecular Redのペイントなどがこの時期に出現する（Rattray 2002）。香炉のような儀式用土器における新器種の出現は、ミカオトリ期からトラミミロルパ期にかけて大きな政治的変化があった可能性を示唆するものである。

註

1) 本稿では器種と器形という言葉をそれぞれ以下の概念で使用している。器種はその用途や特徴的な形に応じて分類。器形はそれぞれの器種におけるバリエーションを意味する。
2) トラチノルパン遺跡は、テオティワカン盆地の北西部のCerro Malinalco中腹に位置し、1962年からのミリョン（Millon）による遺跡の分布調査によって発見され、1967年からブラチャー等によって発掘調査が行われた。
3) 報告書ではスペイン語表記で、Cerámica sin engobe alisada, Cerámica bruñida, Cerámica pulida, Cerámica extraña と表記されている。

参考文献

佐藤　悦夫　2004　「テオティワカンの月のピラミッドの土器について」『古代アメリカ』第7号、74-84頁。

杉山　三郎　2000　「テオティワカン月のピラミッドにおけるイデオロギーと国家」『古代アメリカ』第3号、27-52頁。

杉山　三郎　2001　「テオティワカンにおける権力と抗争」『古代文化』Vol.53、3-16頁。

Bennyhoff, James A. and Rene Millon　1967　Draft of Teotihuacan Ceramic Monograph. Unpublished Manuscript.

Blucher, Stephen F.　1971　Late Preclassic Culture in the Valley of Mexico: Pre-Urban Teotihuacan. Ph.D. dissertation, Brandies University, Waltham, Mass.

Millon, Rene　1973　*The Teotihuacan Map*. University of Texas Press

Muller, Florencia　1990　*La cerámica de Cuicuilco B: un Rescate Arqueológico*.　Instituto Nacional de Antropología e Historia.

Serra, Mari Carmen, Felipe Ramírez, Lorena Gámez y Fernán González　2000　*Cerámica de Temamatla*. Universidad Nacional Autónoma de México.

Rattray, Evelyn　2001　*Teotihuacan: Ceramics, Chronology and Cultural Trends*. Instituto Nacional de Antropología e Historia/ University of Pittsburgh.

Sejourne, Laurette　1966　*Arqueología de Teotihuacán: La Cerámica*. Fondo de Cultura Económica, México.

Smith, Robert Eliot　1987　*A Ceramic Sequence from the Pyramid of the Sun, Teotihuacan, Mexico*. Papers, Vol.75, Peabody Museum of Archaeology and Ethnology, Cambridge, Mass.

テオティワカンにおける「政権闘争」
―― 頭飾りの真意と利用 ――

嘉幡　茂

1. はじめに

　メソアメリカ古代文化圏の代表的な都市遺跡の一つであるテオティワカン（図1）は、メキシコ中央高原に位置し、紀元前2世紀から紀元6世紀または7世紀まで機能したと考えられている。その最盛期における政治的・経済的・宗教的影響力はメキシコ中央高原に止まらず、広くメソアメリカ全域にまで及んでいた。そして、多様な社会階層や分業体制そして民族集団が存在する成熟した古代国家機構を備えていたと解釈されている。

　20数km²の都市規模に、当時のメソアメリカ文化圏の中で比類ない規模の住人が、いくつもの社会成層を形成し都市生活を営んでいた。その中では、独自に生業や手工業などに従事する者だけが存在していたのではなく、都市および国家としての機能を円滑に運ぶため、政治機構のコントロールを受けたさまざまな専門集団が活動していた。また、テオティワカン都市内部において、国際都市としての殷賑を示唆する「商人地区」（Barrio de los Comericiantes）や「オアハカ地区」（Barrio Oaxaqueño）の存在が報告され（Rattray 1987, R. Millon 1992：367-368）、一方で、とくにオアハカやマヤ地域との密接な交易、そして外交関係も指摘されている[1]。しかし、同時代のマヤ地域で確認されるカレンダーや文字などは、理由は不明であるが、意図的に利用されなかったと考えられる。

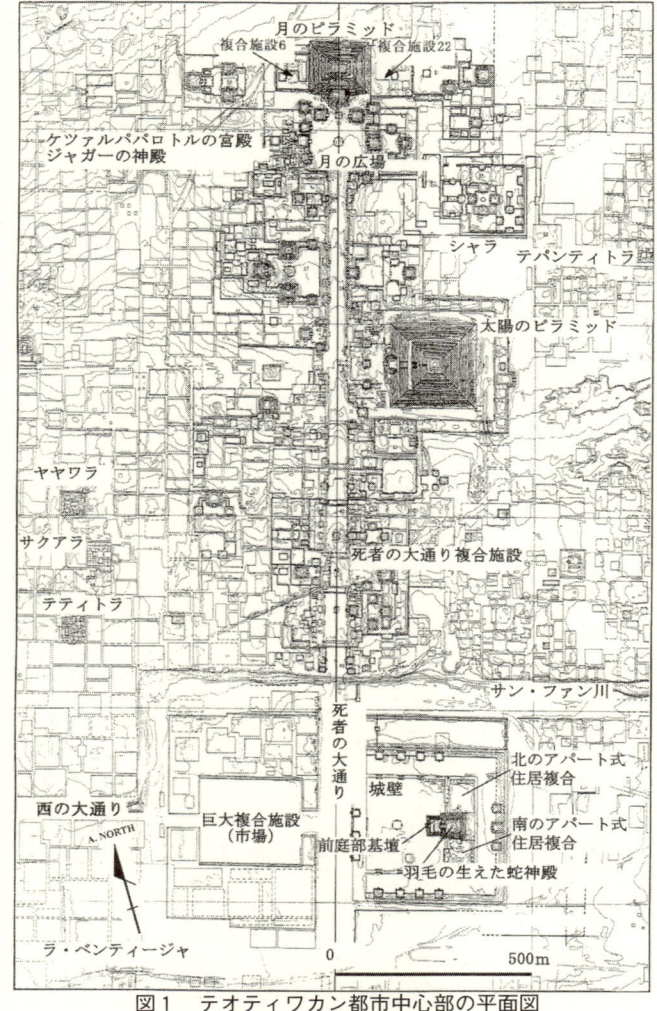

図1　テオティワカン都市中心部の平面図
（R. Millon 1992：342-343）

これと関連し、その政治形態や王権の存否に関しても不明である。マヤ地域における文字記録の存在は、われわれに当時の歴史、とくに王朝史を物語るが、テオティワカンにおけるその欠如は、考古資料からの解釈に大きく依存することとなる。また、王の存在を直接示す埋葬施設や、政治形態の解明を担う宮殿址の同定およびその解釈に学問的困難さを伴う現状では、これらのテーマを実証的に述べることは難しい。

しかしながら、先行研究で既に指摘されている紀元4世紀に起こったとされる「ケツァルコアトル神殿（Templo de Quetzalcóatl）」（図2）の破壊行為（Sugiyama 1989・1992・1998, Cabrera C. et al. 1991）を再考することは、政治形態や王権の存否の問題の解明に向け大きな手がかりになると考える。したがって、本稿では政治形態および王権の存否に関する断定的な記述は避けるが、テオティワカンの「政権闘争」について考察する。以下では、始めに現段階でテオティワカンの政治形態および王権の在否がどのように認識されているのか先行研究を紹介し、その成果および問題点を述べる。その後、図像学と考古学のデータをもとに、テオティワカンの都市内外部で観察される「政権闘争」の痕跡や影響について、「政権闘争」がテオティワカン史の中で、どのように位置づけられるのか考察したい。

2. テオティワカンの政治形態に関する先行研究[2]

（1） 合議制政治

合議制政治は、テオティワカンの都市建設当初から、その政治形態が集権的王権ではなく、都市崩壊まで連続して[3]、テオティワカンに住むさまざまな民族集団のエリート階級の人間が、合議にもとづき都市および国家を統治していたとする仮説である。根拠の一つとして、壁画や石彫そして土器に描かれた図像研究から、モティーフとなる対象の多くが神や動物また幾何学的模様などであり、人が登場する際、それは他の要素と比較して副次的な位置にあり、人物の匿名性をもって描かれることが挙げられる（Pasztory 1992:292-295）。

マヤ地域では古典期以降、とくに王が壁画や石碑そして土器に描かれ、文字も王朝史や歴代の王の偉業など王そのものの存在をアピールする手段として利用されている。紀元4世紀以降、テオティワカンとマヤ地域の関係はより密接になったと考えられており、テオティワカンの人びとがこの記述方法を知らなかったとは考え難い。にも関わらず、テオティワカンの崩壊まで個人的描写や記述を排除する傾向は、絶対権力をもつ王がテオティワカンでは存在せず、国家支配を合議のもとに決定していたとする根拠になっている。これと同様に、テオティワカンでは王墓と同定できる埋葬施設が未発見であることも有力な材料となっている。

さらに、マンサニージャ（Manzanilla 1996a・2004）は、上述の図像に見られる人物の匿名性および従属性を援用しながら、権力を発生させまた後の政治形態を決定する資源へのアクセス権、そしてその再分配システムを重要視する。彼女はまず、テオティワ

図2　ケツァルコアトル神殿（北から撮影）

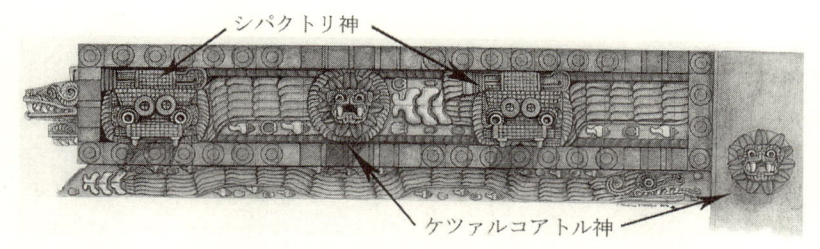

図3　ケツァルコアトル神殿の石彫（de la Fuente 1995, I: 12, 図版12）

カンの建築様式の特徴の一つであるアパート式住居複合（Conjunto Residencial）[4]に注目している。

R. ミロン（R. Millon 1976:227）は住居の規模、建築技法、空間利用、そして出土する遺物などの分析から、社会階層を六つに分けている。住居の中でも、アパート式住居複合は、テオティワカンのエリート階層から中流階層にまで属する人びとの居住地として利用されたと考えている（R. Millon 1981:214）。しかし、マンサニージャ（Manzanilla 1996a・2001a・2001b・2004）は、アパート式住居複合址の発掘調査結果および先行研究から、住居址内で発見される動植物資源および輸入原料に社会成層を区分するほどの相違は認められないと主張する。そして、住居址内で見られる資源利用の均質性は、そのアクセス権および分配の平等性を意味すると考え、特定の王もしくはそのグループに財産が偏る集権的王権による政治形態を否定している。

（2）王権から合議制政治への移行

王やその側近が存在していたとする根拠として、R. ミロン（R. Millon 1992:388-389）は、①サクアリ期（紀元1年から150年）の初めからテオティワカンが明確な都市プランにもとづき建設されていたこと、その中でも「太陽のピラミッド」や「死者の大通り」など大型建築プロジェクトが実施されていること、さらに②メキシコ盆地の全人口の90%がサクアリ期に入りテオティワカン盆地へ集中することを考慮している。テオティワカンでの大型建築事業およびテオティワカン盆地への強制的ともいえる移住は、カリスマを備えた王による絶対的権力なしには実施しえないというのが解釈である。

では、政治体制の変化はどのような資料から解釈されているのだろうか。まず、南北に走る「死者の大通り」と「西の大通り」および「東の大通り」が交差する位置にある「城砦」（Ciudadela）の政治的・宗教的機能と重要性について理解する必要がある。

この地点は単に四方位の交差点としてのみ意味をもつ場所ではなく、宇宙の基点として認識されており、コスモロジーにもとづき設計されているテオティワカンではもっとも重要な場所の一つである（Cowgill 1983:333, R. Millon 1992:395）。また、政治機構および宗教における本山を象徴する場所であり、「城壁」内部にある南北のアパート式住居複合は、王やその側近が住んでいた宮殿であると解釈されている（R. Millon 1981:214, 1992:393）。さらに、その両宮殿に隣接し紀元200年ごろに建立された「ケツァルコアトル神殿」は、メソアメリカの創世神話と密接に関わり、神殿全体に嵌め込まれているケツァルコアトル神やシパクトリ神（Cipactli）の石彫によって、現世の正当支配を許す神器としての頭飾り（図3）を、テオティワカンの王に授けている[5]舞台であると解釈されている（López Austin *et al.* 1991, Sugiyama 1992・2000）。さらに、「ケツァルコアトル神殿」が「時」

の支配と関連する他の資料として、層位学的に神殿建立時期またはその直前に、神殿内部および周辺部で200体以上の生贄がそれぞれ4、9、13、18、18、20のメソアメリカの暦の周期と関連する数でグループ化され、埋葬されていたことが挙げられる（Sugiyama 1989, 杉山 2001）。このように、「城砦」および「ケツァルコアトル神殿」はテオティワカンの中枢であり、王が支配権を神から継承する重要な空間であったと主張している。

しかしながら、この「ケツァルコアトル神殿」は紀元4世紀ごろに神殿外部だけでなく内部まで破壊される。この意図的な破壊行為が政治変動を暗示し、政治体制の根本的な変化、すなわち合議制政治への移行をもたらしたと主張する（R. Millon 1992:382-401, Sugiyama 1998）。ケツァルコアトル神殿の正面部は、王権の象徴ともいうべき石彫（シパクトリ神）を「前庭部基壇」（Plataforma Adosada）によって覆われている。また、内部の生贄埋葬墓も神殿外部の破壊と同じ時期に盗掘を受け、権力者が用意周到につくり上げた神との交信の舞台を、王権を支えていたイデオロギーを否定するかのように破壊している（Sugiyama 1998, Cabrera C. *et al.* 1991）。この政治変動が引き起こされた理由は、王政期の制度やイデオロギーへの抑圧の蓄積にあったと述べて、このような抑圧状態をつくり出した王を再び登場させないため、合議制政治が誕生したと説明している（R. Millon 1988: 112, 1992: 396-397）。

（3） 仮説における問題の所在

合議制政治の説における問題点は、マンサニージャが主張する資源のアクセス権とその再分配システムが、アパート式住居複合から発見される資源利用の均質性のみで復元できるのかということである。住居内では住居ごとに異なった製品生産に従事していたことは彼女自身が報告している（Manzanilla 1996a, 2004）。したがって、資源の配分は彼女が考えるより複雑であり、どのように資源が循環し、各住居に到着したのかを考慮しなければならないはずである。さらに、合議制政治が断続せずテオティワカン崩壊まで機能していたと考えるには、4世紀に起こった政治体制の変化を主張する仮説の考古学資料をあまりにも軽視していると思われる。

もう一方の王権を主張する仮説は、決定的な資料となる王墓が未確認であり、現状では考古学的に実証するのは難しい。もちろん、王墓と推測されている埋葬墓がないわけではない。しかしながら、いずれも盗掘の被害を受け、王が眠っていたのか確認できていない（Cabrera C. *et al.* 1991: 83-84, Sugiyama 1992:220-221, 2000:127-129）。

体制変化に関して、王権政治からくる住民への抑圧の蓄積が原動力となったこと、および「ケツァルコアトル神殿」の内外面からの徹底した破壊を考慮すると、この痕跡は神殿のみに見られるものではなく、王の邸宅として機能していたと思われるアパート式住居複合、さらに巨大モニュメントである「太陽のピラミッド」や「月のピラミッド」にも何らかの痕跡が確認されてしかるべきではないかという疑問が湧く。

それとも体制変化は穏便に行われたのであろうか。コーギル（Cowgill 1983:337）は、体制変化後も「城砦」はテオティワカンで象徴的な場所として機能し、王族は追放または殺害されず、政治的権力は剥奪されたが国家儀式のみを取り仕切る聖職者になったと考えている。しかしながら、政治体制の変化、政治革命とも呼べるこの出来事が「ケツァルコアトル神殿」のみの破壊で終結した

と解釈するのは、あまりにも「ケツァルコアトル神殿」をテオティワカンの中で政治的・宗教的高位に置き、「太陽のピラミッド」や「月のピラミッド」を政治や宗教そして巨大モニュメントの建築を指揮した王族と無関係であると見なすことにつながると考える。さらに、政教一致であったと考えられるテオティワカン社会[6]において、実権を剥奪された集団に、国家儀式に携わる象徴的地位を留保させたと考えるには矛盾があると思われる。

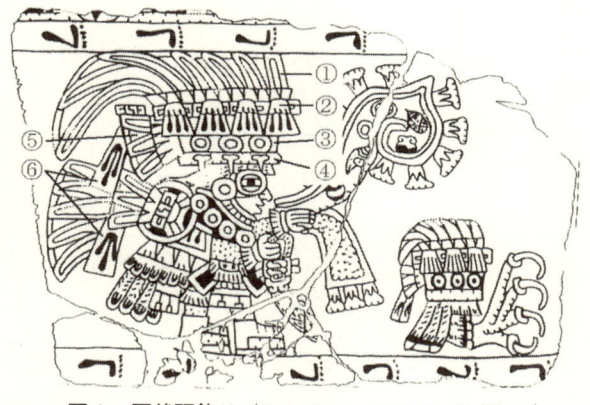

図4　房状頭飾り　(de la Fuente 1995, II: 55, 図140)

　コーギル（Cowgill 1983:314-315）は、テオティワカンの政治システムは崩壊まで静的ではなく、その解釈を単純化せず、政治変化のプロセスを示唆する証拠を探すべきであると述べている。ではこのプロセスを示す証拠をどのような資料から考察することが可能だろうか。もっとも有効な資料は頭飾りであると考える。それは、頭飾りが神、リネージ、権威、社会身分などを表象するということにもとづく[7]。また、先に述べたように、「ケツァルコアトル神殿」の両石彫は、テオティワカン国家自身の、そして後者の仮説に従えば王族のシンボルとしての意味をもつ。その駆逐成功の証の一つとして、「ケツァルコアトル神殿」の西側正面にある両石彫は、「前庭部基壇」に覆われることになった。もしテオティワカンの住民の怨嗟を起因とする政治体制の変化であるなら、この4世紀の体制変化後、これらの石彫は使用されなくなると考えるのが合理的ではなかろうか[8]。

　以上のことから、「ケツァルコアトル神殿」への破壊行為が、テオティワカンの政治体制にどのような意味があったのか、とくにケツァルコアトル神とシパクトリ神の図像が「政権闘争」後も登場するのかを再考察することは、先述の両仮説に見られる主張の不一致、すなわち王権の在否を研究することにもつながり、テオティワカンの政治形態を分析する際にも重要であると考える。

　したがって以下では、まずテオティワカン内部で観察される頭飾りの資料をもとに、「政権闘争」について考察したい。その後、テオティワカンととくに政治的そして経済的に密接な関係のあった外部地域で見られるテオティワカン様式の頭飾りを対象とする。テテオティワカン様式の頭飾りは、オアハカやマヤ地域でも石彫や壁画そして土器にモティーフとして登場する。そのような頭飾りを着けて登場する人物は身分の高い者であり、テオティワカン政権と何らかの関わりをもっていたと理解できる。さらに、この「政権闘争」の時期は、オアハカやマヤ地域でテオティワカンとの関連を示唆する資料が広く認め始められる時期と符合している。したがって、テオティワカン外部から分析することで、「政権闘争」の意味を理解する一助になると考える。

3. テオティワカン内部で見られる頭飾り

(1) 抽象化されるケツァルコアトル神とその意味

　テオティワカンでいくつか見られる頭飾りの中でも、房状頭飾り（図4）[9]はもっとも重要な政治

的・宗教的位置に置かれていたと考えられる（Paulinyi 2000）。C. ミロン（C.Millon 1973）は壁画、石彫、土器に表現される図像を分析し、房状頭飾りが政治や宗教と関わる重要な場面で登場することから、テオティワカン自身を表現し、それとともに描かれる人物はテオティワカン国家の官僚であると結論づけている。筆者も彼女の説に同意するが、房状頭飾りにはさらに深い意味があると考える。

　この頭飾りの原型はテオティワカンで見られるケツァルコアトル神を抽象化したものであり、さらに飾り房を加えることでテオティワカン国家を指すエンブレムになると考える。テオティワカンにおけるケツァルコアトル神のこのシンボル化は、「ケツァルコアトル神殿」のみで表現されるのではなく、他のアパート式住居複合でも、石彫や壁画に主要モティーフとして描かれる。その中でもとくに、「アテテルコ（Atetelco）・アパート式住居複合」の「中庭2」（Patio 2）にある「中央祭壇」（Adoratorio Central）に描かれるケツァルコアトル神（図5）に注目する必要がある。タルー（斜壁）・タブレーロ（垂直壁）様式の基壇が3段に築かれて、上段と下段のタブレーロにケツァルコアトル神が描かれている。下段のケツァルコアトル神の胴部には、雨や稲妻の属性をもつトラロック神（Tlaloc）が、「ケツァルコアトル神殿」のシパクトリ神の石彫[10]と同様にケツァルコアトル神によって運ばれている。このトラロック神の両側にある同じパターンをもつ4個のパーツは、上段タブレーロにある上下2体のケツァルコアトル神にも同様に認められ、ケツァルコアトル神自身の胴体部を表現していると考えられる。そして、タルー・タブレーロ中央基壇には、この胴体部が縦に切り離されて配置されている。このケツァルコアトル神の胴部と認識できる多数の羽毛は、C.ミロンが主張する飾り房が欠落しているが、その他の描写における類似性から、ケツァルコアトル神の羽毛を表現する房状頭飾りの原型であると考える。

　このことから、テオティワカンが「時の始まり」を属性の一つとしてもつ神と密接な関係にあり、この頭飾りを所有する官僚は、ケツァルコアトル神によってテオティワカン国家を正当に支配する権利を約束されている者であり、さらに房状頭飾り自身は、複数の民族集団で構成されるテオティワカンの各リネージを超える総体としての内容をもつエンブレムであると考える。

　これは後で詳述するように、ケツァルコアトル神とシパクトリ神の「政権闘争」後における登場の仕方の相違が証左となっている。つまり、ケツァルコアトル神のシンボル化はテオティワカンを起源とし、政変後だけでなくテオティワカン崩壊後もメソアメリカのさまざまな地域で、主要なモティーフとして登場する（Sugiyama 2000）が、シパクトリ神はそうではないということである。

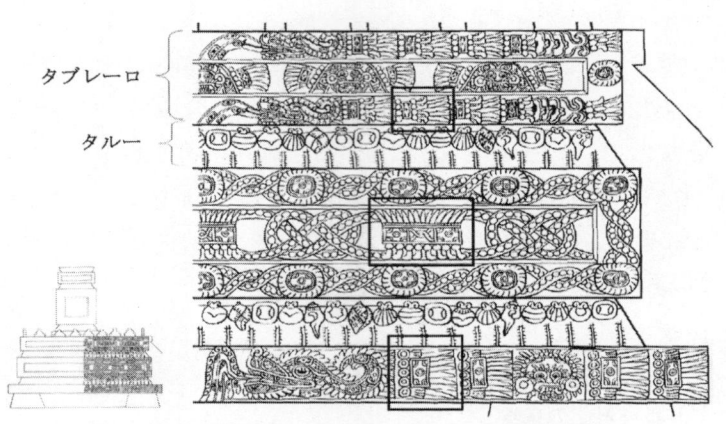

図5　中央祭壇に描かれるケツァルコアトル神と頭飾り
（Miller 1973: 164, 図345）

したがって、テオティワカンの図像において、「ケツァルコアトル神殿」に嵌め込まれているケツァルコアトル神とシパクトリ神の頭飾りにおける表現内容を区別しなければならないと考える。もし政変後、シパクトリ神が政治や宗教に関する重要な場面にモティーフとしてテオティワカンで登場しなくなるのなら、「ケツァルコアトル神殿」の破壊行為は、ケツァルコアトル神の石彫を目的にしたのではなく、もう一方の石彫シパクトリ神を信仰していたグループに対して行われたものではないかと考えられる。しかしながら、トラミミロルパ期以降、すなわち「政権闘争」後も機能していたと考えられる「テパンティトラ（Tepantitla）・アパート式住居複合」の「部屋2」（Cuarto 2）の壁画は、この推論を否定している。

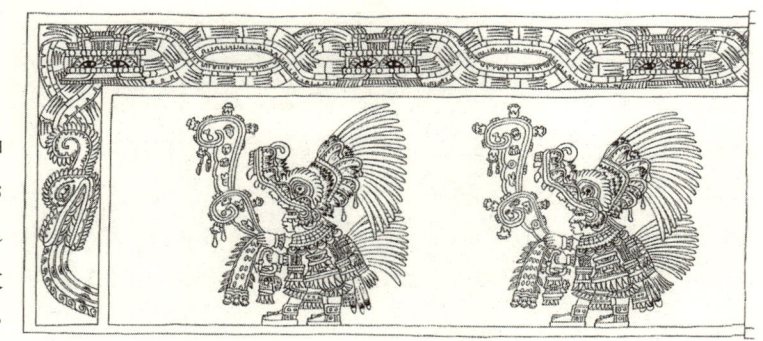

図6　ケツァルコアトル神が胴部にシパクトリ神の頭飾りを運ぶ場面
（Miller 1973:100-101, 図173）

図7　房状頭飾りと抽象化されたトラロック神
（de la Fuente 1995, I:119, 図12.4）

　図6の縁には、「ケツァルコアトル神殿」で見たように、ケツァルコアトル神とその胴部にシパクトリ神と同定されている頭飾りが描かれている（de la Fuente 1995, II:44-45）。さらに壁画中央では、2人の聖職者がシパクトリ神の頭飾り[11]を着け何らかの儀式を行っている。上記から、「政権闘争」後も、この壁画に描かれているようにシパクトリ神は登場し、王族らはテオティワカンに住む自由が与えられ、それ以上に宗教儀礼を行う重要な役目を任されていたといえるかもしれない。

　しかし、「アテテルコ・アパート式住居複合」では、ケツァルコアトル神がその胴部に運んでいるのはシパクトリ神の頭飾りではなく、トラロック神である（図5）。筆者はトラロック神が運ばれていることに「政権闘争」に関わる重要な意味があると考える。先に、テオティワカンの図像において、ケツァルコアトル神とシパクトリ神およびトラロック神の頭飾りにおける表現内容を区別しなければならないと述べたが、つまり、それは上記の3神を伴う頭飾りはいずれもテオティワカンを表すエンブレムであるが、ケツァルコアトル神と飾り房を組み合わせた頭飾りは集団の総体としてのテオティワカン国家を、あと2神の頭飾りはテオティワカンの国家支配に関わる各リネージを象徴し、同時にその神の属性を継承する意味をもつと考える。

（2）　シパクトリ神からトラロック神へ

　図7には房状頭飾りと抽象化されたトラロック神が交互に描かれている。詳しい年代はわかっていないが、この壁画はトラミミロルパ期以降に建設されたと推定される「ジャガーの宮殿」（Palacio de los Jaguares）の一室で見られる。「ケツァルコアトル神殿」の例とは異なり、またケツァルコアトル神によってトラロック神は運ばれていないが、ケツァルコアトル神を抽象化した頭飾

48　第Ⅰ部　中米編

りと同列に描かれている。

　図8はトラミミロルパ後期ごろに属する鋳型でつくられた鉢である。この内面底部にはトラロック神が描かれ、外面胴部には4人の人物と彼らのエンブレムと考えられる蛇・ケツァル鳥・房状頭飾り・コヨーテが展開されている。ここでの中心は、内面に一体だけ描かれるトラロック神である（Kubler 1967:8）。一方の房状頭飾りは他の三つの動物神や人物と同列に配置されている。しかしながら、房状頭飾りを着けている人物（図8左から3番目）は、トラロック神の図像表現の特徴であるゴーグルを目にかけており、房状頭飾りとトラロック神の関連が強いことを示唆している。この場面にはシパクトリ神は登場しない。

　この2例を代表として、房状頭飾りとトラロック神がセットになり描かれる類例、またトラロック神やその他、ジャガーや鳥そしてコヨーテなどの動物神を主要テーマとして扱う類例が確認されている（図9）。その中でも、トラロック神と「偉大な房状頭飾り」[12]がセットで描かれる場合、それを被る者はトラロック神に仕える人物であり、稲妻を操ることのできる霊的能力をもつ神聖な支配者であると解釈されている（Paulinyi 2001）。

　房状頭飾りとトラロック神以外の神または動物神が描かれる類例は、テオティワカン内では、筆者の知る限りジャガーとともに描かれた例（図9-1）のみであり、房状頭飾りとトラロック神の密接な関係が指摘できる。また、頭飾りの頭部を飾る要素として、一般的に先に見た動物神が挙げられる。ここで考慮せねばならないことは、トラロック神およびシパクトリ神は頭飾りの装飾の一部となることがきわめて少ないということである。とくにトラロック神の場合は、類例が皆無である。この神が人物とともに登場する際、常に直接その人物にトラロック神の特徴が観察される（図4）。また、両方の神がケツァルコアトル神によって運ばれることを考慮すると、これらはやはり他の動

図8　鉢形土器に描かれる神々（C. Millon 1973: 303, 図7）

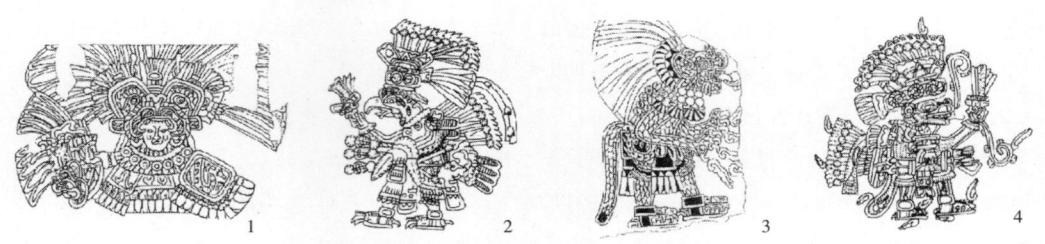

1：ジャガー神　2：鳥　3：ジャガー　4：コヨーテ
図9　テオティワカンで現われるさまざまな神々（de la Fuente 1995, II:56-58）

物神とは異なる意義をもっていた可能性が示唆される。

これら図像におけるモティーフを考慮する[13]と、シパクトリ神を象徴とする集団、すなわち「政権闘争」以前にテオティワカンで政治的優位にいた集団は、政変後トラロック神を擁く集団に政治権力を奪われたといえるかもしれない。さらに、他の動物神が政治的・宗教的場面にモティーフとして頻繁に登場することから、政変後はさまざまなリネージから来るエリートたちがテオティワカンを支配していた可能性も考えられる。

図10 テオティワカンの使者が登場する石碑
（Marcus 1983:177, 図6.5）

リサの石碑

7号石碑

4. テオティワカン都市外部で見られる頭飾り

テオティワカン都市内部で発見されているモティーフから、「政権闘争」後、トラロック神とその他のリネージの政治的優勢、並びにシパクトリ神の劣勢の可能性を見た。ではテオティワカン都市外部ではその影響はどのように見られるのだろうか。以下では、テオティワカンと同時期に栄え、政治的関連が指摘されている都市の中でも、とくにモンテ・アルバンとティカルを見てみる。さらにここでも頭飾りに注目するが、テオティワカンとの関係を見るため、何らかの政治背景が読み取れるものを分析対象にする。

（1） モンテ・アルバン[14]

「南基壇」（Plataforma Sur）の北西角と南西角で見つかっている「リサの石碑」（Estela Lisa）（図10上）および「7号石碑」（Estela 7）（図10下）には、テオティワカンからの使者が描かれている。これらの石碑は、「南基壇」の建築時期から、モンテ・アルバンⅢa期に属し、両者とも、モンテ・アルバンとテオティワカンの平和外交を記録したものであると考えられている（Marcus 1983:176-181）。

リサの石碑には、テオティワカンからの4人の使者が、右のモンテ・アルバンの王に謁見する場面が描かれている。彼らの被っているものは頭飾りではなく（Taube 1992:74）、戦争と関連する兜であると考えられる。しかしながら、彼らの手には武器は握られておらず、少なくとも中央の3人は左手に、コパル（儀礼用のお香）を入れるための袋をもっていると考えられる。兜には直接彼らのリネージを表す神や動物神が描かれていないが、各人物前方部に個人名がザポテカ文字で刻まれている（Marcus 1983:178）。

7号石碑にもテオティワカンからの使者が4人描かれている。彼らはテオティワカン国家を表す房状頭飾りを被っており、各人異なった神や動物神を頭飾りに伴っている。行進方向からトラロック神、ジャガー、コヨーテ[15]、蛇が描かれている。ここでは、テオティワカンではあまり見られなかった房状頭飾りと動物神がセットになり登場していることは興味深い。モンテ・アルバンとの外交場面で、テオティワカン国家自身を強調するため、房状頭飾りを被っているのかもしれない。行

進の最前列にトラロック神を伴う使者が位置していることは、テオティワカンでトラロック神が政治的に優位であったことを意味するかもしれない。

　図11は「バサンの記念碑」（Lápida de Bazan）と呼ばれ、都市の北東部にある「マウンドX」（Montículo X）の盛土から発見された。左側の人物がテオティワカンからの使者であると考えられるが、頭部が欠落しているためどのような頭飾りを着けていたのかは不明である。しかし、その人物の右側に房状頭飾りが刻まれている。また、ここに標されている神聖文字の解読から、この場面は、テオティワカンの大使とモンテ・アルバンの高官が会談し、預言者に意見を求め、彼らの協定に神聖さを加えるために香炉を焚いた「国際サミット」であると解釈されている（Marcus 1983: 179）。

　これらの石碑はすべて、約350km離れたテオティワカンと政治や宗教に関連した事柄を表し、トラロック神を始めテオティワカンで登場する動物神が描かれている。その場にシパクトリ神が登場しないことも考慮すると、モンテ・アルバンとの政治的関係は、「政権闘争」後に深まったことを暗示しているのかもしれない。

(2) ティカル[16]

　ティカルの「31号石碑」（Estela 31）の中央の人物は、シヤフ・チャン・カウィール2世（Siyaj Chan K'awiil II）であり、その両側には父であるヤシュ・ヌーン・アイーン1世（Yax Nuun Ayiin I）が異なった頭飾りを着け、テオティワカン様式の衣装で登場している（図12）[17]。左側に描かれる父親の頭飾りは、タウベ（Taube 2000:283）によるとシウコアトル神[18]であり、その属性は異なるが本稿で呼んでいるシパクトリ神を指す。この頭飾りには3ヵ所に飾り房らしきものが観察されるが、房状頭飾りを特徴づけるいくつかの要素が欠落している。したがって、房状頭飾りとシパクトリ神のセットであると断定することは難しい。一方、右側の兜を着けたヤシュ・ヌーン・アイーン1世の腕にある羽毛のついた四角い盾には、房状頭飾りとトラロック神がセットになり登場している。その他、この石碑にはテオティワカンの文化的特徴であるアトラトル（投槍器）、そして貝殻で

図11　テオティワカンとモンテ・アルバンの外交記録（Marcus 1983: 180, 図6.7）

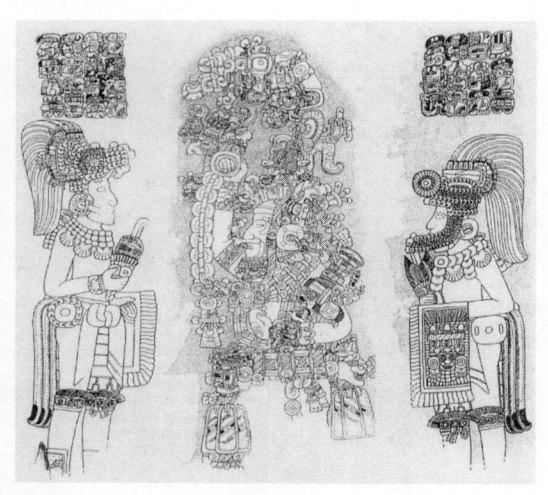

図12　ティカル31号石碑（Martin y Grube 2002: 35）

図13 ティカル4号石碑 (Borowicz 2003:223, 図8.3a)

1：コヨーテ　2：シパクトリ神　3：コスモ記号　4：Year signか
図14　土器に描かれるトラロック神 (Culbert 1993)

装飾された首飾りが見られる。しかし、この石碑にも直接テオティワカンからの使者は現れない。

「4号石碑」(Estela 4)（図13）には、378年の日付が刻まれヤシュ・ヌーン・アイーン1世の戴冠を記念したものであると考えられる。「31号石碑」とは異なり、ジャガーと推測される頭飾りを着けている。この石碑もテオティワカン様式で描かれ、首には先と同様に貝の首飾りが見られる。このほかにテオティワカン様式で描かれている頭飾りの例として、ヤシュ・ヌーン・アイーン1世の「10号王墓」(Entierro 10) から出土した土器が挙げられる（図14）。これらはティカルへもち込まれた輸入品であると考えられ (Culbert 1993)、モティーフのすべてにトラロック神が登場し、頭部には房状頭飾りは使用されず、神や動物また記号が描かれている。

これらを代表例として、ティカルではヤシュ・ヌーン・アイーン1世の在位直前からシヤフ・チャン・カウィール2世の在位まで、テオティワカンとの関係が急激に深まったと解釈できる資料が増す。それらにはテオティワカンで観察される神および動物神が多様なパターンを示しながら登場している。先のモンテ・アルバンでの例とは明らかに異なり、そこにテオティワカンの「政権闘争」を暗示する証拠を読み取ることは困難である。その主な相違点は、テオティワカンからの人物が登場しない、そしてシパクトリ神とトラロック神が共に現われるケースが見られるということである。では、テオティワカン外部の各地域で観察される頭飾りからの分析では、テオティワカン内部の「政権闘争」を示す資料が得られないのであろうか。この答えを出すには、当時テオティワカンと各都市がどのような関係にあったのかを考慮しながら、これら支配者がテオティワカンの頭飾りをどのように認識していたのか、または利用していたのかを考察しなければならない。

(3)　外部で見られる房状頭飾りの意味

ラポルテ (Laporte 2003) はティカルで見られるタルー・タブレーロ様式やアパート式住居複合址の分析から、テオティワカンとティカルの関係が直接的ではなかったと述べている。一方、モンテ・アルバンではテオティワカンが登場する石彫や、テオティワカンに「オアハカ地区」が存在することから、直接的な政治関係があったと理解できる。テオティワカンとティカルとの関係がどのようであったのかは論争中であるため断定はできない (e.g., Stuart 2000, Marcus 2003) が、上記を

考慮するとモンテ・アルバンとの関係の方がより直接的であったといえる。そして、この政治的関係や地理的距離、そして以下に見る当時のティカルの政治状況が、一例として頭飾りの使われ方に相違を生じさせたと考えられる。

モンテ・アルバンでは、テオティワカンから来た複数の人物が房状頭飾りを冠している。一方のティカルでは、いずれの例もテオティワカンから直接来たといえる人物は描かれておらず、王と関連するこれらの頭飾りは、テオティワカン様式で描かれるが、そこにはテオティワカン国家自身を表現すると考えられる房状頭飾りは現われない。その代わりに、テオティワカンを運営していたと考える各リネージの神や動物神が登場する。とくに、ヤシュ・ヌーン・アイーン1世は、「4号石碑」ではジャガーの、「31号石碑」ではシパクトリ神の頭飾りを冠し、ここにはテオティワカンの特定したリネージとの関係は読み取れない。むしろ、テオティワカン様式で描かれること、さらにテオティワカンで頻繁に見られるさまざまな神や動物神との密接な関連を主張するためだけに、それらを利用していると推測される。つまり、ヤシュ・ヌーン・アイーン1世にとって、房状頭飾りやその他の神や動物神を祀る頭飾りが表す真意には、重きを置いていなかったと思われる。

ここで興味深いのは、この2代のティカル王とテオティワカンとの関係について、石碑の文字解読をもとにしたマルティンとグルーベの解釈である。

378年にテオティワカンから来たと推測されるシヤフ・カック（Siyaj K'ak'）がティカルに到着し、彼の庇護のもと、379年にヤシュ・ヌーン・アイーン1世は、ティカルの王位に就いた（Martin y Grube 2002:29-31）。

シヤフ・カックが直接テオティワカンから来たことを示す資料はないが、ここからは、ヤシュ・ヌーン・アイーン1世には土着の有力勢力を麾下にもっておらず、外地の勢力に頼っていたことがうかがえる。したがって、彼は当時強大であったテオティワカンとの関係を、テオティワカン様式の頭飾りやその他の製品を通して示し、ティカルの住民への信服を得るため、そして近隣勢力への牽制を行うため、宣伝材料の一つとして利用していたのではなかろうか。もしそうであるなら、テオティワカンの壁画において一つのテーマを扱う際、単数または複数の聖職者たちが一種類の神や動物神を表す頭飾りを着け登場し、頭飾りの意味、つまりリネージを主張しているにも関わらず、そこまでの意味を自身の石彫に反映しなかったことが理解できる。

モンテ・アルバンに関して、先に見た石彫はもちろんティカルの例と同様に、モンテ・アルバンの支配者によってつくられたものであり、その住民や他勢力への宣伝として戦略性をもつものであろう。しかし、テオティワカン様式の頭飾りはすべてテオティワカンからの使者が着けており、そこに登場するモンテ・アルバン側の人物は彼らの頭飾りを被っている。これもティカルとの大きな違いの一つである。ここではテオティワカンの頭飾りが石彫の主要テーマではなく、モンテ・アルバンの支配者はテオティワカンから多数の使者が登場することを重視していると読み取れる。したがって、モンテ・アルバン側にとって、テオティワカンの使者がどのような頭飾りを冠していたのかは問題ではなく、少なくともこの頭飾りに関しては事実を誇張する必要はなかったと考えられる。

いずれにせよ、モンテ・アルバンとティカルでの頭飾りに関する使われ方を直接比較することは難しい。その相違は、上記のようにテオティワカンとの政治的関係、支配者側の意図が反映している

からである。しかしながら、モンテ・アルバン側はティカルよりテオティワカンとの関係がより直接的であったといえる。一方、ティカルの方は、「政権闘争」を直接物語らないが、登場する神の中でトラロック神が目立つことから、ティカルでもこの神が重要であったと理解できる。

5. テオティワカンにおける「政権闘争」

4世紀を境に政治的または宗教的な非連続性があったかどうか、この図像分析からでは結論づけることは難しい。しかしながら、「政権闘争」後にシパクトリ神のみではなく、さまざまな神が登場することはテオティワカンの外部地域でも認められることである。さらに、モンテ・アルバンの外交関係を表す石彫からシパクトリ神が登場しないことも考慮すると、テオティワカンの「政権闘争」後より、少なくともこの神を象徴とする集団（前政権側）が、政治の重要な位置から駆逐された可能性を示唆するだろう。

この集団が王族であるのかどうかは、本稿の射程外である。しかしながら、「ケツァルコアトル神殿」外面からのシパクトリ神への冒涜、神殿内部の集団墓への略奪または破壊行為は、政変以前には聖職者とともに多様な神や動物神が登場する資料の乏しさにもとづき、「政権闘争」以前までは、シパクトリ神を頂点とする政権が確立していたといえるだろう。

結論として、シパクトリ神を象徴とする集団は、政変までテオティワカン国家の中核となり優勢な支配権をもっていたが、「政権闘争」後、トラロック神を中心とするその他の動物神たちの集団（新政権側）に破れたと考える。ただ、前政権集団のいくらかはテオティワカンに定住することを許され、コーギル（Cowgill 1983:337）や杉山（Sugiyama 1992:220）が主張するように、実権は剥奪されたかもしれないが、国家儀礼を執行する権利を認められていたのかもしれない。

しかし、この「政権闘争」が、後者の仮説である王権から合議制政治への根本的政変を示唆するものであると考えるのは困難である。それは、政変後もシパクトリ神がテオティワカンでわずかではあるが登場すること、またティカルでも「31号王墓」のヤシュ・ヌーン・アイーン1世にこの神の頭飾りが見られること、さらに「政権闘争」と関連する都市内で観察される破壊の痕跡が、今のところ「ケツァルコアトル神殿」のみに集中することに依拠する。したがって、この「政権闘争」は、同一政治形態の枠で非連続性を指摘する歴史的出来事の一つであったと考える。

註

1) e.g., R. Millon 1973:58-59, Coggins 1983;1993, Marcus 1983:159-164, Taube 1992, Ortiz y Santley 1998, Stuart 2000.

2) テオティワカンの政治形態に関する先行研究には、大きく見て二つの方向性がある。合議制政治（Manzanilla 1992・2001a・2001b・2002, Pasztory 1988・1992）か、王権政治の後、合議制政治への移行（Cowgill 1983・1997, R. Millon 1988:112-113, 1992:382-401, Sugiyama 1992;1998）を主張する説かである。

3) パストリー（Pasztory 1992:315）は、テオティワカンの政治形態を合議制であったと述べているが、ミカオトリ期（紀元150年から250年）に、一時的ではあるが断絶もしくは政権紛争があったと考えている。しかしながら、トラミミロルパ期（紀元250年から450年）にはその断絶は終焉し、合議政治を回復したと述べている。

4) この住居はトラミミロルパ前期（紀元250年から350年）あたりから建て始められ、最盛期には2000戸以上建築されたと推定されている。各アパート式住居複合の規模に相違は認められるが、建築ユニットは規格化されている。一つのアパート式住居複合には60から100人が住んでいたと推定されている（Millon 1976・1981: 203-214）。

5) ケツァルコアトル神は「羽毛の生えた蛇」のことであり、夜明けや風の神そして「時」の使者としての属性をもっていたと考えられている。一方、ケツァルコアトル神の胴部に見られるのはシパクトリ神を抽象化した石彫であり、ここではケツァルコアトル神によって運ばれる王冠であると解釈されている。この石彫が何を表しているのかについての統一見解はない。しかし、これがシパクトリ神であるという説を支持する。シパクトリ神はよく鰐の姿で現われ、他のメソアメリカ地域でも登場し、「始まり」や「時」を意味すると考えられている（López Austin *et al.*, 1991:96-100）。他の代表的な解釈として、戦争や戦士集団の公的紋章を表すシウコアトル神（Xiuhcoatl）説があり、ケツァルコアトル神と対をなすと解釈するタウベ（Taube 1992）の論考がある。

6) e.g., C. Millon 1973:312, R. Millon 1981:228-231, Cowgill 1983:316.

7) e.g., C. Millon 1973, R. Millon 1988:88-93, Pasztory 1997:117-120, Sugiyama 1992:219, Paulinyi 2001.

8) しかし、これらの石彫は体制変化後も登場し、それが王族たちへの温厚な措置をとらせたとする主張の根拠になっている（Sugiyama 1992）。

9) 房状頭飾りは①羽毛の冠、②羽毛でできた飾り房（3本から5本見られる）、③方形の区画に円形の模様が施されている帯、④T字型をした鋲のようなものから、一般的に構成される。

10) シパクトリ神の図像表現の特徴（下図1〜3）は、抽象化される場合（王冠の）輪郭は四角い、また①目の周りに②睫毛のような鋸状紋が見られ、下顎は描かれない。③ゴーグルのような物は下図1にしか描かれていない。正面からこの石彫を見ると（図3）、このゴーグル部分が目に見えるが、これは装飾の一部である。一方、トラロック神（下図4〜6）は輪郭が丸く描かれるのが特徴である。さらに、常に④目の周りにゴーグルのような物がかけられ二重になり、⑤耳に飾りをつけている。また⑥口から牙が2本外側に広がる。その牙の下には⑦二股に別れる舌が外に伸びるケースが多い。

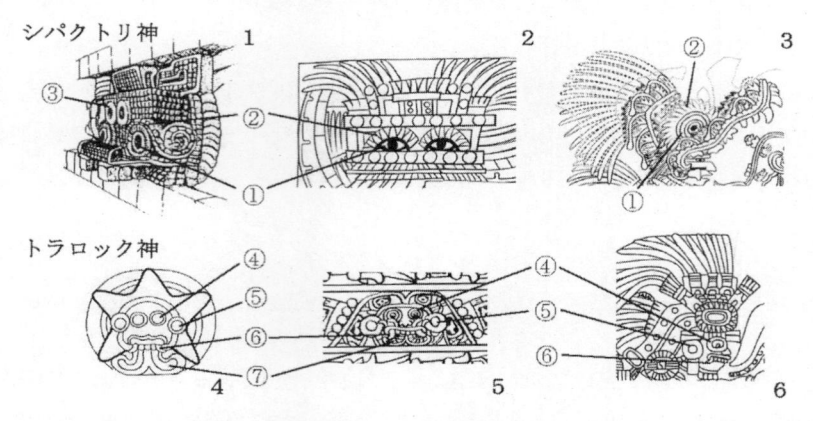

11) しかし、その頭飾りは房状頭飾りではなく、飾り房の代わりに、シパクトリ神の頭の上にはさまざまな放血儀礼を行うために使用された黒曜石のナイフがつけられている。

12) 図4参照。「偉大な房状頭飾り」は房状頭飾りに以下の要素を追加したものを指す。⑤水平方向に配置される飾り房、⑥頭飾りの両端に見られる垂直方向の羽毛が追加構成要素として考えられている（Paulinyi, 2001: 2）。

13) 図像学における解釈での問題点は、各モティーフの帰属年代および出土状況である。ここで分析したモテ

ィーフは、図8の鉢型土器以外、アパート式住居複合の壁画からのものであり、部屋内部や中庭に面した部屋の外壁に描かれている。R. ミロンが主張するように各アパート式住居複合が社会階級を示し、もしくはマンサニージャが指摘したように各部屋でそれが異なるのなら、ここでの分析は少なくとも住居ごとに見る必要がある。しかしながら、それを可能にするだけの類例が乏しいため、ここでは分析したモティーフを同等に扱った。また、帰属年代は、先に述べたようにアパート式住居複合はトラミミロルパ期以降に建設し始めるので、少なくとも「政権闘争」直前かそれ以降である。

14) モンテ・アルバンⅢa期（200年から500年）からⅢb（500年から700/750年）にかけ、テオティワカン型式の土器がエリート階級によって占有されていた地区のみで出土している。また、テオティワカンの「オアハカ地区」から出土する土器型式から、この地区はモンテ・アルバンⅡ期からⅢa期の移行期に開発されたと考えられている。テオティワカンとモンテ・アルバンの政治関係は友好であったと考えられている（Marcus and Flannery 1996）。モンテ・アルバンの編年にはいまだ統一した見解はなく、他の研究者は、本稿で重要になるモンテ・アルバンⅢa期を紀元350年から始まると考えている（Winter 2001:56-60）。

15) マーカス（1983:176）は3番目の人物も4番目同様に蛇であると述べている。しかし、筆者は蛇の特徴を表す口から先端が二つに分かれる舌が、3番目の動物には見られないこと、そして、図9-4で描かれているように、この動物が丸い鼻および牙を有していることからコヨーテであると解釈する。

16) 紀元1世紀ごろに王朝が成立したティカルは、テオティワカンからおよそ1000km離れたマヤ中部地域に位置する。紀元4世紀末以降、テオティワカンとの政治的関係が深まったことが示唆されており、その政治的および経済的つながりがティカルを急速に発展させたと考えられている（Martin y Grube 2002:24-53）。

17) この石碑は、紀元411年にシヤフ・チャン・カウィール2世が父ヤシュ・ヌーン・アイーン1世より王位を継承する式典を記念したものだと考えられている。父の在位は379年であり死亡時期は404年であると考えられ、息子の在位は411年から456年である。さらに、この石碑には445年までの出来事が刻まれている（Martin y Grube 2002:32-36）ことから、建立時期は446年ごろではないかと推測される。

18) 註5)参照。

参考文献

杉山　三郎　2001　「テオティワカンにおける権力と抗争」『古代文化』第53巻第7号、379-392頁。

Borowicz, James　2003　Images of Power and the Power of Images: Early Classic Iconographic Programs of the Carved Monuments of Tikal. In *The Maya and Teotihuacan: Reinterpreting Early Classic Interaction*, edited by Geoffrey E. Braswell:217-234. University of Texas Press, Austin.

Cabrera C., Rubén, George Cowgill and Saburo Sugiyama　1991　The Templo de Quetzalcoatl Project at Teotihuacan: A Preliminary Report, *Ancient Mesoamerica* 2 (1):77-92.

Coggins, Clemency C.　1983　An Instrument of Expansion: Monte Alban, Teotihuacan, and Tikal. In *Highland-Lowland Interaction in Mesoamerica: Interdisciplinary Approaches*, edited by Arthur G. Miller:49-68. Dumbarton Oaks, Washington D. C.

Coggins, Clemency C.　1993　The Age of Teotihuacan and its Mission Abroad. In *Teotihuacan: Art from the City of the Gods*, edited by Kathleen Berrin and Esther Pasztory:140-155. Thames and Hudson, The Fines Arts Museums of San Francisco, San Francisco.

Cowgill, George L.　1983　Rulership and the Ciudadela: Political Inferences from Teotihuacan Architecture. In *Civilization in the Ancient Americas: Essays in Honor of Gordon R. Willey*, edited by Richard M. Leventhal and Alan L. Kolata:313-343. University of New Mexico Press, Cambridge.

Cowgill, George L.   1992   Social Differentiation at Teotihuacan. In *Mesoamerican Elites: An Archaeological Assessment*, edited by Diane Z. Chase and Arlen F. Chase:206-220. University of Oklahoma Press, Norman.

Cowgill, George L.   1997   State and Society at Teotihuacan, Mexico. *Annual Review of Anthropology* 26:129-161.

Culbert, T. Patrick   1993   T*he Ceramics of Tikal: Vessels from the Burials, Caches, and Problematical Deposits.* Tikal Report №25, part A. The University of Pennsylvania, Philadelphia.

de la Fuente, Beatriz （Coord.）   1995   *La Pintura Mural Prehispánica en México: Teotihuacán, vol. I, tomos I y II.* Universidad Nacional Autónoma de México, México, D. F.

Kubler, George   1967   *The Iconography of the Art of Teotihuacán.* Dumbarton Oaks, Washington D. C.

Laporte, Juan Pedro   2003   Architectural Aspects of Interaction between Tikal and Teotihuacan during the Early Classic Period. In *The Maya and Teotihuacan: Reinterpreting Early Classic Interaction,* edited by Geoffrey E. Braswell:199-216. University of Texas Press, Austin.

López Austin, Alfredo Leonardo López Luján, and Saburo Sugiyama   1991   The Temple of Quetzalcoatl at Teotihuacan: Its Possible Ideological Significance. *Ancient Mesoamerica* 2 （1）:93-105.

Manzanilla, Linda   1992   The Economic Organization of the Teotihuacan Priesthood: Hypotheses and Considerations. In *Art, Ideology, and the City of Teotihuacan: A Symposium at Dumbarton Oaks 8th and 9th October 1988*, edited by Janet Catherine Berlo:321-338, Dumbarton Oaks, Washington D.C.

Manzanilla, Linda   1996a   Corporate Groups and Domestic Activities at Teotihuacan. *Latin American Antiquity* 7 （3）: 228-246.

Manzanilla, Linda   1996b   El concepto del inframundo en Teotihuacan. *Cuicuilco* 2 （6）:29-50.

Manzanilla, Linda   2001a   Agrupamientos Sociales y Gobierno en Teotihuacan, Centro de México. En *Reconstruyendo la Ciudad Maya: El Urbanismo en las Sociedades Antiguas*, editado por Andrés Ciudad Ruiz, Ma. Josefa Iglesias Ponce de León y Ma. del Carmen Martínez Martínez:461-482. Sociedad Española de Estudios Mayas, Madrid.

Manzanilla, Linda   2001b   Gobierno Corporativo en Teotihuacan: Una Revisión del Concepto "Palacio" Aplicado a la Gran Urbe Prehispánica. *Anales de Antropología* 35: 157-190

Manzanilla, Linda   2002   Organización Sociopolítica de Teotihuacan: Lo Que los Materiales Arqueológicos Nos Dicen o Nos Callan. En *Ideología y Política a Través de Materiales, Imágenes y Símbolos*, editado por María Elena Ruiz Gallut:3-21. Universidad Nacional Autónoma de México, México, D.F.

Manzanilla, Linda   2004   Social Identity and Daily Life at Classic Teotihuacan. In *Mesoamrican Archaeology: Theory and Practice*, edited by Julia A. Hendon and Rosemary A. Joyce:124-147. Blackwell Publishing, Oxford.

Marcus, Joyce   1983   Topic 53: Teotihuacán Visitors on Monte Albán Monuments and Murals. In *The Cloud People: Divergent Evolution of the Zapotec and Mixtec Civilizations*, edited by Kent V. Flannery and Joyce Marcus:175-181. Academic Press, New York.

Marcus, Joyce   2003   The Maya and Teotihuacan. In *The Maya and Teotihuacan: Reinterpreting Early Classic Interaction*, edited by Geoffrey E. Braswell:337-356. University of Texas Press, Austin.

Marcus, Joyce and Kent V. Flannery   1996   *Zapotec Civilization. How Urban Society Evolved in Mexico's Oaxaca Valley*. Thames and Hudson, London.

Martin, Simon y Nikolai Grube   2002   Crónica de los Reyes y Reinas Mayas: La Primera Historia de las Dinastías Mayas. Planeta, México, D. F.

Miller, Arthur G.   1973   *The Mural Painting of Teotihuacán*. Dumbarton Oaks, Washington D.C.

Millon, Clara   1973   Painting, Writing, and Polity in Teotihuacan, Mexico. American Antiquity 38 （3）: 294-314.

Millon, René   1973   *Urbanization at Teotihuacán, México, vol. 1, pt. 1: The Teotihuacan Map: Text.* University of Texas Press, Austin.

Millon, René   1974   The Study of Urbanization at Teotihuacan, Mexico. In *Mesoamerican Archaeology: New Approaches*, edited by N. Hammond:335-362. University of Texas Press, Austin.

Millon, René   1976   Social relations in ancient Teotihuacan. In *The Valley of Mexico*, edited by E. R. Wolf:205-248. University of New Mexico Press, Albuquerque.

Millon, René   1981   Teotihuacan: City, State, and Civilization. In *Supplement to the Handbook of Middle American Indians, vol. 1: Archaeology*, edited by V. Bricker, and J. Sabloff:198-243, University of Texas Press, Austin.

Millon, René   1988   Where Do They All Come From? The Provenance of the Wagner Murals From Teotihuacan. In *Feathered Serpents and Flowering Trees: Reconstructing the Murals of Teotihuacan*, edited by Kathleen Berrin:78-113, Fine Arts Museums of San Francisco, San Francisco.

Millon, René   1992   Teotihuacan Studies: From 1950 to 1990 and Beyond. In *Art, Ideology, and the City of Teotihuacan: A Symposium at Dumbarton Oaks 8th and 9th October 1988*, edited by Janet Catherine Berlo:339-429, Dumbarton Oaks, Washington D.C.

Morselli B., Simonetta   2004   *El tocado de los gobernantes en las representaciones escultóricas de Tikal: Propuesta para una lectura iconográfica.* Tesis de maestr.. Universidad Nacional Autónoma de México, México, D. F.

Ortiz, Ponciano y Robert Santley   1998   Matacapan: Un Ejemplo de Enclave Teotihuacano en la Costa del Golfo. En *Los Ritmos de Cambio en Teotihuacán: Reflexiones y Discusiones de su Cronología*, editado por R. Brambila y R. Cabrera, Colección Científica, núm. 366: 377-460. Instituto Nacional de Antropología e Historia, México, D. F.

Paulinyi, Zoltán   2001   Los Señores con Tocado de Borlas: un estudio sobre el estado teotihuacano. *Ancient Mesoamerica* 12 (1):1-30.

Pasztory, Esther   1988   A Reinterpretation of Teotihuacan and its Mural Painting Tradition. In *Feathered Serpents and Flowering Trees: Reconstructing the Murals of Teotihuacan*, edited by Kathleen Berrin:45-77, Fine Arts Museums of San Francisco, San Francisco.

Pasztory, Esther   1992   Abstraction and the Rise of a Utopian State at Teotihuacan. In *Art, Ideology, and the City of Teotihuacan: A Symposium at Dumbarton Oaks 8th and 9th October 1988*, edited by Janet Catherine Berlo:281-320, Dumbarton Oaks, Washington D.C.

Pasztory, Esther   1997   *Teotihuacan: An Experiment in Living*, University of Oklahoma Press, Norman.

Rattray, Evelyn C.   1987   Los barrios foráneos de Teotihuacan. En *Teotihuacan: Nuevos Datos, Nuevos Síntesis, Nuevos Problemas*, editado por Emily McClung de Tapia y Evelyn Childs Rattray:243-273. Universidad Nacional Autónoma de México, México, D. F.

Stuart, David   2000   The Arrival of Strangers: Teotihuacan and Tollan in Classic Maya History. In *Mesoamerica Classic Heritage: From Teotihuacan to the Aztecs*, edited by David Carrasco, Lindsay Jones, y Scott Sessions:465-513. University Press of Colorado, Colorado.

Sugiyama, Saburo   1989   Burial Dedicated to the Old Temple of Quetzalcoatl at Teotihuacan, Mexico. *American Antiquity* 1(54): 85-106.

Sugiyama, Saburo   1992   Rulership, Warfare, and Human Sacrifice at the Ciudadela: An Iconographic Study of Feathered Serpent Representations. In *Art, Ideology, and the City of Teotihuacan: A Symposium at Dumbarton Oaks 8th and 9th October 1988*, edited by Janet Catherine Berlo:205-230, Dumbarton Oaks, Washington D.C.

Sugiyama, Saburo   1993   Worldview materialized in Teotihuacan, Mexico. *Latin American Antiquity* 4 (2):103-129.

Sugiyama, Saburo   1998   Termination Programs and Prehispanic Looting at the Feathered Serpent Pyramid in Teotihuacan, Mexico. In T*he Sowing and the Dawning: Termination, Dedication, and Transformation in the Archaeological and Ethnographic Record of Mesoamerica*, edited by Shirley Boteler Mock:147-164, University of New Mexico Press, Albuquerque.

Sugiyama, Saburo   2000   Teotihuacan as an Origin for Postclassic Feathered Serpent Symbolism. In *Mesoamerica Classic Heritage: From Teotihuacan to the Aztecs*, edited by David Carrasco, Lindsay Jones, y Scott Sessions:117-143, University Press of Colorado, Colorado.

Taube, Karl A.   1992   The Templo of Quetzalcóatl and the Cult of Sacred Warfare at Teotihuacan. En *Res: Anthropology and Aesthetics* 21: 53-87.

Taube, Karl A.   2000   The Turquoise Hearth: Fire, Sele Sacrifice, and The Central Mexican Cult of War. En *Mesoamerica Classic Heritage: From Teotihuacan to the Aztecs*, edited by David Carrasco, L. Jones, and S. Sessions:269-340, University Press of Colorado, Colorado.

Winter, Marcus   2001   La zona oaxaqueña en el Clkgico. En *Historia Antigua de México, vol. II*, editado por Linda Manzanilla y Leonardo López Luján:47-77. Instituto Nacional de Antropología e Historia, México, D. F.

コパンにおける古典期マヤ王権の成立と展開

中村　誠一

はじめに

　中米のメキシコ南部からグァテマラ、ベリーズ、ホンジュラスとエル・サルバドルの西部にかけて、現在、熱帯雨林に覆われた地域を中心に点在する遺跡群の多くには、それらを古典期マヤ文明の遺跡と定義する特徴的な考古資料の組合わせが存在している。巨大な石造の神殿ピラミッドや記念碑、建築物のファサードを飾る石造彫刻や漆喰レリーフ、ヒスイ・貝・骨など各種材質の工芸品や多彩色土器に見られる洗練された芸術様式、精緻な暦や文字体系、都市的な建築群とセトルメントパターンなどがそれにあたる。これら考古学的な文化要素は、その遺跡にかつて存在した支配者が有していた強大な権力を暗示する考古資料でもある。

　本稿は、マヤ地域における古代初期国家（植木 1996参照）の支配者である「王」の権力を永続化する世襲制の支配機構（＝王朝）の成立時に重点を置きながら、紀元6世紀末頃までの王権に伴う諸相を、もっとも調査研究の進んでいる遺跡の一つである南東部のコパンにおいて考察したものである（図1）。

　ところで、本稿の最初に断っておかなければならない点がある。通常「王権」とは古代初期国家の支配者である「王」のもつ権限・権力を総称する言葉として理解されるが、王権研究で考察の対象となるのは、直接観察できない古代社会であるという制約に加え、社会や文化の発展プロセス自体が質的にも量的にも漸次的なものであるという点である。

　したがって、新進化主義学説や古代社会が複雑化していくプロセスを解明しようとしたこれまでの研究においても明らかなように、考察対象となっている当該社会が、比較的発達した「首長制社会」（＝複合社会）の範疇に入るものなのか、それとも「（初期）国家」の範疇に入るものな

図1　マヤ地域とコパン

のかというような点を、考古資料から明確に捕らえることはきわめて困難である。この結果、たとえばコパンにおいても、碑文の解読により16人の支配者が同定されている、いわゆる「古典期王朝」内のどの支配者の統治から「古代初期国家」と呼べるのか、という新進化主義的観点からの論点に関しては考え方が分かれている（Fash 2001:76-78, Sharer 2003:164, Webster et al. 1999:180などを参照のこと）。

　上述したことから、本稿においては、コパンにおける紀元5世紀から6世紀にかけての社会が、古代初期国家の形成プロセスにおけるどの段階の社会であったのか、という発展段階的な議論とは別に、碑文の解読結果から西暦427年（Stuart 2004:238）に「ヤシュ・クック・モ」という人物によって創始されたとされる、コパンにおける世襲制の支配機構を王権支配（＝王朝）と見なして考察の対象としている。

1. コパン調査の現状

　古典期マヤ文明（西暦250年〜900年頃）を代表する古代都市遺跡であるコパンには、数あるマヤ遺跡の中でも一番多くのマヤ文字碑文が残っている。また、三次元的な彫りを施された記念碑や石造彫刻品の数もゆうに3万点を超え、他のマヤ遺跡の追随を許さない。こういった数多くの考古資料の存在は、近年目覚しいマヤ文字解読の進展や図像研究の発展とあいまって、古典期マヤ王権の解明に向けて、コパンが果たしうる役割の重要性を示している。

　コパンの記念碑や石造彫刻品は、すでに19世紀の半ばから、そこを訪れた欧米人によって高い芸術的評価を得ており注目されていた。このため、大英博物館やハーバード大学ピーボディ博物館によって、1880年代から美術品の収集を目的としつつも学術的と呼べる考古学調査が開始された。それ以来今日に至るまで、120年以上にわたり数多くの学術調査団がコパンで考古学調査を行ってきた。とくに、ハーバード大学のゴードン・ウィリーに率いられた調査団が、谷間のセトルメント調査を実施した1970年代後半以降、コパンにおける調査研究は理論と実証の両面で、マヤ文明の諸相の解明に大きな貢献を果たしてきた。コパンはマヤ文明の研究史において、常に最前線に位置する遺跡であったのである。

　しかしながら、1990年代に入ると調査偏向の歪みが現れるようになってきた。長年、アメリカの大学調査団が、補強を伴わないトンネルによる行き過ぎた発掘調査をアクロポリス内部で行ったため、約400年にわたる重層的な建築複合であるアクロポリス全体の構造的安定性に重大な悪影響を及ぼすことになってしまったのである。世界中の人びとを驚嘆させる豪華な副葬品をもつ「王家の墓」の度重なる発見や、王朝史の解明という成果と引換えに、コパンのアクロポリスは重大な犠牲を支払ったのである。1990年代の終わりまでには、もしそのまま放置されていたならば、アクロポリス自体が、将来的に崩壊の危機に瀕していた事実をわれわれは忘れてはならないであろう（中村 2000:14-17）。

　上述したような経緯を踏まえて、コパン遺跡を管轄するホンジュラス国立人類学歴史学研究所（IHAH）は、コパンにおける調査・修復・保存の3分野にまたがる独自のプロジェクトを創設し、世界銀行や日本政府の援助のもと実施し始めた。1999年より筆者は、このプロジェクトのディレク

IHAHの第一期コパン・プロジェクト（コパン遺跡保存統合計画PICPAC）は、遺跡の修復保存を最優先課題としていたが、3年半の間のさまざまな緊急発掘調査を通して、アクロポリス外における「王家の墓」の発見という偉業を成し遂げた（中村 2000:18・21-22）。10J-45区域で確認された数多くの奉納・副葬品、とくにさまざまな図像が刻まれた大型のヒスイ製品（中村2002・2003参照）が、マヤの王権研究にもつ意義には計り知れないものがある（図2）。

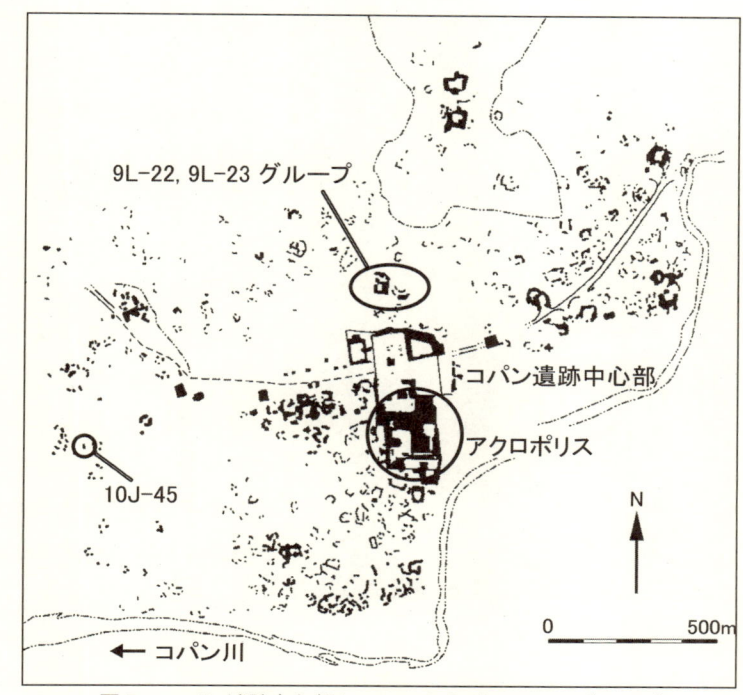

図2　コパン遺跡中心部と10J-45および9L-22,-23グループ

第二期コパン・プロジェクト（コパン考古学プロジェクトPROARCO）は、コパン遺跡保存のための「マスタープラン最終草稿」（WCS 2001）にもとづき、修復最優先箇所の一つである9L-22、9L-23グループ（通称「ヌニェス・チンチージャ」建築複合）において、1969～70年に大規模な破壊を受けた建築群の修復保存を主目的とし2003年に始まった。このプロジェクトの調査修復資金の9割以上は、日本政府からホンジュラス政府への間接贈与資金である。ここでも事前の発掘調査において、古典期王権を支えた宮廷貴族に関する重大な発見が相次いでいる（PROARCO 2003・2004）。

定説を形成するのも調査資料であれば、それを修正したり否定したりするのも調査資料である。この意味で、本稿では実施中のコパン・プロジェクトの既発表資料が広範に使用される。

2. 紀元2世紀から4世紀のコパン－ビハック期に「王権」は存在したか？－

最初に述べたように、コパンにおいては碑文の解読結果より、西暦427年から「ヤシュ・クック・モ」という人物により古典期王朝が始まる、というのが定説である。コパンにおけるこの初期王権の起源を考察する際に重要なのは、ヤシュ・クック・モ以前のコパン社会の様相である。

紀元2世紀から4世紀にかけての時期は、コパン土器編年においては「ビハック期」と呼ばれている（Viel and Hall 1997:42-43）。これまでの研究によれば、先古典期後期の衰退から復興したコパン社会が居住域の拡大を行うと同時に、社会階層化を深めたことが示唆されている。しかし本稿の論題で重要なのは、この時期にコパン谷内で、すでに王朝のような支配者の系譜が存在していた可能性がある点である。これらは、主に古典期後期の碑文における回顧的な記述にもとづくものである。

大広場の東に12代目王「煙イミシュ」によって紀元7世紀後半に建立された石碑Ⅰの北面碑文に

は、西暦159年にあたるカトゥン終了の日（8.6.0.0.0 10アハウ8チェン）が「キニッチ・ヤ・？・ナ」という人物（支配者）の名前（図3）とともに存在するが、その日付から218日後の西暦160年のある日（8.6.0.10.18 10ラマット16ポープ）に、コパン王国の創設と関連する出来事が起こったと想定される記述が存在する。西暦159年にあたるカトゥン終了の日付は、13代目王によってやはり大広場に建立された石碑4にも見られる（Stuart 2004:216-219）。

一方、大広場の北端にある建造物10L-2の建築用石材として、8.6.（0.0.0）の日付のある石碑17の破片が見つかっているし（Riese 1983:155・158-159）、同じく南側にある建造物10L-4の建築用詰め土からは石碑35の一部が見つかっているが、ここに彫られた人物は、古典期王朝の創始者ヤシュ・クック・モであると考

図3　石碑1北面碑文の紀元2世紀の支配者の名前（撮影：五十嵐博行）

えられている（Baudez 1983:186-190）。

こういった碑文や図像が刻まれた石碑の建立されている位置やその破片の出土地点は、大広場の中および周辺の建造物であり、このことから筆者は、もしヤシュ・クック・モ王朝以前に支配者の系譜が存在し、西暦159～160年の記述がコパンにおける王国の創設と関連しているとすれば、その考古学的痕跡は大広場のすぐ近くに存在すると推定した。

しかしながら、この時期の居住痕跡をコパン谷内における発掘調査で掘り当てるのは容易なことではない。現在、筆者の指揮のもとコパンで行われている考古学調査の目的の一つは、古典期前期の居住が存在している可能性が指摘されていた（たとえば、Fash 2001:57, Viel 1993:75・135を参照）「ヌニェス・チンチージャ」建築複合における、ヤシュ・クック・モ以前の地方王朝あるいは支配者の系譜が存在した痕跡を確認することである（PROARCO 2003・2004）。

しかしながら、2004年末までの調査成果から、「チンチージャ・マウンド」（Hall and Viel 2004:20）と呼ばれていたグループ9L-23周辺の立地は、ヤシュ・クック・モがアクロポリスを建設し始める前の地形によく似ていたものの、その中核は自然の土層堆積（丘、傾斜堆積）であり、南部のアクロポリスのような人工のものではないことがわかった。まだ調査期間を数年残しているとはいえ、これまでに確認された土器で、先王朝時代のものと確実にいえる土器や考古資料は皆無である。つまり現時点まで、大広場の北150mのこの地区に、先王朝の存在を示すような考古学的証拠は、まったく見つかっていない（PROARCO 2004）。

一方で、ファーシュらは大広場の西に隣接して存在する「北西グループ」を先王朝根拠地の有力な候補と考えている（Fash *et al.* 2004:82-83）。ファーシュらの推定にも関わらず、筆者はこれまで、そのように考える具体的な考古学的証拠が提示されている報告書や論考に接しておらず、その具体的な根拠は不明である。確かに、上記論文の中でファーシュが述べているように（Fash *et al.*

2004:82-83)、筆者も1999年にハーバード大学が北西グループで行ったフィールド・スクールにおいて、先古典期後期にサンタ・レティシア、エル・バウル、アバフ・タカリク、カミナルフユなど南部地域で隆盛する「太鼓腹の石彫（Pot-bellied Sculpture）」につながる丸い石彫が、二次的なコンテクストで新たに発見されたのをファーシュの案内で実見し、上述した仮説を唱える彼の説明も聞いた。しかし、ビエル、ラモスが翌2000年に同じ北西グループのプラットフォーム上部に入れた5m程度の深さのピットも実見したが、古典期後期の盛石・詰土の層と見えた。

　要するに、碑文上での言及にも関わらず、ヤシュ・クック・モ以前の「コパン先王朝」の存在を示す同時代の考古学的証拠はいまだ確認されていないのである。古典期後期の碑文上における先王朝に関する言及は、ティカルなどコパン以外での出来事を記録したものか、あるいは「伝承」の類のものかもしれない。近年スチュアートは、少なくとも西暦159年のカトゥンの終了に伴う記述に関しては、コパン以外の地（おそらく中央ペテン地方）で起こった出来事と解釈している（Stuart 2004:219）。

　もしそうではなく、ヤシュ・クック・モ以前の先王朝が本当に存在したとすれば、先王朝の根拠地は大広場周辺ではなく、谷間内の別の場所であったのかもしれない。モーレイは、20世紀の前半に、その当時の資料にもとづき、コパンで一番古い時代の居住は、現在の「コパン遺跡市Municipio de Copan Ruinas」が存在している場所（モーレイは「グループ9」と呼んだ）にあった、という仮説を唱えている（Morley 1920:416-423, Sharer et al. 1999:5）。当時と現在とでは、もとになる資料の質と量が異なるため、モーレイと同じ類推法は採用できない。しかしながら、「グループ9」がビハック期を含む古い時代の居住痕跡を有していることは周知の事実でもあるし、確かに現在、コパン遺跡市の考古学博物館内に建てられている石碑7の基壇から発見され、同博物館に展示されている石碑24の破片には、「（コパンで？）最初に即位した人物」という記述が見られる（Morley 1920:78-83, Stuart 1989）。

　こういったことから、アクロポリス内の他の場所や「グループ9」などでの今後の考古学調査によって、先王朝の証拠が見つかる可能性は否定できないし、筆者自身が、それを発見するかもしれない。しかし、考古学は、あくまでも物的資料にたった歴史構成を基本とする以上、今のところ「コパンの先王朝—つまりビハック期の「王権」—は存在しない」という基盤の上で考察を進めていかなければならない。

3.「ヤシュ・クック・モ」とは誰なのか？

初期の建造物と王家の墓

　これまで確認されている考古資料によれば、コパンで初期王権が成立したのは、紀元5世紀前半のことである。コパン・アクロポリス考古学プロジェクトの、とくにペンシルバニア大学博物館チームによる初期アクロポリス調査プログラム（PIAT）によって、古典期前期におけるコパン王権の成立に関する重要な知見が得られている（Bell *et al.* 2004, Sedat and Lopez 2004, Sharer *et al.* 1999, Sharer 2003・2004 etc.）。1989年よりPIATが実施したアクロポリス内部におけるトンネル発掘は、コパン王朝創始時における建造物や記念碑、碑文や「王家の墓」を発見し、それまで懐疑的な考古学

者たちとの間で論争のあった（Fash and Sharer 1991, Webster and Freter 1990）王朝初期の支配者たちの実在を証明した。

　それらの調査結果によれば、現在のアクロポリスがある場所は、もともとコパン川に沿った低湿地で、このあたりでは王朝成立以前のビハック期には川沿いに農民の居住村落があったようだ。ここは1930年代から40年代初めに、カーネギー研究所によりその流路を変えられたコパン川の旧河川の西側約100mに位置し、沼沢地の中の「島」のような、周りの地形よりわずかに高い場所であった。ここにまず、70m×70mの規模をもつジュネ（Yune）プラットフォームがつくられ、その上につくられた最初の建造物の一つがフナル（Hunal）である。ジュネの上には、少なくとも四つの建造物があり、そのうちの二つは同時代のカミナルフユの建造物のような土製建造物であった。フナルは石造で、これらの建造物の東に位置していた。テオティワカンに近い比率（1：2.7）のタルー・タブレロ様式でつくられた基壇で、東側に向いた正面階段と北側に向いた補助階段が確認されている。そのファサードは赤く塗られており、漆喰で上塗りされた部屋内部の壁は壁画で飾られていた。

　このフナル基壇の上にあった建物（上部構造物）を壊して、次の建造物を建設するときに、持送り式アーチ構造をもつ石室墓がフナル基壇の床下につくられた。石室の規模は、2.5m（長さ）×1.5m（幅）×1.7m（高さ）であり、石室内には四つの石柱に支えられた大きな1枚の石板の上に、死亡推定年齢50～70歳の男性が仰向けに伸展で葬られていた（伸展葬）。ヒスイ装飾品などは石板の上で発見されたが、副葬品の土製容器は石板下の床上に置かれていた。

　現在、このアクロポリス東側最下層に確認されているフナル基壇の中から発見された「王家の墓」の被葬者が、初代王「ヤシュ・クック・モ」だとする見解が有力である。現在のコパン研究ではこの仮説をすべての前提としてコパン王朝史の復元が行われている（Martin and Grube 2000:193-）。したがって、フナルの被葬者＝ヤシュ・クック・モであるという定説は、コパンにおける初期王権の様相を考察するうえできわめて重要な意味合いをもつ仮説なのである。そこで、現在のこの定説が一体何を根拠としているのか、少し長くなるが詳細に検証してみることにしよう。

フナルの被葬者はヤシュ・クック・モか？

　フナルの被葬者に関して、この人物の正体を特定できるような明確な碑文上の指示はない。したがって、PIATのディレクターであるシャーラーは、以下の四つの根拠を挙げている（Sharer et al. 1999:7）。

①　この石室墓の層位的な位置関係と石室内の副葬品の土器類は、5世紀半ばの年代を示しており、この年代は王朝創始者の死亡推定時期と合致する。

②　副葬品の一つとして見つかったヒスイ製の（小型棒状）ビーズ型胸飾りには、ござ模様が彫られているが、これはマヤの統治権のシンボルである。

③　祭壇Qに彫られている王朝創始者の姿とこの被葬者の間に興味深い類似点が見られる。それは、副葬品の一つとして見つかった別のヒスイ製棒状胸飾りが、祭壇Qに彫られている王朝創始者が胸に着けているものとたいへんよく似ている点、形質人類学的研究によれば、この被葬者は生前に右手前腕部を骨折しており、その後遺症が障害として残ったと思われるが（Buikstra et al. 2004：196-197）、祭壇Qに彫られている王朝創始者は、右手前腕部を保護する楯を有して

おり、この傷を彷彿とさせる。

④　もっとも重要な点は、フナル基壇とその石室墓がアクロポリスの象徴的な中心である建造物10L-16の下に築かれており、残りのコパン王朝史の間、王朝創始者を祀る、少なくとも七つの神殿がこの地点に建設維持された。

しかしながら、上記の4点は本当にフナルの被葬者＝ヤシュ・クック・モであるという定説の根拠になるのであろうか？

図4　10J-45「王墓」石室内出土の「ござ模様」の彫られた胸飾り（撮影：五十嵐博行）

上述した①は、石室墓と王朝支配者死亡時期の同時代性を述べているにすぎず、定説の根拠というよりも定説を論じるための最低限の必要条件にすぎない。②のござ模様に関しては、確かに被葬者がシヤフ・チャーン・カウィールと思われるティカルの王墓（48号墓）の「円柱状胸飾り」（Martin and Grube 2000:35-36, Shook and Kidder 1961:6-7）や筆者の発見したコパンの10J-45「王墓」の「棒状胸飾り」（中村 2003:97-100・126図4）にも彫られており、「王家の墓」と深い関係がある点は疑いがない。そのシンボリックな意味は「統治」であり王権と密接に結びつく。しかし、そのことを、すぐにこのヒスイの胸飾りを副葬品としてもっていた被葬者が「王朝創始者」とする根拠にするには、大きな議論の飛躍がある。

しかも、このフナルのヒスイ製品は、その大きさにおいても（コパン10J-45：長さ20cm、ティカル48号墓：長さ10cm、コパンフナル：長さ3.6cm）、ござ模様の精巧さにおいても稚拙であり、なぜ王朝創始者が、アクロポリスの外に葬られた10J-45「王」よりも小さく稚拙なござ模様のヒスイ製品をもって葬られていなければならなかったのか、説明できない。

③の論拠にいたっては、およそ350年も後の、西暦776年に彫られた祭壇Qの図像に見られる特定の要素だけを自分の解釈に都合よく引用しただけであり、定説を支持するための何ら客観的な根拠とはならない。こういった解釈が許されるのであれば、次のような解釈も可能となる。

たとえば、彼らがマルガリータ基壇を埋める新たなプラットフォームが建設された際に、マルガリータの東西軸にそってその床下に埋葬された埋葬95-1は、伸展で「統治権」の象徴である広げられた「ござ」の上に葬られていた。被葬者は、目に貝のゴーグルをもち、テオティワカン様式の武具を副葬品としてもっていた。さらにこの人物は、コンゴウインコ（「モ（オ）」）を形象した胸飾りをもっていた。被葬者の歯のエナメル質に含まれるストロンチウム同位体比の分析は、この人物がティカルなどペテン低地北部出身であることを示した（Bell *et al.* 2004:142-144, Sharer *et al.* 1999:10-11, Sharer 2003:153-154）。とすれば、まさにこの成人男性こそ、祭壇Qその他に描かれたヤシュ・クック・モに似ているという論旨も可能になるだろう。しかし、PIATの調査員は、この人物は「エリート戦士の生贄」と考えている。

とすれば、④の論拠だけが「フナルの被葬者」＝ヤシュ・クック・モという定説の論拠になるが、古代コパン王国の中心軸＝世界樹にあたる建造物10L-16地点に埋葬された人物は、マルガリータ墓の事例からも明らかようにフナルの被葬者だけではない、ということから、これさえ決定的な論拠とはならないと筆者は考えている。さらに近年スチュアートは、フナル「王墓」出土のヒスイの象嵌された貝製品に、コパンの碑文ではヤシュ・クック・モと密接に関係する「ウィ・テ」という文字が刻まれていることが、この墓の被葬者がヤシュ・クック・モである点の傍証となると述べている（Stuart 2004：232）。しかし、この文字が「（王朝）起源の家（ウィ・テ・ナーフ）」というような形で古典期前期のペテン中央部を始め、その他の都市にも出現する（Stuart 2004:236）点は、そういった論旨に注意が必要であることを示している。

初代王は外来の人物という碑文

西暦776年に、コパン王朝16代目の王ヤシュ・パサフの命によって建立された祭壇Qの上面碑文には、王朝創始者ヤシュ・クック・モが「カウィールの儀杖」を受け取った後、コパン谷へやって来たと解釈できる碑文がある（Stuart 2004:232-240）。別のいい方をすれば、碑文にもとづけば、ヤシュ・クック・モはコパン以外の都市出身の外来人であった、ということになる。

しかしながら、文化人類学的な研究によれば、ある「王国」の創始者＝初代王が「外部から来た異人であったり、荒野を放浪していたものが訓化されて王になったという神話や伝承は少なくない」（小田 1987:379-380）。こういった観点から見れば、（正しいかどうかは別にしても）祭壇Qの上面碑文に刻まれたコパン王朝初代王に関する記述も、16代目王が8世紀後半という難しい政治情勢の中で、自己の王権を強固なものにするための戦略として採用した「初代王の外部性」を強調する伝承の類であるという解釈も成り立つ。事実、祭壇Qの上面碑文に記録された「到着」の日付よりも、はるか以前に、ヤシュ・クック・モがコパンにいたことを示すような矛盾した碑文もあり（Stuart 2004:223），まさにヤシュ・クック・モの出自は不可解である。

近年、古典期前期のアクロポリス出土の人骨分析が、アメリカの形質／遺伝子人類学者たちによって行われた。バイクスターらの人骨分析（とくに歯のエナメル質に含まれるストロンチウム同位体比や酸素同位体比の理化学分析）によれば（Buikstra *et al.* 2004）、フナルの被葬者はペテン北部出身の外来人であると結論づけられた。これは、初代王が外来人とする祭壇Qの記述と合致する理化学分析結果であったため、フナルの被葬者＝外来人＝ヤシュ・クック・モという論旨になっていった。

しかしながら、重要なのは、主にPIATの調査で考古学的に確認された「a. 王朝初期の支配者たちの実在の問題」と、「b. その者たち、とくに初代王と見なされているヤシュ・クック・モの出自の問題」、さらには「c. フナルの被葬者がヤシュ・クック・モであるかどうかという問題」とは、それぞれ次元の違う別問題であることを認識する点である。次元の違う別問題であるからこそ、解決されていない残り二つの問題点（b, c）も、それぞれ独自の資料と方法論で解決を試みなければならないのである。

ところが、現在のコパン王朝史の復元は、すべてが「フナルの被葬者＝ヤシュ・クック・モ」という前提のうえに立ち、この被葬者が理化学分析の結果、外来の人物であることが示されたのだか

ら、コパン初代王はペテン出身者であり、初代王が外来の人物であることを刻んだ祭壇Qの内容もまた正しい、という循環的な論理になっている点に注意する必要がある。

考古学的な証拠から見る限り、フナルの被葬者＝ヤシュ・クック・モと考えるのは早急で、まだまだヤシュ・クック・モとは、出自のわからない謎の人物なのである。

4. 初期王権成立時の様相

コパンでは、紀元2世紀から4世紀にかけての明確な支配者の系譜や支配機構の存在が考古学的に確認されていない一方で、紀元5世紀に入ると考古学的に確認されている墓や副葬品、建造物や芸術に強大な初期王権の存在が暗示されるようになる。また、完成された形での文字や暦、記念碑の出現は、それらを取り扱う官僚的貴族の存在すら暗示している。いったいコパンでは、どのようにして「初期王権」が成立したのであろうか。

図5　マルガリータの漆喰レリーフ
（撮影：五十嵐博行）

筆者は今から9年ほど前にこの問題を考察したことがある（中村 1996）。そしてそれ以来、コパンの周縁ラ・エントラーダ地域からの予察として、いろいろな機会に「ペテン中心主義」的な解釈を廃し、「多方向的な」交流ネットワークにもとづくコパンにおける古典期文明の自生的成立に重きを置いた解釈をしてきた（中村 1996（2）:40-41, 1999a・b）。しかし、近年シャーラーらも述べているように（Sharer et al. 1999:20）、この問題には「自生」か「導入」かという二者択一的な解答はできないのかもしれない。

この9年間のいろいろな調査研究が蓄積したデータの解釈が正しければ、紀元5世紀前半のコパンでは、それ以前の南部地域と強いつながりをもち、土製建造物と川原石の建造物に住んでいたある程度階層化された住民の社会へ、古典期低地マヤ文明を特徴づける考古学的な文化要素が、かなり急激なプロセスで「導入」されたことを示している。ジェナルやマルガリータの漆喰レリーフ（図5）は、その完成度から見て地元工人が制作した模倣芸術ではなく、きわめて導入的な完成芸術、つまり熟練した低地マヤ工人がコパンまで実際やって来てつくっている印象を強く受けるのは、筆者だけではなかろう（中村 1996（2）:40-41）。この点は、後の時期にコパン古典芸術の中心となる「モザイク石彫」の出現と発展のプロセスと比べたときに、より明確となる（中村 1996（2）:43）。こういった考古資料は、コパンにおける初期王権の成立時に、強い外来の導入的要素が存在したことを示している。

しかしその一方で、初期王権で目立つのは建築の基壇装飾、ファサード装飾の図像、精製土器など「視覚に訴える物」で、他地域の有力都市とのつながりを誇示する点である。この点は、初期王

権の源の一つが、間違いなく「外部とのつながり」にあることを示している（Sharer *et al.* 1999:19-20）。しかしだからといって、テオティワカンのような特定の一都市とのつながりを強調しすぎるのは適切ではない。たとえば、青山はさまざまな論考の中で、「ヤシュ・クック・モの指示によって建設された石造建造物ヤシュ出土の緑色黒曜石の比率（9.8％）は、古典期マヤ低地における最大の出土比率の一つであり、これは（同時代に強いテオティワカンの影響が見られる）カミナルフユ、ソラーノといったグァテマラ高地の諸遺跡やメキシコ湾岸のマタカパンにおける出土比率よりすらも高い」と繰り返し述べ、そのことから、ヤシュ・クック・モ（王朝）とテオティワカンとの直接的な交流の可能性、テオティワカンとの独立的な交易システムの存在を考えている（Aoyama 1999:123他）。

しかしながら、ヤシュ建造物の発掘担当者であったウィリアムソンは、この資料がゴミ捨て場の土が移動された再堆積からのものであることを指摘している（Williamson 1997:33）。つまり、青山が分析した黒曜石は、ヤシュ建造物の部屋内の床面直上から出土したというような1次コンテクストのものではなく、2次的なコンテクストであるヤシュ建造物の「盛土」「詰土」から回収されたものであるので、もともとこれらの緑色黒曜石が、アクロポリス内のどの場所でどのように使用されていたのかはわからない。このような資料を数学的に比率として使用し、特定の建造物と関連する支配者とテオティワカンの深い関係を論じる方法は適切ではなかろう。ヤシュ建造物の「盛土」「詰土」から回収された緑色の黒曜石は、当時のコパンとテオティワカンの間に交流があったことを示す一般的な資料にすぎない（Fash *et al.* 2004:67・74も参照のこと）。

王朝創始時のコパンに見られるテオティワカンとのつながりを示す考古資料は、同時期のカミナルフユやティカルの資料と比べるとはるかに少ないはずである。この点は、コパンにおけるテオティワカン的な文化要素は、ティカルやカミナルフユといったマヤ地域におけるその他の都市を経由して入ってきた可能性が高い点を示唆している（Sharer *et al.* 1999:20）。

筆者の見解では、コパン初期王権が特定の一都市との強いつながりを誇示するのではなく、メキシコ中央高原のテオティワカン、ティカルなどのペテン地方、アバフ・タカリクなどの南部マヤ地域、さらにはベリーズの都市など、「多方向的な」交流ネットワークを有していたことを示している点こそが重要なのである（Fash *et al.* 2004:76も参照のこと）。実際の人の移動があったにせよ、先に述べた導入的な要素は、こうしたネットワークを通してコパンにもたらされたのであろうし、「多方向的な」交流ネットワークによるコパン社会内部における権力補強戦略は、古典期前期を通して続いていくからである。

コパンの初期王権の成立にコパン谷内部のメカニズムが強かったのか、それとも現在主流となっている「来訪説」のように、外部からの導入的メカニズムが強かったのか、いまだ明らかではない。しかし、コパンの初期王権に見られる「多方向的な」交流ネットワークのより詳細な研究と解明に、王権の起源と成立プロセスを解く鍵がありそうである。

なお、マーカスの「ダイナミック・モデル」によれば、古代国家の政治的支配域は初期王権のときに最大となる、とされるが（Marcus 1992・1993）、これはあくまでもモデルであり、現実はやや違うようである。エル・プエンテなどラ・エントラーダ地域における衛星都市の建設は、コパン谷

内部の政治情勢が安定した後の6世紀半ば以降（古典期後期）を待たねばならなかったようである（中村 1996(3):43-44）。コパンにおいてその政治的支配域が最大となったのは、これまでいわれているように、12代目王の治世（西暦628〜695年）から13代目王の治世（西暦695〜738年）であろう。

5. 古典期前期「王権」の展開

　その起源が、コパン谷内にあろうと、そうではなくペテン低地などコパン谷の外部から導入されたものであろうと、あるいはその両者の折衷であろうと、紀元5世紀前半に確立されたコパン「王権」の名声は、紀元6世紀前半までには他のマヤ地域にまで届いていたようである。グルーベは、ベリーズにある西暦534年の日付をもつカラコルの石碑16号の碑文に、7代目王「睡蓮ジャガー」に関する言及があるとしている（Grube 1990）。

　近年発見された10J-45「王墓」はこの時期のものである。この石室墓は、その規模や構造、埋葬の仕方から見て、古典期前期の「王家の墓」であることに間違いはなかろう。また、被葬者が男性であるという鑑定結果を、コパンだけでなく他のマヤ都市でも出土例のない「統治権」と「戦争の指揮権」を表した大型のヒスイ製品などの豪華な副葬品や「世界の四方位と中心」、「トウモロコシの神の再生」といった共伴する副葬品・奉納品のシンボリズムとともに考察すれば、この人物はコパン「王」の一人であったと考えるのが妥当であろう。つまり、被葬者が生前もっていた「権力」と、この葬送儀礼を行った者が有していた「権力」、すなわち紀元6世紀前半から半ばにかけての「王権」の諸相が、墓の位置、その副葬品や周辺奉納品に表されているのである（中村 2002・2003）。10J-45石室墓の規模は、フナルの石室墓よりも一回り小さく、2.35m（長さ）×1.1m（幅）×0.9m（高さ）である。とくに目につくのは、石室の「浅さ」である。しかし、この墓を巡っての最大の謎は、被葬者が一体誰なのかという点と、なぜこの「王」はアクロポリスの外に埋葬されたのかという点であろう。発見当初、この被葬者は二次葬で葬られていたと考えていたが、現在では、この地点で次の時期の建造物に完全に覆われる直前に撹乱を受けた一次葬の可能性も考慮に入れて分析・研究が続いている。

　近年スチュアートにより、この時期の王たち、とくに8代目の王の在位期間が同定され、ロサリラを建設させたのは8代目の王と想定されている（Stuart 2004:232）。このため、10J-45「王墓」被葬者の同定に関しては、もし一次葬であり、「東の太陽神殿ロサリラ」と「西の10J-45「王墓」」という筆者の仮説的対照が正しければ、8代目の王が行った7代目の王の大規模な葬送儀礼だったのかもしれない。しかし被葬者の死亡時年齢が若い（25〜35歳）という形質人類学的所見を考慮すると、7代目、8代目の王の可能性は少なく、6代目か9代目の王かもしれない。

　一方、アクロポリス外に埋葬された理由であるが、10J-45区域の調査は明らかにここが、おそらく紀元5世紀以前から長い居住伝統をもっていた有力な家系の本拠地であったことを示している。「王墓」が内部につくられた建造物10J-45は、その家系の神殿としても機能していたと思われる。10J-45区域は、アクロポリスと「グループ9」の中間に位置している点、10代目の王まで「グループ9」に石碑を建立している点、この近くには12代目の王が、二つの石碑を建立している点を考えれば、ビエルが想定しているように、この時期までには「王権」を巡る争いがコパン社会内部で本格

化していた可能性が高い（Viel 1999）。すでにヤシュ・クック・モによる王朝創始以来100年が過ぎ、自分の家系こそがヤシュ・クック・モの「公式な」系譜であると主張する王族間の「王権」争いが想定できるのである。もしかすると、この人物は祭壇Qに出現しない、歴史の闇に葬られた「王」かもしれないが、被葬者に共伴する碑文がない現状では、それはわからない。

こうしたなか、古典期前期の終わり（紀元6世紀半ば～後半）に、大広場北の建造物9L-100につくられた埋葬10は注目に値する。この埋葬は、12～13歳くらいの子供の埋葬であるが、アクロポリス外で見つかった墓としては、10J-45「王墓」、9N-8グループの埋葬Ⅷ-36（通称「ブルーホ」）（Fash 2001:90-94）に匹敵する副葬品をもっていた。土器27個体、土器蓋2個体、漆喰の塗られた3連装縦笛1個体（図6）、貝製楽器類、貝製装飾品、コンゴウインコの頭を象ったヒスイの胸飾りや儀礼用耳飾りなどである（詳細なリストはPROARCO 2004参照）。

これらの副葬品には、ペテン低地のワシャクトゥンをはじめ、南部高地のカミナルフユやサクレウ、さらにはモタグア川中流域や近年フルートの発見されたベリーズのベイキング・ポット（Reents-Budet et al. 2004）とのつながりさえ示唆されている。この子供が、当時のコパン社会においてきわめて重要な人物の子供であったことは疑いがないが、具体的な同定は碑文がないためできない。しかし、この区域はアクロポリスのコパン王家ときわめて強いつながりを有する宮廷貴族の居住地であったと思われることから、初期王権成立時と同じく、コパンの王族や有力な貴族といった支配者層が、古典期前期を通してさまざまなマヤ都市と「多方向的な」交流ネットワークを保持し続けていたことが示されているのである。

おわりに

ビハック期における「王権」の存否問題、初代王とされるヤシュ・クック・モの出自の問題、コパン谷における初期王権の成立プロセスにおいては、自生的なメカニズムの方が強かったのか、それともヤシュ・クック・モのような人物の到来とともに別の地域から王権のシステム自体が導入されるというようなメカニズムの方が強かったのか、あるいはその両者の折衷的・補完的なメカニズムが存在したのか、といった王権の起源の問題など、コパンにおける王権の成立と展開のプロセスには、一見堅固そうに見える定説にも関わらず、不明瞭な点が多い事実を概観してきた。その中で、コパンにおける王権の成立と発展にいろいろな地域や都市との「多方向的な」交流ネットワークが必要不可欠であった、という点は明らかなようだ。

「碑文の解読」と「考古学的研究」は、古典期マヤ文明の歴史を明らかにするために必要不可欠な二つの大黒柱（両輪）

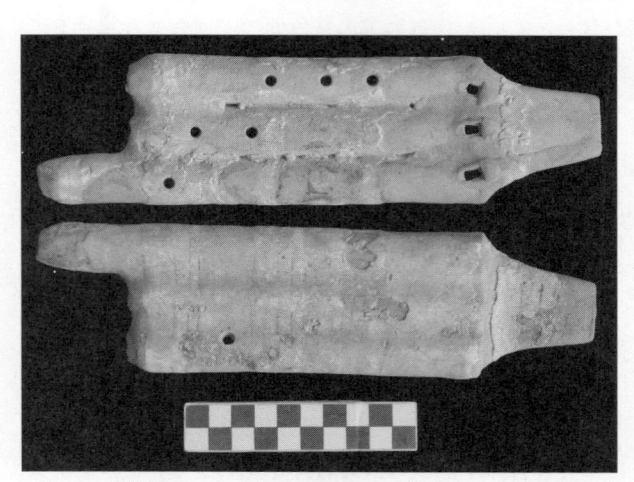

図6　建造物9L-100の埋葬10出土の3連装フルートの表裏
　　　（撮影：五十嵐博行）

であり、両者は相互に補完すべき性格のものであるが、現在のマヤ文明研究においては、どうも碑文の解読結果に考古学の方が振り回されているという印象がある。

長年にわたり、16世紀以降の植民地時代の文献史料を使って征服期直前や後古典期の「王権」の性格を研究している大越は、王が「王の中の王」から叙任を受けたり、支配を周囲に広げていく際に、王族の構成員が都市から都市へと移動して王家の支配を確立していったり、臣下に分配して自己の権威を維持するために必要な威信財を入手する目的で、王族自らが長距離交易に従事していたというような、古典期マヤ文明の王権のあり方にも示唆を与えるような数多くの事例を指摘している（大越 2003）。またそこには、マヤ王家にとって「家系の歴史」というものがどのようなものであったのかを考察する手がかりも含まれている。今後は碑文の解読結果だけではなく、こういった研究も参考にしつつバランスをとりながら、考古学的な王権研究を続けていく必要がありそうだ。

参考文献

大越　翼　2003　「聖なる樹の下で－マヤの王を考える－」『古代王権の誕生 II』角川書店。
小田　亮　1987　「神聖王権」『文化人類学事典』弘文堂。
植木　武（編著）　1996　『国家の形成－人類学・考古学からのアプローチ』三一書房。
中村　誠一　1996　「古代マヤ文明研究の現状と課題－コパンとその周辺地域を例として－」(1)(2)(3)(4)（最終回）『考古学ジャーナル』401号・29-32頁，402号・37-42頁，403号・42-47頁，405号・23-28頁，406号・19-23頁、ニューサイエンス社。
中村　誠一　1999a　『マヤ文明はなぜ滅んだか？－よみがえる古代都市興亡の歴史－』ニュートン・プレス。
中村　誠一　1999b　『周縁から見たマヤ文明－古典期コパン国家の政治的ダイナミクス－』埼玉大学大学院文化科学研究科文化構造研究専攻提出修士学位論文。
中村　誠一　2000　「世界遺産における考古学と保存－ホンジュラス、コパン遺跡からの簡易報告」『Las Culturas Indigenas』Capac ñan、ISSN 1345-8671。
中村　誠一　2002　「コパン王墓に見る権力と抗争」『古代文化』第54巻5号、279-290頁。
中村　誠一　2003　「コパン王朝興亡史」『神秘の王朝 マヤ文明展』89-184頁、TBS。
Aoyama, Kazuo　1999　*Ancient Maya State, Urbanism, Exchange, and Craft Specialization: Chipped Stone Evidence from the Copan Valley and the La Entrada Region, Honduras.* University of Pittsburgh Memoirs in Latin American Archaeology No.12. University of Pittsburgh Department of Anthropology, Pittsburgh, PA.
Baudez, Claude F.　1983　La Estela 35. In *Introducción a la Arqueología de Copan, Honduras, Tomo II.* Proyecto Arqueológico Copán, Secretaría de Estado en el Despacho de Cultura y Turismo, Tegucigalpa, D.C.
Bell, Ellen E., Robert J. Sharer, Loa P. Traxler, David W. Sedat, Christine W. Carrelli and Lynn A. Grant　2004　Tombs and Burials in the Early Classic Acropolis at Copan. In *Understanding Early Classic Copan*, edited by Ellen E. Bell, Marcello A. Canuto, and Robert J. Sharer. University of Pennsylvania Museum of Archaeology and Anthropology, Philadelphia.
Buikstra, Jane E., T. Douglas Price, Lori E. Wright and James A. Burton　2004　Tombs from the Copan Acropolis: A Life History Approach. In *Understanding Early Classic Copan*, edited by Ellen E. Bell, Marcello A. Canuto, and Robert J. Sharer. University of Pennsylvania Museum of Archaeology and Anthropology, Philadelphia.
Fash, William L.　2001　*Scribes, Warriors, and Kings: The City of Copan and the Ancient Maya.* Revised edition. Thames and Hudson, London.

Fash, William L. and Robert J. Sharer 1991 Sociopolitical Developments and Methodological Issues at Copan, Honduras : A Conjunctive Perspective. *Latin American Antiquity* 2:166-187.

Fash, William L., Barbara W. Fash and Karla L. Davis-Salazar 2004 Setting the Stage: Origins of the Hieroglyphic Stairway Plaza on the Great Period Ending. In *Understanding Early Classic Copan*, edited by Ellen E. Bell, Marcello A. Canuto, and Robert J. Sharer. University of Pennsylvania Museum of Archaeology and Anthropology, Philadelphia.

Grube, Nikolai 1990 A Reference to Waterlily Jaguar on Caracol Stela 16. *Copan Note* 68. Instituto Hondureño de Antropología e Historia, Tegucigalpa, M.D.C.

Hall, Jay and René Viel 2004 The Early Classic Copan Landscape: A View from the Preclassic. In *Understanding Early Classic Copan*, edited by Ellen E. Bell, Marcello A. Canuto, and Robert J. Sharer. University of Pennsylvania Museum of Archaeology and Anthropology, Philadelphia.

Marcus, Joyce 1992 Dynamic Cycles of Mesoamerican States. *National Geographic Research and Exploration* 8:392-411.

Marcus, Joyce 1993 "Ancient Maya Political Organization", in *Lowland Maya Civilization in the Eighth Century A.D.*, edited by J. A. Sabloff and J. S. Henderson. Dumbarton Oaks, Washington, D.C.

Martin, Simon and Nikolai Grube 2000 *Chronicle of the Maya Kings and Queens: Deciphering the Dynasties of the Ancient Maya*. Thames and Hudson. New York.（『古代マヤ王歴代誌』創元社、2003）

Morley, Sylvanus G. 1920 *The Inscriptions at Copan*. Publications 219. Carnegie Institutions of Washington, Washington, D.C.

PROARCO（Proyecto Arquelógico Copán）2003 *Arqueología y Conservación en Copán: Investigación y restauración en los grupos 9L-22 y 9L-23（Complejo arquitectónico "Núñez-Chinchilla"）*, Director : Seiichi Nakamura. PROARCO, Copán Ruinas.

PROARCO（Proyecto Arquelógico Copán）2004 *Arqueología y Conservación en Copán, parte II: Investigación y restauración en los grupos 9L-22 y 9L-23（Complejo arquitectónico "Núñez-Chinchilla"）*, Director : Seiichi Nakamura. PROARCO, Copán Ruinas.

Reents-Budet, Dorie., Ronald L.Bishop, Carolyn Audet, Jaime Awe, y M. James Blackman 2004 Act Locally, Think Internationally: The Pottery of Baking Pot, Belize.（主著者から筆者へ送付されたベリーズ考古学シンポジウム発表論文）

Riese, Berthold 1983 Esculturas de las Estructuras 10L-2 y -4. In *Introducción a la Arqueología de Copan*, Honduras, Tomo II. Proyecto Arqueológico Copán, Secretaria de Estado en el Despacho de Cultura y Turismo, Tegucigalpa, D.C.

Sedat, David W., and Fernando López 2004 Initial Stages in the Formation of the Copan Acropolis. In *Understanding Early Classic Copan*, edited by Ellen E. Bell, Marcello A. Canuto, and Robert J. Sharer. University of Pennsylvania Museum of Archaeology and Anthropology, Philadelphia.

Sharer, Robert J 2003 Founding Events and Teotihuacan Connections at Copan, Honduras. In *The Maya and Teotihuacan : Reinterpreting Early Classic Interaction*, edited by Geoffrey E. Braswell. University of Texas Press, Austin.

Sharer, Robert J 2004 External Interaction at Early Classic Copan. In *Understanding Early Classic Copan*, edited by Ellen E. Bell, Marcello A. Canuto, and Robert J. Sharer. University of Pennsylvania Museum of Archaeology and Anthropology, Philadelphia.

Sharer, Robert J., Loa P. Traxler, David W. Sedat, Ellen E. Bell, Marcello A. Canuto and Christopher Powell 1999 Early Classic Architecture beneath the Copan Acropolis: A Research Update. *Ancient Mesoamerica* 10:3-23.

Shook, Edwin M. and Alfred Kidder II   1961   The Painted Tomb at Tikal. *Expedition* Vol.4, No.1:2-7

Stuart, David   1989   The "First Ruler" on Stela 24. *Copan Note* No.7. Instituto Hondureño de Antropología e Historia, Tegucigalpa, M.D.C.

Stuart, David   2004   The Beginnings of the Copan Dynasty: A Review of the Hieroglyphic and Historical Evidence. In *Understanding Early Classic Copan*, edited by Ellen E. Bell, Marcello A. Canuto, and Robert J. Sharer. University of Pennsylvania Museum of Archaeology and Anthropology, Philadelphia.

Viel, René   1993   *Evolución de la cerámica de Copan, Honduras*. Instituto Hondureño de Antropología e Historia, Tegucigalpa, M.D.C.

Viel, René   2000   The Pectorals of Altar Q and Structure 11: An Interpretation of the Political Organization at Copan. *Latin American Antiquity* 10:377-399.

Viel, René. and Jay Hall   1997   El período Formativo de Copán en el contexto de Honduras. *Yaxkin* Vol. XVI:40-48. Instituto Hondureño de Antropología e Historia, Tegucigalpa, M.D.C.

Webster, David., and AnnCorinne Freter   1990   Settlement History and the Classic Collapse at Copan : A Redefined Chronological Perspective. *Latin American Antiquity* 1:66-85

Webster, David., AnnCorinne Freter and Nancy Gonlin   1999   *Copán: The Rise and Fall of an Ancient Maya Kingdom*. Harcourt College Publishers. Fort Worth.

Wildlife Conservation Society (WCS)   2001   *Proyecto de Actualización del Plan de Manejo del Monumento Nacional las Ruinas de Copán* (Borrador Avanzado, Plan de Manejo 2001).

Williamson, Richard V.   1997   Los orígenes de la complejidad social en Copán: excavaciones debajo de la Estructura 10L-26 en Copán, Honduras. *Yaxkin* Vol. XVI:31-39. Instituto Hondureño de Antropología e Historia, Tegucigalpa, M.D.C.

キニチ・ヤシュ・クック・モのコパン建国とテオティワカン

佐藤　孝裕

1. はじめに

　マヤの長期暦で8.17.1.4.12 11エブEb 15マックMak（378年 1 月13日）に、古典期マヤ社会を代表する大都市ティカルTikalで、近郊にある都市ワシャクトゥンUaxactunも巻き込んで、ある重要な出来事が起こる（佐藤 2004:26-54）。「エントラーダEntrada」とも「11エブ事件」とも呼ばれるこの出来事に関しては、メキシコ中央高原に君臨する巨大都市テオティワカンTeotihuacanとの関連をどう見るかという点から、さまざまな議論が戦わされている[1]。この出来事をどう解釈するかは、その後の低地南部マヤ社会がどのように形成されたかを考えるうえできわめて重要である。いずれにしても、古典期前期が始まって以降、テオティワカンを想起させるようなさまざまな文化的要素が、マヤ地域の諸都市に次第に現れ始めるという現象が見られるのは事実である。

　その一例として挙げられるのが、ホンジュラス西端のコパンCopanである。ここでは、5 世紀に入ってまもなく、キニチ・ヤシュ・クック・モK'inich Yax K'uk' Mo'という名の王を創始者とする王朝が確立される。それと同時に、文字が刻まれた石造モニュメントが建立されたり、建築や図像にメキシコ中央高原やマヤのペテンPeten地方の影響が見られるようになる。このことから、コパン王国建国に際しては、外来者の存在が大きく関わっていたとの指摘がなされている。本稿では、この問題について考察してみたい。

2. キニチ・ヤシュ・クック・モ以前のコパン

　マヤ地域東南の辺境地帯に位置するコパン遺跡は、グァテマラ国境にすぐ近くの、面積約24k㎡のコパン盆地にある。古典期のマヤ遺跡の多くが低地に立地するのに対して、コパンは海抜600mのところにあり、どちらかというと高地の性格を備えている[2]。これは単に地理的なものにとどまらず経済的にも、またある程度文化的にも、コパンは低地よりも高地の特徴を備えていた（W. Fash 2001: 67）。

　コパンでは、1839年以来現在に至るまで、さまざまな調査が行われている[3]。ことに1970年代半ばからは、数多くの考古学的調査が実施されており、膨大なデータが蓄積されている。そのため、コパン王国の歴史はかなり詳細にわかるようになっており、「マヤ低地のどこにも、それどころか世界の古代社会のどこにも、コパンほど勃興と衰退の物語を詳細で劇的に組み立てられる古代国家はない」（Webster et al. 2000:1-2）ほどである[4]。

　考古学上、コパン盆地に人びとが居住した最古の痕跡は前1400年頃で、その頃までには農耕を営む定住村落が成立し、土器も製作されるようになった[5]。住居跡から出土する遺物からは、古典期

文明の中心となった低地南部でなく、コパンの西方や南方との関係があったことがうかがわれる（Agurcia Fasquelle 1998:340）。このことは土器を見ても明らかであり、器形や装飾の点でチアパスChiapas、グァテマラ太平洋岸とグァテマラ高地、中央ホンジュラス、エル・サルバドルとの関係が見て取れる（W. Fash and D. Stuart 1991:149-150, Webster 1988:26, Webster et al. 2000:22, W. Fash 2001:64）。この傾向は、古典期になっても基本的には変わらなかった（W. Fash and D. Stuart 1991:151, Webster et al. 2000:27）。古典期以降、建築、芸術、碑文などエリート文化に関わる分野ではマヤ的な伝統を示すが、政治・経済的には東方や南東方のホンジュラス、エル・サルバドルおよび西方のグァテマラ高地の民族と密接な関係を保っていたのである（W. Fash 2001:75, Webster et al. 2000:16・22）。

そもそも彼らがどのような言語を話す民族集団だったかも明確ではない。マヤ系の語族であったとする説があれば、ベラクルスVeracruzやタバスコTabascoのオルメカOlmeca人との関連を示唆する説もあり定かではない（Schele and Freidel 1990:306-307, W. Fash 2001:66）。アグルシアのように、マヤ人であることをはっきりと否定する説さえあるのである[6]。植民地時代から現在に至るまで、コパン周辺で話されているのはチョランCholan系の言語集団の一つであるチョルーティChorti語であるが、ヴィエルVielによると、彼らがコパン盆地に入って来たのは、原古典期とも呼ばれる先古典期後期（前300年頃～後250年頃）の終り頃のことである（W. Fash 2001:66・72）。このことから考えても、コパンのもともとの住民は、少なくとも古典期マヤ文明の中核地帯であるマヤ中部低地の住民とは異なっていたようである（W. Fash 2001:67）。

さて、先古典期のコパン住民がオルメカ人であったかどうかは別にして、先古典期中期（前900年頃～前300年頃）の墳墓の副葬品の土器に彫られた図像は、オルメカ文明とのつながりを示している（W. Fash and D. Stuart 1991:150, Agurcia Fasquelle 1998:341）。たとえば、ラス・セプルトゥーラスLas Sepulturas地区（図1）で発見された墳墓では、300以上のヒスイ製品とともに、オルメカ的な図像が彫られた土器が副葬品として埋葬されていた（中村 1999:41）。

先古典期後期は、マヤ低地南部では続く古典期の繁栄が胎動し始める時期である。ナクベNakbe、エル・ミラドールEl Mirador、セロスCerrosなどさまざまな場所で、巨大建築コンプレックスや石彫などのモニュメントが建立され、神聖王権の存在をうかがわせる図像が刻まれ、大規模な人口を擁する都市を中心とする複雑な国家が成立する（Demarest and Foias 1993:151-153, Braswell 2003:6, Marcus 2003:345）。ところが、コパンでは逆に人口や建築活動が停滞するのである（Schele and Freidel 1990:308）。この時期のコパン盆地の人口は1,000人以下で（Webster et al. 2000:22）、前300～後1年には活動の痕跡はアクロポリスの南と西のわずか2ヵ所でしか見られず、しかもそれすら1～150年の間に消滅している（Schele and Freidel 1990:308）。このように、マヤ低地南部が新たな文化要素の導入、人口増加、王権制度の確立など、新しい時代の誕生に向かって活気づいていたにも関わらず、コパンはその蚊屋の外に置かれ停滞していたのである。このことは、コパンの地理的位置と関係があるのかもしれない。つまり、先にも述べたように、コパンがペテン地方を中心とする古典期の中心地域よりも、グァテマラ高地、エル・サルバドル、中央ホンジュラスと強く結びついていたため、時代の趨勢に乗らなかったのであろう[7]。

コパンは、この時期の終りの200年頃までには復活する（Schele and Freidel 1990:308）。そのことと関わりがあるかもしれないのが、石碑4[8]に刻まれた8.6.0.0.0（159年12月15日）と、石碑I[9]に刻まれた8.6.0.10.8（160年7月13日）という二つの日付である。前者の日付は、少なくとも後世の3人の王がきわめて重要な日として記録しているし[10]、石碑Iの碑文には、この日付と関連して「マ・キナ・ヤ・ヨ・アハウMa K'ina Ya Yo Ahau」[11]という人物の名が挙げられている。その後にコ

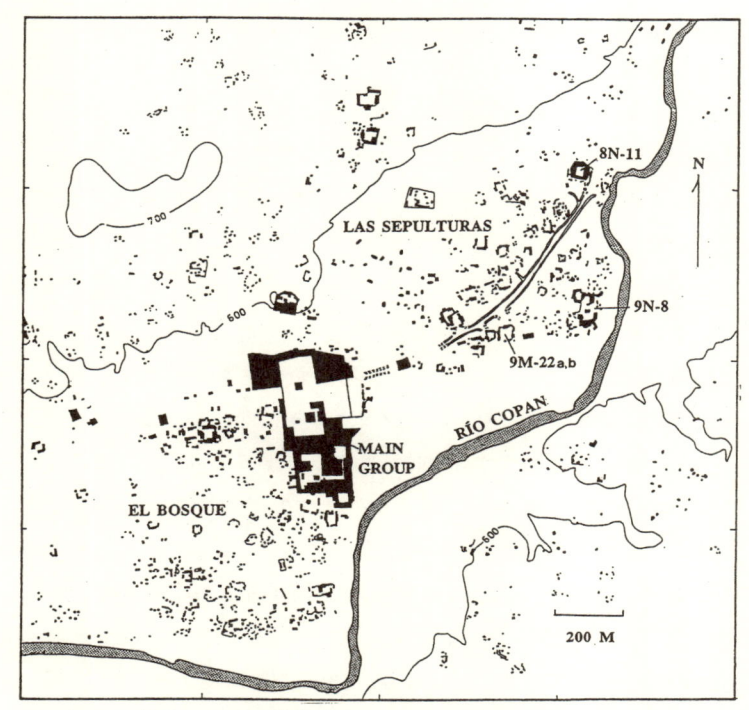

図1　コパン遺跡（Webster *et al.* 2000:Fig.1-4より）

パンの紋章文字が生起しており（W. Fash 2001:88）、この日に何らかの出来事が起こったことが指摘されている（Sharer 1994:307）。いずれにしても、キニチ・ヤシュ・クック・モがコパンに現れる以前に、コパンには既に支配者がいたことは間違いないであろう[12]。「主グループ（Main Group）」（図1）の北西端にある基壇10L-1の大半がビハクBijac期（1／100年頃～400／425年頃）に建設されていることから、キニチ・ヤシュ・クック・モによる王朝創立以前の支配者の所在地はここにあったと考えられている（W. Fash 1998:226, Traxler 2001:66-67, Sharer 2003a:332, 2003b:147）。

3. キニチ・ヤシュ・クック・モの「到着」と王朝創立

　先に見たように、コパンに王のような権力者が存在したのは少なくとも後2世紀にさかのぼるが、現在遺跡として目にするコパンの直接の創始者はキニチ・ヤシュ・クック・モである。彼の名は石碑15[13]の碑文に、8.19.0.0.0（416年3月23日）に起こった何らかの出来事と関連して言及されているが（Sharer 2003a:327）、彼の事績をもっとも詳細に記している史料は祭壇Qのテキストである。祭壇Qは、第16代王ヤシュ・パサフYax Pasahが建立した石造モニュメントであるが、ここに二つの日付とともに、キニチ・ヤシュ・クック・モに関する重要な出来事が記されている。まず最初が8.19.10.10.17 5カーバンKaban 15ヤシュキンYaxk'in（426年9月3日）という日付で、"u cha'm K'awil wi te na K'uk' Mo' Ajaw"「クック・モ・アハウがウィ・テ・ナでカウィールの笏をとった」（Martin and Grube 2000:192, Sharer 2003a:327, 2003b:144）と記されている。「カウィールの笏をとる」という表現は、即位を表す際に使われることがあるといわれる（D. Stuart 2000:491-492）ことから、

この文はクック・モ・アハウが即位したことを意味していると考えられる。そして、二つ目の日付であるその3日後の8.19.10.11.0 8アハウAjaw 18ヤシュキン（426年9月9日）に、"tali wi te na K'inich Yax K'uk' Mo'"「キニチ・ヤシュ・クック・モがウィ・テ・ナ[14]に来た」という文が続いている[15]。文脈から見て、クック・モ・アハウ[16]とキニチ・ヤシュ・クック・モ[17]は同一人物だと考えられるので、クック・モ・アハウが即位したことでキニチ・ヤシュ・クック・モという名になったということであろう。

　ここで問題になるのは、キニチ・ヤシュ・クック・モが即位し、さらにその3日後に到着した場所と思われるウィ・テ・ナと読める文字の意味である。デヴィッド・スチュワートは、この文字の接尾辞がナフnahであることから、何らかの建物を表すとしている[18]。すなわち、この「交差した束の建物」でキニチ・ヤシュ・クック・モは即位し、また3日後にその建物に到着したというのである。しかし、この文字は単に建物を意味するのみにとどまらないと思われる。というのも、この文字は、ほぼ必ずキニチ・ヤシュ・クック・モの名とともに生起する[19]のに加えて、後代の諸王もキニチ・ヤシュ・クック・モの名とこの文字に続いて「〜代目」と記すことで、自らを表しているからである（D. Stuart 2000:492-493, Schele and Freidel 1990:310）。シェアラーはこの文字を「木の芽の家（Sprout Tree House）」（Sharer 2003a:328）、またマーティンとグルーベは「根の家（Root House）」と訳している（Martin and Grube 2000:192.）。芽といい根といい、いずれもこれから成長しようとするものを表している点で同義であるといえる。そして、植物をリネージあるいは王朝のたとえと考えると、この語は象徴的である。つまり、これから成長してゆく王朝の創始者がキニチ・ヤシュ・クック・モであるということは、彼自身の即位という行為がすなわち「木の芽」であり「根」に相当するということになる。したがって、この文字はキニチ・ヤシュ・クック・モが即位した建物[20]そのものを表すとともに、彼が始めた「王朝」あるいは「王家」も表しているのかもしれない[21]。

　さて、即位したキニチ・ヤシュ・クック・モは、その後8.19.11.0.13 5ベンBen 11ムワンMuwan（427年2月7日）にオシュ・ウィティクOx Witikへ到着する（Sharer 2003a:329,2003b:145）。「三つの山」という意のこの場所は、コパンのことである[22]。しかも彼は、このとき「西のカロームテOchk'in Kalomte'」[23]という称号を保持している（D. Stuart 2000:493-494, Fash and Fash 2000:446, Sharer 2003a:329,2003b:145）。ここには二つのきわめて重要な点が含まれている。一つは、キニチ・ヤシュ・クック・モはコパンではなく、ウィ・テ・ナがあるどこか他の場所で即位し、その152日後にコパンにやって来たということである。もう一つは、彼が「西のカロームテ」を名乗っていたという点である[24]。この二つの事柄は、キニチ・ヤシュ・クック・モの出自に関わるという点で共通していると思われる。そこで、以下でこの問題について検討したい。

　「西のカロームテ」というのは、8.17.1.4.12 11エブ15マック（378年1月13日）にティカルで生じた出来事の中心的人物であったシヤフ・カックSiyaj K'ak'が保持していた称号である（D. Stuart 2000:493-494）。そして、彼の名は、マルガリータMargaritaと名づけられた基壇状の建築にはめ込まれたベンチ形の彫刻モニュメントであるシュクピ・ストーンXukpi Stoneのテキスト[25]に、キニチ・ヤシュ・クック・モの名前とともに刻まれている（Martin and Grube 2000:193・195, Sharer

2003a:330, 2003b:156）。402年頃死去したとされるシヤフ・カックとは時期的にかなり隔たっているため、ここに記されたシヤフ・カックがティカルのシヤフ・カックと同一人物かどうか断定はできないが、その可能性は否定できない。

　ティカルにも、コパンとの関係を示唆するような痕跡が残っている。ティカルの建物3D-43の基部で発見された墳墓で出土した彫像に、「ティカルの男（Hombre de Tikal）」と名づけられたものがある。これはティカルの第14代王チャック・トック・イチャークChak Tok Ich'aak 1 世（在位360年～378年）の肖像だが、背面には「曲がり鼻（Curl Nose）」の綽名で長く知られてきたティカルの第15代王ヤシュ・ヌーン・アイーン 1 世の治世（378年～404／406年）に長いテキストが刻まれている（Ponce de Leon 2003:189, Laporte 2003:283）。ここに、クック・モという名の人物が言及されているのである（Schele and Freidel 1990:449, Sharer 2003a:325）。これによると、ヤシュ・ヌーン・アイーン 1 世が、403年と406年にクック・モなる名の下位の王と一緒に、自らの名を挙げるような出来事を行ったという（Martin and Grube 2000:33）。これはキニチ・ヤシュ・クック・モによるコパン王朝創立の約20年前にあたる。このことから、「ティカルの男」に刻まれたクック・モなる人物が、キニチ・ヤシュ・クック・モを指している可能性は高いと思われる。このように、キニチ・ヤシュ・クック・モがティカルと関わりのある人物であったとすれば、彼がコパンに到着する152日前に即位した場所はティカルであったかもしれない。

　キニチ・ヤシュ・クック・モとティカルの関係を示唆する資料は、文字史料にとどまらない。先述したマルガリータの下にはイェフナルYehnal、さらにその下にフナルHunalと名づけられた古い時代の建築が埋まっているのだが、そのフナルという基壇建築の床を刳り貫いて、低地マヤ様式のアーチ型の石造の墓室がつくられており、そこには右腕の前腕部と左肩を骨折した痕のある高齢の男性の遺体が安置されていた（W. Fash 2001:84・96, Traxler 2001:58）。この墓がアクロポリスの真只中に位置していることや、副葬品が種々のヒスイ製品など王にふさわしいものと考えられることから、この被葬者はキニチ・ヤシュ・クック・モその人であろうと推測されている（Fash 1998:227, Martin and Grube 2000:193, Traxler 2001:58, Sharer 2003a:337, 2003b:150）。ビクストラBuikstraによるこの遺体の骨のストロンチウムの同位体分析[26]から、被葬者は生涯のほとんどをティカルが位置する中央ペテンで過ごし、晩年の数年間をコパン盆地で過ごしていたことがわかった（Fash 2001:84, Traxler 2001:59-60, Sharer 2003a:340, 2003b:152・158-159.）。

　また、様式上 8 バクトゥンBaktunの間、遅くとも9.0.0.0.0（435年）までには建立されたと考えられている（Riese y Baudez 1983:186-190）コパンの石碑35の肖像が、ライデン板（Leyden Plaque）の肖像と酷似していることから、バウデスはペテン出身のマヤ人がコパン盆地に植民したと考えている（Baudez 1986:18）。

　このように、文字史料、図像、遺骨の化学的分析は、キニチ・ヤシュ・クック・モの出身地としてペテン地方を強力に指し示しているのである。おそらくは、当時のペテンの中心的国家であったティカルと何らかの関係のある人物だったのであろう。すなわち、ティカルに服属していた国の王族か、あるいはティカルそのものの出身だった可能性が高いと思われる。ただし、仮にキニチ・ヤシュ・クック・モがティカル出身であったとしても、ティカルの紋章文字を使っていないことから、

高位の貴族ではありえても王族の成員ではなかったかもしれない。

　先にも述べたが、建築、彫刻、図像、碑文など、エリートに関わる文化の観点から見て、コパンは5世紀になるまで「マヤ」的な様相を呈していない（Webster 2001:174）。逆にいうと、5世紀に入るや否や、コパンには急に「マヤ」的要素が横溢するようになる[27]。つまり、当時のマヤ文化の中心的地域であったペテン地方出身と考えられるキニチ・ヤシュ・クック・モがコパンに到来して新王朝を開くと同時に、コパンはマヤ社会に参入したといえるのである[28]。

4. キニチ・ヤシュ・クック・モによるコパン征服

　では、キニチ・ヤシュ・クック・モはどのような経緯でコパンで権力の座についたのであろうか。結論からいって、武力を伴った征服であった可能性が高いと思われる。以下に、四つの点からこのことを検証してみたい。

　まず一つ目は、古典期に入ってからのコパン盆地の状況である。「主グループ」のアクロポリスの東側が、コパン川の浸食によってかなり削り取られていることが示すように、コパン遺跡はコパン川沿いの沖積低地に立地していた。ところが、セロ・デ・ラス・メサスCerrro de las Mesas[29]、プエブロ・モデルノPueblo Moderno、セロ・チーコCerro Chico、ロス・アチオテスLos Achiotesなど、古典期が始まった頃のコパン遺跡周辺の遺跡の多くは防御に適した高所に位置しており、もっぱら盆地内の低地にあったそれ以前の遺跡、およびキニチ・ヤシュ・クック・モによる王朝創立以後とは異なった立地パタンを示している（Agurcia Fasquelle 1998:344, Fash and Fash 2000:447-448）。このことは、キニチ・ヤシュ・クック・モがコパンに到来した頃、コパン盆地が政情不安だったことをうかがわせる。実際、この当時、コパン盆地には複数の分節リネージが権力を巡って争っていたようである（W. Fash and D. Stuart 1991:153-154）。

　二つ目は、フナルの墓から出土したキニチ・ヤシュ・クック・モと思われる人物の遺骨である。先にも述べたように、彼は右腕と左肩を骨折しており、いずれも治癒していない。この外傷は戦場で被った可能性がある。

　三つ目は、祭壇Qに描かれたキニチ・ヤシュ・クック・モの肖像（図2）である。ここでは彼は、ゴーグルのようなものをかけ、右手には「戦争の蛇」の盾をもつというテオティワカンの戦士を想起させるような姿で表現されている（D. Stuart 2000:490-491, Sharer 2003a:327, 2003b:145）。この戦士の姿こそ、彼がどのようにしてコパンに王国を建国したかを視覚的に表しているのかもしれない。

　四つ目は、モットモット・マーカー（Motmot Marker）（図3）に記されたテキストである。神殿26の下には、モットモットと名づけられた石造の基壇建築が埋まっているのだが、この建築に築造された円筒状の墳墓を覆っている円形の石がモットモット・マーカーである（Martin and Grube 2000:194, W. Fash 2001:81, Traxler 2001:51）。表面には、左にキニチ・ヤシュ・クック・モ、右に「2王」の肖像が、中央の2列のテキストを挟んで向き合う形で刻まれている。そしてこのテキストに、キニチ・ヤシュ・クック・モの名とともに、炎上するかあるいは煙を出していると見られる神殿を表す文字が生起しているのである（Sharer 2003a:327, 2003b:158）。メソアメリカでは、炎上する神殿の図像は征服を象徴していると一般的に解釈されていることも併せ考えて（Sharer 2003a:327-328,

2003b:158)、キニチ・ヤシュ・クック・モが征服の主体者だったことを表しているものと考えられる。

以上のことから、ペテン地方出身のキニチ・ヤシュ・クック・モが率いる集団が、5世紀初頭に分裂状態にあったコパン盆地に到来し、武力で制圧して新しい王朝を創立したと考えられるのである。

ただ、武力で新王朝を樹立したキニチ・ヤシュ・クック・モだが、異土での統治を円滑にするためか、現地の女性との婚姻も行ったようである（Fash and Fash 2000:450）。そのことを示唆していると思われるのが、マルガリータで見つかった墳墓である。ここには高齢の女性が埋葬されていたのだが、ビクストラによる遺骨のストロンチウム同位体分析によると、コパン盆地で生まれていること（Martin and Grube 2000:196, Sharer 2003b:158）、建築が精巧であることと、副葬品が豊富であることから[30]、キニチ・ヤシュ・クック・モの后の墓であろうと推測されている（Martin and Grube 2000:196, Sharer 2003b:153・158）。

図2　祭壇Q（Sharer 2003b:Fig.5.1より）

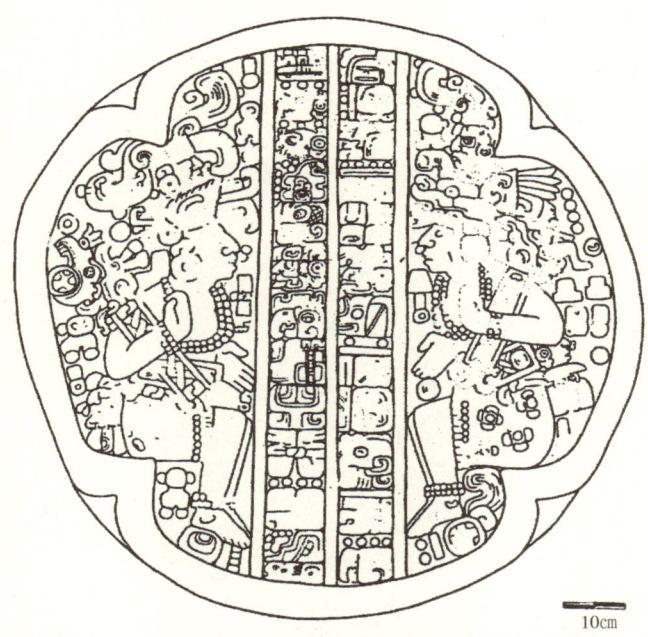

図3　モットモット・マーカー（Sharer 2003a:Fig.11.3より）

キニチ・ヤシュ・クック・モがティカル出身だったとしても、彼によるコパン征服がどういう意図のもとに行われたかについては現段階では判然としない。確かにシェアラーのように、キニチ・ヤシュ・クック・モによる王朝創始を、ティカルが南東地域の交易ルートと産物を支配する目的で同地の植民地化を狙った拡大政策の一環であり、国家レヴェルでコパンの既存の王朝を乗っ取った結果であるとし、さらにキリグアーの王朝創始も遂行したとする説もある（Sharer 2003a:322・329, Agurcia Fasquelle 1998:345-346）。しかし、キニチ・ヤシュ・クック・モがティカル王家の一員で、国家戦略としてコパンを征服したのであれば、新しく始めた王朝にティカルの紋章文字を用いるのが自然であろう。事実、ドス・ピラスDos Pilasがティカルから分かれて

建国された際、ドス・ピラスの王家はティカルと同一の紋章文字を用いているのである。また、キニチ・ヤシュ・クック・モによる王朝創始後のコパンとティカルとの間に密接な関係があったことを示す具体的な証拠もない。土器の観点から見ても、先古典期以来の東方や東南方との関係が持続し、逆にペテン地方との関係は稀薄である（Webster 1988:26-27）。したがって、現状では、ティカルがコパンを国家戦略として征服したという考えには、疑問符がつくといわざるをえない。

5. キニチ・ヤシュ・クック・モ王朝におけるテオティワカン的要素

さて、こうしてキニチ・ヤシュ・クック・モによる征服によって新たに始まったコパン王国だが、このことにテオティワカンはどのように関わっていたのだろうか。あるいは、何の関わりもなかったのであろうか。従来、コパン建国にテオティワカンの関与をうかがわせた要因は、キニチ・ヤシュ・クック・モの肖像や、建築物や出土物にテオティワカンの影響が見て取れると考えられたことにある。しかしながら、建築の点でも、図像の点でも、遺物の点でも、詳細に分析すると、テオティワカンに限らず、一地域との単一的なつながりは見られない。むしろ、さまざまな地域との多方向的な関係をうかがわせる折衷的な文化の存在を示している（中村1999:141, Sharer 2003b:160-162）。そこで、以下でこの点について検討してみたい。

まずキニチ・ヤシュ・クック・モの肖像である。「12王」の墳墓と考えられている埋葬XXXVII-4からの出土物に、歴代の王の姿を象っているとされている香炉蓋があるのだが、その中でキニチ・ヤシュ・クック・モを象っていると考えられている像が、ゴーグルをつけているのである（図4）（W.Fash 2001:107Fig.63・111, 中村2003:53-54）。また、祭壇Qに彫られた彼の肖像もゴーグルをつけており、さらに「戦争の蛇」の盾をもつなど、テオティワカン的な姿で表されているとされる。しかし、これらの要素は、後述するように戦争のシンボリズムに関わるものであり、必ずしもテオティワカンという単一の存在に結びつくものではない。しかも、後者の場合、アハウ文字の上に座しているという点ではマヤ的である（Sharer 2003b:145）。また、香炉蓋が副葬された「12王」が死去したのは9.13.3.5.7 12マニクManik 0ヤシュキン（695年6月18日）であり、祭壇Qを建立した第16代王ヤシュ・パサフ・チャン・ヨパットYax Pasaj Chan Yopatが即位したのは、9.16.12.5.16 6カーバン10モルMol（763年6月2日）のことであ

図4　キニチ・ヤシュ・クック・モを象っているとされる香炉蓋（W.Fash 2001:Fig.63より）

る（W. Fash 2001:80）というように、両者ともキニチ・ヤシュ・クック・モの時代よりも200年以上後に製作されたものであり、彼の姿を忠実に模しているとは限らない。そもそもマヤの王の肖像のほとんどは写実的に表現されたものではなく、その人物を特色づけるような身体的特徴を表していたり、またその人物が為したことを伝えるために製作された（Schele and Miller 1986:66）。香炉蓋や祭壇Qのキニチ・ヤシュ・クック・モの肖像の場合も、後世の王である彼らの何らかの思惑が具象化されているのかもしれない。つまり、彼らの王朝の創始者がこの地を征服した戦士王であることを示すために、戦争のシンボリズムでキニチ・ヤシュ・クック・モを表したと考えられるのである。現に、9.0.0.0.0 8アハウ 13ケフCeh（435年12月11日）のカトゥン完了への言及が見られることから（Sharer 2003a:329）、キニチ・ヤシュ・クック・モの同時代史料と考えられるモットモット・マーカーの彼の肖像はマヤ的な姿で描かれており、逆にいえばテオティワカンを想起させるような要素は見当たらない。

　次に、建築、遺物、図像について総合的に見てみたい。キニチ・ヤシュ・クック・モの奥津城とされる墓室が築造されたフナルは、キニチ・ヤシュ・クック・モが自らの住居および行政を行う場所として建築したと考えられているのだが、ここにはタルー＝タブレーロ様式のファサードが設けられている（W. Fash 1998:227, Fash and Fash 2000:442, W. Fash 2001:84, Sharer 2003a:333-334, 2003b: 147·156）。このタルー＝タブレーロが中央メキシコに由来する建築様式であり、しかもフナルのタルーとタブレーロの比率が約1:2.7で、テオティワカンの1:3と近似していることから（Sharer 2003b:159）、これをテオティワカンの影響と見るのである。しかし、テオティワカンのタブレーロには装飾があるのに対して、コパンのタブレーロは無装飾であるというように、顕著な相違点もある（Sharer 2003b:159）。確かにコパン盆地にはこれ以前にはタルー＝タブレーロ様式の建築は見られず（Sharer 2003b:160）、この時期にフナルに突然現れているので、外部からの影響であることは間違いない。そもそもタルー＝タブレーロ様式は先古典期にトラスカラープエブラTlaxcala-Puebla地域内で発展したと考えられており、それが先古典期末期にはメソアメリカ一帯に広く分布するようになったのであり、その形態もさまざまである（佐藤 2004:38）。つまり、テオティワカンのタルー＝タブレーロ様式もその一例にすぎないのであって、この様式が存在するからといって、テオティワカンの影響があるとは必ずしもいえないのである。しかも、この建築様式は、キニチ・ヤシュ・クック・モの死後間もなく廃れてしまう（W. Fash 2001:96）。さらに、ここに築造されたキニチ・ヤシュ・クック・モの墓は、低地マヤ様式のアーチ型の構造を有しているのである（W. Fash 2001:96, Sharer 2003b:161）。そして、フナルを覆って437〜445年頃築かれた基壇建築イェフナルには、ペテン様式のエプロン・モールディングが用いられているうえ、そこにはペテン地方でよく見られる赤く彩色された大きな太陽神キニチ・アハウK'inich Ajawの化粧漆喰のレリーフが造形されているのである（W. Fash 1998:22, 2001:96, Martin and Grube 2000:195, Sharer 2003a:343·347, 2003b: 156·160）。

　では、フナルの墓で出土した土器はどうであろうか。形態はテオティワカンの古典期前期の墳墓、カミナルフユーKaminaljuyuのエスペランサEsperanza期（400〜550年）の墳墓、およびヤシュ・ヌーン・アイーン1世の墓であるティカルの埋葬10出土の土器と酷似しているようだが（Sharer

2003a:337)、中性子放射化分析[31]によると、19の土器のうち過半数の11が現地生産で、中央メキシコで生産されたものが 3、ペテンで生産されたものが 2 であった（Sharer 2003b:150・161）。カミナルフユーに由来すると思われる鹿を象った土器も出土しているが、動物を象った土器はエスペランサ期のカミナルフユーでよく見られるものである（G. Stuart 1997: 75, Sharer 2003a: 337.）。

　土器以外の副葬品で目を引くのが、切り取った貝の「スパンコール」を組み合わせてつくった二つの製品である（Sharer 2003a:337; 2003b:150・161）。この二つは頭飾りと見られ、ティカルの石碑31に刻まれたヤシュ・ヌーン・アイーン 1 世がかぶっているものに類似している。これら以外の副葬品のほとんども、現地で生産されたもの、あるいはマヤ地域の他の場所で製作されたものであった（Sharer 2003b:150）。

　フナルを覆って建設されたマルガリータの墓室も、同様に低地マヤ様式のアーチ型の構造を有している（W. Fash 2001:96, Sharer 2003b:161）。ここから出土した土器の中性子放射化分析によると、中央メキシコ製が 5、マヤ地域製の基部有縁（basal-flanged）鉢が 2 あった。後者のうち、一つはティカルの埋葬177出土の土器に類似しており、中央ペテンで製作されたと見られており、もう一つは形態や装飾がカミナルフユーの墳墓A-Ⅵ出土の土器に類似している（Sharer 2003a:344-345, 2003b: 153・161）。ここには、中性子放射化分析で中央メキシコの未同定の遺跡で製作されたと考えられている特徴的な蓋付多彩色円筒三脚土器「ダズラー（Dazzler）」（図 5）が出土している（G. Stuart 1997:79, Sharer 2003b:154・161-162）。器形はカミナルフユーやテオティワカン出土のものと似ているが、脚は透かし細工になっており、同時代のティカルやワシャクトゥンで見られるものと共通している（Culbert 1993: Fig.27・31・33・36・37）。器壁にはフナルを思わせるタルー＝タブレーロ様式の基壇とその上に建つマヤ様式の神殿が描かれており、神殿の入口からはゴーグルのような目をした鳥の顔が覗いている。これは、キニチ・ヤシュ・クック・モの名の図像表現かもしれない。

　マルガリータは、その後建設された基壇によって覆われるのだが、マルガリータの西側に供犠に供されたと見られる男の埋葬が見つかっている。この男は、切った貝を組み合わせたゴーグルや、アトラトルatlatl（投槍器）の矢など、テオティワカンとのつながりをうかがわせるような副葬品とともに葬られているが、ストロンチウム同位体分析によると、コパン生まれでもテオティワカン出身でもなく、マヤ北部低地から来た可能性が指摘されている（Sharer 2003b:153・162）。

　マルガリータとほぼ同じ、あるいは少し遅く建造された基壇建築モットモットの墓は、コパンにおける唯一の円筒形の石造墓室であり、その規模や形態がテオティワカンの特徴的な墳墓と類似しているというが、コパンで発掘された数百もの埋葬のうち、ここのみがテオティワカンとの類似を示すものにすぎない（W. Fash 1998: 229, Fash and Fash 2000: 443, Sharer 2003b:149・161-162）。しか

図 5　ダズラー（Sharer 2003b:Fig.5.5より）

も、副葬された土器のほとんどはフナルの場合と異なり、現地で製作されたものである（Sharer 2003b: 161）。

　以上見てきたように、キニチ・ヤシュ・クック・モが創始した王朝の草創期には、建築・遺物・図像の点で中央メキシコ、マヤ低地、マヤ高地など複数の地域の文化的影響が同時期に現れているのである。少なくとも、テオティワカンという特定の一都市からの文化要素の一方的流入は見られない。それどころか、テオティワカン的とされる要素は、キニチ・ヤシュ・クック・モの死後すみやかに消えていく。これには、彼の後を継いだ「2王」の意向が大きく関わっていたと思われる。というのも、彼はタルー＝タブレーロ様式のフナルを、ペテン様式のエプロン・モールディングをもつイェフナルやマルガリータで埋め、また自分の父母の墓と見られるそれぞれフナルとマルガリータの墓室を、低地マヤ様式のアーチ構造でつくっているからである。石碑63の碑文によると、キニチ・ヤシュ・クック・モの後継者である「2王」は彼の息子であるが（Sharer 1994:302-317, 2003b:156, Traxler 2001:50）、マルガリータの墳墓の被葬者がキニチ・ヤシュ・クック・モの后だとする仮説が正しければ、「2王」は前王朝の血筋を引いていることにもなるのである。マルガリータの墓室をフナルの墓室より豪華に築いたのは、中央メキシコ的要素を排除し、マヤ的要素を重視しようとした「2王」の意図の現れだったかもしれない。

　「2王」による中央メキシコ文化の軽視は、コパンから出土する黒曜石の分析にも現れている。メキシコ中央高原のパチューカPachuca産の緑色黒曜石は、世界でもここでのみ産出する特殊な黒曜石であり（青山 2004:53）、その出現はテオティワカンの影響があったとする指標の一つとされている。古典期マヤのエリートは、これを所持したり、あるいは臣下に下賜することで、自らの権威の強化に利用した。コパンでも、モットモットの下に埋められているキニチ・ヤシュ・クック・モが建造した基壇ヤシュYaxで、この緑色黒曜石が古典期マヤ地域の遺跡としては傑出した高い割合で出土するのだが、古典期前期後半には減少し、後期が始まった頃までには姿を消すという（青山 2004:53-54）。おそらく新王朝創立直後、テオティワカンの権威を重視したキニチ・ヤシュ・クック・モが、この中央メキシコの大国を象徴すると考えられたこの貴重な黒曜石を利用することで、自らの権威を維持するために交易を通じて大量に獲得してきたのであろう。それが、彼の死後、権威の象徴として緑色黒曜石をもつ必要性が感じられなくなってきたということであろう。ここにも、キニチ・ヤシュ・クック・モが王朝を創立した頃には重要性をもっていた中央メキシコの存在価値が、「2王」の治世以降薄れていく様がうかがわれる。

　最後に、気をつけなければならないのは、これまで述べてきた文化的要素は、建築にしても埋葬にしても土器にしても緑色黒曜石にしても、すべてエリート文化のコンテクストに限定されているということである。エリート文化の範疇では、確かにコパンは古典期低地南部的な意味で「マヤ」の国家である。しかし、地理的な位置づけに由来するコパンの性格は、古典期に入っても基本的に変わらない。すなわち、一般的な土器伝統の観点からは、先古典期以来の東方や南方との関係が古典期以降も維持され続けるのである（Webster 1988:26-27, W. Fash and D. Stuart 1991:154, Webster et al. 2000:27）。キニチ・ヤシュ・クック・モがいかなる目的や理由でコパンを征服したのか定かではないが、仮にコパンが従来もっていた東方や南方との交易や産物に魅力を感じてのことであったと

すれば、この状況はむしろ当然といえるであろう。

6. おわりに－古典期のコパンにおけるテオティワカンの意味－

5世紀に入って、ペテン地方出身の戦士キニチ・ヤシュ・クック・モは、コパンを武力で制圧し、前王朝を倒して新たな王朝を開いた。彼はその支配を円滑に進めるために、前王朝の女性と結婚し、后とした。この征服以来、コパンには建築、図像、碑文、土器、石器などに、メキシコ中央高原やマヤ地域などメソアメリカの諸地域の文化要素が流入する。

しかし、彼の後継者である「2王」の治世に入る頃には、メキシコ中央高原の文化的要素は後退する。ところが、古典期後期の8世紀半ばに建設され、内部にヤシュとモットモットが埋まっている神殿26には、至る所にテオティワカン的な意匠が見られる（D. Stuart 2000:495-496, W. Fash 2001:145-146）。テオティワカン自体は既に滅びているにも拘わらず、どうしてこの都市を想起させるような図像や建築が、この時期になってコパンで採用されたのだろうか。最後に、この問題について検討してみたい。

これには、いくつかの説が唱えられている。これらの説は、テオティワカン的シンボルの横溢をテオティワカンの存在自体に関連して説明しようとする説と、テオティワカンには直接的には関わらず、当時のメソアメリカのイデオロギーの観点から説明しようとする説に大別できよう。

まず前者には、マヤ地域にトランTollanを創造する目的でテオティワカン的シンボルを利用したとする説がある。トランというのはナワトルNahuatl語で「葦の地」の意であり、多くの人びとが洗練された豊かな生活を享受した都市のことを指す。メソアメリカの歴史上にはいくつものトランが存在したが[32]、マヤ人にとってはテオティワカンこそがトラン[33]だったとされている。ファーシュは、キニチ・ヤシュ・クック・モが建築や埋葬のパタン、軍装でテオティワカンをまねたり、緑色黒曜石や薄手オレンジ土器をテオティワカンから輸入したのも、コパンという遠く離れた地でトランを創造しようとした意図の表れだとしているが[34]、古典期後期においてもこのトラン、すなわちテオティワカンに関わると考えられている図像や建築を用いることで、自らがトランに由来する存在であることを示そうとしたというのである（Schele and Mathews 1998:134）。この説に従えば、テオティワカン的意匠はトランの具象化、すなわちトランであることを示すシンボルを表していることになる。したがって、同時代にテオティワカンが存在しなくても問題とはならない。テオティワカンが滅亡した後にそれに関わるモチーフを用いることで、自らがトランの後継者であることを顕示していると解釈できるからである。というより、むしろトラン概念はテオティワカン滅亡後に、その残映として生まれたのではなかろうか。なぜなら、トラン概念には多分に想像上あるいは伝説的要素があり、したがってテオティワカンが全盛期にあった古典期前期にまでさかのぼることができるか疑問に思えるからである[35]。緑色黒曜石や薄手オレンジ土器など、テオティワカンからの輸入品と見られる品を入手していることから、キニチ・ヤシュ・クック・モがテオティワカンと直接的であれ間接的であれ何らかの関係をもっていたことは確かだろう。しかし、彼が実在する当時の大国テオティワカンを意識してその文化を取り入れようと企てたとしても、それはアグルシアの言葉を借りれば、「テオティワカンは当時のニュー・ヨークだった。誰もが、自分がそことつながり

をもっていることを示したがった」(G. Stuart 1997:78) からであろう。先にも述べたが、テオティワカン風の軍装をしたキニチ・ヤシュ・クック・モの肖像が製作されたのは、彼の死後200年以上経ってから、しかもテオティワカンが滅亡した頃である。彼の実際の姿を象っているというよりも、そこにはそれらを製作した王たちの思惑が込められていたかもしれないのである。いずれにしても、キニチ・ヤシュ・クック・モの治世に、コパンにとってテオティワカンを実体として過大視するのは危険であろう。

次に、後者の説としてよく言及されるのが、ストーンの「隔絶(disconnection)」説である(Stone 1989:153-172)。これは、支配者が自らの地位が周囲の社会一般とはかけ離れたものであることを視覚的に強調するために、外国のシンボルを利用したという説である。支配者は、とりわけ威信のある外部の存在との関わりを示すことで、自らの政権確立を正当化したのであり、この戦略は戦争や政変を通じて発展を遂げようとしている支配者にとって有利でありうるという。そして、古典期前期のマヤのエリートにとって、強大なテオティワカンこそ自らの地位を高めるために利用するのにもっともふさわしい外国だった。だからこそ、王はテオティワカン風の軍装をすることで、自分がテオティワカンの支配者の血統に属することを誇示しようとしたというのである。また、古典期後期にテオティワカン的モチーフが再び現れるのは、臣下である貴族の勢力が伸長し、王権が相対的に弱体化した当時の状況が関わっているという。危機感を抱いた王たちが、テオティワカンの血統に連なる自分たちと貴族との間には超えられない懸隔が存在することを明示するために、テオティワカン的モチーフを用いたというのである[36]。確かに、外来者であるが故に脆弱な権力基盤しかもたなかったと考えられるキニチ・ヤシュ・クック・モにとって、テオティワカンを後ろ楯にすること、あるいは少なくともそう見せかけることは、権力を固めるうえで有効であっただろう。緑色黒曜石の出土率の高さも、その証しかもしれない。

私が注目したいのは、古典期後期のマヤ低地南部にテオティワカンのモチーフが出現するのは、戦争が増加する時期と重なるということである。この時代には、ティカルのハサウ・チャン・カウィールJasaw Chan K'awiil 1世、ナランホNaranjoのカック・ティリウ・チャン・チャークK'ak' Tiliw Chan Chaak、ヤシュチランYaxchilanのイツァムナーフ・バラムItzamnaaj B'alam 1世と「鳥ジャガー(Bird Jaguar) 1世、ドス・ピラスの「3王」、ボナムパックBonampakのヤハウ・チャン・ムワーンYajaw Chan Muwaanのように、しばしば軍事的侵略で領土拡張を企図した強力で野心的な王が輩出している(Stone 1989:164)。しかも、コパンに現れるテオティワカン的モチーフは、「戦争の蛇」、トラロックTlaloc、メキシコの年の印、フクロウなどのように、戦争のシンボリズムに関連するものが多いのである(Schele and Miller 1986:213-214, D. Stuart 2000:495, Taube 2000:270-274, W. Fash 2001:145-146)。さらに、王自身もしばしば戦士の姿で表されている。このように、この時期に現れるテオティワカン的モチーフは、当時頻発していた戦争を表すシンボリズムであり、既に滅亡していたテオティワカンという実体からは乖離していたと考えられるのである。そして、それはコパンも例外ではなかった。コパンは、マヤ地域の辺境に位置しているせいか、ペテン地方を始めとする他の地域の国家に比べて戦争は多くなかったようだが、それでも9.15.6.4.16 (738年5月3日) に近隣のキリグアーとの戦いに敗れ、ワシャクラフーン・ウバーフ・カウィールWaxaklajuun Ub'aah K' awiil王が捕らえられて斬首されている。このように、古典期後期にはコパン盆地周辺も決して平穏無事な地域ではなく、戦争のシンボリズムで建築や肖像がおおわれてもおかしくない状況にあったのである。

註

1) この論争の学説史に関しては、Fash and Fash（2000:435-441）を参照。また、この問題については、Braswell et al.（2003）に最新の成果が収められている。

2) コパンの地勢に関しては、Agurcia Fasquelle（1998:337），Webster（1988:8-14），Webster et al.（2000:14-15）を参照。

3) コパン遺跡の調査の歴史については、Agurcia Fasquelle（1998:337）を参照。

4) 中村によると、歴代の王の存在が文字史料と考古学的資料の両方で証明されているマヤ地域の遺跡は、現時点ではコパンのみである（中村1999:180）。

5) W. Fash（2001:63）参照。人びとがこの地域に居住するようになったのはもっと古く、前3600年頃には草木が人為的に焼き払われた痕跡があり、またトウモロコシの栽培も少なくとも前2000年にさかのぼるようである。これについてはWebster et al.（2000:22）参照。

6) Agurcia Fasquelle（1998:340）。ウェブスターらも、コパンのもともとの住民が現在のユカタン北部の人びととは遺伝学上異なるとしている（Webster et al. 2000:23）。

7) このことは、土器の点からも裏づけられる。先古典期後期に低地全体でチカネルChicanel土器圏が広がるが、コパンはこれにまったく加わらず、東方や南東方との関係を維持し続ける（Webster 1988:26）。

8) 9.15.0.0.0（731年8月20日）建立。

9) 9.12.5.0.0（672年7月28日）建立。

10) Schele and Freidel 1990: 309-310。シェアラーは、8.6.0.0.0に「マキナ葉のアハウ（Mak'ina Leaf Ahau）」が権力の座についたと解釈している（Sharer 2003a:327, Webster et al. 2000:23）。

11) 註10）の「マキナ葉のアハウ」と同一の文字。

12) 9.2.10.0.0（485年3月21日）に建立された石碑24の碑文には「最初にアハウに即く者」という表現で、最初の支配者のことが言及されているという（W. Fash and D. Stuart 1991:153, Sharer 2003a:327）。

13) 9.4.10.0.0（524年8月24日）建立。

14) デヴィッド・スチュワートはこの文字をウィ・テ・ナフwi-te-nah、またマーティンとグルーベはウィ・テ・ナーフwi te' naahと読んでいる（D. Stuart: 2000:509, Martin and Grube 2000:192）。

15) この二つの日付は、キリグアーQuiriguaの動物形態石（Zoomorph）Pのテキストにも生起している（D. Stuart 2000:491-492, Sharer 2003a:328-329）。

16) ククはケツァル、モはコンゴウインコのことで、アハウは古典期マヤ社会で王に相当する地位を表す語。

17) キニチは太陽神の名、ヤシュは「緑の」、あるいは「最初の」の意。

18) デヴィッド・スチュワートは、この文字の構成要素の形態から、「交差した束の建物」と仮称している。彼によると、ティカルのMT35にも、ヤシュ・ヌーン・アイーンYax Nuun Ayiin 1世が即位の数ヵ月前に何かをする場所として、「交差した束の建物」の名が挙げられている（D. Stuart 2000:491-492）。神殿の名称の多くは、「家」を意味する接尾辞ナフをもつことが多く、とりわけパレンケPalenqueの碑文によく見られる（D. Stuart and Houston 1994:86・88Fig.104）。また、この接尾辞については、Coe and Van Stone（2001:132）を参照。

19) キニチ・ヤシュ・クック・モを「ウィ・テ・ナの王」と表現しているテキストもある（D. Stuart 2000:493）。

20) デヴィッド・スチュワートは、この文字がコパン以外にも、ティカル、キリグアー、ヤシュチランYaxchilan、

マチャキラーMachaquilaなど多くの遺跡の碑文に生起していることと、必ず接尾辞として建物を表す-nahがついていることから、祖先崇拝の社かもしれないと推測している（D. Stuart 2000:492-493）。

21）漢字の「家」も、英語の'House'も、建物そのものを指すとともに、家系や血統も表すことがある。それと同じような発想が、この文字にもあるのかもしれない。

22）コパンはシュクピXukpi、またオシュ・ウィティクと呼ばれていたようである（Webster, *et al.* 2000:1, Schele and Mathews 1998:133）。

23）カロームテという地位、およびマヤ社会における「西」の意味については佐藤（2004:40）を参照。

24）「西のカロームテ」という称号は、祭壇Qだけでなく石碑10、石碑P、石碑19の碑文でも、キニチ・ヤシュ・クック・モの名とともに生起している（Sharer 2003a:331）。

25）マルガリータは神殿16の地下に埋まっている基壇状の建築で、キニチ・ヤシュ・クック・モの後継者である「2王」が、キニチ・ヤシュ・クック・モの葬祭殿のようなものとして445年～460年頃建設した（Martin and Grube 2000:196, Sharer 2003b:153）。そして、シュクピ・ストーンには、「2王」が9.0.2.0.0 13アハウ（437年11月30日）に墓かあるいは葬祭殿を奉納したことが記されている（Traxler 2001:50, Sharer 2003a:330）。

26）体内に吸収した地下水が異なると、形成途上の骨に蓄積されたストロンチウムの同位体は異なったグラフを描くことになる。これによって、その人物の生育地を特定することができる（Traxler 2001:59-60）。

27）たとえば、マヤの古典期の代表的特徴である文字や長期暦の日付を刻んだ石碑や祭壇の建立が始まったのも、キニチ・ヤシュ・クック・モの治世である（Webster *et al.* 2000:23, W. Fash 2001:76）。

28）ウィリアム・ファーシュは、文字や長期暦の日付の使用や王の肖像の彫刻といった伝統が、グァテマラ山地や太平洋沿岸の山麓地帯の遺跡でマヤ低地南部に先立って始まっていることから、コパン王国の初期の文化的特徴は、長く続いていたグァテマラ高地の伝統とマヤ南部低地からの散発的な流入の融合と見るべきだと主張している（W. Fash 2001:76）。

29）ファーシュは、テオティワカンとつながりのある集団がセロ・デ・ラス・メサスに定住し、コパン盆地内の競合する諸集団を統一し、現在のコパン遺跡の中核地帯に本拠地を設けたと想定している（Fash and Fash 2000:447-448）。

30）キニチ・ヤシュ・クック・モを葬っていると目されているフナルの墳墓より厚葬である。このことから、中村は個人的な想像として、コパンの初代王はキニチ・ヤシュ・クック・モではなく、その后だった可能性を指摘している（中村 2003:54）。しかし、後代の王たちがキニチ・ヤシュ・クック・モを初代王として言及していることから、この考えには従えない。

31）中性子放射化分析については、東村（1980: 89-99）、山崎（1981:143-144）を参照。

32）ウエブスターは、「おそらくはいくつかの想像上の（imagined）「トラン」があった」と述べている（Webster 2002:232）。この「想像上の」という表現は重要であろう。なぜなら、アステカ人が自らをトランの住人、すなわちトルテカTolteca人の子孫と自称したように、トランという都市は過去において存在したと伝えられている都市を、後世の人びとによって追憶として語られることが往々にしてあるからである。

33）デヴィッド・スチュワートによると、マヤ人はプフPuhと呼んでいた（Schele and Mathews1998:74・337）。

34）Fash and Fash 2000:435。「2王」がモットモットの上に建設したパパガヨPapagayoの階段の碑文には、トランを意味する「葦の地」が引用されているという（W. Fash 2001:88）。

35）シーリとマシューズは、トランに関連する図像が先古典期後期のワシャクトゥンやセロスなどの遺跡に見られるとし、「葦の地」概念がテオティワカンより古いとしているが、その場合のトランは具体的には何を意味するのであろうか。たとえ先古典期後期に既にそのような図像が見られるとしても、古典期後期以降のトラン概念とは分けて考える必要があると思われる（Schele and Mathews 1998:337）。

36)「12王」やヤシュ・パサフ・チャン・ヨパットが、当時テオティワカンの戦士を想起させると考えられていた姿でキニチ・ヤシュ・クック・モを表したのは、王族と貴族との「隔絶」を強調するのが目的だったのかもしれない。とりわけ祭壇Qの肖像の場合、公的な意味合いをもつモニュメント、すなわち見られることを意識して建立された媒体でもあるだけに、その可能性は高いと思われる。ただ、古典期後期のテオティワカン的モチーフの横溢は、コパンだけでなく、低地南部の他の国家でも見られる現象である。そのすべての場所で、王権の弱体化が生じていたとは考えられない。したがって、この現象全体には他の解釈が必要であろう。

参考文献

青山　和夫　2004　「権力と経済のかたち－石器」八杉佳穂編『マヤ学を学ぶ人のために』46-68頁、世界思想社。

佐藤　孝裕　2004　「11EbのEntrada—A.D.378のティカルの政変」『史学論叢』第34号、26-54頁。

中村　誠一　1999　『マヤ文明はなぜ滅んだか？』ニュートンプレス。

中村　誠一　2003　「マヤ四都物語」『芸術新潮 3』34-58頁、新潮社。

東村　武信　1980　『考古学と物理化学』学生社。

山崎　一雄　1981　「遺物はどこでつくられたか－化学成分を中心に」『考古学のための化学10章』(馬淵久夫・富永健編) 135-156頁、東京大学出版会。

Agurcia Fasquelle, Ricardo　1998　Copan: Art, Science, and Dynasty. In *Maya* (Schmidt, Peter, Mercedes de la Garza and Enrique Nalda, eds.):337-355. Rizzoli International Publications, Inc., New York.

Baudez, Claude F.　1986　Iconography and History at Copan. In *The Southeast Maya Periphery* (Urban, Patricia A. and Edward M. Shortman, eds.):17-26. University of Texas Press, Austin.

Braswell, Geoffrey E. *et al.*　2003　*The Maya and Teotihuacan: Reinterpreting Early Classic Interaction*. University of Texas Press, Austin.

Braswell, Geoffrey E.　2003　Introduction: Reinterpreting Early Classic Interaction. In *The Maya and Teotihuacan: Reinterpreting Early Classic Interaction* (Braswell, Geoffrey E., ed.):1-43. University of Texas Press, Austin.

Coe, Michael D. and Mark Van Stone　2001　*Reading the Maya Glyphs*. Thames and Hudson Ltd, London.

Culbert, T. Patrick　1993　*The Ceramics of Tikal: Vessels from the Burials, Caches, and Problematical Deposits. Tikal Report No. 25 A*. University Museum Publications, University of Pennsylvania, Philadelphia.

Demarest, Arthur A. and Antonia E. Foias　1993　Meaomerican Horizons and the Cultural Transformations of Maya Civilization. In *Latin American Horizons* (Rice, Don Stephen, ed.):147-191, Dumbarton Oaks Research Library and Collection, Washington, D.C..

Fash, William L.　1998　Dynamic Architectural Programs: Intention and Design in Classic Maya Buildings at Copan and Other Sites. In *Function and Meaning in Classic Maya Architecture* (Houston, Stephen ed.):223-270. Dumbarton Oaks Research and Collection, Washington, D.C.

Fash, William L.　2001　*Scribes, Warriors and Kings: The City of Copan and the Ancient Maya. Revised Edition*. Thames and Hudson Ltd, London.

Fash, William L. and Barbara W. Fash　2000　Teotihuacan and the Maya : A Classic Heritage. In *Mesoamerica's Classic Heritage : From Teotihuacan to the Aztecs* (David Carrasco, Lindsay Jones and Scott Sessions, eds.):433-463. University Press of Colorado,Boulder.

Fash, William L. and David S. Stuart　1991　Dynastic history and cultural evolution at Copan, Honduras. In *Classic Maya Political History: Hieroglyphic and archaeological Evidence* (Culbert T. Patrick, ed.):147-179. School of American Research Advanced Seminar Series, Cambridge University Press, Cambridge.

Laporte, Juan Pedro   2003   Thirty Years Later: Some Results of Recent Investigations in Tikal. In *Tikal: Dynasties, Foreigners, & Affairs of State*（Sabloff, Jeremy A., ed.）:281-318. School of American Research Advanced Seminar Series, School of American Research Press, Santa Fe.

Marcus, Joyce   2003   The Maya and Teotihuacan. In *The Maya and Teotihuacan: Reinterpreting Early Classic Interaction*（Braswell, Geoffrey E., ed.）:337-356. University of Texas Press, Austin.

Martin, Simon   2000   Power in the West—the Maya and Teotihuacan. In *Maya: Divine Kings of the Rain Forest*（Grube, Nikolai, ed.）: 98-111. Koenemann Verlagsgesellshaft mbH, Cologne.

Martin, Simon and Nikolai Grube   2000   *Chronicle of the Maya Kings and Queens : Deciphering the Dynasties of the Ancient Maya*. Thames & Hudson Ltd, London.

Ponce de Leon, Maria Josefa Iglesias   2003   Problematical Deposits and the Problem of Interaction: The Material Culture of Tikal during the Early Classic Period. In *The Maya and Teotihuacan: Reinterpreting Early Classic Interaction*（Braswell, Geoffrey E., ed.）:167-198. University of Texas Press, Austin.

Riese, Berthold y Claude F. Baudez   1983   Esculturas de las estructuras 10L-2 y 4. In *Introduccion a la Arqueologia de Copan, Honduras, tomo II*:143-190. Proyecto Arqueologico Copan, Secretaria de Estado en el Despacho de Cultura y Turismo, Tegucigalpa, D.C.

Schele, Linda and David Freidel   1990   *A Forest of Kings: The Untold History of the Ancient Maya*. William Morrow and Co., New York.

Schele, Linda and Peter Mathews   1998   *The Code of Kings: The Language of Seven Sacred Maya Temples and Tombs*. Scribner, New York.

Schele, Linda and Mary Ellen Miller   1986   *The Blood of Kings: Dynasty and Ritual in Maya Art*. George Braziller, Inc. New York.

Sharer, Robert J.   1994   *The Ancient Maya, Fifth Edition*. Stanford University Press, Stanford.

Sharer, Robert J.   2003a   Tikal and the Copan Dynastic Founding. In *Tikal: Dynasties, Foreigners, & Affairs of State*（Sabloff, Jeremy A., ed.）:319-353. School of American Research Advanced Seminar Series, School of American Research Press, Santa Fe.

Sharer, Robert J.   2003b   Founding Events and Teotihuacan: Connections at Copan Honduras. In *The Maya and Teotihuacan: Reinterpreting Early Classic Interaction*（Braswell, Geoffrey E., ed.）:143-165. University of Texas Press, Austin.

Stone, Andrea   1989   Disconnection, Foreign Insignia, and Political Expansion: Teotihuacan and the Warrior Stelae of Piedras Negras. In *Mesoamerica After the Decline of Tetihuacan A.D.700-900*（Diehl, Richard A. and Janet Catherine Berlo, eds.）:153-172. Dumbarton Oaks Research Library and Collecton, Washington, D.C..

Stuart, David   2000   "The Arrival of Strangers" : Teotihuacan and Tollan in Classic Maya History. In *Mesoamerica's Classic Heritage : From Teotihuacan to the Aztecs*（David Carrasco, Lindsay Jones and Scott Sessions, eds.）:465-513. University Press of Colorado, Boulder.

Stuart, David and Stephen Houston   1994   *Classic Maya Place Names*. Dumbarton Oaks Research Library and Collection, Washington, D.C.

Stuart, George   1997   The Royal Crypts of Copan. *Natioanal Gegraphic*, Vol.192, No.6:.68-93.

Taube, Karl   2000   The Turquoise Hearth: Fire, Self Sacrifice, and the Central Mexican Cult of War. In *Mesoamerica's Classic Heritage : From Teotihuacan to the Aztecs*（David Carrasco, Lindsay Jones and Scott Sessions, eds.）:269-340. University Press of Colorado, Boulder

Traxler, Loa P.　2001　The Royal Couart of Early Classic Copan. In *Royal Courts of the Ancient Maya*（Inomata, Takeshi, and Stephen Houston, eds.）:46-73. Westview Press, Oxford.

Webster, David L.　1988　Copan as a Classic Maya Center. In *The Southeast Classic Maya Zone*（Boone, Elizabeth Hill and Gordon R. Willey, eds.）:5-30. Dumbarton Oaks Research Library and Collection, Washington, D.C.

Webster, David L.　2001　Copan（Copan, Honduras）. In *Archaeology of Ancient Mexico and Central America*（Evans Susan Toby and David L. Webster eds.）:169-176 Garland Publishing Inc, New York.

Webster, David L.　2002　*The Fall of the Ancient Maya*. Thames and Hudson Ltd, London.

Webster, David L., AnnCorinne Freter, and Nancy Golin　2000　*Copan: The Rise and Fall of an Ancient Maya Kingdom*. Harcourt College Publihers, Fort Worth.

〔追記〕　本稿脱稿の 2 日後に、それを見届けるかのように急逝した敬慕する母に、心からの感謝の念を込めて拙稿を捧げたい。私が高校生だった頃、母は内職で得たお金で『未来への遺産』を買ってくれた。あの本を手にし、マヤ文明の素晴らしさ、不思議さに触発されなかったら、私はマヤ学の道に進まなかったかもしれない。

低地マヤ文明の初期王権

青山　和夫

　20世紀中頃まで、低地マヤ文明は古典期（後250～1000年）の初頭に突然起こったとされていた（Sabloff 1994）。先古典期中期・後期（前1000～後250年）は、社会階層が未発達な村落社会と考えられていたのである。また、古典期マヤ国家の権力基盤についてはさまざまな議論がある（青山・猪俣 1997:153-157）。経済活動の管理を含むかなり集権的な統治機構が整備されていたとする学説がある一方で、各国家による経済活動の統御は弱く、権力基盤は主に王が行う儀礼などを通して伝達・強化される宗教、および血縁関係や王と従者の個人的な人間関係にもとづいていたと考える研究者もいる。いずれにせよ古典期マヤ文明では、メキシコ中央高地の大都市テオティワカン（Teotihuacan）のように輸送力の制約を越える強力な国家イデオロギーや、発達した官僚組織に支えられた広域国家を形成するには至らなかった。しかし、それを強調しすぎると、偏った見方に陥る可能性がある。異なる遺物や活動領域における統治機構の関わり方を綿密に検討しなければならないのである。

　本論では、マヤ低地における先古典期の初期王権に関連する考古資料を検討するとともに、筆者が調査に従事してきたコパン（Copán）やアグアテカ（Aguateca）をはじめとする古典期マヤ文明の王権がどのように正当化・強化されたかについて考察する。

先古典期マヤ文明の王権の形成

　マヤの初期王権の起源は、先古典期中期（前1000～400年）までさかのぼる。グアテマラ北部のエル・ペテン（El Petén）県の熱帯雨林にあるナクベ（Nakbe）は、マヤ低地南部で先古典期中期最初のセンターとして栄えた。前800～600年には、重さ100kgに達する石灰岩の切石のブロックを使った基壇が建設され始め、翡翠や海産貝製品といった威信財の遠距離交換品の分布に富や地位の差異が顕著になった（Hansen 1998）。社会の階層化を刺激した威信財の遠距離交換が、マヤの初期王権形成の要因の一つであったといえよう。先古典期中期後半（前600～400年）にはマヤ低地初の球技場が建設され、無彫刻の石造祭壇も建造された。また、古典期の王権のシンボルであった筵の紋様をもつ土器も出現した。「東グループ」に高さ3～8m総床面積4万㎡に及ぶ大型の基壇群が築かれ、その上に高さ24mの神殿ピラミッド「建造物47」や高さ13mの「建造物51」といった大建造物が建設された。この2建造物は、広場の西側の神殿ピラミッドと東側の基壇上の三つの小さな神殿からなる儀式建築グループ（「Eグループ複合」）を構成し、その起源が先古典期中期後半にさかのぼることがわかる。同様な建築複合は、先古典期中期中葉（前700～600年）のティカル（Tikal）の「ムンド・ペルディード（Mundo Perdido）地区」にもあった。

　先古典期中期末に建設され始めたサクベは先古典期後期に完成し、ナクベの「東グループ」と

「西グループ」を結ぶ「カン（Kan）・サクベ」は高さ 4 m、幅24mであった。サクベは、バホ（bajo 季節的な低湿地）の上を通り、ナクベとエル・ミラドール（El Mirador）や近隣のワクナ（Waknâ）、ティンタル（Tintal）、カラクムル（Calakmul）を結んだ。こうしたサクベは、物資の輸送、歩道、儀式の行進、政治領域の維持などに利用されたと考えられる。ナクベは先古典期後期に全盛期を迎え、高さ45mや32mの大神殿ピラミッドを有する都市へと発展した。これらの大神殿ピラミッドの外壁は、神々の顔の多彩色の漆喰彫刻で装飾されていた。とくに「建造物 1」の外壁を飾った「鳥の主神」は、幅11m、高さ 5 mのマヤ文明最大の漆喰彫刻であった。興味深いことに、漆喰彫刻に挟まれた階段は計13段で、植民地時代のマヤ人の天界の13層の概念と同数である（Hansen 1991:12）。こうした宗教観念は、先古典期後期に既に形成されていたのである。高さ3.5mの「石碑 1」には、マヤ文字はないが、向き合った 2 人の神または王が刻まれている。

　先古典期後期マヤ低地最大の都市エル・ミラドールは、メキシコ国境の南 7 kmのグアテマラ北部、ナクベの北西13 kmの広大なバホの近くに立地する（Matheny 1993）。高さ72mの「ダンタ（Danta）・ピラミッド」、高さ55m、底辺140mの「ティグレ（Tigre）・ピラミッド」、高さ48mの「モノス（Monos）・ピラミッド」、長さ400m、幅90mの「中央のアクロポリス」、高さ 4 m、幅50mに及ぶサクベなどが建造された。「ダンタ・ピラミッド」は、その高さに加えて底辺500m×350mという巨大な基壇を有し、古典期のいかなる神殿ピラミッドをはるかにしのぐ、先スペイン期メソアメリカ最大の建造物であった。こうした大建造物の建設には、古典期の大公共建築よりはるかに大きな、重さが1,400kgに及ぶ石灰岩の切石のブロックが切り出されて使用された。「石碑 2」はかなり風化しているが、最古のマヤ文字が刻まれている。また、先古典期後期の土器にもマヤ文字が描かれている。エル・ミラドールの南側、東側、北東部に高さ 4 mの防御壁が築かれ、北側と西側は高さ20〜30mの断崖によって防御されていた。エル・ミラドールとナクベは、先古典期後期末に放棄された。

　カラクムルは、メキシコのカンペチェ州にある先古典期後期から古典期終末期にかけてのマヤ低地南部最大の都市の一つであり、広大なバホの東端より35m高い小高い石灰岩の岩盤上に立地した（Folan et al. 1995）。長さ200m、幅50mの中央広場の周辺には、高さ55m、底辺140mの「建造物 2」、高さ50m、底辺95m×85mの「建造物 1」など巨大な神殿ピラミッドがそびえた。15のサクベが都市内外を走り、「サクベ 6」は南西38kmのエル・ミラドールとさらに南30kmのティンタルを結んだ。これらの都市が大河川流域ではなく、バホの近くに立地したことは重要である。少なくとも一部のバホが先古典期に沼沢地であった可能性が示唆されている（Hansen et al. 2002）。その周辺の肥沃な土壌や豊富な水陸資源が、都市形成の要因の一つであったと考えられる。

　カンペチェ州の要塞遺跡ベカン（Becan）は、リオ・ベック（Rio Bec）地方最大の都市の一つとして栄えた。前600年頃に居住が開始され、後50年頃に主要建造物が建設され始めた。高さ 5 mの土塁および幅16m、深さ 6 mの壕が150年頃に建設され、都市の周囲1.9kmを防御し、7 本のサクベから出入りした（Webster 1976）。同州のエツナ（Edznâ）では、全長31km、幅50mに及ぶマヤ低地最大の水路網や貯水池が建設された（Matheny et al. 1983）。水路網は、先古典期後期後半の前150年頃までに建設され、中心部から放射状に延び、防御のほかに灌漑農業、カヌーによる輸送や排水な

どの目的にも利用された可能性がある。水路と連結して水を満たした 2 kmの防御濠が「要塞」複合を囲んだ。

　ラマナイ（Lamanai）にある三つの神殿を頂く高さ33mの「建造物N10-43」は、先古典期後期ベリーズ最大の神殿ピラミッドであった（Pendergast 1981）。セロス（Cerros）の神殿ピラミッド「建造物5C-2」と同様に、マヤの神々の顔の漆喰彫刻が正面階段両脇の外壁を飾った。交易都市セロスは、ニュー（New）川河口に面する戦略的な地点に立地する（Robertson and Freidel 1986）。前300年頃に居住が開始され、前50年頃から翡翠、黒曜石、綿、カカオなどの交易の中間港として繁栄した。波止場、高さ22mの神殿ピラミッド、三つの球技場、サクベなどがあり、その南側は長さ1,200mの水路によって防御されていた。

　先古典期後期のティカルの「ムンド・ペルディード地区」では、高さ20m、底辺80mの神殿ピラミッド「建造物5C-54」が建設された（Laporte and Fialko 1995）。同遺跡の「北のアクロポリス」では、「墓85」、「墓164」、「墓166」、「墓167」などの持送り式アーチ（擬似アーチ）を有する一連の石室墓が建造された。とくに「墓85」は、目や歯の部分に貝を埋め込んだ緑石製仮面、王族が放血儀礼に用いたアカエイの尾骨、海産貝、26点の土器など副葬品がもっとも豊富であり、後 1 世紀の王墓であったと考えられる（Coe 1990）。先古典期後期のワクナの高さ17mの神殿ピラミッド「建造物 3」内の「墓 1」は、幅1.6m、長さ2.3m、高さ1.9mの持送り式アーチを有する石室墓であった。大量の翡翠製品や土器が副葬され、王墓であった蓋然性が高い（Hansen 1998:90-92）。また、ワシャクトゥン（Uaxactún）の「グループH」の神殿ピラミッドは、持送り式アーチを有した（Valdés 1992）。

　グアテマラ北部にあるサン・バルトロ（San Bartolo）の「壁画の神殿」の先古典期後期の壁画は、2001年に確認された。マヤ低地最古のトウモロコシの神、超自然的な動物の形をした山から出現する羽毛の生えた蛇、トウモロコシの蒸し団子タマルを捧げる女性、玉座に座した王、最古のマヤ文字の碑文などが多彩色で描かれている（Saturno and Taube 2004）。壁画の年代は、放射性炭素年代測定の結果、前 1 世紀とされる。羽毛の生えた蛇の図像は、200年頃に建てられたテオティワカンの「羽毛の生えた蛇の神殿」よりも古く、現在のところメソアメリカ最古である。また古典期マヤの王権にはトウモロコシのシンボリズムが強いが、こうした宗教観念は先古典期後期に既に形成されていた。サン・バルトロは先古典期中期に居住が開始され、最盛期は先古典期後期である。バホに囲まれた 1 km²の小都市であったが、神殿ピラミッドのほかに球技場やサクベ、貯水池もあった。またティカルやワシャクトゥンでも、先古典期後期の建造物の壁に漆喰が塗られ壁画が描かれた。マヤ低地北部のロルトゥン（Loltún）洞窟では、マヤ低地南部の先古典期後期様式と類似する男性人物像や、ユカタン半島北部で最古のマヤ文字の浅浮彫りがある。この時期のマヤ低地では、既に古典期につながる基本的な美術様式が広がっていたのである。

　ナクベのもっとも大きな四つの建造物、「ティグレ・ピラミッド」を始めとするエル・ミラドールの15以上の大建造物、ワクナの大建造物、ティンタルの 2 建造物、ワシャクトゥンの「グループH」の 3 建造物、ラマナイの「建造物N9-56」と「建造物N10-43」、セロスの「建造物29B」などの先古典期後期の神殿ピラミッドは、中央に主神殿、その両側により小さな神殿の計三つの神殿を基壇の

上に頂くという文化要素を共有した（Hansen 1998:77-80）。この配置は、古典期のティカル、ワシャクトゥン、カラコル（Caracol）、セイバル（Seibal）などの建築に継承された。こうした先古典期後期の巨大な神殿ピラミッドの階段の両脇の外壁を飾る神々の顔の多彩色の漆喰彫刻は、王権の象徴ともなる宗教観念の表現として重要であった。巨大な神殿ピラミッドの建設・維持は支配者たちの強制力によってのみなされたのではなく、マヤ文明形成の要因の一つとして、巨大な宗教建造物の必要性を人びとに納得させる王権や宗教などの新しい観念体系の発達があったと考えられる（青山・猪俣 1997:112-126）。文明発達の比較的初期に最大のピラミッドが建造された点において、メソアメリカとエジプトで共通点が見られる。このことは、建造物の大きさが社会や経済の発展の程度と必ずしも比例しないことを示唆するのである。

こうした宗教観念は、王権を正当化するとともに、人口の集中や都市建設の大きな原動力になったに違いない。また、巨大な神殿ピラミッドの建設・維持は、王権を強化し都市人口の労働力を統御する手段を提供したと考えられる。エル・ミラドール、エツナ、ベカンを始めとする先古典期後期の都市の防御遺構の存在は、領土の境界、物資、資源、労働力を巡る都市間の戦争があった可能性を示唆する。マヤ文明の発展過程における戦争の役割については研究者の間で議論が分かれるところであるが、筆者は戦争が先古典期マヤ文明や王権の形成の重要な要因の一つであったと考える。

古典期マヤ文明の王権の発達

古典期には、建造物の外壁を装飾した神々の漆喰彫刻から、個人の王の像を彫刻した石碑などの石造彫刻および王の偉業や諸活動を記録したマヤ文字の碑文へと王権や宗教観念の表現手段の重点が移った。また、王が行政に従事した官邸であり、初期国家の特徴の一つとされる王宮が諸都市で建造されるようになった。マヤ文字の解読によれば、王の称号であった紋章文字には、ある都市のクフル・アハウ（k'uhul ajau）と記されている。古典期マヤ文明の王は、文字どおりクフル（神聖な）・アハウ（王）、つまり神聖王であった（Martin and Grube 2000:17）。王位は世襲制であり、父から息子への世襲が多かった。兄弟間相続もあり、男性の継承者がいない場合は稀に女王もいた。たとえば、パレンケ（Palenque）の20名の王のうち、2名は女王であった。ティカル、カラクムル、ツィビルチャルトゥン（Dzibilchaltún）、コバー（Cobá）、カラコル、ヤシュチラン（Yaxchilán）、ピエドラス・ネグラス（Piedras Negras）、セイバル、ドス・ピラス（Dos Pilas）、コパンを始めとする都市が、神聖王を頂点に政治・経済・宗教の中心地として栄えた。大都市を中心に初期国家群が発達し、戦争や権力闘争が繰り広げられた。しかし、先スペイン期を通してマヤ地域はおろかマヤ低地が政治的に統一されることはなかったのである。

威信財の遠距離交換の統御

海産貝など装身具の材料などの少量の威信財の贈与交換は、王朝間の交流において重要であった。王は、少量の威信財の遠距離交換を統御することによってその地位を高め、王権を強化していったのである。これらは経済的というよりも、むしろ社会的・象徴的に重要であった。王は、外来の威信財を地元の貴族や従者に再分配して忠誠や後援を得たと考えられる。また古典期メソアメリカ最

大の都市テオティワカンの建築様式、土器様式、緑色黒曜石製石器、図像などの外来の文化要素を取り入れて王権が強化されることもあった。

翡翠製装身具は、マヤの神々、王や貴族の図像に頻繁に表象され、その威信財としての重要性がうかがわれる。古代マヤ人の世界観では、緑色は世界の中心の神聖な色であり、水、植生、生命を象徴した。つまり、翡翠はその硬さ・希少性に加えて、その色自体にも神聖な意味があったために、支配層の間で重んじられたのである。翡翠製儀式用磨製石斧、頭飾り、耳飾り、胸飾りや腕飾りなどに図像やマヤ文字が刻まれ、重要な翡翠製品は王家の家宝として代々継承された。パレンケやカラクムルの王は、翡翠モザイク仮面を始めとする大量の翡翠製副葬品とともに壮大な墓に埋葬された（Folan et al. 1995）。王の超自然的な権威・権力は、大量の翡翠製品の副葬によって正当化・強化されたのである。

ケツァルは海抜900m〜2,500mの高地に生息し、先スペイン期のメソアメリカでは神聖な鳥として崇拝された。羽根は神聖な青緑色で、頭飾り、扇、衣装の装飾など支配層の威信財として遠距離交換された。ケツァルは図像に頻繁に表象され、ユカテコ・マヤ語のククルカン（Kukulcan）は、ケツァルの羽毛の生えた蛇神を指す。古典期・後古典期マヤ文明では、コパン新王朝の初代キニッチ・ヤシュ・クック・モ（K'inich Yax K'uk' Mo'）王など、ケツァルを意味するクックを名前の一部に含む王がいた。

イダルゴ（Hidalgo）州パチューカ（Pachuca）産緑色黒曜石は、地元のメキシコ中央高地では、主に石刃核や大型石刃として交換された。1,000km以上離れたマヤ低地へは、古典期前期（後250〜600年）に石刃、両面調整尖頭器、エクセントリック石器のような製品として遠距離交換された（Aoyama 2001:353）。これらの石器は、威信財として遠距離交換のルートに乗り、少量が支配者層間を流通した。その希少性に加えて色自体にも神聖な意味があったために、古典期前期のマヤ支配層の間で重んじられたのである。

マヤ文字と宮廷人

古典期マヤ支配層は、先スペイン期南北アメリカ大陸でもっとも発達した文字体系を築き上げた。古典期マヤ社会の大部分を占めたのは農民だったが、文字や暦などの支配層文化を担ったのは一握りの宮廷人であった。文字の読み書きは、王族・貴族の男女の秘儀であり、被支配層との差異を正当化・強化した。王は、石碑などの石造記念碑に自らの図像を彫刻させ、歴史上実在した諸王や他の貴族の名前、生誕、結婚、即位、王朝の家系、王朝間の訪問、戦争、大建造物の落成、球技、儀礼的踊り、放血儀礼、焼香などの儀式、崩御、埋葬など、個人の偉業・歴史に関する碑文を記録させて王権を強化したのである（Stuart 1996）。

王を取り巻く王家の人びとや貴族は宮廷に仕えた知識階級であり、各王国の政治・経済・宗教を司った。マヤの宮廷には小人やせむし男なども仕え、世俗的な世界とは異なる宮廷の特異性を際立たせ、その権威を正当化していた。石碑や多彩色土器に王とともに頻繁に表象された小人は、マヤ神話ではトウモロコシ神の付き人であり、現世の神聖王の付き人として活躍したようである。ティカルの王墓「墓24」には、小人が殉葬されていた。マヤの宮廷は、政治経済組織の合理性だけでは

説明できない、象徴的要素が強かったのである。

　アグアテカの「石斧の家」（「建造物M8-8」）から、大小さまざまな大きさの計22点の磨製石斧が出土した。金属顕微鏡で使用痕を分析することで、これらの石斧が石碑を彫るための道具セットであったことがわかった（青山 2003:20）。いい換えれば、「石斧の家」に住んだ支配層書記は王のために石碑を彫った半専業の彫刻家だったのである。石斧は、21点が翡翠などの硬質緑色石製、1点が薄緑灰色翡翠製である。こうした石材が選択されたのは、ただ単に石灰岩よりも硬いという実践的な理由だけではなかった。前述のように、緑色は古代マヤ人の世界観では世界の中心の色であり、磨製石斧の色自体が社会的・象徴的な意味をもっていた可能性が高い。つまり、神聖王の偉業・歴史を称える石碑を彫るにあたって、緑色の石斧には特別な意味が込められていたと考えられる。

神殿ピラミッドと神殿更新

　マヤの神殿の多くはピラミッド状基壇の上に配置され、神殿ピラミッドを構成する。古典期のティカルの「神殿4」は高さ65m、カラコルの宮殿・神殿複合「カーナ（Caana）基壇複合」は高さ43.5m、コバーの「ノホッチ・ムル（Nohoch Mul）・ピラミッド」は高さ42mを誇る。神殿ピラミッドは、神聖王の先祖たちの起源で神々が宿る、神聖な山を象徴した。マヤ文字の解読によれば、古典期の神殿はしばしばウイッツ（山）と名づけられている。ピラミッド状基壇上の神殿の入口は、洞窟あるいは超自然界への入口を象徴し、神聖王が神殿内で神々と交流したのである。洞窟は神聖な山の空洞・内部でもあり、マヤの世界観では暗く恐ろしい地下界の入口でもあった。マヤ低地南部のすべての神殿ピラミッドが墓ではなかったものの、ティカルの「神殿1」、カラクムルの「建造物2」、パレンケの「碑文の神殿」、コパンの「神殿16」などが王や王家の重要人物を葬り祀る巨大な記念物、つまり王陵としても機能した。

　都市や主要建造物は、神聖な洞窟の上や洞窟の方向と関連して建設された（Brady 1997）。たとえば、ドス・ピラス最大の神殿ピラミッド「エル・ドゥエンテ・ピラミッド」は、洞窟の真上に建造された。つまり、神聖な洞窟の上に人工の神聖な山が建てられたのである。また、王宮の「コウモリの宮殿」の中心軸は洞窟の入口によって決定された。さらに、小さな住居基壇に至るまで洞窟と関連して配置された。神聖な洞窟が、都市計画において重要であったことがわかる。洞窟と水は密接な関係にあり、部分的に岩盤が陥没して地下水が露出したセノーテは、洞窟信仰の対象の一つといえよう。多くのセノーテは水源としてだけではなく、宗教儀礼において重要かつ神聖な場所でもあった。チチェン・イツァ最大の神殿ピラミッド「エル・カスティーヨ」は、「聖なるセノーテ」と「シュトロク・セノーテ」の間に建造された。またツィビルチャルトゥンの中央広場は、「シュカラフ・セノーテ」の周囲に建設された。神聖な洞窟やセノーテは、都市計画に重要な役割を果たした。すなわち、その神聖性が都市の重要性を増し、王権を正当化・強化したのである。

　王は、ピラミッドや他の建造物を小宇宙として配置して、王権を正当化する政治的道具としても利用した。ティカルの双子ピラミッド複合では、暦のカトゥン（約20年）周期の終了記念日を祝う儀礼が行われた。四つの建造物が広場を囲み、マヤの小宇宙を象徴した。広場の東側と西側の二つのピラミッドは四方に階段を有し、「太陽が日の出と日没に利用した」と解釈されている。南側の

九つの入口のある長い建物は地下界とその9人の王を、北側にある内部に一対の石碑と祭壇が建立された屋根のない囲いは天上界を象徴した。つまり、王は神格化され、その超自然的な権威が正当化されたのである。ティカルでは、全部で九つの双子ピラミッド複合があった。双子ピラミッド複合は、ヤシュハ（Yaxhá）とイシュルー（Ixlú）でも確認されている。ティカル中心部の「大広場複合」にも、同様なパターンが見られる。「大広場」を挟んで東西に巨大な「神殿1」と「神殿2」が向かい合う。南側の「中央のアクロポリス」には、九つの出入口をもつ「建造物5D-120」がある。そして、天上界を象徴する北側の「北のアクロポリス」には、ティカルの代々の神聖王が埋葬されたのである。

　神殿ピラミッドは、パレンケの「碑文の神殿」のように一度に建設されることもあったが、増改築が繰り返されることが多かった。高さ37m、底辺の長さ300mのコパンの大建築複合「アクロポリス」は、初代キニッチ・ヤシュ・クック・モ王の治世中に建設が開始され、約400年にわたって増改築された（Sharer et al. 1999）。アクロポリス最大の神殿ピラミッド「神殿16」内には、増改築された数々の神殿ピラミッドが埋蔵されている。2代目王は、初代王の遺骸を多彩色の壁画を有するタルー・タブレロ様式の「フナル（Hunal）神殿」内の石室墓に埋葬した。その上に「マルガリータ（Margarita）神殿」が建てられ、その内部に高貴な女性の石室墓が建造された。その後10代目王は漆喰彫刻で装飾された「ロサリラ（Rosalila）神殿」を建て、12代目王はその上に石造神殿ピラミッドを建造し、「神殿16」の最終建築段階を完成させたのは16代目王であった。「神殿16」は神聖王の先祖崇拝の神殿であり、後世の王たちは神殿更新で、より大きな神聖な山を築き上げて権威を正当化・強化したのである。神格化された先祖からの系譜を強調することは、王権を強化するうえで重要であった。

戦争と王権

　古典期のマヤ低地では、石槍がもっとも重要な武器であった。アグアテカの支配層書記を兼ねる工芸家は主にチャート製武器を所有していたが、5代目タン・テ・キニッチ（Tan Te' K'inich）王はその上に黒曜石製石槍を有した（青山 2004:24）。古典期前期のコパン谷の要塞センターであったセロ・デ・ラス・メサス（Cerro de las Mesas）で黒曜石製石槍が多数出土しており、戦争の証拠の一つと解釈される（Aoyama 1999:113-115）。大量の武器の存在は、他の山上遺跡、図像資料、戦闘による傷跡のある人骨とともに、戦争が古典期前期のコパン谷における複雑社会の発展に大きな役割を果たしたことを強く示唆する。

　碑文の解読によれば、遠く離れた王朝間でも政略結婚による政治同盟や戦争が行われた。562年にカラクムル王がティカルのワク・チャン・カウィール（Wak Chan K'awiil）王に勝利したが、695年にはティカルのハサウ・チャン・カウィール（Jasaw Chan K'awiil）1世王に敗北した。マヤ文字の碑文には、王がしばしば捕獲・人身供犠にされたことが記録されている（Martin and Grube 2000）。たとえばトニナ（Toniná）王が、711年にパレンケのキニッチ・カン・ホイ・チタム（K'inich K'an Joy Chitam）2世王を捕虜にした。その後、パレンケでは大混乱が起こり、次の王の即位まで10年間の空位期間が生じた。ティカル、ドス・ピラス、アグアテカ、セイバル、エツナ、オシュペムル

(Oxpemul)、ウシュマル (Uxmal)、エック・バラム (Ek Balam)、コバーの石碑には捕虜の上に誇らしげに立つ王の図像、ヤシュチランやカバフ (Kabah) の石彫には捕虜を捕らえる図像がそれぞれ刻まれた。偉大な戦士としての王の功績は、王権をさらに正当化・強化したと考えられる。

王権を正当化するシンボルと劇場国家

　王権の守護神であったサック・フーナル (Sak Huunal) は、先古典期後期と古典期の王権のシンボルとして翡翠やアラバスター製の王冠として頭飾りの一部に使用された。石碑などの石造記念碑に表象されているが、アグアテカでは実物のアラバスター製王冠が出土した (Inomata et al. 2002:314)。王朝の守護神カウィール (K'awiil) を表象した王笏を手にもつ王の図像もあり、王の名前の一部をなす場合もあった。筵は王権のシンボルであった。筵状にマヤ文字を刻んだ石碑は、コパン、キリグア (Quiriguá) やカンクェン (Cancuen) にある。ウシュマルの「総督の館」やコパンの「建造物22A」の外壁には複数の人物の坐像や筵のモザイク石彫があり、ポポル・ナフ (popol nah 会議所) であったとされる (Fash 2001:130)。

　南北アメリカ大陸最大のネコ科動物ジャガーは、メソアメリカ最強の猛獣である。ジャガーの毛皮は、王権、超自然的な力や戦争のシンボルであった。ジャガーは、石彫、壁画や彩色土器に頻繁に表象され、マヤの王がジャガーの毛皮を敷いた玉座に座した図像がある。ジャガーを表象した石造玉座は、コパン、チチェン・イツァ (Chichén Itzá) やウシュマルにあった。ヤシュチランの「鳥ジャガー1世」王のように王の名前の一部にジャガーを含む場合もある。ジャガーの耳、尾、顔、手足をもつ神々もいた。コパンの「祭壇Q」の四壁には、歴代16人の王の像が刻まれた。祭壇正面中央では、初代キニッチ・ヤシュ・クック・モ王が王位の笏を16代目ヤシュ・パサフ・チャン・ヨアート (Yax Pasaj Chan Yoaat) 王に渡し、両者の間に763年の王位継承の日付がある。つまり16代目王が、王位継承を正当化するために建立した石造記念碑であった。1980年代末のコパンの発掘調査によって、「祭壇Q」後方から15体のジャガーの骨が出土した (Fash 2001:170)。16代目王が同祭壇を建立した776年に、先代15名の王にジャガーを1匹ずつ生贄として捧げたのである。

　神殿ピラミッドは、一般的に都市の中央の大広場、王宮、球技場などの近くにあり、大広場には石碑・祭壇複合が配置された。神殿などの公共建築の落成や更新の儀礼などさまざまな公共宗教儀礼が執行され、劇場国家的な側面があった。広場を埋め尽くした群衆は、高い神殿ピラミッドを昇り降りする王の晴れ姿を目撃したであろう。放血儀礼は、自らの血を神々や先祖たちに捧げる自己犠牲で、黒曜石製石刃、ジャガーの骨、サメの歯やアカエイの尾骨などで、男性は自らの男根や耳を切りつけ、女性は舌などから出血した。神聖王の血は神々の恩恵や支持を得るために、即位、後継者の任命、重要な暦日などの特別な機会に神殿内で捧げられた。球技場は、国家儀礼と密接に関連した重要な施設であった。球技者は貴族であり、王が球技に参加することもあった。重要な祭礼では、負けチームまたはそのキャプテンが、あるいは戦争捕虜が打首や人身供犠にされることもあった。王の劇場的パフォーマンスとしては、儀礼的踊りや音楽も重要であった。アグアテカでは、法螺貝、土製フルート、土偶兼笛、土製の筒に皮を張った太鼓などが、発掘したすべての貴族の住居から出土した (Inomata et al. 2002)。古典期マヤ社会では、儀礼的踊りや音楽は、王や貴族の権

威を被支配層に示すための政治的活動だったのである。

　石碑や土器などの図像によれば、王は、儀礼的踊りや他の儀礼において、雨の神を始めとする神の仮面・衣装・装飾品を着用して、しばしば神の役割を演じた。コパンの「石碑H」には、若いトウモロコシの神の衣装を身に着けた13代目王が表象されている。アグアテカの王宮の収納室から、5代目タン・テ・キニッチ王が使ったと見られる土製の仮面2点が出土しており、これが最初の考古学的実例である（Inomata 2001:350-351）。古典期マヤ王は生ける太陽神キニッチ・アハウ（K'inich Ajau）であり、名前の一部にキニッチ・アハウやキニッチを含む場合もある。興味深いことに、古典期マヤ王の称号アハウは260日暦（13×20日）の20日目のアハウの日と同一である。つまり、アハウの日は「王の日」であった。長期暦の周期の終了記念日が、「王の日」アハウで終了したことは重要である。Stuart（1996）は、長期暦などのマヤの循環暦でアハウの日が繰り返されることは、新たな時が刻まれただけでなく、神聖王の王権が更新・正当化されたことも意味したと考えている。

　黒曜石やチャートを直接打法、間接打法と押圧剥離法を組み合わせて精巧に加工して、人物、サソリ、ヘビ、月などの特別な形にしたエクセントリック石器は、供物として建造物内や副葬品として墓に埋納された。筆者の分析によれば、エクセントリック石器はアグアテカでは王宮や神殿からしか出土しておらず、王の儀式石器であったことがわかる。3代目王は、大広場に面した「神殿L8-5」の落成を祝って、神殿の南北軸線上の両端に黒曜石とチャート製のエクセントリック石器を埋納した。神聖王の石碑が立ち並ぶ大広場における、同王による儀式石器の埋納を含む神殿落成儀礼という劇場的パフォーマンスは、王権の強化に役立ったと考えられる。

水源の管理と儀礼

　カラクムルは、エル・ミラドールやナクベが先古典期末に衰退した後も、ティカルと並ぶ大都市として古典期に繁栄した（Folan *et al.* 1995）。都市は防御壁に囲まれ、測量された30km²の範囲には持送り式アーチを有する579基を含む6,345の建造物とメソアメリカ最多の120の石碑を数える。カラクムルに関する記述は、ティカル、ドス・ピラス、カラコル、パレンケ、ピエドラス・ネグラス、ヤシュチラン、エル・ペルー（El Perú）、ナランホ（Naranjo）、キリグア、コパン、セイバルなど、多くの都市の碑文に見られる。カラクムルの周囲に大河川はなく、都市中心部を含む22km²の範囲を迂回する、小川を結んだかなり大きな規模の人工の水路、13の公共貯水池と26のチュルトゥン（chultún 地下貯水池）が見つかっており、王朝がこうした水源を管理・統制していたと考えられる。公共貯水池は、ティカルやカラコルのような大河川や湖から離れた場所に立地する遺跡でも見つかっている。ティカルでは、もっとも大きな貯水池群が都市中心部に集中する。公共貯水池が大公共建築群と隣接していたという事実は、王権と水源の管理を結びつける象徴的な意味があったと考えられる（Scarborough 1998）。乾季に水が不足するこれらの都市では、中央権威者による公共貯水池の建設・管理および水に関連した儀礼によって王権が強化された可能性が高い。

農耕地の管理

　メキシコ中央高地のテオティワカンや古代メソポタミアの都市と比べると、古典期マヤの都市では一般的に人口密度は比較的低く、より広い範囲にわたって住居が散在した。都市の境界が明確ではなく、都市間の後背地でもかなりの人口が継続的に分布する場合が多い。このことは、農業形態と重要な関係があったと考えられる（Drennan 1988）。つまり、多くの農民は、住居の近くに耕地を有していた可能性が高い。換言すれば、家族や親戚が労働の単位となる、比較的小規模ながら労働投下量の多い集約農業や家庭菜園に依存したことを反映する。古典期マヤ文明の都市では、古代アンデス文明の都市の食料倉庫のような大きな貯蔵施設がなく、食料の中央集権的な管理の痕跡がないのが特徴である。

　しかし、古代マヤの農業は、あくまで時間的・空間的に多様であった。カラコルでは、大規模な段々畑が計画的に整然と配置された。都市中心部から全長60kmのサクベが放射状に張り巡らされて貴族の邸宅や4万haに及ぶ周辺の山腹部の段々畑を結び、中央集権的な農業の統御が示唆される（Chase and Chase 1994）。パレンケとその後背地の調査によれば、古典期後期前半には都市部に人口が集住し、人口密度は2,000～2,666人/km²ときわめて高かった。後背地には住居がほとんどなく、低湿地帯では水路を張り巡らした畑と盛土畑が、山腹部では段々畑が広がった。パレンケ国家が都市部に住んだ農民を動員して、集約農業を運営した蓋然性が高い。しかし、古典期後期後半には国家の統制力が弱まり、後背地に農民の住居が散在した。農民が住居の近くで耕作するようになったのである（Liendo 2002）。

実用品の地域内・地域間交換の統御

　実用土器やチャート製実用石器などの交換が、王朝によって統御されたという証拠はない。一方、グアテマラ高地の良質な黒曜石産地であるイシュテペケ（Ixtepeque）から80kmのコパンでは、王朝が少なくとも一部の実用品の交換を集権的に統御していた（Aoyama 2001）。コパン王朝は、良質の黒曜石産地イシュテペケに比較的近いという立地を大いに利用して、石刃核を産地から直接に入手したのである。このことは、遠距離交換によって黒曜石製石刃核を手に入れたアグアテカやさらに北のマヤ都市と好対照をなしている。コパン王朝は石刃核をコパン谷内に分配し、ラ・エントラーダ（La Entrada）地域などの近隣地域に供給した。少なくとも古典期マヤ国家コパンでは、実用品であったイシュテペケ産黒曜石の石刃核の入手・流通は、宗教および血縁関係や個人的な人間関係だけにもとづいていたのではない。血縁関係や個人的な人間関係を超越した、かなり中央集権的な経済組織によりなされていたのである。こうした実用品の地域内交換は、コパン王の権威・権力を高めるのに役立った。

　コパンの中心グループの大広場から出土した、長さ30cmにも及ぶ700点以上のイシュテペケ産黒曜石製の特大の大型石刃と大型剥片の存在は特筆に価する。これらは、大型の石刃核から生産され、12代目か13代目王の治世中に埋納された（Aoyama 1999:135）。こうした大量で特大の石刃と剥片は、コパン谷の他の場所はおろか、コパン以外のマヤ低地でもまったく見つかっていない。コパン王朝

が産地から石刃核を直接に入手し、その流通を中央集権化していたことを示唆する重要な資料である。神聖王の石碑が立ち並ぶ大広場における、コパン王による特大の石刃と剥片の埋納儀礼という劇場的パフォーマンスは、王権を強化したに違いない。

まとめ

マヤ低地の初期王権の起源は、先古典期中期までさかのぼる。先古典期後期の都市やマヤ文字の起源、膨大な労働力が必要な巨大な石造神殿ピラミッド、サクベ、「Eグループ複合」、球技場、水路、公共貯水池、防御遺構の建設・維持には王の中央集権的な政治経済力が反映されていること、エル・ミラドール、ナクベ、カラクムルなどの都市はサクベで結ばれていたことから、先古典期後期のマヤ社会は、階層化した都市文明社会だったと考えられる。先古典期後期には、トウモロコシの神や羽毛の生えた蛇などを含む宗教観念、放血儀礼などの儀礼や威信財の遠距離交換網が形成され、マヤ文字の碑文や人物像が刻まれた石碑、石造祭壇、玉座、持送り式アーチを有する建造物や王墓も建造され始めた。古典期マヤ文明の王権のほとんどすべての要素が、先古典期後期に既に形成されていたのである。

低地マヤ文明が先古典期メソアメリカで石造神殿ピラミッドをもっとも発達させたことは重要であると、筆者は考える。オルメカ文明の先古典期中期のラ・ベンタ（La Venta）や先古典期中期・後期のチアパス州太平洋岸低地のイサパ（Izapa）の神殿ピラミッドは土製であり、マヤ高地のカミナルフユ（Kaminaljuyú）ではアドベ製の神殿ピラミッドが建造された。一方で、持送り式アーチはマヤ地域起源ではなく、メキシコのゲレロ州のテオパンテクアニトラン（Teopantecuanitlán）などの先古典期中期のセンターでは前600年以前にさかのぼる（Martínez Donjuán 1995）。また、先古典期マヤ文明の石碑などの石造彫刻様式の発展には、イサパ文化との交流がとくに重要であった。暦を含む文字は、オアハカ盆地、マヤ高地、グアテマラ太平洋岸低地、メキシコ湾岸低地南部などで最初に発達し、古典期のマヤ低地でもっとも多用された。換言すれば、先古典期に古典期の王権の概念の基盤が、周辺地域との交流を通していくつかの文化要素を取捨選択して取り入れながら、独自かつ徐々に形成されていったといえよう。

古典期の王は政治指導者であるとともに、国家儀礼では最高位の神官であり、戦時には軍事指揮官でもあった。王は、その先祖・神々と人間の重要な仲介者であり、神々と特別な関係をもつことによって、あるいは神格化された偉大な先祖の末裔として自らの権威・権力を正当化した。先祖崇拝、即位、神殿落成や更新、暦の周期の終了記念日などの儀礼や儀礼的踊りといった、王の劇場的パフォーマンスを通して伝達・強化される宗教は、王権を強化するうえで重要であり、劇場国家的な側面があった。威信財の遠距離交換の統御や偉大な戦士としての王の功績によって、王権はさらに正当化・強化されたと考えられる。

一方、マヤの王権の時間的・空間的多様性に注目する必要がある。古典期には、先古典期後期の建造物の外壁を装飾した神々の漆喰彫刻から、個人の王の像を彫刻した石碑などの石造彫刻および王の偉業や諸活動を記録したマヤ文字の碑文へと、王権や宗教観念の表現手段の重点が移り、多くの労働力を動員して王宮が建造されるようになった。古典期マヤ都市の人口規模は、総人口が

5,000人程度の小都市から5万人を超える大都市まで多様であり、大都市と小都市では当然のことながら統治機構の中央集権度は異なった。興味深いことに、ティカル、カラクムル、カラコル、パレンケなどの大都市の王宮は、小都市のそれよりもはるかに大きく複雑な建築複合であり、一般庶民の出入りが制限されていた。このことは、宮廷人と被支配層の懸隔が拡大していたことを意味すると考えられる。さらに、たとえば都市が水源や黒曜石のような重要な資源の近くに立地するか否かによってその統御には差異が生じた。乾季に水が不足するカラクムル、ティカル、カラコルのような大都市では、王による公共貯水池の建設と管理が王権を強化するうえで重要であった。良質な黒曜石産地の近くに立地したコパンでは、王朝が一部の実用品の交換を集権的に統御した。王朝が農業を管理した証拠は少ないものの、カラコルやパレンケでは国家が集約農耕地を集権的に管理していた。一部の古典期マヤの王朝では、宗教儀礼および血縁関係や個人的な人間関係だけではなく、経済活動の集権的統御によっても王権を強化したのである。また、経済活動が宗教儀礼と深く関わっていたことは、マヤの王権を理解するうえで重要といえよう。先古典期・古典期マヤの社会経済組織のさらなる解明が、今後のマヤの初期王権研究の鍵となると考えられる。

参考文献

青山　和夫　2003　「古典期マヤ支配層の手工業生産と日常生活－グアテマラ共和国アグアテカ遺跡出土の石器分析を通じて－」『古代アメリカ』6、1-33頁。

青山　和夫　2004　「古典期マヤ文明の戦争と武器－アグアテカ遺跡とコパン谷出土の石槍と石刃鏃を中心に－」『古代文化』56（12）、19-34頁。

Aoyama, Kazuo　1999　*Ancient Maya State, Urbanism, Exchange, and Craft Specialization: Chipped Stone Evidence from the Copán Valley and the La Entrada Region, Honduras.* University of Pittsburgh Memoirs in Latin American Archaeology No. 12, Pittsburgh.

Aoyama, Kazuo　2001　Classic Maya State, Urbanism, and Exchange: Chipped Stone Evidence of the Copán Valley and Its Hinterland. *American Anthropologist* 103:346-360.

Brady, James　1997　Settlement Configuration and Cosmology: The Role of Caves at Dos Pilas. *American Anthropologist* 99:602-618.

Coe, William　1990　*Excavations in the Great Plaza, North Terrace and North Acropolis of Tikal.* Tikal Report No. 14, The University of Pennsylvania Museum, Philadelphia.

Chase, Diane and Arlen Chase　1994　*Studies in the Archaeology of Caracol, Belize. Monograph 7.* Pre-Columbian Art Research Institute, San Francisco.

Drennan, Robert D.　1988　Household Location and Compact Settlement in Prehispanic Mesoamerica. In *Household and Community in the Mesoamerican Past*, edited by R. Wilk and W. Ashmore:273-293. University of New Mexico Press, Albuquerque.

Fash, William　2001　*Scribes, Warriors, and Kings: The City of Copán and the Ancient Maya.* Revised Edition. Thames and Hudson, London.

Folan, William, Joyce Marcus, Sophia Pincemin, María del Rosario Dominguez Carrasco, Laraine Fletcher and Abel Morales López　1995　Calakmul: New Data from an Ancient Maya Capital in Campeche, Mexico. *Latin American Antiquity* 6:310-334.

Hansen, Richard　1991　The Maya Rediscovered: The Road to Nakbe. *Natural History May*:8-14.

Hansen, Richard 1998 Continuity and Disjunction: The Pre-Classic Antecedents of Classic Maya Architecture. In *Function and Meaning in Classic Maya Architecture*, edited by Stephen Houston:49-122. Dumbarton Oaks, Washington, D.C.

Hansen, Richard, Steven Bozarth, John Jacob, David Wahl and Thomas Schreiner 2002 Climatic and Environmental Variability in the Rise of Maya Civilization. *Ancient Mesoamerica* 13:273-295.

Inomata, Takeshi 2001 The Classic Maya Palace as a Political Theater. In *Reconstruyendo la Ciudad Maya:El Urbanismo en las Sociedades Antiguas*, edited by Andrés Ciudad, Ma. Iglesias and Ma. Martínez:341-361. Sociedad Española de Estudios Mayas, Madrid.

Inomata, Takeshi, Daniela Triadan, Erick Ponciano, Estela Pinto, Richard E. Terry and Markus Eberl 2002 Domestic and Political Lives of Classic Maya Elites: The Excavation of Rapidly Abandoned Structures at Aguateca, Guatemala. *Latin American Antiquity* 13:305-330.

Laporte, Juan Pedro and Vilma Fialko 1995 Un Reencuentro con Mundo Perdido, Tikal, Guatemala. *Ancient Mesoamerica* 6:41-94.

Liendo, Rodrigo 2002 *The Organization of Agricultural Production at a Classic Maya Center: Settlement Patterns in the Palenque Region, Chiapas, Mexico*. Serie Arqueología de México. INAH and University of Pittsburgh, Mexico and Pittsburgh.

Martin, Simon and Nikolai Grube 2000 *Chronicle of the Maya Kings and Queens: Deciphering the Dynasties of the Ancient Maya*. Thames and Hudson, London. (『古代マヤ王歴代誌』長谷川悦夫・徳江佐和子・野口雅樹訳、創元社、2002)

Martínez Donjuán, Guadalupe 1995 Teopantecuanitlán. *Arqueología Mexicana* 2(12):58-62.

Matheny, Ray 1993 *El Mirador, Petén, Guatemala: Introduction*. Papers No. 59. New World Archaeological Foundation, Provo.

Matheny, Ray, Deanne Gurr, Donald Forsyth, and Richard Hauck 1983 *Investigations at Edzná, Campeche, Mexico. Vol.1, Part 1: The Hydraulic System*. Papers No. 46. New World Archaeological Foundation, Provo.

Pendergast, David 1981 Lamanai, Belize: Summary of Excavation Results, 1974-1980. *Journal of Field Archaeology* 8:29-53.

Robertson, Robin, and David Freidel (eds.) 1986 *Archaeology at Cerros, Belize, Central America*. Southern Methodist University Press, Dallas.

Sabloff, Jeremy 1994 *The New Archaeology and the Ancient Maya*. W. H. Freeman, New York. (『新しい考古学と古代マヤ文明』青山和夫訳、新評論、1998)

Saturno, William and Karl Taube 2004 Hallazgo: Las Excepcionales Pinturas de San Bartolo, Guatemala. *Arqueología Mexicana* 11(66):34-35.

Scarborough, Vernon L. 1998 Ecology and Ritual: Water Management and the Maya. *Latin American Antiquity* 9:135-159.

Sharer, Robert, Loa Traxler, David Sedat, Ellen Bell, Marcello Canuto and Christopher Powell 1999 Early Classic Architecture Beneath the Copán Acropolis: A Research Update. *Ancient Mesoamerica* 10:3-23.

Stuart, David 1996 Kings of Stone: A Consideration of Stelae in Ancient Maya Ritual and Representation. *Res: Anthroplogy and Aethetics* 29/30:148-171.

Valdés, Juan Antonio 1992 El Crecimiento de la Civilización Maya del Area Central durante el Precláico Tardío: Una Vista desde el Grupo H de Uaxactún. *U tz'ib* 1(2):16-31.

Webster, David   1976   *Defensive Earthworks at Becan, Campeche, Mexico: Implications for Maya Warfare*. Publication 41. Middle American Research Institute, Tulane University, New Orleans

7〜8世紀の東南マヤ地域

長谷川悦夫

1. コパンと東南マヤ地域

　マヤ文明は、メソアメリカの東端に栄えた文明である。コパンは、そのマヤ地域のさらに東南の端に位置し、古典期マヤの東の都と呼ばれる。コパンから東に行くにつれ、先スペイン期遺跡の様相は急激に変化してゆく。コパンは、大規模建造物が集中する遺跡中心部が20ha近く、高さ数十メートルの建築複合（アクロポリス）をいただく巨大遺跡である。コパンから東には、このような遺跡は存在しない。

　コパン谷から東へと向かうと、分水嶺を越えてフロリダ盆地へと至る（以下の記述については図1参照）。フロリダ盆地最大級の遺跡の一つにエル・プエンテ（図2）がある。コパンから直線距離

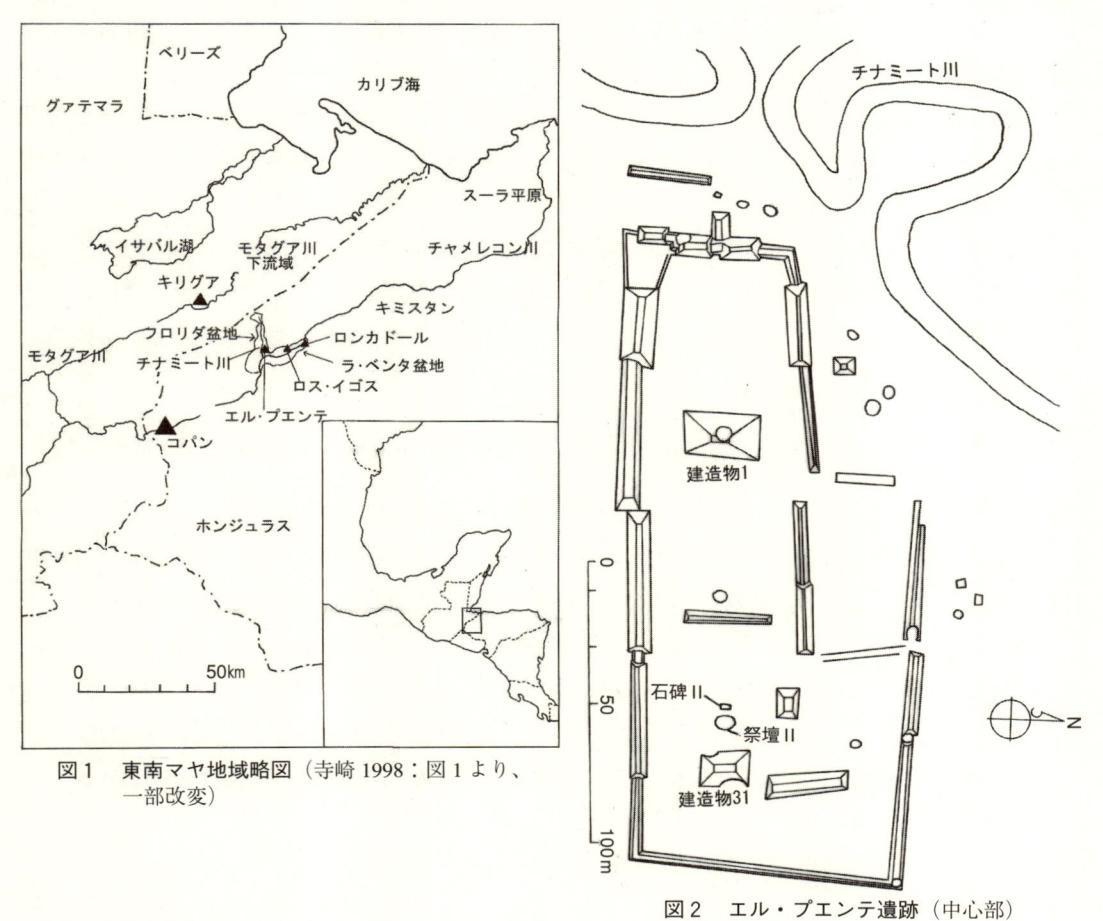

図1　東南マヤ地域略図（寺崎1998：図1より、一部改変）

図2　エル・プエンテ遺跡（中心部）

108　第Ⅰ部　中米編

にして約50km、高さ15mのピラミッド建築を擁する。同遺跡では1991年から95年にかけてJICA青年海外協力隊とホンジュラス国立歴史学人類学研究所によって集中的に発掘調査と修復作業が行われ、現在は遺跡公園化されている。本稿で取り上げるのは、主としてエル・プエンテの発掘調査結果、およびコパンとフロリダ盆地との関係である。

　フロリダ盆地は北に向かって延びているが、東に向かってはラ・ベンタ盆地が延びている。この二つの盆地を合わせて、ラ・エントラーダ地域と呼ぶ。"La Entrada de Copan"つまり、東から西へと旅したときに、「コパンへの入口」に当たる[1]。二つの盆地を合わせると面積約140km²であり、面積26km²のコパン谷に比すれば、大きな盆地である。

　一方のラ・ベンタ盆地最大級の遺跡としてはロス・イゴスとロンカドールがある。ロス・イゴスでは、781年の日付をもつマヤ文字を刻んだ石碑が報告されている（Morley 1920:25-26, Nakamura 1991:208, Schele 1991:209-211）。これより東にマヤ文字碑文の記念碑は存在しない。ロンカドールはラ・ベンタ盆地の東端に所在し、ラ・エントラーダ地域では唯一の球技場が確認されている（Nakamura *et al* 1991:35）。

　ラ・ベンタ盆地からさらにチャメレコン川を下って東に行くと、高さ2～3mのマウンドのある遺跡がせいぜいである。凝灰岩・石灰岩を加工した切石の建築ではなく、川原石などの自然石を積み上げただけの建築となる。建造物の配置パターンは方形の広場を囲むものではなく、不規則な配置あるいは直線的なパターンになる。

　コパンから直線距離にしてわずか50km東に向かっただけで、マヤ的な要素、つまりマヤ文字碑文をもつモニュメントが消失してしまい、そこから10km東に行くと、切石積みの階段状ピラミッド建築や方形広場を囲む建造物配置パターンというメソアメリカ的な要素も消失してしまう。コパンでは426年頃に王朝が成立し、820年に滅亡するまでの約400年間続いたことが明らかになっている。その間、コパン王国は東の地域にどのような関心をもっていたのだろうか。コパンと東の地域はどのような交流をもっていたのであろうか。コパン王国は東へと拡大していたのだろうか。これが本稿の主題である。

2．エル・プエンテ、建造物31と訪問者センター建設予定地の発掘調査（1991～1993）

　最初に、筆者が担当したエル・プエンテ遺跡、建造物31の発掘調査で得られた知見（Hasegawa 1993）を紹介する。建造物31は、同遺跡で2番目に高い建造物で、最終建築段階においてプランがおよそ18m×26m、高さ5.5m、3段構成のピラミッド建築である。正面つまり西側に石碑と祭壇を伴う。

　建造物31の建築シークエンスは細分すれば6段階に分けられる（図3-5）。700年以前に建設が始まり、放棄されたのは900年以前と考えられる。初期の建造物に付随する良好な土器資料はないが、この段階では古典期後期（AD700～900）に特徴的な土器は見られない[2]。また、最終居住段階になっても後古典期の指標となるファイン・オレンジ土器は出土しない。消極的根拠ではあるが、これにより年代を推定している。

　建造物31の建築様式については、漆喰の床面を伴う階段状ピラミッドというコパン＝マヤ的な建築形態をとったことがはっきりわかるのは、第4段階以降である。最後の第6段階が小階段の付設

であることを考えると、5段階のうち最後の2段階といってもよい。それ以前の建造物はおそらくは石材の再利用のため壊されており、何段かの石が残っているだけで規模・全体像は不明である。漆喰の床面も確認されていない。さらに注意しなければならないのは、コパン＝マヤ的な体裁を整えたようにも見える最終建築段階においてさえ、上部構造や壁面装飾にはマヤ的な要素が欠落している。まず、上部構造については、高さ70cm程度までは石造であったことがわかる。ただし、マヤ建築の特徴である持送り積み式天井があったことを示す長い石

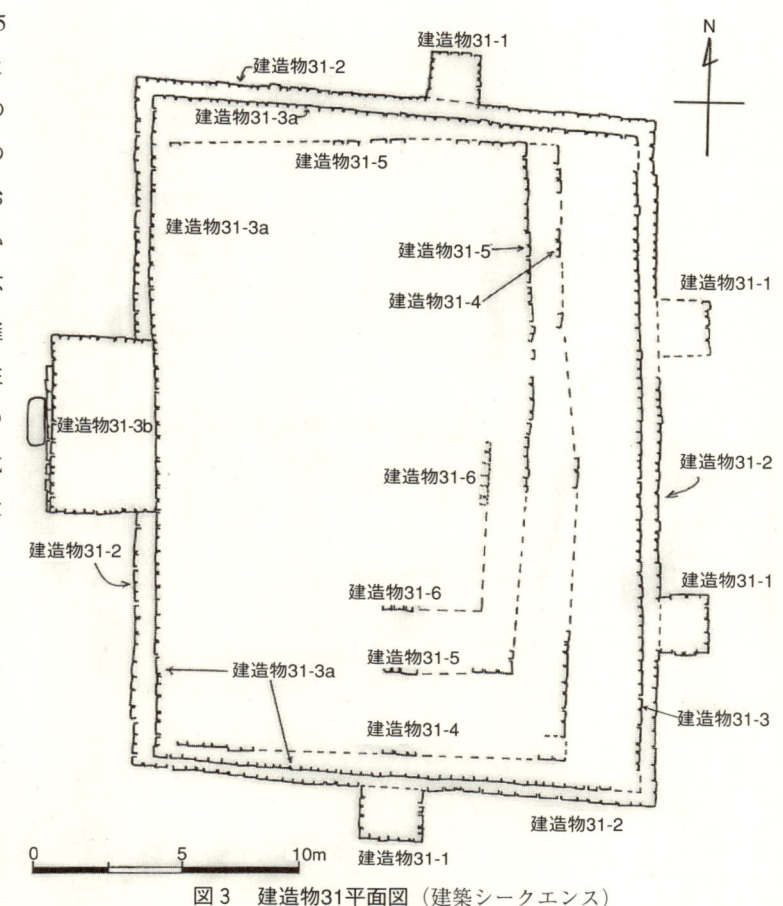

図3　建造物31平面図（建築シークエンス）

材は出土せず、壁の上部と屋根は有機質の材料で建設されていた。建造物31の周辺からは、片面が平らで、反対の面に植物の茎や草の圧痕がある焼土が大量に出土した。木の枝などで芯をつくり、泥を塗った上部構造が何らかの理由で焼け落ちで堆積していたものである。また、コパンではふんだんに見られる壁面を装飾する石造彫刻も建造物31では皆無である。

　上記のように、建造物31には付随する石碑Ⅱと祭壇Ⅱがある（図5, 6）。石碑と祭壇の組合わせ自体はマヤ的な要素といえる。しかしながら、石碑Ⅱについては、表面に赤の顔料の痕跡が確認されただけで、マヤ文字碑文はおろか何の彫刻もない。よって、本来は石碑ではなく石柱と呼ばれるべきものである。この石碑は、切石を一段並べてつくられたテラスの上に建てられている。祭壇Ⅱは、マヤの祭壇のように大きな石材を彫刻したものではなく、建造物と同じように切石を積み上げてつくられている。このような祭壇あるいはテラスと似たような遺構は、マヤ地域よりもはるかに東のスーラ平原のセロ・パレンケに見られる（Joyce 1991:48-51）。そして、これら石碑や祭壇は、順を追って建てられたものであり、祭壇Ⅱには2段階の建造段階もある。コパンで見られる石碑と祭壇の組合わせとはまったく異質なものである。

　建造物31周辺の出土土器については、人工的な盛土による床面の更新があることから層位的に良好な資料が得られている。これらを分析したところ、下層ではフロリダ盆地に在地の土器が多く、

110 第Ⅰ部 中米編

建造物31東西断面図

建造物31南北断面図

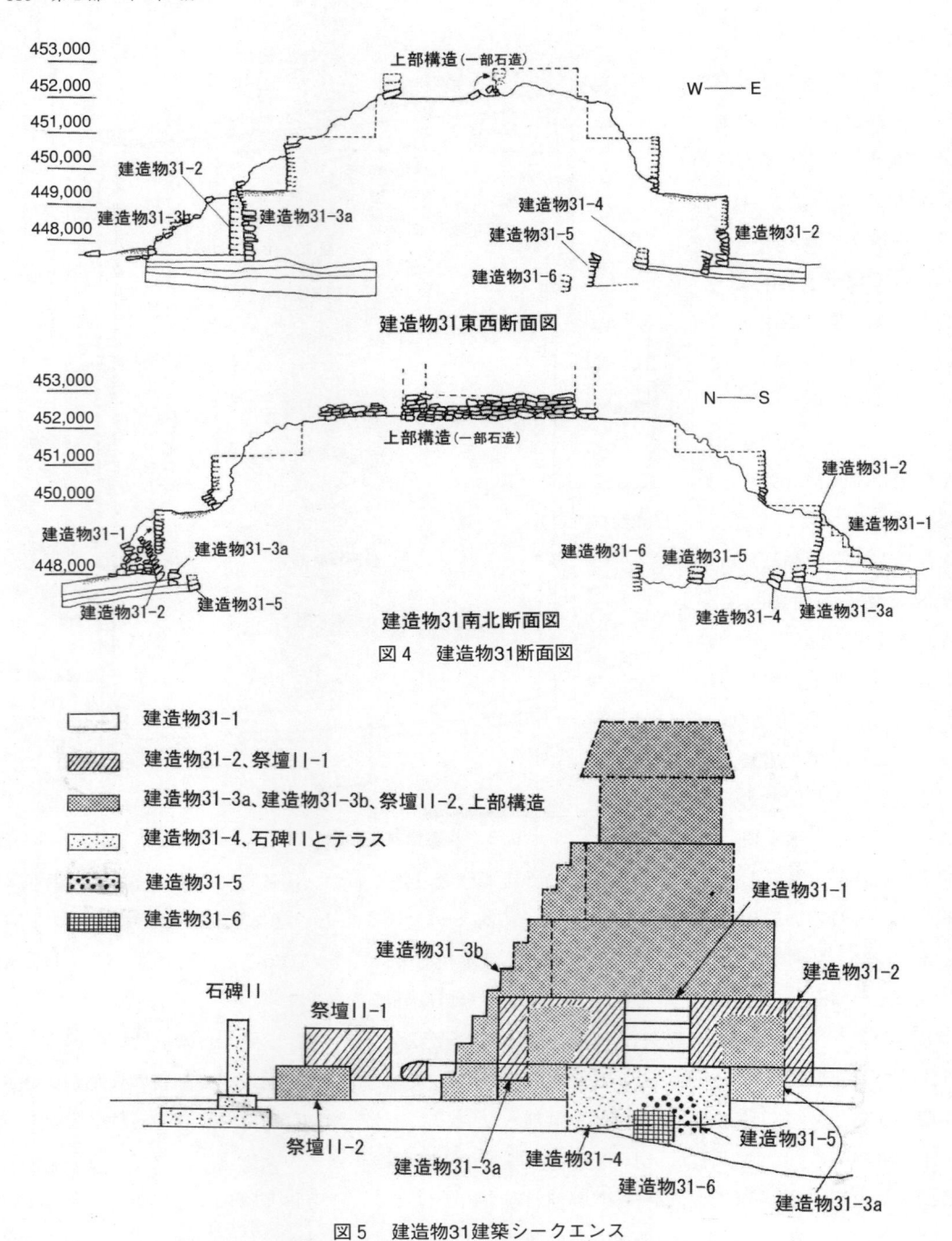

図4　建造物31断面図

凡例：
- 建造物31-1
- 建造物31-2、祭壇11-1
- 建造物31-3a、建造物31-3b、祭壇11-2、上部構造
- 建造物31-4、石碑11とテラス
- 建造物31-5
- 建造物31-6

図5　建造物31建築シークエンス

上層にいくにつれ、コパン＝マヤ的な土器が増加していくという傾向が見られる。土器については後で詳しく触れる。

　最後に、建造物31の発掘とは別に、遺跡中心部から離れた遺跡公園訪問者センター建設予定地の発掘調査から得られた知見によると、エル・プエンテにおける人間居住の始まりは、AD400以前までさかのぼる（Hasegawa and Valera 1993）。つまり、建造物31の建設が始まるずっと前から、エル・

図6 祭壇II・石碑II

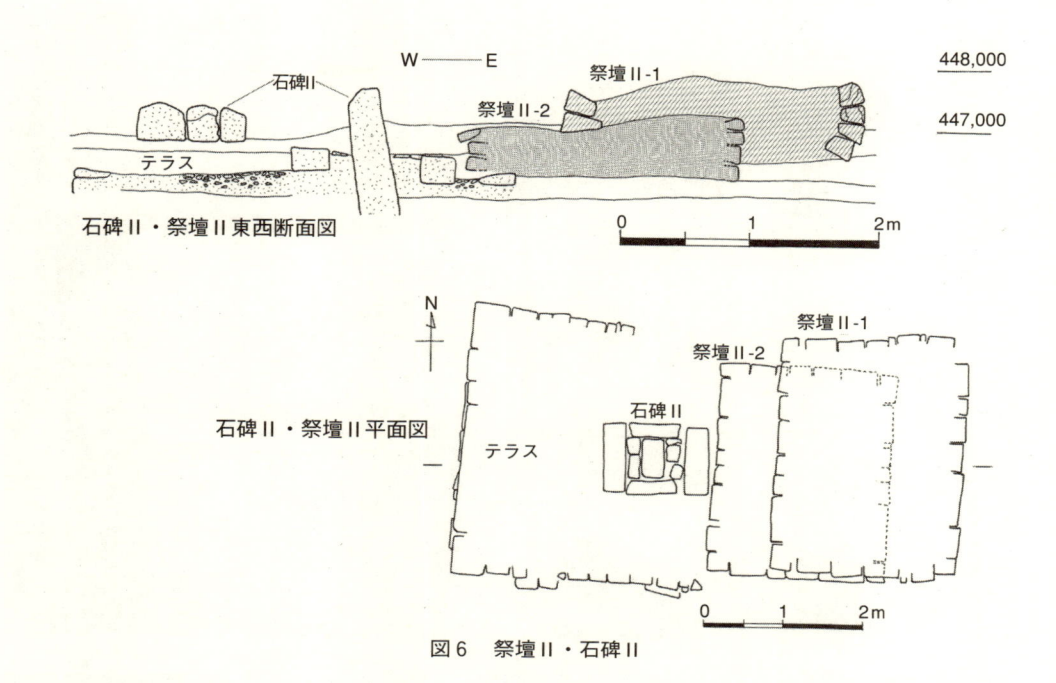

プエンテに人は住んでいたのである。

以上のことから得られた結論は、エル・プエンテにおける活発な建築活動はマヤとは異なる文化要素をもっていたフロリダ盆地の在地の人びとによって始まり、時代を経るにしたがって、エル・プエンテはコパン王朝＝マヤ文明の「影響」下に入っていった、というものである（長谷川 1994a,b）。

3. エル・プエンテ、建造物1の発掘調査（1991～1995）

エル・プエンテで最大の建築である建造物1の発掘調査では、筆者が得た上記の結論とは、ある意味で対立する解釈をもたらす調査結果が得られている。建造物1最古段階の建築（以下「フェーズ6」と略称）と埋葬（同「墓3」）の調査から得られた知見である（寺崎 1996）。この最古段階の建築（図7）の特徴としては、加工が粗い石材が使われ、良質の粘土を詰土に用い、外壁面に粘土を上塗りするものである。これがコパンの7世紀の建築であるチョルチャと酷似しているという。また、この建造物1の最古段階の詰土から出土する土器に、コパン系の彩色土器が多く含まれる。そしてさらに、「墓3」に関連すると思われる香炉が、コパンのチョルチャ内部の「埋葬XXXVII-4」から出土したものと酷似している。

これらのことから、ラ・エントラーダ考古学プロジェクトのディレクターであった中村誠一（1995:4,8）は、エル・プエンテには7世紀に突如としてコパン的な建築が現れ、これは在地の人びとがコパン（マヤ）の文化要素を模倣したのではなく、フロリダ盆地制圧を意図したコパン王朝の植民政策による飛び地建設であると結論づける。また、建造物1の調査を担当した寺崎秀一郎（1998:76）は、コパンとの強い関連をもった人びとによって「フェーズ6」が建設されたと述べる。

筆者は、1993年2月でエル・プエンテの調査から帰国しており、また残念ながらエル・プエンテ遺

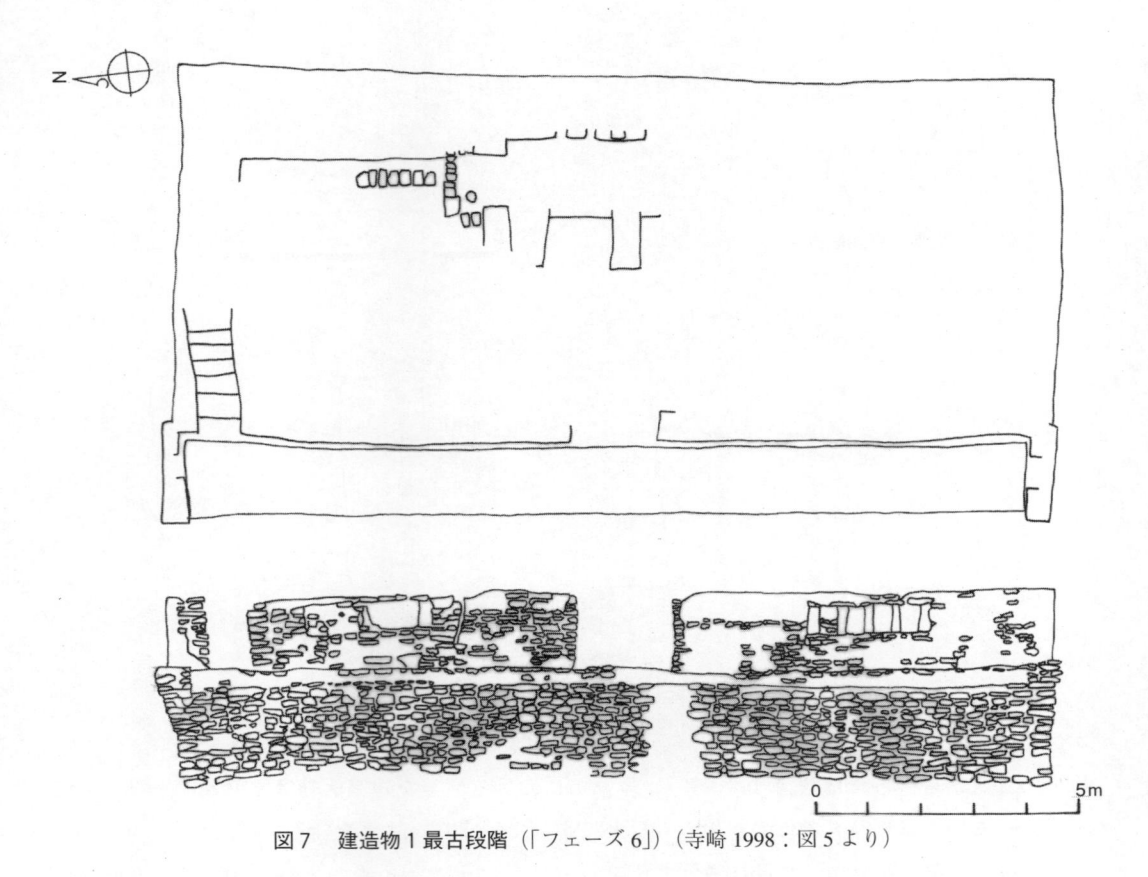

図7　建造物1最古段階（「フェーズ6」）（寺崎 1998：図5 より）

跡の発掘報告書もいまだ刊行されていないため、その全容を詳細に知ることはできない。よって、本稿では現時点で入手できる情報をもとにして、エル・プエンテの文化史的な枠組についての筆者の考えを明らかにし、それが東南マヤ地域全体の中でもつ意味について考えてみたい。

4．エル・プエンテとコパン

（1）「突如として」コパン＝マヤ的な建築が現れるのか？

　7世紀以前からエル・プエンテに人間居住があったことは確実である。ただし、大規模建築が集中するエル・プエンテ遺跡中心部では古い時代の遺物包含層が見つからないことから、古い時代の土器が出土する周辺部の居住とは別のものとする考え方がある（中村 1995:6-8）。チナミート川（現在では川幅10mにみたない）の流路の変更などによって、周辺部の古い居住と中心部での建築活動開始の間には、300年以上の断絶があり、そのあと突如として遺跡中心部の大規模建造物が建設されたとする解釈である。しかし、現在地表面に見えるマウンドの分布範囲だけで約65ha（850×790m）に広がるエル・プエンテを完全に放棄させるほどの流路の変更や増水が300年間も続くことがありうるだろうか。最近では1998年に中米を襲ったハリケーン・ミッチが記憶に新しいが、そのようなハリケーンや広範囲を水没させる洪水、すべてを押し流し埋めてしまう土石流といった災害は、何十年あるいは何百年かに一度の割合で訪れるものである。

それにもまして、検討してみたいのは、「フェーズ6」がはたしてエル・プエンテで最古の建造物かどうかという点である。この建造物は、エル・プエンテで最大の建造物の最深部で確認され、河川堆積層の上に建設されていることから（寺崎1996:34）、少なくとも遺跡中心部においてはもっとも初期の建築の一つである。ただし、この建造物の内部は小範囲しか発掘されておらず、内部にさらに古い建築がある可能性もある（寺崎1996:28-30）。「フェーズ6」と並んでエル・プエンテ遺跡中心部の最古の建築と考えられるのは、筆者が行った建造物31のトンネル発掘で確認された建造物31最古段階である（図3・図4、以下この建造物を「31-6」と略記）。建造物31では、東西方向ではトンネルを完掘しており、これよりも内部には建造物の痕跡は発見されなかった。よって「31-6」が最古段階であることは確実である。問題は「フェーズ6」と「31-6」の時期的関係である。排水管を埋設するために遺跡中心部を東西に縦断するトレンチが掘られたが、層位の切合いから建造物群の時期的関係をつかむことはできなかった。高低差でいえば、「フェーズ6」の建設された面が「31-6」よりも約1m低いが、両者は約110m離れており、現地表面もほぼその勾配で傾斜していることから、これが有意な差とは考えられない。

注意しなければならないのは、「フェーズ6」の詰土から4,505点の土器片が出土する一方、「31-6」の詰土から土器の出土は皆無だという事実である。詰土の中から土器片が出土するということは、いい換えれば、「フェーズ6」の建築に先立って、その周辺で土器の廃棄を生じさせるような人間活動があったのである。この点からいえば、建造物「31-6」の方が古い可能性が考えられる。

筆者は、1994年にエル・プエンテを訪れたときに建造物1の最古段階の建物を一度だけ実見したことがある。「フェーズ6」と「31-6」の比較からいえることとして、一見してわかるのは「フェーズ6」の建築石材が粗いながらも面をもっているのに対して、「31-6」は建築材は面をもつように加工されてはおらず、石材加工技術に違いが認められることである。「31-6」に用いられている石材は、切石というより割石というべきものである。また、「フェーズ6」の詰土は、石が混じらず「精選された粘土」が用いられている（寺崎1998:75）のに対して、「31-6」では、同じく石が混じらない褐色の詰土ではあるが、後の段階の建造物の詰土と比べてとくに土質が精選されているということはない。「フェーズ6」の基壇壁面に上塗りされていた粘土も建造物31では検出されていない。筆者が見て、「フェーズ6」と「31-6」の間に共通性があるとしたら、建造物基壇周囲に平石を敷くということくらいである。

仮に、建造物1の最古段階である「フェーズ6」が建築技法・建築様式の類似という観点からコパンの7世紀の建築と似ているとしても、それと同じかあるいはもっと古い可能性がある「31-6」は明らかに異なっており、エル・プエンテに突如としてコパン的な建築が現れたという結論には至らないのである。

(2) コリーナス褐色土器とエントラーダ雲母土器

建造物31周辺から出土する土器のうち、コパンとエル・プエンテの関係を探るうえで、筆者が注目しているのがコリーナス褐色土器とエントラーダ雲母土器という2種類の土器である。どちらも胎土が特徴的であり、容易に見分けられる。

コリーナス褐色土器（Colinas Brown）は、1～2mmの大きな礫を含むオレンジから褐色の胎土で器

壁の厚い粗製土器である（Sato 1991a:4, 1993:23）。この土器の分布の中心はフロリダ盆地北部にある。モタグア川下流域ではビターレス土器（Vitales Thick Wall）と呼ばれている（Schortman 1984:476-478）。もう一種類の土器、エントラーダ雲母土器（Entrada Micaceous）は大量の雲母片を含む胎土である（Sato 1991a:4-5, 1993:23-24）。フロリダ盆地全域で出土する。モタグア川下流域ではモハーナル雲母土器（Mojanal Micaceous）と呼ばれおり、同地域で出土する土器の半分以上を占める（Schortman 1984:464-474）。年代については、いずれもラ・エントラーダ地域の編年でいう古典期中期終末（AD600～700）から古典期後期（AD700～900）である。

ところで、エル・プエンテと共通したこれらの土器を出土するモタグア川下流域とは、チナミート川沿いにフロリダ盆地を北上し、分水嶺となっているホンジュラス・グァテマラ国境を越えてさらに北に広がる地域である。そして重要なのは、このモタグア川下流域は考古学的に見て、コパンやキリグアなどとは一線を画する非マヤ文化圏と考えられることである。

コリーナス褐色土器もエントラーダ雲母土器もコパンでは出土しない一方、建造物31周辺では下層ではコリーナス褐色土器が多く出土し、エントラーダ雲母土器も下層から上層まで継続して出土する。建造物31の建築様式のみならず、出土土器からもフロリダ盆地在地の非マヤの人びとがエル・プエンテ中心部の建築活動を開始させたという有力な証拠である。

(3) 建造物1最古段階の彩色土器

エル・プエンテで出土する土器に関しては、上記のこととは相反するデータが「フェーズ6」から報告されている。ここでは、最古段階からすでに多数のコパン系の彩色土器が出土しているという。しかし、「フェーズ6」の詰土から出土したとされる4,505点の出土総数のうち、精製土器449点から、さらに383点（うち口縁破片は104点）を取り出して分類した結果、コパン系とされる土器片が23.1％を占めていた、というものである（寺崎 1996:50-61）。つまりコパン系の彩色土器と同定された破片は、出土量全体のうちの1.96％にすぎない。非常に目につきやすいごく少数のコパン系彩色土器があることは確かだとしても、依然として大部分は在地の粗製土器だったのではないかと推測される。そもそも植民があったとするなら、交易によって入手される可能性もある奢侈品の彩色土器でなく、粗製土器や調理用石製品など実用品にコパン的な遺物が現れることを根拠にするべきなのである。

(4) 建造物1最古段階とチョルチャ

さらに、土器とは違って動かぬ証拠とされるエル・プエンテ「フェーズ6」の建築とコパンのチョルチャの類似について検討する。指摘される類似点は、粗い加工の石材、精良な粘土の詰土、粘土による壁面の上塗り、埋葬に関連するとされる香炉である。しかし、あらためて「フェーズ6」とチョルチャ、それぞれになされた埋葬（「墓3」と「埋葬XXXⅦ-4」）を比較してみる。表1に示されているとおり、二つの建造物では規模においてかなりの差があるし、何よりも上部構造の形態がまったく異なる。一方は壁が巡る、他方は16本の柱が屋根を支えるというものである。そして、表2にあるとおり、二つの建造物から発見された埋葬を比較するにいたっては、差異はますます大きくなる。構造も規模もまったく異なり、副葬品の質・量ともに隔絶した差があることは明らかである。

チョルチャの埋葬の被葬者はコパン王朝の第12代王である（Fash 2001:111）。エル・プエンテの「フ

ェーズ6」の埋葬の被葬者については、「コパン王家の直接的な介入」(中村 1999:104)、「単なる地方豪族とは考えにくい」(寺崎 1998:76) という表現で、コパンからやってきた植民者集団を率いたコパンの王族であったことが示唆されているが、上記の比較からは説得力に欠けるといわざるをえない。

表1 「フューズ6」とチョルチャの比較

	フューズ6	チョルチャ
規 模	約8×16m	上部構造において11×30m (底面形は不明)
上部構造	高さ約2mの壁が巡り幅2mと1mの入口	16本の柱が屋根を支える

表2 「墓3」と「埋葬XXXVII-4」の比較

	墓3	埋葬XXXVII-4
構 造	ただの掘込み	11枚の蓋石で封印された石室
規 模	不明	7×1.5m、高さ1.3m
副葬品	2個の土器 貝殻の首飾りが1組 人物形香炉が1個	60個以上の土器、25個のスポンディルス貝 25個のヒスイ製品 多数の香炉 (人物形香炉11個)

寺崎1996, Agurcia and Fash 1989, Fash 1991より作成

5. 7～8世紀のコパン

ここでは、次章以降で7～8世紀のコパンとフロリダ盆地およびラ・ベンタ盆地の関係を大局的な視点から検討するに先立って、碑文学と考古学の成果から、この時代のコパンがどのような状況にあったかを概観する。

578年、コパン王朝第11代王ブッ・チャン (位：578～628年) が即位する。ブッ・チャンの治世下または直後にあたる7世紀前半に、コパン谷の人口は急激に増加した (Webster and Freter 1990:53)。623年にブッ・チャンが建立したコパンの石碑Pには、ラ・ベンタ盆地のロス・イゴスを表しているとされる紋章文字が現れる (Schele 1991:214)。

628年に即位した第12代「煙イミシュ」王 (位：628～695年) は67年もの間王位にあり、この王の治世下でコパンは最盛期へと登りつめる。次の第13代王ワシャクラフーン・ウバーフ・カウィール (「18ウサギ」王、位：695～738) のもとでコパンは最盛期に達し、数多くのモニュメントや建造物が建てられた。しかし、ワシャクラフーン・ウバーフ・カウィールは738年にそれまで支配下においていたキリグアの王カック・ティリウに殺害され、コパンとキリグアの関係は逆転し、キリグアが繁栄へと向かう一方、コパンは衰退期に入る。14代王カック・ホプラフ・チャン・カウィール (「煙サル」王、位：738～749) の代には、建造物やモニュメントの建立は確認されていない。続く15代王カック・イピヤフ・チャン・カウィール (「煙・貝」王、位：749～？)、ヤシュ・パサフ (位：763～？) の治世下のコパンでは、モニュメントの建立と建築活動も再開され、うわべでは復興したように見える。しかし、コパンも他の多くのマヤ都市と同じように、9世紀の「古典期文明崩壊」への道を進んでいた。この時期、コパン谷の人口は飽和状態に達し、形質人類学の研究によると支配者層の居住区からさえも、幼児に加えて10代の若者と思われる埋葬人骨が多数出土し、栄養状態の悪化と伝染病の蔓延を示唆している (Fash 2001:181)。

6. 考　察

ここでは、7世紀から8世紀のコパンの状況を念頭において、再度コパンとエル・プエンテ、コ

パンとフロリダ盆地、およびラ・ベンタ盆地との関係がいかなるものだったか考察してみたい。

(1) 7世紀にコパンがフロリダ盆地とラ・ベンタ盆地あるいはそのどちらかに進出した可能性

上記のように、600〜650年ごろから、コパン谷では急激な人口増加があったと考えられている。人口圧の高まりから、コパン王朝が新しい土地を求めてフロリダ盆地、ラ・ベンタ盆地あるいはその両方に領土を求めたというのもありえないことではない。そして、11代王ブッ・チャンが建てたコパンの石碑Pには、ラ・ベンタ盆地のロス・イゴスのものと見られる紋章文字があるという。これは、7世紀にすでにコパンとラ・ベンタ盆地が密接な関係をもっていた可能性を推測する根拠にはなる。ただし、これはフロリダ盆地の話ではない。

フロリダ盆地では、エル・プエンテに、建築技法、副葬品の香炉、彩色土器などのコパン＝マヤ的な要素が現れるというのは繰り返し見てきた。エル・プエンテ「フェーズ6」とそこに営まれた「墓3」である。先に、規模・構造や副葬品に隔絶した差があると指摘したが、これがコパンのチョルチャと類似しているという意見もいったんは受け容れたい。チョルチャの埋葬の被葬者は60年以上にわたりコパンに君臨した第12代王「煙イミシュ」で、この王のもとでコパン王国は発展した。「煙イミシュ」の治世に、コパン王朝がフロリダ盆地まで支配領域を拡大して、飛び地建設と植民を行い、「フェーズ6」とチョルチャの類似はそれを反映しているという解釈も成り立ちそうに思える。

そのうえで、次節からは筆者の持論である、「7世紀のエル・プエンテではフロリダ盆地の在地の支配者層によって、自らの権威づけのためにコパン的な文化要素が取り入れられた」という可能性を検討してみたい。

(2) 折衷性について

まず折衷性についてである。つとに指摘されていることであるが、エル・プエンテの「フェーズ6」は、チョルチャと類似しているが忠実なコピーとはいえない。上部構造の形態は両者でまったく異なる。「フェーズ6」には基壇壁面周囲を巡る突帯のようなモールディングが見られる。これは、チョルチャにはない。しかし、同時期のコパンの建築であるオロペンドラという建造物にはこのモールディングある。こうして見ると「フェーズ6」は、その建設者が何らかの「原型」を忠実に模倣したというよりは、さまざまな要素を恣意的に組み合わせたということができる。さらに建造物1の最古段階の埋葬から出土した土器は、コパン的多彩色土器とされてはいるが、器形で見ればカテルピジャールというタイプ、描かれた文様でいえばコパドールというタイプで、コパンでは報告されていないものである（寺崎 2002:83）。ここでも二つのコパン的な原型の恣意的な組合わせという折衷性が見られる。

故郷を離れて異文化の地に飛び地を建設した移民たちは、どのような文化的行動をとるであろうか。在地の文化との接触を通して、新しい文化を形成することもあるであろうし、自らのアイデンティティーのよりどころとして古い文化的規範に忠実に従い続けることもあるであろう。しかし、「フェーズ6」の建築様式や出土土器に見られる「折衷性」は、このどちらでも説明がつかない。西洋人が東洋的なるものを表現するときに、しばしば日本と中国をごちゃ混ぜにしてしまうように、規範を逸脱して既存の文化要素を恣意的に組みかえるという行動は、他文化を模倣する場合に起こりやすいのである。こうして見ると、建築や土器に見られる折衷性とは、フロリダ盆地の在地の支配

者層、非マヤの人びとが、権威づけのためにコパン的な文化要素を模倣したことを表しているように見える。

(3) ラ・ベンタ盆地とフロリダ盆地の比較

コパンの石碑Pがコパンの東方への進出を物語るとしても、それはラ・ベンタ盆地のことであり、フロリダ盆地では異なった状況があったのではないだろうか。フロリダ盆地とラ・ベンタ盆地は二つの盆地でありながら、しばしばラ・エントラーダ地域という名称によって一つのものとして扱われる傾向がある。しかし、コパン王国にとって、フロリダ盆地に進出することとラ・ベンタ盆地に進出することではまったく意味が違う。何が違いかということを議論する前段階として、ここではラ・ベンタ盆地とフロリダ盆地について二つの点で比較する。

① 建造物の配置パターン

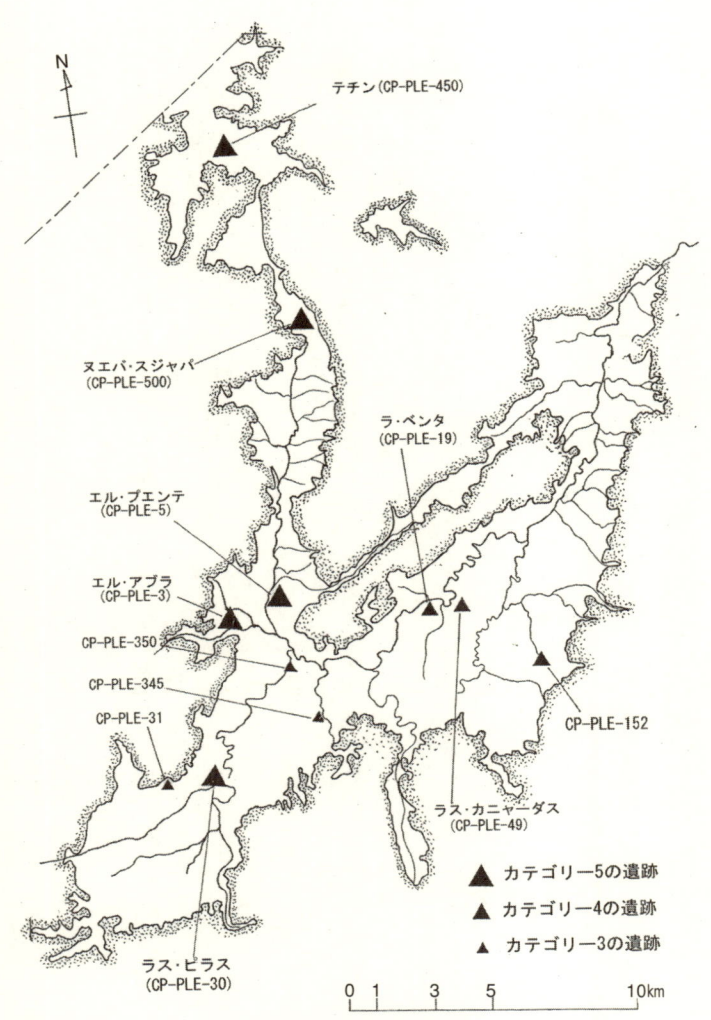

図8　ラ・エントラーダ地域でモタグア・クアドラングルが確認されている遺跡

まず、モタグア・クアドラングルと呼ばれる建造物の配置パターンに着目する。これはモタグア川下流域に見られる非マヤ的な建造物配置パターンである。マヤ的な建造物配置パターンでは独立した建造物が広場を囲んでいるのに対し、モタグア・クアドラングルは細長い基壇が広場を囲み、それらはしばしば結合して広場の隅が閉じている。そして、一つの基壇が二つの広場複合によって共有されている形態も、この建造物配置パターンには頻繁に出現する。

図8は、ラ・エントラーダ地域でのモタグア・クアドラングルの分布を示している。フロリダ盆地の最大級の遺跡では、北からテチンとヌエバ・スジャパ（図9）にモタグア・クアドラングルが見られる。エル・プエンテ（図2）は建造物1、31のような独立した階段状ピラミッドがあるという点では異なっているが、周囲を細長い建造物で囲み広場の角が閉じているという点ではモタグア・クアドラングル的である。さらに南にあるエル・アブラとラス・ピラス（図10）も含めると、フロリダ盆地にある最大級の遺跡は唯一の例外であるラス・タピアス[3]を除いて、すべてモタグア・クアドラン

テチン（CP-PLE-450）

ヌエバ・スジャパ（CP-PLE-500）

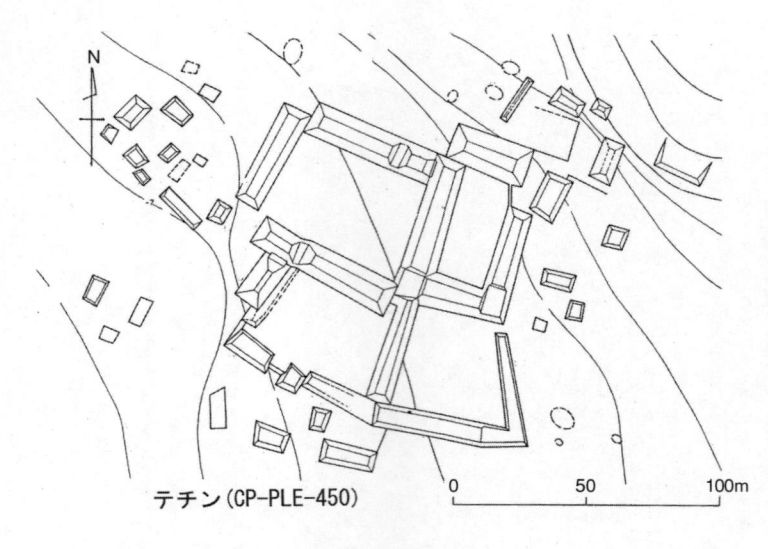

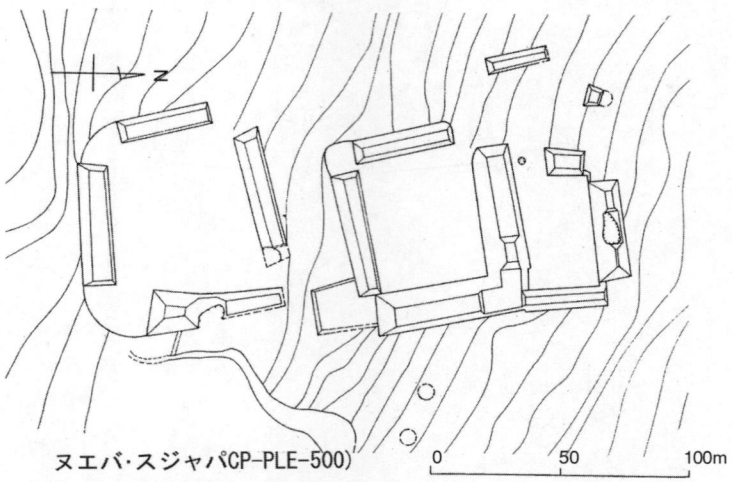

図9　フロリダ盆地北部の遺跡（Nakamura et al. 1991：付録地図より作成）

　グルか、それに準ずるものである。
　一方、ラ・ベンタ盆地では、南部の中規模な遺跡でモタグア・クアドラングルが散見される。しかし、ラ・ベンタ盆地の最大級の2遺跡、ロス・イゴスとロンカドール（図11）の建造物配置パターンはモタグア・クアドラングルとは明確に異なる。盆地の北部では、中小規模遺跡も含めモタグア・クアドラングルは皆無である。
　当然ながら、現在見ることができる遺跡の姿は居住が途絶えたときの姿である。これらの遺跡すべてでは、古典期後期（AD700～900）の土器が、試掘あるいは表面採集で確認されている。つまり、コパン王朝＝マヤ文明の「影響」が強まっていた最終居住段階にいたっても、フロリダ盆地からラ・ベンタ盆地の南部にかけては非マヤ的な文化要素の一つが色濃く見られるのである。コパン王朝がこの地に「影響」をもったとしても、それは建造物の配置パターンまでコパン＝マヤ的なものにしてしまう性質のものではなかったか、あるいは非常に遅い時代のごく短期間のことであったかが推測されるのである。

　② コパン系彩色土器の出土状況
　次に、コパン系の彩色土器の出土状況という点で、フロリダ盆地とラ・ベンタ盆地を比較する。ラ・エントラーダ地域では、A.コパドール多彩色土器（図12）、B.チランガ彩色土器、C.グァルポパ多彩色土器、D.カテルピジャール多彩色土器の4種類のコパン系彩色土器が出土する。コパンでのR.ビエルによる従来の編年（Viel 1983）によれば、Aのコパドールは主として8世紀以降の土器、一方、B、C、Dのグァルポパ、チランガ、カテルピジャールは、主として7世紀かそれ以前に製作され、流通した土器であるとされていた。このうちAのコパドールは東南マヤ地域では大量に出土し、それ以前のB、C、Dを併せた流通量にも匹敵する。

実は、Aのコパドールについては、最近のコパンの編年では製作開始年代が7世紀の初頭までさかのぼる可能性が提唱されている（Bill 1997：13-14・325）。しかし、以下に述べる理由から製作開始年代はともあれ、この土器がラ・エントラーダ地域を含む東南マヤ地域に本格的に流通し始めたのは、8世紀の前半のある時点からだと思われるのである。まず、東南マヤ地域の各地で出土したコパドールの胎土分析の結果は、いずれも似たような元素組成を示しており、各地で出土するコパドールがいずれもコパン谷で製作されたことを強く示唆する（Bishop et al. 1986）。そして、この土器について奇異なのは、東南マヤ地域においてそれだけ大量に流通していたにも関わらず、キリグアではその出土が皆無に等しいという事実である（Sharer 1978）。現状では、この不自然な現象に対しては、「コパドールは738年事件の後にコパン谷外部に流通し始めたから」（Nakamura 1994：79）というのがもっとも合理的な説明であろう。コパンにおいて、コネール期（C.ビルによる新しい編年ではAD600〜900）初頭の彩色土器のアセンブリッジがグァルポパやチランガを主体としており、コパドールがほとんど混じらないという事実（Bill 1997：401）も、両者の流通時期が相前後しているということを裏書きしているように思える。

　表3はラ・エントラーダ考古学プロジェクト第1期で行われた試掘調査の結果から、コパン系彩色土器のみを取り出したものである。データのもととなった試掘調査は、各遺跡での試掘面積や試掘坑の場所がまちまちであり、層位ごとの出土量を示すデータもないことから、厳密にいえば比較資料としては難点がある。しかしながら、この表からは一つの明確なパターンを読み取ることができる。端的にいえば、フロリダ盆地ではコパドール多彩色土器の出土が多く、ラ・ベンタ盆地ではそれ以外の彩色土器が多いということである。試掘が行われたフロリダ盆地北部4遺跡のうち、3

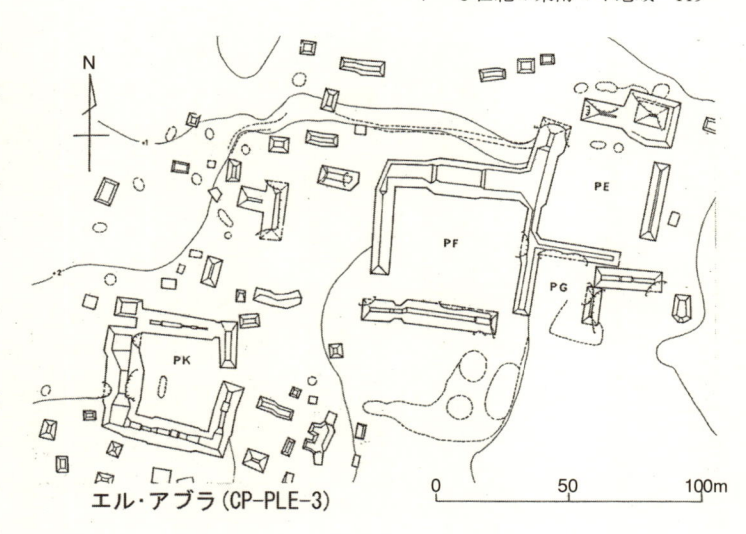

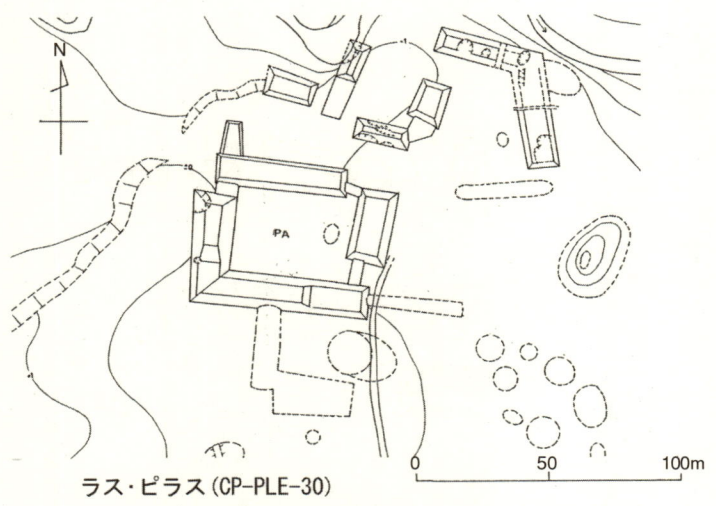

図10　フロリダ盆地中南部の遺跡（Nakamura et al. 1991：付録地図より作成）

遺跡ではコパドールしか出土しない。一方、ラ・ベンタ盆地では中南部の50番遺跡（＝ロス・イゴス）、283番遺跡、北部の26番遺跡、150番遺跡など、コパドール以外の土器がコパドールの出土量を上回る遺跡もいくつかある。このような遺跡はフロリダ盆地には存在しない。

このように、コパン系彩色土器の出土状況から見ても、ラ・ベンタ盆地に比べフロリダ盆地がコパン王朝と関係を強化したのは遅い時期であったことが推測される。それは、おそらくは738年よりも後のことで、9世紀つまり古典期マヤ崩壊までのごく短期間だったであろう。

（4） コパン王朝の東方進出の背景

ここでは、コパン王国が「何を求めて」フロリダ盆地に進出してきたのかということを考えてみたい。二つの仮説と、それらが意味するものについて考察する。

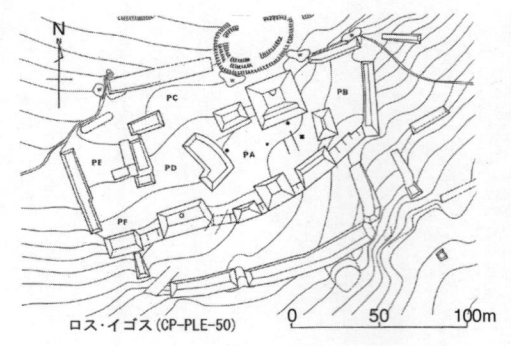

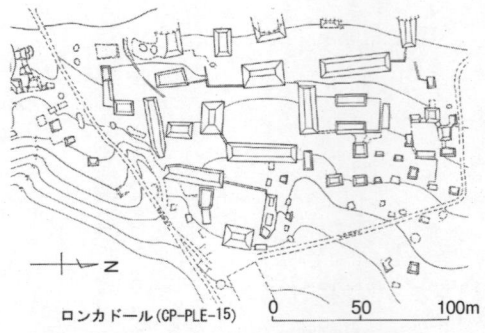

図11 ラ・ベンタ盆地の遺跡 （Nakamura et al. 1991:付録地図より作成）

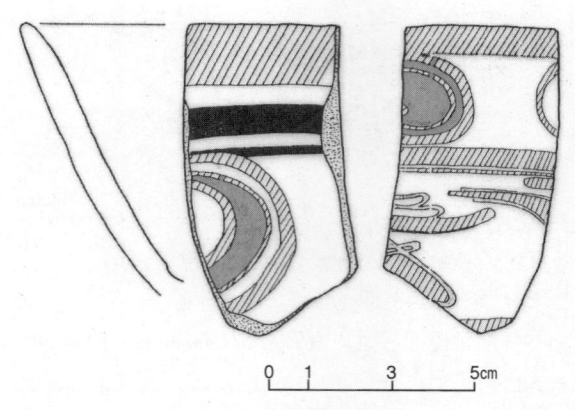

図12 コパドール多彩色土器 （エル・プエンテ建造物31周辺第1層出土）

表3 フロリダ盆地とラ・ベンタ盆地のコパン系彩色土器出土状況 （各遺跡口縁破片出土総数）

地　区 遺跡番号（カテゴリー）	A	B	C	D	B+C+D
フロリダ盆地北部					
14 （5）	17	14	－	－	14
540 （3）	3	－	－	－	0
500 （5）	18	－	－	－	0
522 （2）	4	－	－	－	0
フロリダ盆地中南部					
3 （5）	19	9	9	1	19
31 （3）	7	1	1	－	2
ラ・ベンタ盆地中南部					
50 （5）	2	－	3	－	3
17 （4）	5	－	3	－	3
53 （4）	47	－	2	－	2
283 （3）	8	2	17	－	19
ラ・ベンダ盆地北部					
26 （4）	20	12	21	1	34
40 （3）	8	1	－	－	1
150 （4）	－	－	1	4	5
203 （3）	24	－	－	－	0
219 （2）	1	－	－	－	0

A：コパドール多彩色土器　B：グァルポパ多彩色土器
C：チランガ　D：カテルピジャール多彩色土器
Sato 1991b:Figs.58・59・61・78より作成

第一に、農耕地不足のためにコパン王朝がフロリダ盆地に進出したという仮説である。この場合コパンは、飛び地であろうと明確な境界をもつ領域国家であり、その支配は土地の所有や農産物の集積にも及んだであろうと考えられる。そして、このことからは、古典期マヤ王であるコパン王の王権基盤は、多分に物質的・経済的なものだったという結論が導かれる。

　第二に、コパンがもっぱら奢侈品（装飾・儀礼用品、副葬品）の交易路確保のためにフロリダ盆地に進出したという仮説である。この場合は、コパン王は自らの権威を拡大再生産するためのシンボル作用のある外来品・威信材を求めたということが予想できる。ここからは、コパンの王は地上と冥界との仲介者であると同時にコパン谷と外部の世界との媒介者であり、その王権基盤は多分に宗教的・観念的なものであったという結論が導かれる。

　実は、これらは、古典期マヤの王権がいかなるものであったのか、マヤ王国とはいかなる支配形態をとっていたのかについて、長年にわたって議論されてきた二つの相反する仮説なのである。前者が「広域国家モデル」、後者が「都市国家モデル」である。

　「広域国家モデル」は、少数の政体による広域支配が行われ、政体つまり遺跡間には階層的ヒエラルキーが存在したという仮説である（Adams and Jones 1981）。中央集権的政治、明確な境界をもつ国家が想定される。仮にコパン王朝が、土地とそこからとれる農産物を求めてフロリダ盆地に進出したとすると、こういう国家像が見えてくる。

　「都市国家モデル」は、古典期のマヤ低地は都市国家の乱立状態だったという仮説である（Mathews 1991:29）。各政体は基本的に独立した勢力であったと想定される。明確な領域はなく境界をもたない、外縁ではなく中心によって規定されるような国家であり、政治的な支配というよりも観念的な求心力によって成り立つ国家という考え方もある（Demarest 1992）。仮にコパンの王が奢侈品を入手するための交易路の確保のためにフロリダ盆地に進出したとすると、こういった国家像が見えてくる。

(5) カリブ海への道

　コパンが「何を求めて」フロリダ盆地に進出したかという問題は、コパンが「いつ」フロリダ盆地に進出したかという問題と表裏一体の関係である。寺崎（1998:80）は「コパンがラ・エントラーダ地域に進出したのは7世紀で、その目的は長距離交易路の確保」と述べるが、ラ・エントラーダ地域という名称でラ・ベンタ盆地とフロリダ盆地を一括りにしているとしたら、これは誤りである。少なくともフロリダ盆地には当てはまらない。

　ラ・ベンタ盆地は、チャメレコン川を下って東へと向かえば、ホンジュラス最大の平野であるスーラ平原や中央ホンジュラス、あるいはもっとその先の中米地峡南部へと続く長距離交易路の出発点となり得た（図13）。7世紀にコパンが交易路を確保するためにラ・ベンタ盆地に進出し、それを反映しているのが西暦623年にロス・イゴスの紋章文字とされるものが刻まれたコパンの石碑Pだとしても矛盾はない。もしもコパン王朝がはるか東方にまで交易路を延ばそうとすれば、7世紀あるいはそれ以前から、すでにラ・ベンタ盆地は重要だった。

　一方、コパンから分水嶺を超えてフロリダ盆地に進出し、さらに北上すれば、再び分水嶺を超えてモタグア川下流域に至る。モタグア川は、下流に下ればカリブ海へ、上流にさかのぼればヒスイ

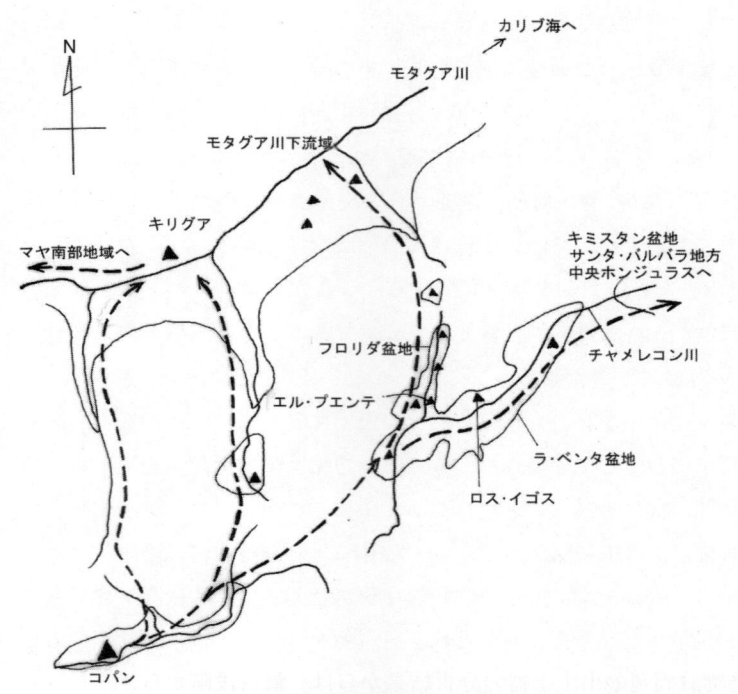

図13　想定しうるコパンの進出路

の産地である中流域、さらに黒曜石などの豊富な資源を産出するグァテマラ高地へと至る。しかし、7世紀の段階では、コパンはモタグア川沿いのキリグアを支配下においていたことが碑文学的な証拠から示されている（マーティン、グルーベ 2003: 299）。つまり、7世紀にはコパンはモタグア川に至るためにフロリダ盆地を経由する必要はなかった。この意味で、フロリダ盆地とラ・ベンタ盆地をラ・エントラーダ地域と一括りにしてはいけないのである。

　エル・プエンテは、フロリダ盆地とラ・ベンタ盆地をつなぐ自然回廊の出入口に位置しており、ここを通ればラ・ベンタ盆地北部のセンターであるロンカドールに達するが、チャメレコン川沿いにラ・ベンタ盆地南部を行くルートに地理的な障壁があるわけでもなく、この自然回廊を通ることにさしたるメリットがあったとは思えない。ラ・ベンタ盆地の南部にコパンに敵対的な勢力でもあったのであれば話は別であるが、そのような証拠はない。それどころか、ラ・ベンタ盆地南部の最大のセンターであるロス・イゴスは、623年のコパンの石碑Pの碑文にその紋章文字が現れるという解釈もあるとおり、この時期すでにコパン王朝との密接な関係があったという推測さえできる。738年以前の段階では、コパンからモタグア川流域に出ようとすれば、何度も分水嶺を越える回り道のルートをとらなくても、キリグアに出ればよかったのである。もしも、コパン王朝が7世紀にフロリダ盆地に飛び地をつくったならば、それはフロリダ盆地を経由してどこかへ行くというよりも、フロリダ盆地そのものが目的であったと考えられる。つまり、長距離交易路の確保ではなく、土地を支配することが目的だったであろう。しかし、筆者は現実にはそのようなことは起こっていないと考える。

　筆者は、コパン王朝がフロリダ盆地に進出したのは738年以降で、9世紀初めの崩壊までのごく短期間だったと考えている。そうだとすれば、コパン＝マヤ的なものとは異質なモタグア・クアドラングルの遺跡がフロリダ盆地からラ・ベンタ盆地南部にかけて広く分布することや、738年以降に大量に流通し始めたと思われるコパドール多彩色土器がフロリダ盆地、とくに北部の遺跡で多く出土することは合理的に説明できる。コパンは敵対勢力となったキリグアを迂回して、フロリダ盆地→モタグア川下流域→カリブ海というルートを求めたのだろう。738年にキリグアに敗戦したことで、それまで交易路としての重要性はなかったフロリダ盆地は、突然コパンにとって重要性をもつ

に至ったのである[4]。

7. 結　　論

　筆者にとって、少なくとも現段階では、在地勢力の伸張によって建設が始まり発展したエル・プエンテが、徐々にコパン王国とのつながりをつよくしてゆき、これは738年以降にとくに顕著になったと見える[5]。

　コパンが東方、ラ・ベンタ盆地やフロリダ盆地へと進出した背景は、おそらくは遠距離交易路の確保であり、文化的・経済的な側面からの浸透だった。ただし、古典期の終わり頃に人口過密となったコパン谷からフロリダ盆地に人間集団の移動があった可能性は、まったく否定できるものではない。エル・プエンテの最終居住段階では、持送り積み式のアーチ構造や石彫をもつ建造物1の「フェーズ1」を始め、建造物31にも「31-2」（最終増築段階の一つ前）以降は、それまで見られなかった基壇上や基壇周囲の漆喰がほどこされるようになり、石材加工技術も初期のものにくらべて格段に向上している。また、コパン系の彩色土器の出土も増加し、マヤ＝コパン的な色彩が強くなっている。最終居住段階では、このようなエリート文化のみならず、粗製土器にいたるまでコパンと類似するものがある。

　とはいえ、エル・プエンテ建造物31周辺の出土土器の分析結果からは、最古段階から最終居住段階まで、人間集団の大幅な交代を示唆する変化の画期は見あたらない。その意味で、コパン王朝の東方への「拡大」はついに起こらなかったといえるだろう。

　古典期600年以上の間、マヤの諸王国は100年にもみたないサイクルで繁栄と衰退を繰り返し、ついに単一の政治勢力のもとに統合されることなく9世紀の崩壊を迎えた。これには、マヤの王権の基盤が実際的な行政機構よりも宗教的・観念的な求心力で成り立っており、王が戦争で敵の高位の戦士を捕らえて生け贄にした、王が長寿を保って何回も暦の区切りの儀礼を行うことができたというような、ある意味「偶然」に左右されるものだったという指摘がある。

　この見方と対立的な見解として、東南マヤ地域での黒曜石石器の分布についての研究から、コパン王国が実用品を製作するための貴重な資源である黒曜石の獲得・流通に、国家的な統御を行っていたことが示されている（青山 1998）。

　しかしながら、たとえコパン王の王権基盤の形成に経済が果たした役割には十分注意を払わなければならないにしても、本稿で紹介した7〜8世紀の東南マヤ地域の事例からは、コパン王朝は土地や農産物や資源を求めて征服や植民を行う国家には見えないのである。

註
1) 当然ながら、西から東へと旅をするものにとっては、"La Salida de Copan"（「コパンからの出口」）である。
2) ここでいう「古典期後期」とは、コパンにおける従来の土器編年に倣ってラ・エントラーダ地域に導入されたもので、一般的なマヤ文明史における「古典期後期（AD600〜900）」とは開始年代にずれがある。
3) エル・プエンテとヌエバ・スジャパの中間点に位置する。
4) コパン王朝がカリブ海へのルートを確保したとして、その後どこに向かったのだろうか。儀礼に用いるアカ

エイのトゲや副葬品・装飾品としての貝など、海産物を得ることが目的であったことも考えられるが、興味深いのはベリーズ南部のプシルハとニム・リ・プニットの碑文にコパンとの交流の証拠が見つかっていることである（マーティン、グルーベ 2002:297）。

5）本稿では、「コパンからの視点」に立ってラ・エントラーダ地域がもつ意味を論じることに重点を置いた。結果、フロリダ盆地やラ・ベンタ盆地の住民がコパン王朝の交易路確保という政策を受動的に受け入れて、コパン王朝との結びつきを強めるだけの主体性のない存在であるかのような印象を与えてしまうことは否めないと思う。この点では、「周辺からの視点」に立つ議論（Nakamura 1994、中村 1996など）とは逆のものであるが、エル・プエンテ中心部における居住の起源についての問題を別にすれば、コパンとその周辺地域の関係において「738年事件」のもつ意味や、コパン王ひいては古典期マヤの王権基盤の性質など、中村と筆者の間に重大な見解の相違があるとは思えない。むしろ一つの事象をそれぞれ反対の視点から見ているだけであると考えられる。

参考文献

青山 和夫 1998 「交換、複合社会、古代マヤ都市－先コロンブス期マヤ低地における打製石器の通時的研究」『古代アメリカ』1、3-40頁。

寺崎秀一郎 1996 「エル・プエンテ遺跡の建造物について－その建造シークエンスについての試論」早稲田大学大学院文学研究科修士論文。

寺崎秀一郎 1998 「古典期マヤ政体の拡大－南東マヤ地域を例として」『史観』138、66-85頁。

寺崎秀一郎 2002 「コパドール他彩色土器の再検討」『史観』146、66-86頁。

中村 誠一 1995 「ホンジュラス西部エル・プエンテ遺跡とコパン王朝の関係再考－古代マヤ文明研究全体の視点から」『中南米考古学研究会会誌』5、3-20頁。

中村 誠一 1999 「周縁から見たマヤ文明－古典期コパン国家の政治的ダイナミクス」埼玉大学大学院文化科学研究科修士論文。

長谷川悦夫 1994a 「エル・プエンテ遺跡の成立の要因－共和国西部ラ・エントラーダ地方へのマヤ文明の影響について」京都大学文学部史学科卒業論文。

長谷川悦夫 1994b 「エル・プエンテ遺跡における居住の開始とコパン＝マヤ文明の影響」『中南米考古学研究会会誌』4、28-54頁。

サイモン・マーティン、ニコライ・グルーベ 2002 『古代マヤ王歴代誌』創元社。

Adams, R. W. E. and Richard Jones 1981 Spatial Patterns and Regional Growth among Classic Maya Cities. *American Antiquity* 48(2):301-323.

Agurcia, Ricardo and William Fash 1989 A Royal Maya Tomb Discoverd, *National Geographic* 176（4):480-487.

Bill, Cassandra 1997 Patterns of Variation and Change in Dynastic Period Ceramic and Ceramic Production at Copan, Honduras. Ph.D Dissertation in University of Tulane.

Bishop, Ronald et al. 1986 Compositional Analysis of Copador and Related Pottery in the Southeast Maya Area. In *The South-eastern Maya Periphery*. P. Urban and E.Schortman editors. University of Texas Press:143-167.

Demarest, Arthur 1992 Ideology in Ancient Maya Cultural Evolution: The Dynamics of Galactic Polities. In Arthur Demarest and Geoffrey Conrad（eds.） *Ideology and Precolumbian Civilizations*. School of American Research Press, :135-157.

Fash, William 1991 *Scribes, Warriors and Kings*. Thames and Hudson.

Fash, William 2001 *Scribes, Warriors and Kings*. revised edition. Thames and Hudson.

Hasegawa, Etsuo and Salvador Varela M. 1993 Informe de la Operación V. Manuscrito en el Archivo del Proyecto Arqueológico La Entrada.

Hasegawa, Etsuo 1993 Investigaciones en la Estructura 31, el Altar II y la Estela II en el sitio arqueológico El Puente. Manuscrito en el Archivo del Proyecto Arqueológico La Entrada.

Joyce, Rosemary 1991 *Cerro Palenque: Power and Identity on the Maya Periphery.* University of Texas Press.

Mathews, Peter 1991 Classic Maya Emblem Glyphs. In *Classic Maya Political History: Hieroglyphic and Archaeological Evidence.* P. Culbert editor. Cambridge University Press:12-29.

Morley, Sylvanus 1920 *The Inscriptions at Copan.* The Carnegie Institute of Washington.

Nakamura, Seiichi 1991 Inscripciones en La Entrada. In Seiichi Nakamura, Kazuo Aoyama and Eiji Uratsuji (eds) *Investigaciones Arqueológicas en la Región de La Entrada.* Tomo II:208-209.

Nakamura, Seiichi 1994 Desarrollo y Decaimiento en la Periferia de Copan. *Annals of Latin American Studies* 14, :39-95.

Nakamura, Seiichi et. al. 1991 Descripciones de los sitios y excavaciones. En Seiichi Nakamura, Kazuo Aoyama y Eiji Uratsuji (eds) *Investigaciones Arqueológicas en la Región de La Entrada.* Tomo II:35-154.

Sato, Etsuo 1991a Cerámica. En Seiichi Nakamura, Kazuo Aoyama y Eiji Uratsuji (eds.) *Investigaciones Arqueológicas in la Región de La Entrada.* Tomo II:1-38.

Sato, Etsuo 1991b Culture History of the Pre-Hispanic La Entrada, Honduras: From the View Point of Ceramic Analysis. Master Thesis in University of Tsukuba.

Sato, Etsuo 1993 La Entrada Region. In John Henderson and Marilyn Beaudry (eds.) *Pottery of Prehistoric Honduras.* Institute of Archaeology, University of California, Los Angeles. pp.20-29.

Schele, Linda 1991 The Inscriptions of La Entrada Region, Honduras. In Seiichi Nakamura, Kazuo Aoyama and Eiji Uratsuji (eds.) *Investigaciones Arqueológicas en la Región de La Entrada.* Tomo II:209-212.

Schortman, Edward 1984 Archaeological Investigations in the Lower Motagua Valley, Izabal, Guatemala: A Study in Monumental Site Function and Interaction. Ph.D Dissertation in University of Pennsylvania

Sharer, Robert 1978 Archaeology and History at Quirigua, Guatemala. *Journal of Field Archaeology* 5:51-70.

Viel, Rene 1983 Evolución de Cerámica en Copán: Resultados Preliminares. In *Introducción a la Arqueología de Copán.* C. Baudez editor:471-550. Instituto Hondureño de Antropología e Historia y Secretaría de Cultura y Turismo. Tegucigalpa.

Webster, David and Ann Corrine Freter 1990 The Demographiy of Late Classic Copan. In *Precolumbian Population History in Maya Lowlands.* P. Culbert and D. Rice editors:37-61. University of New Mexico Press.

マヤにおける 5 の象徴性
―王権と中心性をめぐって―

横山　玲子

　古典期マヤ（Maya）で栄えたパレンケ（Palenque）遺跡の「碑銘の神殿（Temple of Inscriptions）」は、マヤの神殿建築、いわゆるピラミッドが王の埋葬を伴うことを初めて明らかにした建造物として知られる[1]。墓室に安置されていた石棺の蓋には、死んだパカル（Pacal）王が、沈む太陽とともに世界樹を伝って死後の世界あるいは地下界へと降りていくと解釈される図像が描かれている[2]（図1）。この世界樹は、パカル王のあとを継ぐカン・バラム（Kan Balam）の即位を表す「十字の神殿（Temple of the Cross）」の図像にも描かれている[3]（図2）。なぜ、王の死や即位に関連して、世界樹が描かれるのだろうか。本稿は、この疑問を出発点とし、これまで筆者が行ってきたマヤの時間と空間の認識に関わる研究を踏まえながら、マヤにおける王権の象徴性について考察する。

1. パカル王の死とカン・バラムの即位：図像の意味論的解釈

　パカル王とカン・バラム王に関連する図像と文字テキストについては、故リンダ・シェリー（Linda Schele）とメアリー・エレン・ミラー（Mary Ellen Miller）等が詳細な研究を行っており、その解釈はマヤ学者の中でおおむね受け入れられているといってよい。ここではまず、これらの図像とそれぞれの解釈の概要[4]をまとめて、ついでさらに考察する必要のある点について述べてみたい。

　パカル王の石棺（蓋）に描かれた図像は、四辺が帯状のモチーフで囲まれている。中央に描かれたパカル王は、死を象徴する記号（骨）を伴っており、巻貝とキミ（Cimi）の文字（死）を伴った太陽神の頭飾りの上に腰掛けるようにして描かれている。この太陽神は、頬と下顎に肉がなく、骨が剥き出しになって描かれていることから、沈む太陽と考えられる。パカル王の背後には、世界樹が描かれており、王と太陽神はこの世界樹を伝って降下していくと考えられる。彼らが降りていく先には、大地の怪物が口を開けており、彼らを飲

図1　パカル王の石棺（蓋）の図像（Schele & Miller 1986:282plate 111a）

図2　カン・バラムの即位図（Robertson 1991:Illust.No9）

図3　プロスコリアコフによる復原図
（Proskouriakoff 1963:13）

み込んでいくかのようである。

　また、カン・バラムの即位を表す図像では、中央にある世界樹を挟んで、左側に死んだパカル王が小さく描かれ、右側には即位する前のカン・バラムが大きく描かれている。この図像は、「十字の神殿」の内部につくられた小部屋の奥壁に描かれており、その左右には文字テキストが刻まれている（図3）。この小部屋の入口にある左右の壁には、向かって左に即位後のカン・バラムが、右にパイプを燻らすL神が描かれている。

　石棺の蓋に描かれた図像と即位の図像に共通して見られる主なものは、世界樹、太陽神のほかに、世界樹にとまる天の鳥と、時を表す記号を伴った帯状のモチーフである。松本亮三は、この二つの図像における天の鳥の向きに注目している（私信）。パカル王の石棺（蓋）に描かれた天の鳥は左に頭を向けているが、カン・バラムの即位の場面では、右に頭を向けている。石棺（蓋）の上辺にある帯と、即位のパネルでパカルとカン・バラムの足元に描かれた帯には、いずれも左にアクバル（Akbal）の文字（夜・闇を表す）、右にキン（Kin）の文字（昼・太陽を表す）が描かれており、天の鳥の向きは、それぞれの場面が意味する

「時」を指し示しているというのである。石棺の図像は、王の死を夜（闇）の「到来」として表現しており、即位の図像は、王の即位を昼（太陽）の「到来」として表現していることになる、と考えるのである。

　また、これに呼応して、太陽神の頭に描かれた巻貝と文字の位置が、二つの図像では反転し、かつ石棺に描かれた死を表わすキミが、即位の図像では天と関連するクロス・バンドに変化していることにも注目すべきだという。松本が指摘しているのは、これらの図像には、その場面に関わる時空間の意味を象徴するさまざまな記号（モチーフ）群が、一定のルールに従って配置されているということである。

　図像を構成する各々のモチーフが、その場面における時空間の意味を象徴しているとするならば、これらに共通して描かれている世界樹は何を意味しているのだろうか。それを明らかにするためには、これら二つの図像が表す時空間がどのようなものなのかを考えなくてはならない。石棺の図像は、確かに死んだパカル王が沈む太陽とともに、大地の怪物の口に飲み込まれるように降下していく状態を表していると解釈できる。注意しなくてはならないのは、この場面は現世において死を迎えた王が、これから降下していく、あるいは降下しようとしている場面であって、死んだ王が行くべき場所にはまだ到着していない、ということである。同様に、即位の図像においても、亡き先王とともに世界樹を挟んで向き合うカン・バラムは、王位についた王として表現されているわけではなく、王位につくための王権の受渡しが行われる場面が描かれていると考えなければならない。前者は現世における死と死後に行くべき世界との境界の、後者は先王の死と新王の着座（即位）との境界の状況を表現しようとしているものといえよう。このような状態を表す図像の中心に世界樹が描かれているとすれば、この世界樹は、出来事や物事が完結あるいは完成していない、移行の時空間を示すことと深い関連性をもって表されていると考えることができる。なぜこのように世界樹が時間的空間的「移行」と関連して描かれているのか、なぜ中心に描かれているのかという問題を考えなければならない。

2. 安定した時空間と移行の時空間

　この問題を考えるための手がかりとして、まず『チュマイェルのチラム・バラムの書（*The Book of Chilam Balam of Chumayel*）』[5]に描かれた世界のイメージについて考察し、さらに365日暦における年の更新儀礼に見られる移行の時空間に関わる特徴についてまとめてみたい。

　『チュマイェルのチラム・バラムの書』には、ムセンカブ（Mucencab）[6]と呼ばれる、「火打石（flint stone）」をもった4柱の神々が、各々東西南北の方角にあるセイバ（Ceiba）の樹に住んでいると書かれている[7]。赤いムセンカブ神は、赤い火打石をもって東のセイバの樹に住み、白いムセンカブ神は、白い火打石をもって北のセイバの樹に住んでいた。黒いムセンカブ神は、黒い火打石をもって西のセイバの樹に住み、黄色いムセンカブ神は黄色い火打石をもって南のセイバの樹に住んでいたという。

　13神（Oxlahun-ti-ku）が9神（Bolon-ti-ku）の虜になったとき、大洪水が起こり大地は崩壊した[8]。

このとき、世界の四隅にいて天を支えていた4柱の神々バカブ（Bacab）たちが立ち上がり、白いセイバの樹を北に、黒いセイバの樹を西に、黄色いセイバの樹を南に植え、さらに中央に緑色のセイバの樹を植えた。白いセイバの樹は世界の破壊の印である天の柱であり、黒いセイバの樹は、鳥をとまらせるために植えられた。黄色いセイバの樹は世界の破壊の印であり、鳥をとまらせるために植えられた。中央に植えられた緑のセイバの樹は世界の破壊の印であった、と述べられている。

重要なことは、世界の常なる状態を示すときには、世界の四隅、すなわち東西南北の方角にある四つのセイバの樹の存在を前提として語られているのに対し、世界が破壊された状態を示すときには、北、西、南にセイバの樹を植えなおすとともに、どの方位にも属さない中心に、言い換えれば第5番目の要素として、どの色とも異なった別のセイバの樹を植えていることである。ここでは、東にセイバの樹が植えられたという記述がないことも重要である。すなわち、このとき世界は破壊された状態のままであって、新しい世界の創造は完成・完結していないと考えることができるのである。このような状態において、世界の中央にセイバの樹が植えられているその様は、上述したパレンケの二つの図像が表わす時間的・空間的状態、すなわち移行の時空間ときわめて類似した意味を担っているということができるのではないかと思われる。

マヤの人びとが、こうして常なる状態と移行の状態を明瞭に区別して表現していたことは、彼らが用いていた365日暦のワイェブ（Uayeb）の期間に行われる儀礼にも見て取ることができる。そしてここにおいても、常なる状態を表わすときには用いられない、第5番目の要素が重要な鍵として描き出されるのである。マヤの365日暦の構造については、すでに拙著「マヤの時間」[9]で報告した。ここでは、365日暦の構造を簡単に紹介し、「中心」とは何かを考察するために、ワイェブの儀礼に見られる第5番目の要素に付与された意味について述べてみたい。

マヤ文明は、さまざまな暦を複合的に用いたことで知られる。16世紀にディエゴ・デ・ランダ（Diego de Landa）[10]が著した『ユカタン事物記（*Relación de las cosas de Yucatan*）』[11]には、当時、ユカタン地方にいたマヤの諸部族によって用いられていた三つの暦（365日暦、260日暦、短期暦）とそれらにもとづいて行われる儀礼の様子が記録されている。マヤの暦に関する研究はランダの記述内容を手がかりとして行われてきたが、365日暦のワイェブの期間に注目し、その意味を明らかにしようとした研究はあまり多いとはいえない。たいてい1年は各々20日間からなる18の月と「残余の」5日間によって構成され（あるいは5日間を19番目の月だと考える者もいるが）、単に全体の日数を太陽の運行になるべく近づけるために、計算上設置されたものと考える傾向にあると思われる[12]。ここではマヤの三つの暦について詳細に述べることはしないが、365日暦の構造とワイェブの儀礼の意味を理解するために必要な事柄を、いささか冗長になるとは思うが記しておきたい。

ランダは、365日暦の各月の名称と月ごとに行われるさまざまな儀礼について述べた後、最後の5日間は、新しい年を迎える儀礼を行う期間であり、日常的な行為を行うと良くないことが起こると信じられていたと記している。彼の記録した各月の儀礼は、詳細な記述のないケフ（Ceh）の月とカンキン（Kankin）の月を除いて、基本的に同じ儀礼的構造をもっている。すなわち、①浄化儀

礼（断食や焚香など、その月の祭神の儀礼を行うための準備）、②中心儀礼（祭神を祭る儀礼）、③共飲共食儀礼（酒宴）である[13]。ところが、16番目の月に行われる共飲共食儀礼は、この月の中で終わることがなく、18番目の月まで続けられている。この長期に渡る酒宴が終わると、ワイェブの期間を迎えるのである。先に述べたように、ワイェブの期間においては、日常的な行為が否定されており、実はワイェブ自体が日常性を排除した、いわば浄化期間と考えられる可能性がある。それは、各月の浄化儀礼において行われている断食などの非日常性と共通していると思われるからである。このことから、各月と365日暦全体の儀礼的構成とを比較すると、次のような対応関係を想定することができる。すなわち、①浄化儀礼は新しい年を迎える儀礼が行われるワイェブの5日間に、②中心儀礼は各月に定められた神々を祀る通常の儀礼的構成をとる15ヵ月間（300日）に、③共飲共食儀礼は酒宴が連続的に行われる3ヵ月間（60日）に対応することになる。マヤにおいては、20日間の月と365日間の1年の双方が、同じ原理に従って構造化されていると考えられるのである。

次に、365日暦における浄化儀礼として位置づけることのできるワイェブには、第5番目の要素がどのように現われるのかを紹介したい。

この儀礼は、年を担う神に生贄を捧げ、供物を供えて香を焚くことによって、その神のもつ凶兆を取り除いて新年を迎えようとするものである、とランダは記述している。365日という1年を担う神は4柱いた。ランダの記録によれば、当時のユカタンの暦では、カン（Kan）、ムルク（Muluc）、イシュ（Ix）、カワク（Cauac）の日文字で表される神々で、各々南、東、北、西の方位と関係づけられていたという[14]。この四つの日文字は、260日暦の20の日文字の一部である。マヤでは260日暦と365日暦とを組み合わせて日を表わしていた。260日暦が73回転し、365日暦が52回転すると、マヤ学者がカレンダー・ラウンド（Calendar Round）と呼ぶ大周期が一巡する。ワイェブで祀られる4柱の神々は、この二つの暦の噛み合わせから生じる。すなわち、365日暦の年の初め（元旦）に巡ってくる260日暦中の日文字は、理論上も4種類に限られ、本来の日文字の順番に従って、四つ飛びに出現することになる。四つの日文字で表される神々は、各々1年という年を担っており、ワイェブの儀礼に際しては、翌年を担う神の像、ワイェヤブ（Uayeyab）をつくってこれを祀ったのである。

ワイェヤブがつくられると、この像はまず、その神が象徴する方角に対応する村の入口に運ばれて儀礼が行われた。当時のユカタンの村々には、東西南北に面した入口があり、各々二つの積石が置かれていたという。その後ワイェヤブは首長（principal）の家へ運ばれて残りの期間中祀られて、ワイェブの終わりには翌々年の神が関係する方角にあたる村の入口の積石に置かれた。たとえば、翌年がカンの日文字で表される神によって担われるのであれば、ワイェブの間、ワイェヤブは南の入口→首長の家→東の入口（翌々年を担うムルックの日文字が関係する方角）へと移動していくのである。興味深いのは、ワイェヤブが祀られる首長の家では、さらに異なった別の神々も祀られており、ワイェブの終了とともに神殿に運ばれたということである[15]。

ワイェブの儀礼に見られる特徴は以下のとおりである。第一に、ワイェブは365日暦の中にあるが、他の月とは異なって5日間から成っている。第二に、この期間に祀られる神々は365日暦の

神々ではなく、260日暦の日文字で表される神である。第三に、ワイェヤブ像が本来関連づけられている方位で祀られるのは最初だけであって、ワイェブの期間のほとんどで、首長の家に祭られている。首長の家は、東西南北のどの方位にも属さない第5番目の場所であり、村の外側へとつながる入口に対して内側に、周辺に対して中心に位置づけることができる。

　ワイェブでは、年を担う神々を祀る儀礼を通して、1年という時間と、基本方位によって象徴的に構成された空間とが、再認識されている一面があるように思われる。換言すれば、ワイェブはマヤ人の世界観を構成する時間と空間とを相互に重ね合わせながら、世界の秩序を再認識させる働きをもっていたといえよう。しかし、空間的な世界の構造は、4柱の神々によって象徴される四つの基本方位によってのみ確認されていたのではないことに留意しなくてはならない。時間を交替させてこの確認作業を行うためには、首長の家という、4柱の神々によってはけっして象徴されることのない、第5番目の場所が必要とされたのである。

　ランダの記録によれば、4柱の神々はいずれもバカブ（bacab）と呼ばれる兄弟神であり、世界が創造されたときに天を支えるために世界の四つの場所(東西南北の各隅)に配置されたのだという[16]。完成した世界の空間的広がりは四つの隅に配された4柱の時間の神々という形でイメージされていたわけである。それは、先に述べた『チュマイェルのチラム・バラムの書』に記された四方位にあるセイバの樹と同じ意味をもっている。一方、1年という時間の交替は5日間のワイェブと、5柱目の神、さらに首長の家という5番目の祭祀の場を用意することで、滞ることなく行われていた。5によって象徴されるこれらの時空間の要素は、「年」を交替させるときにだけ出現し、年を担う神々が移動する、いわば「移行の時空間」を具現化し、さらにこの移動の中心点としての役割を果たしていたのである。ここには、『チュマイェルのチラム・バラムの書』において第5番目のセイバの樹が中心に植えられることによって「世界の破壊」が示されるのと同じ論理を見て取ることができよう。

3. 世界の秩序化と王権の正当性を示すための反秩序の具現化

　マヤの儀礼や図像には、世界の破壊と創造に関わるモチーフが表現されることが多い。すでに述べたように、とくに即位や年の更新には、安定した状態（日常・完成）が不安定な状態（破壊・移行）になったことを示すモチーフが繰り返し、あるいは幾重にも表わされている。この不安定な状態は、必要な手続きが滞りなく行われたときに、新たな安定した状態へと再び変換されていくのである。マヤの神話においても、これに類似した語りを幾例も見出すことができる。

　マヤのキチェー（Quiché）族に伝わる創世神話『ポポル・ヴフ（Popol Vuh）』[17]には、球戯を契機とする世代交代と権力の継承というモチーフを読み取ることができることは、すでに拙著「球戯と王権」[18]で報告した。とくに、この神話の前半では球戯に纏わる出来事が頻繁に描かれるのに対し、後半ではほとんど記述されないことに注目し、以下の点を示唆することができた。第一に、二世代の双子兄弟に纏わる物語は、世代交代や地位の継承を行う手続きが順序立てられて語られてい

ること。第二に、権力がボールによって象徴されるとともに、光を放つ天体、とくに太陽としても表現され、権力・ボール・太陽の三つが象徴的に重なり合うこと。第三に、シバルバー（Xibalba）征伐の物語で球戯の敵対者として現われた神々にヴクブ・カキシュ（Vucub Caquix）親子が重ねられ、敵対者とは偽の太陽すなわち偽の権力であり、双子の兄弟は彼らに勝利することで、いわば真の太陽であることを、すなわち真の権力者であることを証明したと解釈できること。第四に、ヴクブ・カキシュ、シパクナー（Zipacná）、カブラカン（Cabracán）の順で語られていく退治譚が、ヤシュチラン（Yaxchilán）遺跡などの図像や碑文から推測される王の即位前の一連の儀礼、①戦闘による高位の捕虜の獲得、②球戯後の捕虜の供犠、③生贄をボールに見立てて転がすことと、意味的に重なり合うこと、である。

『ポポル・ヴフ』の前半が王権の奪取とその正当性を語るものであると考えたとき、実はこの物語にも、4や5によって象徴されるさまざまなモチーフが配されているのである。

① フン・フンアフプー（Hun Hunahpú）とヴクブ・フンアフプー（Vucub Hunahpú）兄弟に対抗するため、シバルバーの神々は2柱ずつ五つの組をつくっている[19]。
② 二世代にわたる双子の兄弟が暮らしている世界とシバルバーの境には十字路があり、4方向に延びるそれぞれの道には、各々赤、黒、白、黄色という色が割り当てられている[20]。
③ フン・アフプー（Hun Ahpú）とシュバランケー（Xbalanqué）の復活は、死後5日経ってから起こった[21]。
④ 5度目の創造によってつくられた完全な人間は4人の男であり、彼らの妻として4人の女性がつくられ、キチェー族の祖先となった[22]。
⑤ 4人の男性は、4柱の神々を各々籠に入れて担ぎ、暁を待つための旅をした[23]。
⑥ ククマッツ・コトゥハー（Cucumatz Cotuhá）という文化英雄として登場する王は、第5代目の統治者として語られている[24]。

この物語の中では、現世とともにシバルバーも含み込む世界全体の構造は、十字路によって象徴される四つの方角と色によって表わされ（②）、また、神々によって創造されたのは、4人の男と4人の女であり（④）、守護神として祀られたのも4柱の神々であった（⑤）。つまり、完成した世界、いい換えれば秩序立てられた世界は、『チラム・バラム』の書やウェイブの儀礼と同様に4によって象徴されているということができるだろう。しかし、双子の兄弟とシバルバーの神々との争いが起こると、シバルバーの神々は五つの組をつくることになる（①）。また、双子の復活（③）や文化英雄としての王の出現（⑥）など、新しい事態が起こり、世界が更新や改変されようとするときには5が象徴的に現われるのである。

このように考えてみると、『ポポル・ヴフ』全体の構造が5に象徴される「更新」というテーマに沿って組み立てられていることもわかる。創造神による人間の創造は、泥土と木を使って2度行われたが、2度とも失敗し、3度目にトウモロコシの粉を使うことでようやく成功し、このときにつくられた人間がキチェー族の祖先となった。このため、マヤの創世は3度行われたともいえるが、完全な世界が創造されるためには、ヴクブ・カキシュ親子の退治譚とシバルバーの征伐譚という二

つの出来事が起こらなければならなかったのである。滅びあるいは世界の破壊というモチーフを基礎として考えた場合、世界は4度破壊され、5度目に完全な人間と完全な世界ができ上がったとも考えることもできよう。

『ポポル・ヴフ』は、いかにしてこの世界が秩序づけられてきたのかを語る物語だといってもよい。重要なことは、秩序をもたらすために「偽」の太陽や不完全な人間の創造といった不安定な要素を繰り返し提示している点である。秩序を回復するためには、不安定な要素や状態が取り除かれねばならず、そのために必要な手続きを踏まなければならない。それが滞りなく行われたときに新たに安定した状態が回復されることを、繰り返し語っていると考えることができるのである。

山口昌男は、フレイザー（Sir James George Frazer）が『金枝篇』の中で紹介しているチベットの偽王選出の儀礼（新年の儀礼）について述べた論の中で、この行事が、「時間の再生のための宇宙論的蘇りのための新年儀礼であること、秩序を再び導入するための無秩序の強調という二つの側面を持った空位空間という政治的真空状態の具体化であった」[25]と述べている。また、「王権における歴史と神話」について述べた中で、「王権と巡幸の儀礼・神話が結びつきやすいのは、上述のごとく、始源的な旅は時間を創成する行為であり、『はじまり』『おわり』『順序』『手続き』『蘇り』という言葉が示すように時間体験は秩序の基礎を形成するものである。王権を不可欠の一部として組み込む文化においては、王権は、こうした王及び神話的英雄が、儀礼的行為によって時間＝秩序を創成する」[26]と述べていることにも注目しなければならない。このことは、上に述べたように、マヤにおいても、まさに当てはまるからである。偽の権力と偽の太陽、あるいは退治されるべき者（王）は、秩序が創生される前提としてまず存在しなければならず、始原における双子英雄やキチェー族の始祖の旅、あるいは王の征服の旅がこの転換の契機をつくり、反秩序を具現化する者を、球戯という手続きを踏みながら退治することによって、秩序ある時空間が創成されること、これが『ポポル・ヴフ』や王の即位儀礼が伝えるメッセージだったのである。

結　　論

パレンケ遺跡の二つの図像には、なぜ世界樹が描かれているのかという問題から出発し、『チュマイエルのチラム・バラムの書』、ワイエブの儀礼、『ポポル・ヴフ』に共通して見られる、秩序ある世界→破壊・移行→新しい秩序の回復という流れと、それに関わる4や5の象徴性、さらに5と中心性の関係について見てきた。このことから、マヤにおける王権の象徴性についてまとめてみたい。

ワイエブの儀礼は、定常的な4柱の神々（東西南北に関連づけられた年を担う神々）の再確認と、その具現化であるワイェヤブ像の旅として捉えることができるだろう。それは、周辺に位置づけられる基本方位から中心へ、そして中心からさらに別の方位への旅であり、周辺→中心→周辺という構造をもっている。1年という時間を担う神々の旅には、第5の点が必要とされた。ミラーとタウベ（Karl Taube）は、アステカにおいて5（macuil）は過剰を表わすと考えている[27]が、それは筆者が以前からマヤについて主張してきたように、移行や更新という、定常状態を「超えた」ところで

発生する世界の創造や再創造の動きと一致するものである。

　ワイェブの期間が4日ではなく、5日間として用意されていることにも注意しなくてはならない。365日を終わらせ、また新しい365日をつくり出すために必要とされる装置は、4日間であってはならず、また6日間であってもならなかった。サアグン（Bernardino de Sahagún）は、アステカ（Azteca）のシウポワリ（Xiuhpohualli）に見られるネモンテミ（Nemontemi）[28]は常に5日であったといわれるが、4年に一度は6日間あったと記述し、ネモンテミが6日間であったときには、より盛大な儀礼が行われていたと述べ、アステカで閏が知られていたかのような記述を残している。アステカは、基本的にマヤと同種のカレンダー・ラウンドを用いており、ネモンテミに、一年の終末と創造、すなわち新しい世界の更新に必要な時間としての位置づけを、すなわちマヤのワイェブと同一の位置づけを与えていた。ネモンテミは、たとえ実際には6日間あったとしても、5日間として認識され、語られなければならなかったということは重要である。時間的な脈絡で語られる5とは、空間的な認識と比較すれば、定常的にバカブが担っていた周辺の四つの点に、中心というもう一つの点を加えた、五つの地点に相応することは、『チュマイェルのチラム・バラムの書』に書かれたセイバについて考えれば明らかなことであろう。

　また、マヤが中央に王を戴き、王権を中心として動いていた社会であったことは明白である。王は自己犠牲の血でもって神々をなだめ、自然的にも人為的にもダイナミックに変化する人間社会を常に正常な状態へと引き戻す役割を負っていたと考えなければならない。『ポポル・ヴフ』に描かれた王権の奪取とその正当性というテーマは、王が担うべき役割をモデルとしていると考えてもよいのかもしれない。別のことばでいえば、王は、社会の定常的状態の埒外にあった。マヤにおいては、定常的状態が世界の周辺に位置する4本のセイバで象徴されていたことから考えると、定常的状態の埒外の存在は内側の最奥部に位置づけられなければならなかった、といえるだろう。まさに緑色のセイバと同じように、「中心の中心」に存在しなければならなかったともいえよう。王は、変動する世界の融和者として、社会の中心の世界樹、すなわち世界の軸"Axis Mundi"を担う者としてあり続けなければならなかったと考えなくてはならない。

　パレンケの「十字の神殿」と「碑銘の神殿」に見られる二つの図像に描かれていたのは、変動する世界の中心にあった王が交替するという二つの契機、すなわち王の死と即位という、世界のもっとも危機的な過渡的状態であったことに注目しなくてはならない。マヤにおいては、世界樹は文字どおり変動する世界を安定した世界に引き戻す象徴であったと考えなければならないが、王の死と即位は、その世界樹の担い手が交替することを意味したのである。これはマヤ世界におけるもっとも劇的な変動であった。死すべき王は、世界樹に沿って沈む太陽の動きになぞらえられることで、世界が終わりへと向かう終局の旅を体現し、一方、即位する王は世界樹に沿って太陽が昇るという始原の旅を体験することが必要だったのである。したがって、パレンケのこの二つの図像は、他の要素や要素間の関係によって表わされる複雑な意味構成をここでとりあえず捨象するならば、王権がこの世界にとって果たす意味をもっとも忠実に表現したものと考えられるだろう。さらにいえば、王権が崩壊した後古典期後期のマヤの社会で、この王の役割を卑小な形で継承したのが年の交替儀

礼ワイエブにおける首長とその家であったということもできよう。

註

1) Robertson 1991, Weaver 1993:321-331, Sharer 1994:276-294.
2) Schele & Miller 1986:282-285.
3) Schele & Miller 1986:114-115, Robertson 1991:22-39.
4) 図像の概要については、Schele & Miller（1986:114-115・282-285）、Robertson（1991:22-39）を参照した。
5) Roys（1967）。チュマイェルで発見されたことから、『チュマイェルのチラム・バラムの書』と呼ばれている。原本は失われてしまったが、マヤ語をアルファベットで表記したもので、征服以前の伝承や歴史などが書かれている。その他、マニ（Mani）、ティシミン（Tizimin）、カワ（Caua）、イシル（Ixil）など、各地でさまざまな『チラム・バラムの書』が発見されている。チラムとは代弁者、語る者という意味であり、バラムはジャガーのことである。
6) ムセンカブ神は蜜蜂の神とされる。エドムンスンは蜜蜂の収穫という原義に従って訳しており、神名としては捉えていない（Edmonson 1986）。
7) Roys 1967:15-16・63-66.
8) Roys 1967:31-34・98-107.
9) 横山 1995:95-107.
10) フランシスコ会士。1549年にユカタンへ派遣され、メリダ（Mérida）を中心に布教活動を行った。1563年にスペインへ帰国し、1573年に再びメリダへ戻ってから1579年に没するまで、ユカタンの司教を務めた（Tozzer 1941:44（n.218）・82（n.346）・84-5（n.354））。
11) Landa 1941。ランダがスペインへ帰国していた1566年ごろに書かれたと考えられる。1863年にブラッスール・ド・ブールブール（Brasseur de Bourbourg）によって写本が発見され、出版された（Mace 1973:303・309）。原本は紛失してしまったが、17世紀につくられた写本の一部が、マドリード王室歴史アカデミアに保存されている（Tozzer 1941:44（n.218）・82（n.346）・84-85（n.354））。
12) このような考え方の代表的な例は、G.ブラザーストン（Gordon Brotherston 1975:18-19）や、モーレイ&ブレイナード（Sylvanus G. Morley and George W. Brainerd 1983:550-553）などに見られる。
13) 年中行事として行われる儀礼について、リーチは「1年という時間の流れは、祭儀の継起によって示され、このような祭儀というのは、存在の正常な世俗的秩序から異常な聖なる秩序への時間的な転換であり、またその逆戻りを表象するものである」と述べている（Leach 1971:134, リーチ 1974:227）。
14) Landa 1941:134-138。トンプソン（J.Eric S. Thompson）によれば、古典期にはアクバル、ラマット（Lamat）、ベン（Ben）、エツナブ（Etznab）の四つがこれに相当したという。これは後古典期のユカタンの365日暦が、古典期に中部低地の中心地で使われていた365日暦に比べると1日遅れて回転していたことによるもので、このようなずれは古典期のプウク（Puuc）地域などで見られるという（Thompson 1960:124・127-128, Proskouriakoff & Thompson 1969:143-149）。サターズウェイト（Linton Satterthwaite）は、ランダの誤りであるとか、1552年に閏年が導入されたときにマヤ暦に狂いが生じたなどの説を挙げている（Satterthwaite 1965:613）。また、モーレイは、古典期から後古典期にかけて、年の日文字が2度変わったと述べているが、その理由は説明していない（Morley 1956:254）。
15) コウ（Michael D. Coe）は、低地マヤの社会構造を考察するために、ランダの記述にもとづいてワイエヤブ像の動きを図化しており参考になる（Coe 1965:99-103）。
16) Landa 1941:135-136.

17) Ximénez 1973.『ポポル・ヴフ』は16世紀にマヤ人がアルファベットを使ってキチェー語で著した創世神話である。18世紀初頭、チチカステナンゴ（Chichicastenango）修道院のフランシスコ・ヒメーネス会士が、原文にスペイン語訳をつけて、「グァテマラのインディオの起源の歴史（Historias de origen de los indios de esta provincia de Guatemala）」としてまとめた。原本は散逸したが、1867年にブールブールによって出版された（Weaver 1992:145, Saravia E. 1995: xi- xv）。
18) 横山 2000.
19) Ximénez 1973:No221-225.
20) Ximénez 1973:No243.
21) Ximénez 1973:No498.
22) Ximénez 1973:No550・No566-571.
23) Ximénez 1973:No592-662.
24) Ximénez 1973:No877.
25) 山口 1989:90-91.
26) 山口 1989:53.
27) Miller & Taube 1993:40.
28) Sahagún 1951:35, Caso 1967:33-39.

参考文献

山口昌男　1989　『天皇制の文化人類学』立風書房。

横山玲子　1995　「マヤの時間」『時間と空間の文明学Ⅰ』（松本亮三編）、77-119頁、花伝社。

横山玲子　2000　「球戯と王権—マヤの神話『ポポル・ヴフ』に語られた世代交代と権力の継承」『時間と支配』（齋藤道子編）、91-124頁、東海大学出版会。

Brotherston, Gordon　1975　Time and Script in Ancient America, *Indiana* 3:9-40.

Caso, Alfonso　1967　*Calendarios Prehispanicos*, Universidad Nacional Autónoma de México, Instituto de Investigacion Prehistóridcos.

Coe, Michael D.　1965　A Model of Ancient Community Structure in the Maya Lowlands, *Southwestern Journal of Anthroplogy*, Vol. 21, No.2:97-114.

Edmonson, Munro S. (tr.)　1986　*Heaven Born Merida and Its Destiny*: The Book of Chilam Balam of Chumayel, University of Texas Press.

Landa, Diego de　1941　Landa's Relación de Las Cosas de Yucatan（edited with notes by A. L. Tozzer）. *Papers of the Peabody Museum of American Archaeology and Ethnology*, Vol. XVIII, Harvard University.

Leach, E. R.　1971　*Rethinking Anthropology*, The Athlone Press, University of London.（E.リーチ著、青木保・井上兼行共訳『人類学再考』思索社、1974）

Mace, Carroll Edward　1973　Charles Etienne Brasseur de Bourbourg, 1814-1874. In *Handbook of Middle American Indians*, Vol. 13, University of Texas Press:298-325.

Miller, Mary and Karl Taube　1993　*The Gods and Symbols of Ancient Mexico and the Maya*, Thames and Hudson.

Morley, Sylvanus G.（Revised by George W. Brainerd）　1956　*The Ancient Maya*, 3rd edition, Stanford University Press.

Morley, Sylvanus G. and George W. Brainerd（Revised by Robert J. Sharer）　1983　*The Ancient Maya*, 4th edition, Stanford University Press.

Proskouriakoff, Tatiana　1963　*An Album of Maya Architecture*, University of Oklahoma Press.

Proskouriakoff, Tatiana and J. Eric S. Thompson 1969 Maya Calendar Round Dates Such as 9 Ahau 17 Mol. *Notes on Middle American Archaeology and Ethnology*, Vol.3, No. 79 (1948):143-150, AMS Press.

Robertson, Merle Greene 1991 *The Sculpture of Palenque*, Vol. Ⅳ, Princeton University Press.

Roys, Ralph L. 1967 *The Book of Chilam Balam of Chumayel*, University of Oklahoma Press.

Sahagún, Fray Bernardino de (tr. by Arther J. O. Anderson *et al.*) 1951 *Florentine Codex, Book 2*, The School of American Research and The University of Utah.

Saravia E., Albertina 1995 *Popol Wuj: Antiguas Historias de los Indios Quichés de Guatemala*, Editorial Porrúa, S. A., Mexico.

Satterthwaite, Linton 1965 Calendrics of the Maya Lowlands. In *Handbook of Middle American Indians*, Vol.3:603-631, University of Texas Press.

Schele, Linda and Mary Ellen Miller 1986 *The Blood of Kings*, Kimbell Art Museum.

Sharer, Robert J. 1994 *The Ancient Maya*, 5th editon, Stanford University Press.

Thompson, J. Eric S. 1960 *Maya Hieroglyphic Writing*, University of Oklahoma Press.

Tozzer, Alfred M. 1941 Landa's Relación de Las Cosas de Yucatan (edited with notes by A. L. Tozzer). *Papers of the Peabody Museum of American Archaeology and Ethnology*, Vol. XVIII, Harvard University.

Weaver, Muriel Porter 1992 *The Aztecs, Maya, and their Predecessors*, 3rd edition, Academic Press.

Ximénez, Francisco 1973 *Popol Vuh: Empiezan las Historias del origen de los indios de esta provincia de Guatemala*, tranducido de la lengua quiché a la castellana por el R.P.Fray Francisco Ximénez, Edicion Facsimilar, Paleografia parcialmente modernizada y notas por Agustin Estrada Monroy, Editorial "Jose de Pineda Ibarra", Guatemala.

対立と融合と
―― ユカタン・マヤ社会の王権の特質 ――

大越　翼

はじめに

　マヤ地域が、征服という凄惨な時期を経てスペイン王国の支配下におかれ、ヌエバ・エスパーニャ副王領とグアテマラ総監領に分かれて統治されるようになった16世紀という時代は、興味のつきないものがある。先スペイン期の最後を飾る後古典期後期の先住民社会ばかりでなく、征服後に起こるその変容の過程をつぶさに観察・分析することができるからである。だが、この時期の遺跡に関する考古学的発掘は行われはするが、大半の場合、現在の村々がその上に建設されているために調査は困難で、遺物からこの時期のマヤ社会を再構成することがきわめて難しい。したがって、この時期のマヤ社会を研究する者は、必然的に他の資料を使って、これを補わなければならない。中でももっともよく使われるのが、膨大な量にのぼる文献史料である。その大半は、スペイン人が征服者として、あるいは植民地行政官として先住民の政体やさまざまな儀式・習慣などについて見聞したことを記したものや、先住民社会の行政、宗教、教育的な運営に関する公的文書で、メキシコやグアテマラ、スペインなどの古文館に保管されている。これに加えて、スペイン人修道士から自分たちの言語をアルファベットで表記することを学んだマヤ人が、ヨーロッパの紙とインクを使って書いた文書を使うことも可能だ。とりわけここには、彼らがどのような概念で現実を捉え分節していたのかを知る重要な手がかりがあるから、西欧的な観点から行われることの多いマヤ文明の研究に、マヤ人の視点を導入した、よりきめの細かい研究をすることができるのである。
　さて、マヤ地域と一口にいっても広く、この全域を分析対象するためには膨大な紙数を要し、逆にこれを縮小してしまえば、その内容は表面的なものになりかねない。そこで本稿では、上に述べた植民地時代史料をもとに、私が専門に研究しているマヤ北部低地に地域を限定して、ユカタン・マヤ人が彼らの王国や王権をどのように維持しようとしていたのかを、二つの面から見ていこうと思う。一つは対立要素とでもいうべきもので、これは主として政治に関わってくる問題だ。先住民にとっての王国がどのように営まれていたのか。そして、その上に立つ王はどのようにこれを支配していたのかを明らかにして、王国が中心と周辺との間に成立する関係において維持されていたことを論じることにする。
　もう一つは、これとは相反する、諸王国を相互に緊密に結びつけてゆく要素である。具体的には宗教・経済関係がそれで、スペイン人が「巡礼」と理解したマヤの聖地への人びとの移動、産物の地位的な差、塩などの重要産品へのアクセスなどの具体例を通して、これらがいかに諸王国を結びつけていたかを考えてみることにする。
　以上のような一見相反する内容をもつ16世紀のマヤ社会を考えることで、これを統べていた王権

がどのような性格をもっていたのかをあぶり出してみようというのが最終的な私の意図である。

王権の占める空間：都市および王国の性格

　1527年、フランシスコ・デ・モンテーホに率いられたスペイン軍がユカタン半島東岸から侵攻を開始したときに、この地には「クッチカバル」と呼ばれるさまざまな小王国が栄え、相互に対立していた。したがって、スペイン軍はいきおい王国ごとに征服戦を行わざるをえず、これが19年というきわめて長大な時間をユカタン征服に要した最大の原因の一つとなったほどだ。これらの王国は、ハラチ・ウイニクという称号をもつ王に治められ、彼が住む政治・宗教・経済の中心地としての首都と、これに服するバタブと呼ばれる王たちが治める都市群から成っていた。だが、このハラチ・ウイニクはヨーロッパ的な絶対権力をもつ王ではなかった。彼に従属する都市の王たちはかなりの自治権を享受しており、したがって高い独立性をもっていた。ハラチ・ウイニクはこれらが他の都市と問題を起こして、それが王国全体の利害に関わると判断されたときときにのみ、地方行政に介入していたのである。だから、「王国全体に君臨する強大な権力をもつ王」というイメージは、現実にはほど遠いものだった。実際、王国レベルで主催される会議では彼は終始無言を通し、実際に発言するのは配下のバタブや重臣たちで、意見がまとまったところで代表が上奏、ハラチ・ウイニクがこれを繰り返すことによって正式な王国の決定となったのである。だから、彼の権力は相対的かつ象徴的な要素の強いものだったといえよう。

　では、ハラチ・ウイニクはどのように王国の広がりを規定していたのだろうか。先スペイン期のマヤ社会では、土地を私有財産と見なす観念はもたず、誰がそこに人的エネルギーを投下しているのかによってその占有権が決定された。人に価値を置く「対人主義」的なこの原則は王国レベルにも援用され、ハラチ・ウイニクは、誰が自分に臣従しているのかをもとに、彼らが治める都市までが自分の「支配域」であると理解していた。「支配域」という概念はこの場合きわめて重要で、王国とはいうものの、その王は私有財産としての領土をもたず、現実には王の支配権の及ぶ範囲を意味したのである。

　だとするならば、マヤ人の営んでいた王国や都市は、西欧世界のものとはかなり異なった性格をもっていたことになる。これらの政体が「対地主義」ではなく「対人主義」をもとに成立していたのであれば、王権が座している場所に距離的に近いところに住んでいることが、必ずしもこれに服していることを意味するわけではないのだ。このことを16世紀の初頭にユカタン半島北部低地に栄えていた、クプル家が治める三つの王国を例にとって見てみよう。まずチチェン・イツァー王国は、同名の首都に服するテカイ（正確な位置は不明）、ソツィル、ティクッチの３都市からなっていた。一方、サキ王国にはツィットヌップ、ピショイ、ティスカカウチェ（正確な位置は不明）、ティシミンの諸都市が、さらにエックバラム王国にはタフカブ、ナバラム、フナブク、ヤルコバがそれぞれ属していた。今、これらの首都と従属都市を支配関係を表す線で結んでみると、図１のようになる。一見してわかるのは、チチェン・イツァー王国に属する二つの都市（ソツィル、ティクッチ）が、その首都からはるかに遠くに位置し、一方エックバラムやサキといった別の王国の首都に距離的に近いという事実だ。これは先にも述べた、支配者と被支配者の間にある物理的距離が、王国を維

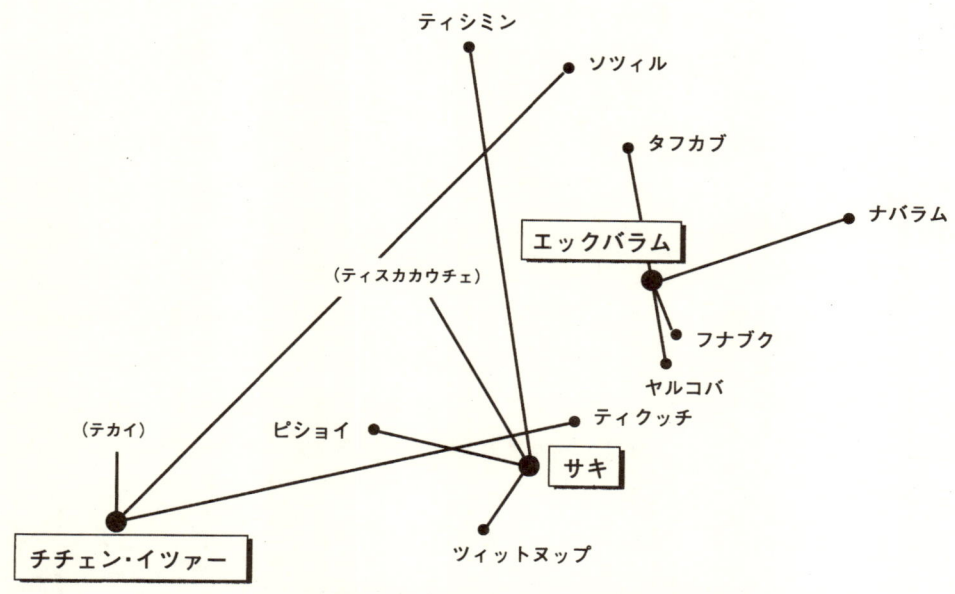

図1　16世紀初頭のクプル家の諸王国とその支配域

持するうえに必要条件ではなかったことを示しているといえよう。さらにこれを発展させれば、マヤの王国の領土を考えるときには、それを連続する面として捉えてはならないともいえる。実際、この伝統概念を図1に当てはめると、チチェン・イツァー王国とサキ王国の領土が交差し重なり合うという奇妙な現象に直面せざるをえない。しかし、これをソツィル、ティクッチ両都市がチチェン・イツァー王国の「飛び地」領を形成していたと考えれば納得がいく。「支配域」であるからには、その広がりが地理的連続性をもっている必要がないからである。したがって、この「支配域」という概念を導入すれば、クプル家が治めていた三つの王国の政治地理学的な特徴がすべて合理的に説明できるのである。

中心と周縁：王権の空間認識

　スペイン人にとって、王国は「領土」をもっており、かつそれは連続性をもつ面として理解されていた。その領界には境界標が置かれていて、それが自然あるいは人工的なものであるのかを問わず、恒久的なものと見なされていた。さらに、これらは数メートルの幅のある境界線によって相互に結ばれており、これにもとづいて、領主は「境界線からこちらが、わが領土である」という言説で自分の領土を主張できたのである。

　一方、マヤ世界では「対人主義」のもとで、その「領界」を西欧世界とはまったく別のイメージで理解していた。16世紀末に作成された『カルキニ文書』には、同村の土地境界設定に関する覚書が含まれており、ここには先スペイン期から彼らが保持していた概念がほとんどそのまま残されている。その意味できわめて重要な意味をもつ文書だが、これによれば、村[1]の領界は次のようにいい表される。「ツェメス・アーカルの池のあたり、それからその北のマトゥの草原の尽きるあたり、……ツックシャンのあたり、広大な草原の中央部、シキンチャフの池の北のあたり、コッチヨ

ルのあたり、……」であると。当然これを読む者は、言及されている地名が「境界標」であろうと推測する。だが、実際にこの記述にしたがって現地を歩いてみると、まず驚くのが、これらは私たちのイメージする「境界標」とはまったく異なったものであるということだ。ツェメス・アーカルは、一年中水をたたえている大きな池だし（写真1）、ツックシャンは広大な草原（サバンナ。写真2）、シキンチャフはやはりいつも水をたたえている池（写真3）、そしてコッチョルは比高20mほどの小高い丘だ（写真4）。つまりこれらはすべて人工のものではなく、地名をもった地形学的な自然のものなのである。しかも、覚書はこれらを結ぶ線的な境界線があったとは書いていない。だから、たとえば丘のどのあたりをこれが通るのか、あるいは草原の中央部とはいうもののこれも「広がり」をもった概念で、そのどこを境界線が通るのか、すべてはことごとく曖昧で的確には示されていないのだ。だとするならば、この覚書には境界線はもともと想定されてはいなかったと考えるのが妥当であろうし、したがって、言及されている「地名」はそれぞれが独立したものと見なされているともいえよう。

では、これらの「地名」は「境界標」だったのだろうか。カルキニ村の長、ナ・チャン・カヌルはいう。「誰も積石を置いてはならない。将来、悪意のあるものが出て、これを常に動かしてしまうであろうから」と。ここで「積石」というのは、文字どおり人頭大の石を四つから五つ円錐形に積み上げたもので、現在に至るまで境界標として使われているが（写真5）、動かすことは簡単だ。実際、植民地時代のユカタン地方の文書を見れば、この境界標を動かして隣接する村の耕地をわが物とする行為が後を絶たなかったことがわかる。ナ・チャン・カヌルの言葉は、それをも見越した至言であるといわねばなるまい。だが、それにもまして重要なのは、彼が植民地政府によって使用を義務づけられた、「積石」という人工的な境界標による領界の設定を回避しようとしていたことだ。これは、スペイン式の領土

写真1　ツェメス・アーカルの池

写真2　ツックシャンの草原

観への痛烈な批判であり、簡単に動かせるような境界標を使用することのなかった伝統的な方式へのこだわり、あるいは回帰を意図したものであった。また、「積石」という叙述的な言葉が用いられたこと自体、マヤ人が「境界標」に相当する概念や単語をもっていなかった、ということはそのようなものを使用する習慣がなかったことを示しているのである。

では、これらの地名はどのような機能を果たしているのだろうか。この覚書はマヤ語で書かれているが、先ほど引用した、カルキニ村の領界について具体的な地名を挙げながら述べている部分で、ナ・チャン・カヌルはマーナック（manac）という形容詞を用いている。たとえば、**manac** Tzucxan, **manac** chumuc yahau chakan, tu xaman akal Xicinchah, **manac** tij Kochyol（ツックシャンのあたり、広大な草原の中央部、シキンチャフの池の北のあたり、コッチヨルのあたり）という具合だ。植民地時代初期に編纂されたマヤ語の辞書である『モトゥール辞典』によれば、この言葉は「きわめて遠い、辺鄙なところにあるもの」という意味をもっている。「遠

写真3　シキンチャフの池

写真4　コッチヨルの丘

写真5　積石でつくられ十字架をもつ現在の境界標

い」というのは、もちろん「ある地点から見て」という意味で、この場合カルキニ村の長がいるところから見てということだ。つまり、彼は村に腰を据えたままでその領界について言及していたことが、この言葉でわかるのだ。植民地時代の慣習に従えば、土地の境界に言及するときには必ず境

界標をたどって行かなければならないのだが、彼はそれをしていないし、おそらくはそうする必要を認めなかったに違いない。先スペイン期には、王自らが領界を歩いてその境界を設定することなどはありえないことだったのだ。彼は、何某が自分に臣従し、どこに居を構えているのか、そしてそれはどのあたりなのかだけを知っていればよかったのである。この「どこ、どのあたり」は地名をもって表され、すべて王の居住する場所から、別の言葉でいうならば権力の座のある中心から見たかたちで言及された。王の支配域の周縁に関する知識はまことに大ざっぱで、したがって地名は境界標ではなく、そこに住む臣下と結びつけるための符牒のようなものだったのではないかと私は推測している。

　王権がその支配域を認識する際に、中心と周縁とを同時に見据えている事実はまだほかにもある。まず、19世紀初頭に編纂された『ノフカカブ村関係文書』を見てみよう[2]。その最初に収められている、1557年8月15日の日付をもつ「耕地分配に関する覚書」と題する文書は、旧マニ王国に属していた「村」とこれと隣接する「村々」との間の耕地を整理し、同時に境界を定めたことを詳しく述べている。この記録によれば、関係する「村々」からその長と重臣たちが旧都マニに集まった。それは、「各集落、村々、耕地の境の樹木を切り倒し、(そこに)端を設けて十字架を置くことについて話し合う必要があった」からだ。この文は、二重の意味で面白い。まず、日本語訳ではつかみにくいが、マヤ語テキストでは「樹木を切り倒」すこと、「端を設け」ること、「十字架を置くこと」は並行表現となり、韻を踏んでいる事実を指摘したい。すべては「境界を設定する」という意味に収斂していくのだが、それを一言で表現せずに、これが意味する具体的な作業を順に叙述しているのは、むろん境界を設定し境界標を置くという習慣がマヤ人社会にはなかったからだ。また、この作業が植民地時代を生きる彼らにとって、重要であったことをも示している。

　次に今議論している「中心と周縁」に関連して興味深いと思うのは、あえて直訳で残した「端を設ける」という表現である。テキストでは、「端」のことをシューク（xuk）といい表しているが、これは「隅、端、角、洋服の端、内側から見た建物の角」という意味をもっている。「内側から」というのは面白いではないか。マヤ人は、あるものの端を見るのに、内側からか外側からかといった「どこから」という視点を重視しているのだ。このことは、シュークという単語がもともと「内側から見た端、隅」という概念をもつことを示しているように思う。そしてこの場合、「どこから」は関係者が集まっている旧都マニから、つまりマニ王国の中心からと考えてもいいだろうし、あるいは各村の中心からと見てもいいだろう。いずれにせよ、マヤ人の王がその支配域の広がりを語るときには、自分の居る、すなわち王権が座している場所から見た、いわば「遠心的」な見方をしていたといえるだろう。

　さて、上に引用した文章では、各集落、村々、耕地の「境」についても言及しているが、これは、シュル（xul）という単語を使って表現されている。これは、「終わり、端、最後、末端、先端、先、限界」などの意味をもつとマヤ語の辞書にはある。これらのスペイン語訳を見るかぎりにおいては、シュルという言葉は「あるものの端」という一点を指しているように思えるし、多くの研究者もそう理解してきた。だが、その用法を見れば、この解釈は誤りであることに気づかされる。たとえば、「人生の終わり（u xul cuxtal）」、「これが私の話の終わりです（u xul in than）」、「君の道はどこで終

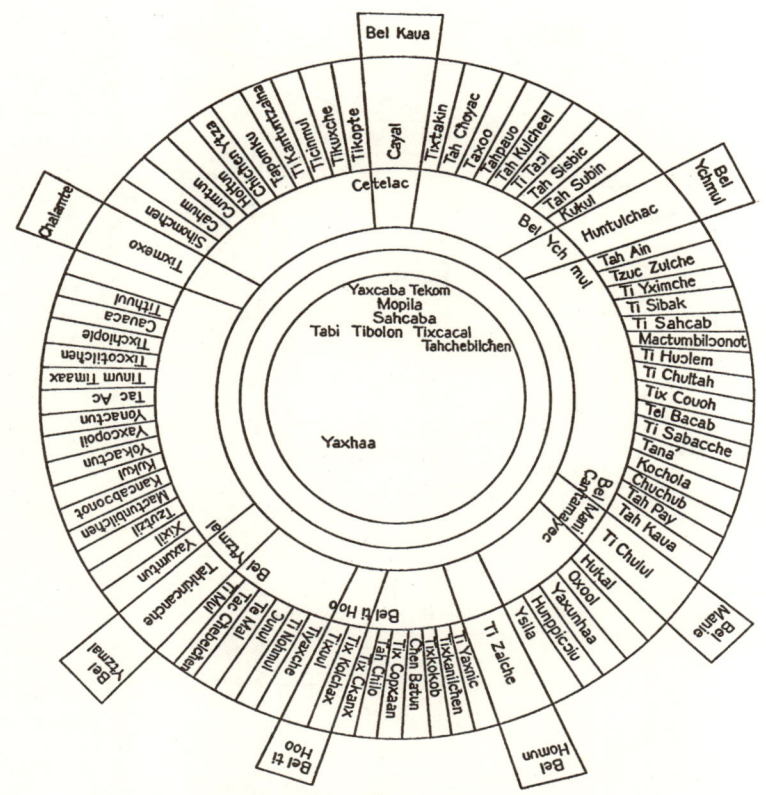

図2　ソトゥタ地方の地図 (Roys 1939：fig. 2 より)

わるのか（taba u xul ta ximbal）」、「これで終わり、そこでおしまい（u xulilo）」などの例は、それぞれある所で始まった行為とそれが終わる時間上・地理上の一点を指しているのがおわかりかと思う。つまり「シュル」は、「一定の継続している行為が終わる所」を意味する、方向性をもった言葉なのである。したがってこれを先の文章のコンテクストの中で考えてみれば、「各集落、村々、耕地の境（xul）」とは、それぞれに居住もしくは耕作する人びとの占有権が及ぶ限界点をさしているのだ。そしてこの「占有権」を統括しているのが各集落の長、すなわち先スペイン期でいう王であるならば、「シュル」という言葉で示される領界は、その支配域と重なり合うことになり、ここでもまた王座のある中心から周縁へと延び、ある地点で終わる遠心的な眼差しを感得することができるのである。マヤにおいては、周縁は中心との関わりにおいて論じられていたのである。

このような王国の支配域に関するマヤ人の「遠心的な眼差し」は、植民地時代を通じてマヤ人によって作成され、利用され続けた地図類に具体的に表されている。たとえば、今16世紀の半ば頃に作成されたソトゥタ地方の地図（図2）、1557年の「耕地分配に関する覚書」に添えられたマニ地方の地図（図3）を見てみよう。

これらを目にする者は、マヤ人が境界標の置かれた場所を正確に示すために地図を作成したのだろうと推測する。だが、この考えは間違っているのだ。マヤ人の地理概念は、常に政治関係に裏打ちされており、しかも「対人主義」をもとにしていたから、臣従関係にある中心と周縁の間の物理的距離はまったく問題にされなかった。彼らの唯一の地理的関心は、「どのあたり」に臣がいる場

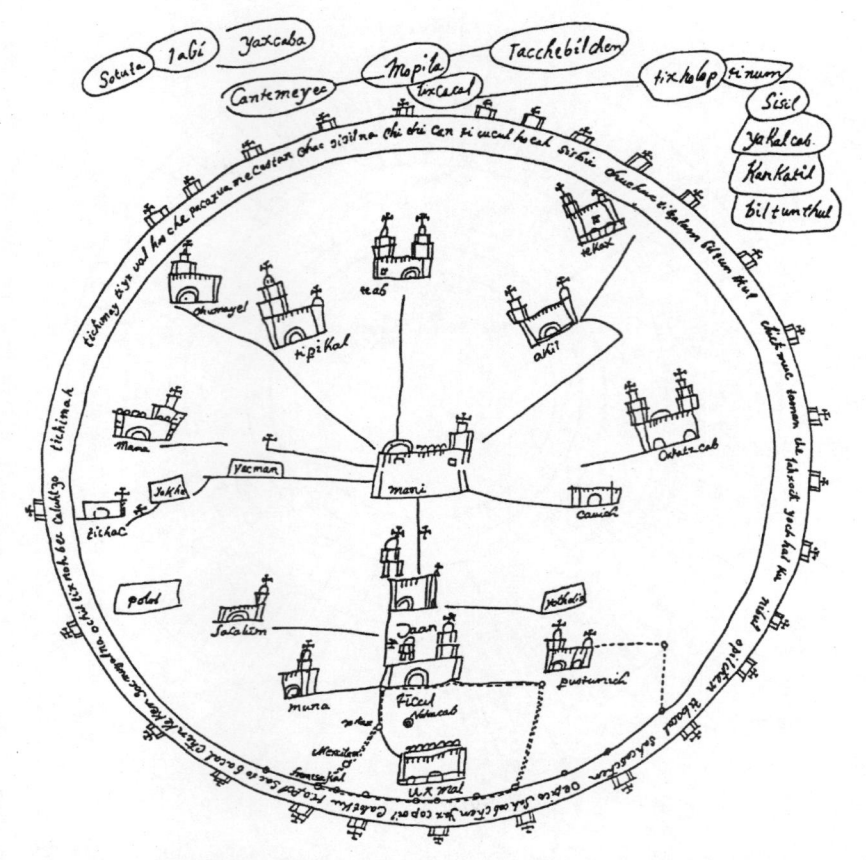

図3　マニ地方の地図（"Fragmentos y planots" MSより）

所があるのか、「どのあたり」まで自分たちの占有する耕地が広がっているのかだけであった。この「どのあたり」を示すために、マヤ人は中心から見たその方向と地名の生起順序を重要視し、これを地図上に描いたのである。だから、これらの二つの地図の中央に見える村々の名は、その地方の政治的中心がどこにあるのか、そして同時にその円周上に書かれている境界標の相対的な方角、位置関係をおおまかに示すことを目的として書き入れられたものだった。そしてそれこそが、先スペイン期の昔からマヤ人の「中心－周縁」観の中でもっとも重要なデータとして見なされてきたものだ。正確さと曖昧さは、それをとらえる文化の尺度によって大きく異なり、きわめて相対的なものであることがこれらの事例によく現われている。

王国の維持のメカニズム

さて、ここまで王国の支配域に関する空間認識が、王と臣下との間に結ばれる関係においてなされ、具体的には王権の座する中心から臣の居る周縁に向かって延びる「遠心的」な眼差しで認識されていたことを明らかにした。そしてこれは、物理的距離を無視した中心からの方角と位置関係のみで、地図上に表されたのだった。ただ、ここではっきりさせておきたいのは、この抽象的な概念は、実際には王がその臣下との間に結ぶ重層的な関係をもとにしているという事実であり、それは

双方向性をもつものであったということだ。これに関してまず私たちが頭に思い浮かべるのは、王に対して平民が納める義務をもっていた貢納システムであろう。これは物納と労働奉仕からなり、トウモロコシ、はちみつ、蜜蝋、綿布、七面鳥、海岸の近くであれば塩、塩漬けの魚や干し魚などを納める一方、農閑期には王の館の建設、維持、軍役などに従事しなければならなかった。しかし、これらは王へ向かって一方的に支払われる義務ではなかった。たとえば、労働奉仕をしたときには食事は支給されたし、長い期間に及んだり自分の住んでいるところから離れたところでこれに従事させられたときには、王はその間の食料や衣服、仮の住居などを提供しなければならなかった。また、祭りのときには供物のおすそ分けがあり、貢納を通して納められたものの一部が返された。配下の王に対しては、遠距離交易で得たカカオ豆、ヒスイ、赤色の貝殻、黒曜石、金銅製品などの威信財を再分配して、彼らとの紐帯を堅固なものにしていた。また、王国に属する人びとの安寧や五穀豊穣を神々に祈り、彼らを天災や人災から守る義務もあった[3]。このように、マヤ人の王国は、王と臣下とが相互に負っている宗教的・社会的・政治的な義務をもとにして成立しており、これらが基礎になって、王はその支配域について語ることができたのである。また、この双務的な関係があったからこそ、王国としてのまとまりも存在していたのであり、この双務的関係は、同時に他の介入を拒む排他的な機能をもっていたことも否めない。そこに、各々の王国が独立を保つことのできたメカニズムがあったのだ。

スペイン人がユカタン侵攻を開始したときに、マヤ人の王国では争いが絶えなかったと多くの書物に書かれている。スペイン人が見たこの地の風景は、上に述べたような王国が林立した群雄割拠とでもいうべきもので、これらをまとめるものは存在しない、そう彼らは理解した。

王国の彼方へ：「聖地巡礼」と祭礼のもつ意味

スペイン人の征服が進むに従って、彼らはマヤ人の面白い行動を目にした。ユカタン半島北部低地の中で、イサマル、半島東岸にあるコスメル島、そしてチチェン・イツァーが、各地からやってくる巡礼の人びとで賑わっていたのだ。ここで「巡礼」というのはむろんスペイン人の命名によるもので、マヤ人にとっては別の意味をもっていたはずだ。これを考える前に、それぞれの場所が「巡礼地」としてどのように機能していたのかを、数少ない史料から見てみることにしよう。

16世紀初頭のイサマルにはいくつものピラミッドが建てられており、その中の西側に位置するピラミッドには、「イツァマット・ウル」という名の神が祭られていた。17世紀のフランシスコ会士ディエゴ・ロペス・コゴジュードによれば、「このピラミッドには手をかたどった像が置かれ、ここに人びとは死者や病に倒れた者を運んでいた。死者は生き返り、病気の者は全快するといわれていたからだ。この手を彼らはカブ・ウルと呼んでおり、大量の供物やお布施が寄せられた。ここにはあらゆるところから人びとが巡礼で訪れ、そのために東西南北に延びる道がつくられていたほどだ。この地方にはこれらの道が四通八通していたばかりでなく、遠くタバスコ、チアパ、グアテマラにまでとどいていた」という。この記述を見るかぎりにおいて、巡礼としてイサマルを訪れていたのは一般の人びとであり、今日の聖地巡礼にかなり似たものであったらしい印象を受ける。しかも、それはユカタン全土はおろか、遠くタバスコ、チアパス、グアテマラからの人びとも含んでい

たようだ。政治的な領域区分とはまったく無関係な人びとの動きが、ここに見て取れる。

　一方コスメル島は、コゴジュード神父の言葉を借りれば「もっとも重要な聖地で、島民ばかりでなく、他のところからも神を崇めにやって来ていた。島中に道路網がはりめぐらされ、これらを通って信者は祈願成就、生け贄の奉納などのために島を訪れていた」のである。別の記録は、ユカタン半島の反対側に位置するカンペチェ、チャンポトン、シカランゴ、タバスコからも巡礼の人びとがコスメルを訪れていたと語っているが、これはこの島が同時にユカタン半島を周回してタバスコとホンジュラスを結ぶ、長距離海上交易の重要な中継基地であったことを考えれば納得がいく。この島で拝まれていた神はイシュ・チェルという女神で、妊娠・出産・豊饒をつかさどっていたが、具体的に誰がこの神に祈りを捧げていたのかははっきりしない。絵文書にはこの女神の姿がよく描かれていることから見て、貴族や王族の信仰に関わっていたことだけは確かなようである。彼らがコスメル島に着くためには、半島を海路まわりこむか、あるいは陸路をとらねばならなかったが、この場合いくつもの王国を横断したはずだ。これが原因で戦が頻発したという記録はまったく残っていないから、その多くは問題なく通過できたことになる。つまり、ここでもまた政治的単位（王国）が、聖地巡礼には障害をもたらすことはなかったのであり、そのために人びとは自由に往来していたのだ。

　最後に、ユカタン半島北部では最大規模を誇る遺跡であるチチェン・イツァーについて見てみることにしよう。通常この大都市が栄えたのは後古典期前期、すなわち10世紀から13世紀初頭のことだったとされているが、最近何人かの研究者は、この遺跡の全盛期は古典期後期であり、およそ9世紀から11世紀までのことだったのではないかという説を唱え始めている。ともあれ、考古学上ではこの遺跡は征服のはるか以前に活動を停止していたから、スペイン人はジャングルに覆われたその廃墟だけを見たことになる。だが、史料はそれとは異なった事実を伝えている。先に述べたように、16世紀初頭においてこの地にはクプル家の支配するいくつかの王国があり、その一つがチチェン・イツァーに都を置くものだった。（図1を参照のこと）また、1532年スペイン人がここにシウダ・レアルという名の町を建設したのも、やはりここがクプル家の都であり、廃墟になっていたとはいえ、巨大な建造物群の存在は、そこが先住民にとって重要な意味をもっていると考えられたからである。だが、スペイン人にとっておそらくそれよりも重要だと見なされたのは、チチェン・イツァーにある聖なるセノテ（泉）の存在だったろう。ここには、アフ・キン・イツァーという名の神官が住んでいたと彼らは記録しているが、古典期後期からこの泉には王権にまつわるヒスイや金製品、木製品、織物などさまざまなものが生け贄とともに投げ込まれていた。泉は冥界や天界へと通じる入口であると考えられていたから、北部低地に住む王たちにとって、ここは神々や祖先神などと交信し、通過儀礼を経て王権を正当化かつ神聖化するための、きわめて重要な聖地だったのである。

　さらに、この泉には雨の神であるチャックが住んでいるとも考えられており、生け贄はこの神に捧げられたものでもあった。毎年、トウモロコシの植えつけが終わって少し芽が出かけたときに、マヤ人たちは雨の神にその年の恵みを祈る。むろん、平民に対して五穀豊饒を約束するのは王の義務だったから、その意を請けた貴族が、生け贄にされる少年少女たちなどを引き連れてチチェン・

イツァーに向かったのだ。この習慣は征服後もなくならなかった。1558年頃のことだ。「ある日、旧ホカバ王国の王族たちが集まって、その年が豊作になるのか否かを占う必要があることで意見の一致を見た。そこで10歳の少年が生け贄として選ばれ、4人の神官がチチェン・イツァーに赴いてこの少年を泉に突き落とした。彼らは、泉の周りでこの少年が再び浮かび上がってきて、その年に疫病が流行るのか、食物は充分にあるのか、あるいはその逆かという問いに対する神の答えをもたらしてくれることを祈った。だがその気配はまったくなく、しかたなく帰村してその旨を報告した」。ここには、マヤ人が何をチチェン・イツァーの聖なる泉に見出そうとしていたのかがはっきりと見て取れるし、またホカバ王国の代表が、クプル家の治めるチチェン・イツァー王国の首都にある泉にやって来て、生け贄の儀式を行い、大過なく自領に帰り着いていることには注目したい。

次の事例は、やはり同じ目的でチチェン・イツァーへ行こうとして、ついにそれがかなわなかった王族の話だ。1536年、マニ王国を治めるシウ家は、その貴族団をチチェン・イツァーに送り、五穀豊饒を祈願しようとした。このためには、宿敵であるココム家の支配するソトゥタ王国領を通過しなければならなかったのだが、目的が宗教的なものであるから問題はあるまいと考え、さっそく通過許可を求めた。色よい返事が返ってきたので、シウ家の貴族たちは安心してソトゥタ領に足を踏み入れ、あまつさえココム家の歓待を受けて、おおいに飲み愉しんだ。だがこれは彼らが仕掛けた罠で、その夜正体もなく眠りこけていた一行は、1人を除いた全員が虐殺されてしまったのである。このエピソードには、ホカバ王国の例では見られなかった点がいくつか含まれている。まず、他の王国の領域を通過するにあたって、許可を求めていることがあげられる。おそらくこれは両王国が敵対関係にあって、貴族団の通過がココム家の疑惑を招き、軍事偵察にとられかねないとの危惧からなのであろう。その証拠に、彼らはなぜ通過をしなければならないかについて説明しているのだ。

次に指摘したいのは、シウ家が、「チチェン・イツァーに生け贄を捧げに行く」宗教的理由にもとづいた行動だから、ココム家は首を縦に振るだろうと考えていた点だ。つまり彼らには、政治的対立は宗教行為を阻むものではないという常識があったということだ。

以上の例は、私たちにマヤ社会の面白い現実を伝えている。彼らは王国を維持するにあたって「中心－周縁」を結ぶ重層的な関係を、王とその臣下の間で結んでいた。これは同時に排他的なものでもあったから、王国が政治的に独立した存在であることを可能にしていたわけだ。けれども、イサマル、コスメル島、そしてチチェン・イツァーの聖なる泉をめぐる宗教行為は、そうした排他的な王国の地平を彼方へと押しやり、柔軟で包括的な関係が存在していたことをはっきりと示しているのである。

物を求めて：諸王国を結びつける経済

政治的にいくつもの王国に分裂していた後古典期後期のユカタン・マヤ社会を結びつけるもう一つの要素は、経済活動であった。ユカタン半島北部低地は、大きく分ければ海岸部と内陸部に分けることができ、海岸の多くの場所では先古典期から現在に至るまで塩を生産している。これは海岸沿いに存在している天然の潟を利用してできる天日塩で、にがり分のきわめて少ない良質なものだ。植民地時代に入ってスペイン王室の管理下に置かれ、先住民の村々は特定の塩田をあてがわれてそ

こから生活に必要な塩をとったが、先スペイン期には内陸部の諸都市は事実上塩田へのアクセスをもつことができなかった。これは、塩田を支配域にもつ王国が他国の人びとの利用を排除し、彼らの専売としていたからだ。王国が、その領域に資源をもっている場合、その排他性は最大限に発揚されることが多いが、この場合もそうである。

しかし、ある特定の資源にその経済の中心を置けば、その他の生産はおろそかになってくる。塩田を管理する王国では、塩分含有率の高い土壌が海岸から数十キロ内陸にまで及び、また降雨量も少ないために、基本的な食料であるトウモロコシの生産量は内陸のそれにはるかに及ばなかった。これに拍車をかけるように、王国のすべての地域が農業生産に向いた土地であることが少なく、国土面積が農産物の生産量に比例するものでもなかった。そこで、いきおい海岸をもつ王国は、住民の生存に必須であるトウモロコシなどの農産物を内陸の王国から得ようとする。そのための戦略的交易品が塩であった。

こうして、内陸と海岸部の王国との間には、古くから塩と農産物を中心とする濃密な交易網ができており、これにはすべての王国が参加していた。もちろん、王国同士が戦いに及んだときに、相手に塩や農産物を送らないことも行われた。フランシスコ会修道士で後にユカタン司教の位に就いたディエゴ・デ・ランダは、ココム家、シウ家、チェル家という王家の間には派閥意識が強く、チェル家は自分たちの住む海岸地帯の魚や塩をココム家に与えず、一方、ココム家はチェル家に対して狩猟をすることも果物を採ることも許さなかったこと、そのためにお互いにその食物を味気のないものにしていたと書いている。むろんこれでは人びとの生活は成立しがたいから、このような経済制裁は短期間で終わったはずだ。だから、この経済システムのうえに成立していたマヤ人の王国は、相互に依存する度合いが高い分だけ、その政治的独立性あるいは排他性は相対的なものにならざるをえなかったはずだ。

当時の交易を考えるうえで、もう一つ見逃してはならないことがある。それは王族が中心となって行っていた遠距離交易である。たとえば、1524年ホンジュラスに遠征したときの見聞を記したエルナン・コルテスは、ホンジュラス湾岸に近いニトという所にあった大きな市場に触れ、そこには各地からの商人が集まり、ユカタン半島の反対側にあったアカラン王国の王の弟に会ったと証言している。彼は数人の荷担ぎを従えていたらしい。また、マヤパンにおけるココム家の支配が、これに反対する王たちの反乱によって終末を迎えたとき、ただ一人死を免れたのが、そのときにホンジュラスのウルア河畔にあった、ナコと呼ばれていた土地の市場にいて不在であったココム家の若者だった。このナコやニトには、ユカタンのさまざまな王家の倉庫があったとスペイン人は記録しているから、対ホンジュラス交易はよほど盛んだったようだ。その具体的内容ははっきりとはわからないが、ユカタンで多く生産されていた綿布、蜂蜜、蜜蝋、塩などがもって行かれ、カカオ豆やヒスイ、黒曜石、赤い貝などの威信財と交換されたと推測されている。先にも述べたように、これらの威信財は王権を強固なものにするための道具立てであった。だが、ここで重要なのは、遠距離交易に従事していた王族が、道中大過なくさまざまな王国を通過できたという点にある。彼らは、ごく気楽に長い旅に出かけており、それがあまりにも頻繁であったので、後年先住民貴族が長期間在所を空けることを植民地政府当局が禁じなければならなかったほどだ。

このように、マヤ人の営む社会では、数ある王国は重層的な経済流通網の中に緊密に取り込まれており、これを政治的な理由で切断することは、すべての人びとにとって危険なことなのであった[4]。その意味で、マヤの諸王国は盛衰を共にする一蓮托生の運命共同体を構成していたといえるだろう。

おわりに

　後古典期後期終末のユカタン半島北部低地に栄えていたマヤ社会を研究する者は、ハラチ・ウイニクと呼ばれた王に治められていたさまざまな王国があったことを知った段階で、無意識のうちにその王権が中央集権的で絶対的なものだったと思い込んでしまう。ヨーロッパにおける絶対王制時代の王、あるいは古代エジプトのファラオ、古代中国の皇帝のイメージを投射するからだ。だが実際にこれらの王国を治めていたのは、それとはまったく性格の異なった王権だった。ユカタン・マヤ社会における王は調停者としての性格を強くもち、宇宙論的秩序を地上界で体現する者であったから、彼はあらゆるものの祖型であり、またあらゆるものの意味と価値の源泉であった。王は世界の中心だったから、社会全体の秩序を保つ義務を民に負い、彼に従う者たちとの間に求心的かつ遠心的な、重層的関係を結んでいた。したがって、いきおいその領土は、西欧の対地主義にもとづいた概念とはまったく異なる、対人主義にもとづいて認識されることになった。王国は、王に服する人びとから構成されるのであって、王は彼らがどの方角に住んでいるのか、彼らが居住あるいは占有する土地がどのあたりまで広がっているのかをもとにして、自分の支配の及ぶ範囲（支配域）を策定した。だから、そこには明確な境界標も境界線も設定されず、およそ「あのあたりまで」を示す自然の地形をそのかわりに使っていた。この概念はマヤ人書記が植民地時代を通じて作成した土地の境界を示す地図にも読み取ることができるから、おそらく19世紀に至るまで連綿と保たれていたと推定していいだろう。

　このようなユカタン・マヤ人の諸王国は、しかし宗教や経済の面では相互に緊密な、もちつもたれつの関係にあった。スペイン人はユカタン半島北部に多くの先住民が訪れる「聖なる場所」があったことを目撃しており、マヤ人たちが王国という枠組みに縛られることなく、共通の宗教的関心のもとに行動していたことを示唆している。経済基盤に関しても同様のことがいえる。王国内で営まれたローカルな交易のほかに、海岸部と内陸部という自然環境が異なる王国の間で、それぞれの産物が恒常的に行き来していた。さらに王族だけが従事していた遠距離交易でもたらされた威信財は臣下に分配され、王権をいやがうえにも高め、同時にこれを強化する働きをした。だから、王家の間でそれを阻もうとする行動はまったくなく、きわめて自由な往来が見られたのである。

　ユカタン・マヤ社会における王権は、したがって政治レベルで見るだけではなく、ほかの面からも総合的に分析されるべきで、これによって初めてそのダイナミックスが理解できるのである。本稿では述べなかったが、植民地時代の史料は都市や王国の枠を越えて営まれていた血縁関係についても具体的なデータを提供している。まだまだ研究すべきことは多く、それに比べて既知の部分はあまりにも少ないし、これもまた将来の研究によって訂正され、あるいは深められていくことだろう。ここで私が述べたのは、今の段階で私が理解していることなのであり、読者諸賢が少しでもマヤの王権を考える手がかりになればと思って書いた。

註

1) 植民地時代に入ると、先スペイン期の「都市」は碁盤の目状に街路が設定され、中央広場があるスペイン風の町割りをもった「村（Pueblo）」に再編された。
2) この文書は、通常『マニ年代記（Crónica de Mani）』という名で呼ばれている。だがその内容は、これが年代記でも、またマニ村に関係したものではないことを示している。実際には、19世紀にカルキニ村と土地問題で争ったノフカカブ村が、自らの主張を正当化するために集めた16世紀から19世紀に至る法的文書の集成である。したがって、私はこれを『ノフカカブ村関係文書（Papeles de Nohcacab）』と題している。
3) これに関しては、拙稿「聖なる樹の下で―マヤの王を考える―」に詳しく論じたので、本稿ではその概略を述べるにとどめておく。
4) これを逆にいえば、経済網が何らかの理由で機能しなくなったときには、諸王国は連鎖的に破綻をきたすことになる。

参考文献

大越　翼　2003「聖なる樹の下で―マヤの王を考える―」『古代王権の誕生　Ⅱ東南アジア・南アジア・アメリカ大陸編』（角田文衞・上田正昭監修、初期王権研究会編）169-205頁、角川書店。

ソリタ『ヌエバ・エスパニャ報告書』、ランダ『ユカタン事物記』　1982　大航海時代叢書第二期、一三、岩波書店。

メアリ・ミラー、カール・タウベ　2000　『マヤ・アステカ神話宗教事典』（増田義郎監修、武井摩利訳）、東洋書林。

Andrews, Anthony P, E. Wyllys Andrews & Fernando Robles Castellanos　2003　The Northern Maya Collapse and its Aftermath. *Ancient Mesoamerica*(14):151-156.

Ciudad Real, Antonio de　2001　*Calepino maya de Motul*, René Acuña（ed.）, Plaza y Valdéz S.A. de C.V., México.

"Códice de Calkiní o Chialm Balam de Calkiní"　MS　Garrett Collection, Gates No. 40, Princeton University Library.

Coggins, Clemency & Orrin C. Shane Ⅲ（eds.）　1984　*Cenote of Sacrifice: Maya Treasures from the Sacred Well at Chichén Itzá*, University of Texas Press, Austin.

Cortés, Hernán　1963　*Cartas y documentos*, Editorial Porrúa, México.

Diccionario de autoridades　1979　Editorial Gredos, Madrid, 3 vols.

Diccionartio de la lengua maya　1866-77　Juan Pío Pérez（ed.）, Imprenta Literaria de Juan F. Molina Solís, Mérida.

"Fragmentos y planos del Archivo General de la Conquista desde 1557 a 1813（"Crónica de Man"）", MS Latin American Library, Howard-Tilton Memorial Library, Tulane University.

Landa, fray Diego de　1938　*Relación de las cosas de Yucatán*, E.G. Triay e Hijos, Mérida.

López Cogolludo, fray Diego de　1957　*Historia de Yucatán*, Academia Literaria, México.

Quezada, Sergio y Tsubasa Okoshi Harada（eds.）　2001　*Papeles de los Xiu de Yaxá Yucatán*, Universidad Nacional Autónoma de México, México.

Relaciones histórico geográficas de la gobernación de Yucatán　1983　Mercedes de la Garza, *et al.*（eds.）, Universidad Nacional Autónoma de México, México, 2 vols.

Roys, Ralph L.　1939　*The Titles of Ebtun*, Carnegie Institute of Washington, Washington.

Scholes, France V. y Eleanor B. Adams（eds.）　1938　*Don Diego Quijada alcalde mayor de Yucatán, 1561-1565*, Antigua Librería Robredo, de José Porrúa e Hijos, México, 2 vols.

歯牙変工された人物像に関する一試論
――サクレウの王と歯牙変工との関わり――

多々良 穣

1. はじめに

　歯牙変工とは、歯を削ったり、穴をあけて翡翠や黄鉄鉱を埋め込んだりして、人為的に歯の形を変える風習のことを指す。現在のところ歯牙変工という風習は貴族のものと解釈されているが、マヤ地域におけるこれまでの発掘調査が、都市の中心にある主要建造物を対象にしたものが多かったことと関連があるかもしれない。また、この風習は「通過儀礼」という見方や（Fastlicht 1960;1962, Romero 1958;1970）、「おしゃれ」だったという考え方もあるが（Miller and Taube 1993:77, Saul and Saul 2001）、歯牙変工が行われた理由が明確にされているとはいえない。

　以前、筆者はマヤ低地にあるワシャクトゥン遺跡における歯牙変工と王族との関係について触れ、王が歯牙変工を一定の割合の貴族に施して、儀礼を司っていた可能性を指摘した（多々良 2004a）。マヤ高地に位置するサクレウ遺跡からも、そういった可能性は指摘できるのだろうか。本論では、サクレウにおける歯牙変工に見られる傾向を指摘したあと、歯牙変工された人物について考察し、仮説を提示したい。

2. サクレウ遺跡の概要

　サクレウ遺跡はグアテマラ西部の高地マヤ地域に位置し、セレグア川の谷部で標高1,900mほどの所にある（図1）。1947～49年に、ウッドベリとトリックを中心としたプロジェクトがこの遺跡

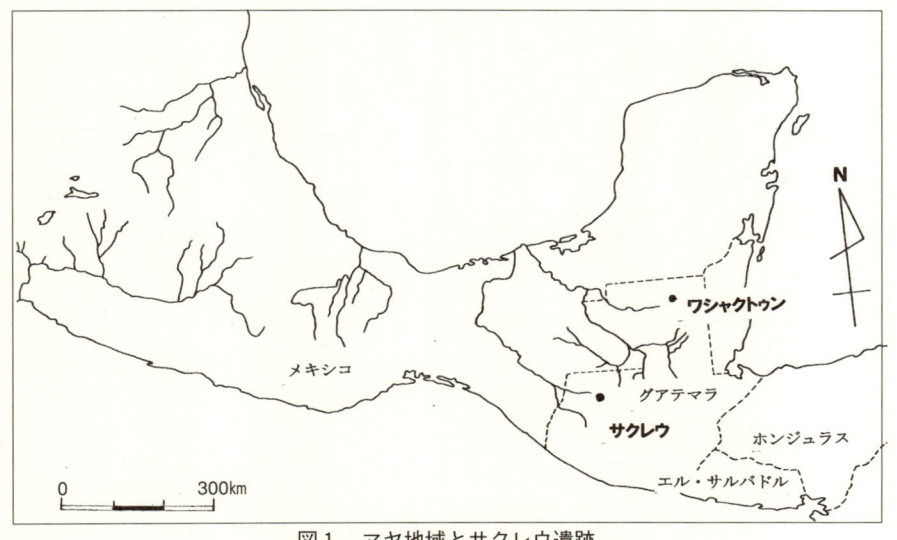

図1　マヤ地域とサクレウ遺跡

を調査したが、建造物の修復も重要な目的だったため、トレンチによる発掘調査にとどまっている。発掘は主要な建造物に限定され、住居用マウンドや家庭的な占有地はまったく調査されていない（Woodbury and Trik 1953）。

表1　サクレウ遺跡の編年

時　期　名		年　代
アツァン	Atzan	500～
チナック	Chinaq	700～
カンクヤック	Qankyak	900～
シナバーウル	Xinabahul	1200～

　この遺跡の占有時期は、土器編年より大きく四つに分けられている（表1）。アツァン期（Atzan）は古典期前期から始まり、建造物が建築され始めた時期である。チナック期（Chinaq）は古典期後期に相当するが、考古資料がさほど多くなく、他の遺跡との比較も容易ではない。カンクヤック期（Qankyak）は後古典期前期にあたり、小さな儀礼基壇の建設や円形建造物の建築開始を特徴とし、メキシコの影響が見られる時期である（Trik 1953:24）。シナバーウル期（Xinabahul）は、マヤ人としての占有が終わる後古典期後期に相当し、二つの部屋をもった建造物や円柱などを特徴とし、やはりメキシコの影響を感じさせるつくりであるという（*Ibid.*:25）。1522年にコルテスがこの地をスペイン支配下に入れたころは、サクレウはマム・マヤの宗教センターとして知られていたが、この都市がマム族とキチェ族のどちらを起源とするのかはわからないという（Woodbury 1953:10）。

3．用途と建造物

　サクレウ遺跡では43の建造物が確認されているが、建造物5・18・19・20・21・26・29・30・31・33・34・35・36・38・39・40・41・42・43の19ヵ所は未調査である。残りの24ヵ所の建造物は、報告書において「神殿」や「儀礼基壇」と記されていたり、建造物の用途に触れられていなかったりするものもあった。

　一般的に建造物の用途は、ある程度報告者の推測をもとに便宜的な名称が用いられる。多くの報告書において、「神殿」は建物内部が狭く、基壇が高いピラミッド状の建物を指し、「宮殿」は建物が複数の部屋をもつ細長い構造のものを指すという（中村 2004:78）。サクレウ遺跡では「宮殿」として報告されているものが少ないが、「神殿」が政治的な施設としても利用された可能性も否定できない。また、基壇の高さだけが「神殿」と「宮殿」を決定する要素とはならないため、本論では基壇上の建物の構造からも建造物の用途を考えた。以下、用途ごとに建造物を見ていくことにする。なお、サクレウ遺跡における主な建造物の配置は図2を参照されたい。

（1）神　　殿

　ピラミッド状の基壇をもち、階段が長く、建物の内部プランが簡素なものであ

図2　サクレウ遺跡平面図（Woodbury and Trik 1953:Map 2 を一部改変）

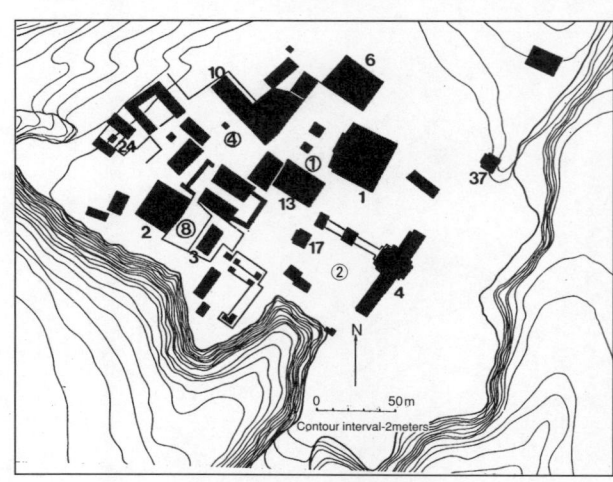

番号は建造物　〇数字は広場

る。ただし、サクレウ遺跡の「神殿」は、もっとも高いものでも建造物1の12m弱で、それほど高いわけではない。歯牙変工された被葬者の墓は、ほぼこの「神殿」から発見されている。なお、歯牙変工された人骨が埋葬されていた建造物には、下線をつけてある。

① <u>建造物1</u>（図3）

ピラミッド建造物で、この遺跡最大のものである。建築時期は7段階確認されている。アツァン期（古典期前期後半）から建築が始まり、カンクヤック期初期（後古典期前期）まで使用された。1-D期の下に大型墓がつくられており、規模と副葬品の量からおそらくこの都市を治めた王の墓と考えられる。同じ時期には、被葬者が歯牙変工されている墓1-4も見つかった。1-G期のピラミッドは、東西34.75m×南北32.9m×高さ11.66mの基壇を有し、8段の垂直なテラスがある。5段目の正面のテラスは広くなっており、儀式に利用されたか可能性が指摘されている（Trik 1953:30）。最上部には聖廟のような部屋があり、部屋の後方には直径55cmの円形の香炉がある。もっとも外見上目立つこの建造物は基壇が高く、「神殿」と考えてよいであろう。

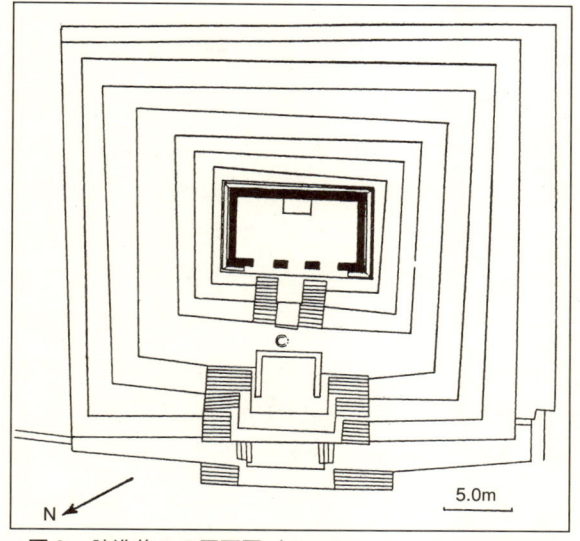

図3　建造物1の平面図（Woodbury and Trik 1953:Fig.2から転載）

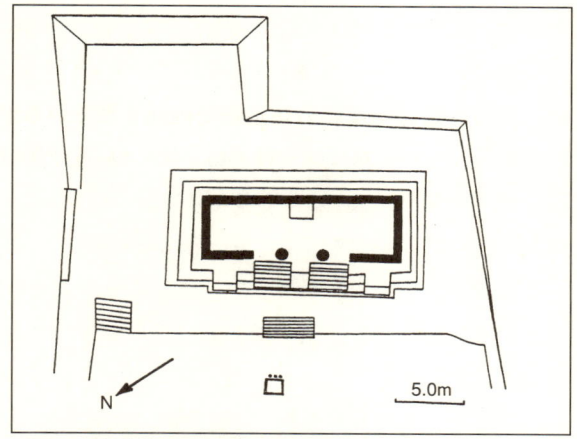

図4　建造物3の平面図（Woodbury and Trik 1953:Fig.4から転載）

② 建造物2

広場8の西側にあり、南北27m×東西26m×高さ9mの大きなマウンドで、7段のテラスをもったピラミッド状の建造物である。だが上部構造ははっきりせず、頂上部は丸まった丘状を呈している。発掘調査も部分的で、建築層位は確認されていない。1840年にステフェンズが観測し、頂上部では人身供犠が行われていた可能性を示唆している（Stephens 1850:229-230）。カンクヤック期終末期（後古典期前期）に属する。

③ <u>建造物3</u>（図4）

この建造物は、球技場の南側と広場8の東側にある広いテラスの上に建てられた。建築時期は3段階が確認されたが、調査は第3段階（3-C期）しか行われておらず、カンクヤック期（後古典期前期）に属する。球技場の複合建造物の一部をなしており、1mほどの四角い区画と外に円形の三

つの穴が見られることから、祭壇あるいは聖廟が存在した可能性が考えられている（Trik 1953:34）。南北18.5m×東西9.5m×高さ2mの基壇で、3段のテラスと6段の階段がある。基壇上には13.3m×3.7mの方形の部屋があり、内部には祭壇と思われるテーブル状の構造物がある。基壇の高さは低いものの、祭壇が備えられていることから「小神殿」だったと思われる。階段の西側から2m離れた広場8の床下からは、墓3-4（歯牙変工）が見つかった。

④　建造物4の中央部（図5）

広場1の南東に位置し、神殿中央部と北部および南部の基壇からなる複合建造物である。12段階の建築時期が確認され、カンクヤック期（後古典期前期）〜シナバーウル期（後古典期後期）に相当する。基壇の上に明らかな建物がつくられたのは4-D期以降である。4-D期の部屋の後方壁には赤の塗料が認められ、外側を白にした部屋があったと考えられるという（Trik 1953:37）。4-G期の基壇や階段は白い漆喰で覆われており、壁と床には赤い染料が塗られた跡が認められる。4-H期には、内部の直径が4mほどの円形建造物がつくられ、やはり壁や床に赤い塗料が認められた。4-I期からは建築が大幅に拡張され、4-J期には階段の上り口の地下に墓4-1（1体に歯牙変工）がつくられ、基壇には石碑や香炉も見られる。4-K期になると、東西3.65m×南北6mの部屋がつくられ、東側の壁にはベンチも見られる。部屋の内側には、奉納物を燃やしたと考えられる祭壇も見つかっている（Ibid.:40）。もっとも新たな第12段階の4-L期の建造物は、サクレウ遺跡の中でもっとも遺存がよい。中央の建造物にはテラスがなく、高さ5.3mの平らな基壇がほぼ垂直に立っている。基壇の上には部屋と後ろに続く円形の建物が見られ、石柱には赤い染料の跡がある。この「円錐—円筒形」建築は、カレラ（Calera）やセンポアラ（Cempoala）などのメキシコの影響だという（Ibid.:44）。北西に向いた前方の階段は、建造物16の東側につながる堤道に続いている。

筆者は、建築構造の面から、この建造物の中央部は「神殿」として、後述する両翼部は「宮殿」として使われていたと考えている。

⑤　建造物6

広場1を形成する建造物で、3段階の建築過程を見ることができる。チナック期（古典期後期）〜シナバーウル期（後古典期後期）に属する。この遺跡の建造物の中では埋葬がもっとも多く見つかっており、23基の墓が確認された。6-C期には、東西32.5m×南北25.25m×高さ7mの基壇とな

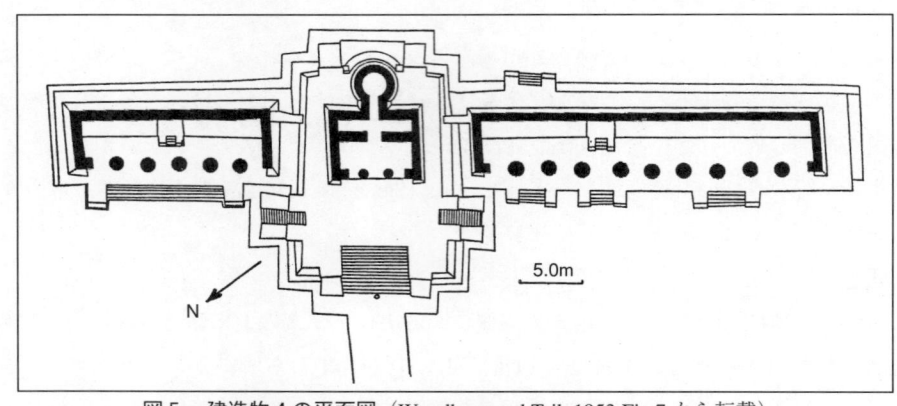

図5　建造物4の平面図（Woodbury and Trik 1953:Fig.7 から転載）

り、4段のテラスをもつピラミッド状建造物が建てられた。西側のみ5段のテラスが建築されている。中央部に広い階段があり、後部と両端にも幅1mほどの狭い階段がついている。基壇上の部屋にはベンチがあり、テラスの壁には赤色の染料跡が見られる。基壇が高く埋葬も多いことから、筆者はこの建造物を「埋葬神殿」と考えている。

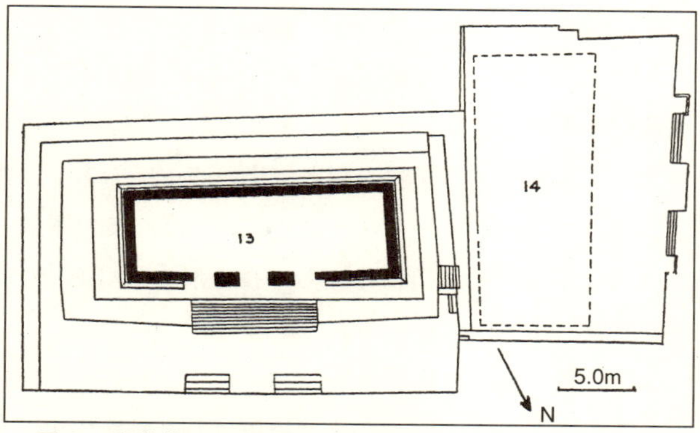

図6　建造物13の平面図（Woodbury and Trik 1953:Fig.18から転載）

⑥　建造物13（図6）

建造物14と基壇が結合した複合建造物で、5段階の建築時期からなり、この遺跡ではかなり多い22基の埋葬が盛土の中から発見された。アツァン期（古典期前期後半）～シナバーウル期（後古典期後期）のものである。最後の段階の13-E期では、南北19m×東西28.1m×高さ4.15mの基壇が造られ、東側を除く3面にそれぞれ3段のテラスが、第1段テラス正面に二つの階段が建築された。最上段に16.5m×5.45mの単純な構造の部屋がつくられ、内部には排水溝が見られる。また、窓間壁には緑・赤・青の染色が見られる。墓13-16からは、歯牙変工された被葬者が発見された。基壇や部屋が長方形だが、部屋の構造が単純であることから「埋葬神殿」と思われる。なお、建造物14は基壇上に壁の痕跡は確認できるものの、用途が不明であり、埋葬もまったく発見されていないことから、建造物13とは性格を異にすると思われる。

⑦　建造物17

広場2に位置する小さな建造物で、建築時期は4段階に分けられ、カンクヤック期（後古典期前期）～シナバーウル期（後古典期後期）の築造である。17-A期には、高さ1.5mの基壇もしくは祭壇がつくられた。17-B期の層からは、アドベの箱が発見されたが、二次的な火葬か儀礼の奉納として鳥や小動物を燃やした可能性が指摘されている（Trik 1953:63）。17-C期の床には、17-B期の層まで貫くように柱穴が認められるが、明確な建築物は確認されなかった。17-D期の建造物は2段のテラスが認められ、基壇の規模は9.9m×9.3m×高さ2.2mである。階段は正面に二つあり、両方とも6段ずつである。基壇上の建物は前方と後方の部屋に壁で仕切られている。墓もキャッシュも発見されていない。建物の構造から小神殿と考えられる。

⑧　建造物37

建造物1の東、建造物4の北に位置し、遺存が良くない小さな建造物である。3段階の建築時期が確認され、カンクヤック期（後古典期前期）～シナバーウル期（後古典期後期）につくられた。37-A期には高さ85cmの基壇があったが、規模は破壊されており不明である。歯牙変工された人物が埋葬された墓37-6が基壇下の堆積層から発見されているが、37-B期と混在している。37-C期の基壇は10.3m×10.5m×高さ2.5mで、2段のテラスがあり、正面の階段を上ると基壇上には部屋が建てられている。部屋の構造は建造物17に似ており、壁で前方と後方の部屋に仕切られている小神殿と判断できよう。

(2) 宮　　殿

「神殿」に比べて基壇の高さが低く、建物のプランは横長の長方形のものが多い。一般的に、内部構造は複雑で、ワシャクトゥン遺跡など他の遺跡では2階建ての場合もある（Smith 1950:71-74）。サクレウ遺跡では、建物の構造が比較的単純である。報告書では「宮殿」とされているものはないが、長いベンチがつくられている点を考慮して、本論では「宮殿」として分類した。また、後述する「用途不明」の建造物のうち、長方形の基壇を有する建造物の中には、「宮殿」として利用された建造物もあった可能性があるだろう。

①　建造物4の翼部（図5）

前述のように、広場1の南東に位置し、神殿中央部と北東部および南西部の基壇からなる複合建造物である。12段階の建築時期が確認されたが、北東部および南西部の両翼となる基壇は、後半の建築時期であるシナバーウル期（後古典期後期）に建てられた。左右対称ではないが、中央部の建造物に対し、北東側と南西側にそれぞれ長さ約17m、33mの翼部を担っている。北東部（左側）の基壇には広い階段が1列、南西部（右側）の基壇には狭い階段が3列つくられており、円柱もそれぞれ5本と9本が残っている。部屋内部には、後方の壁づたいに長いベンチがつくられている。ベンチや壁には彩色跡が見られないが、柱には赤い染色が認められる。両方の基壇上の建物とも、基壇の高さが約1.5mと中央部よりも低く、細長い部屋の構造をしていることから、「宮殿」として使用されたと考えられる。

②　建造物10（図7）

広場4の北側を構成する建造物で、シナバーウル期に属する。東西52m×南北13.5m×高さ3.5mの基壇をもち、3段のテラスがあり、幅10m以上の広い階段2列が正面に配置されている。基壇上には横45m×縦4.8mの長細い部屋があり、入口には角柱が10本立てられている。部屋の中には、三方の壁づたいに長いベンチがあり、黄・緑・赤の帯状の染料が認められるたらい状の置き場も存在する。ベンチ前の床下からは墓10-1が発見された。なお、基壇の北側で建造物9とつながっている。

報告者は、ベンチが祭壇に使われたとしているが（Trik 1953:53）、部屋内部の正面にある祭壇はベンチの一部にすぎず、やはりベンチは座るために使用されたと思われる。極端に細長い部屋の構造であることから、本論ではこの建造物を「宮殿」としたい。

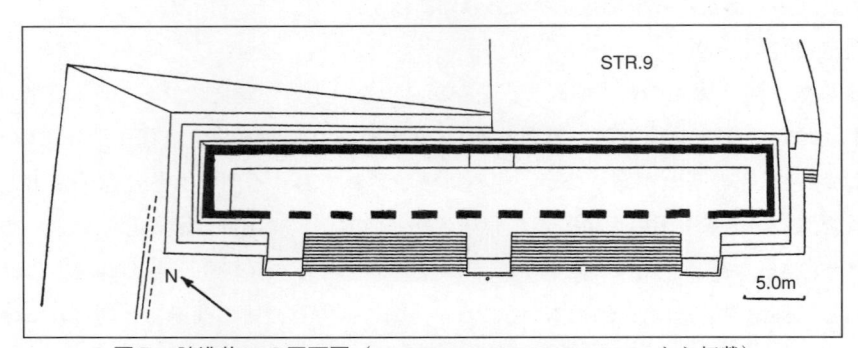

図7　建造物10の平面図（Woodbury and Trik 1953:Fig.15 から転載）

③　建造物25

　球技場の西端と広場5の間に位置し、2段のテラスのある22m×12m×高さ2.6mの基壇である。あまり精査されておらず、詳しい情報はない。正面には2列の階段があり、階段を上ると4本の列柱で仕切られた入口があり、17m×7.6mほどの長方形の建造物が建てられている。正面である西側は列柱のみで壁がなく、それ以外の三方向が壁に覆われている。建造物10と同様に、部屋内部には壁に沿って長いベンチがある。カンクヤック期終末（後古典期前期）～シナバーウル期（後古典期後期）の築造である。

(3)　儀礼基壇

　基本的に上部構造（部屋）をもたないが、階段がついており、儀礼を行うことを目的に建築されたと思われる建造物を指す。壁を建てた跡がある場合には、規模が小さくても本論では「神殿」と判断している。

①　建造物11

　広場1のほぼ中央に位置し、建造物1と建造物6を結ぶ交点にある。小さな基壇で、7.85m×8.4m×高さ2mである。墓11-1は複数の遺体を埋葬する納骨堂で、墓11-2・11-3はいずれも骨壺である。シナバーウル期に属する。

②　建造物12

　建造物6と建造物11の南北軸の延長線上にある、5.45m×6.1m×高さ1.85mの小さな基壇である。2段のテラスが認められ、墓12-1の上の床には埋葬の後に儀式で使用したと考えられる燃え滓が認められる（Trik 1953:56）。シナバーウル期に属する。

③　建造物15

　建造物16の西側13.5mに位置し、基壇は9.25m×5.85mで高さが40cmと低い。基壇の上には東西対称の形をした2段のテラスがあり、高さは約1.5mほどである。東側には漆喰で覆われた堤道の跡が見られる。墓15-1・15-2が発見されたが、いずれも再葬されたと考えられ（*Ibid.*:59）、複数の人骨が納められていた。カンクヤック期（後古典期前期）に属する。

④　建造物16

　広場2にあり、建造物4から西に16.5mに位置する。8.2m×4.7m×高さ約2mの小さな基壇で、東と西の方向に堤道があり、基壇の上には四方に階段のあるテラスが建てられている。東側の階段の後にある床面上に墓16-1がつくられ、シナバーウル期に基壇がつくられるのと同時に再葬されたと考えられている（*Ibid.*:62）。そのほか、西側の階段下から墓16-2が、基壇の頂部から約50cm下の地点から墓16-3が発見されている。

⑤　建造物24（図8）

　建造物27と建造物28に挟まれるように立っている小さな基壇のついた祭壇で、広場7のほぼ中央に位置する。2段階の建築時期が確認され、24-A期には東西にそれぞれ伸びた突起物のために十字形をした基壇がつくられた。高さは約1.5mで南北にそれぞれ階段がついている。手すりの西側やその壁の部分には赤、青緑、黄色の帯が見られる。ほぼ中央の盛土の中に墓24-1があり、4体の遺骨が再葬されたと考えられている（*Ibid.*:66）。24-B期になると、24-A期の祭壇を一部壊して新たな

基壇がつくられた。建築プランは大きく変化しないが、階段の位置が90度回転する形になった。北側の階段の上り口には、26cm×36cmの小さな記念碑のような石造物が立っている。墓やキャッシュは見つかっていない。シナバーウル期の築造である。

(4) その他

建造物22と23は球技場を構成する両端の建造物で、球技場内部の広さは長さ42.55m、幅21mであり、競技部分は長さ24.7m、幅は6.19m～7.1mである。墓やキャッシュは見つかっていない。チナック期～カンクヤック期初期（古典期後期～後古典期前期）に属する。

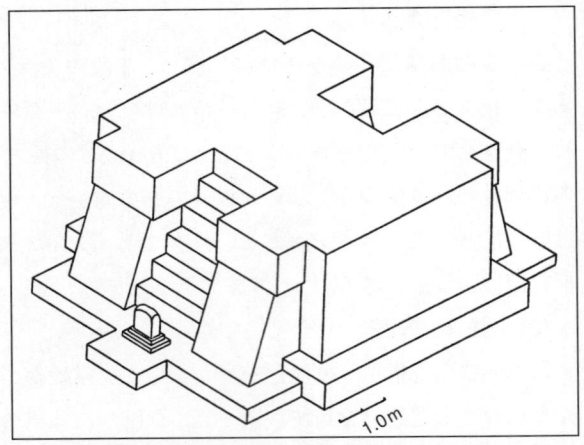

図8　建造物24（24-B期）の立面図（Woodbury and Trik 1953: Fig.29-bから転載）

また、報告書で「用途不明」となっている建造物は、基壇だけで上部構造が確認できなかったものが多い。建造物7・8・9・14・27・28・32の七つが該当する。ただし、前述したように、長方形の基壇を有する建造物7・8・27・28は、その高さが低いことから「宮殿」だった可能性もある。

4. 歯牙変工の様相

(1) 型式と時期

サクレウで見つかった歯牙変工を伴う被葬者は9体である（表2）。型式はA-1・A-2・A-4・B-2・B-4・C-1・C-2・C-4・C-5型の9種類で、いずれも象嵌を施さない削歯である（図9）。古典期前期後半～後古典期前期のマヤ低地の遺跡やメキシコ中央部の遺跡からは、翡翠などの象嵌を施す飾歯が多数発見されており（Romero 1958・1970・1986, Olivares 1997, Tiesler 2001, 多々良 2004b）、すべて削歯である点はこの遺跡の特徴といえるかもしれない。アツァン期（500年～）にはA-4・B-4・C-4型が、チナック期（700年～）にはC-1・C-2・C-4・C-5型が、そしてカンクヤック期（900年～）にはA-1・A-2・B-2・C-2型がそれぞれ見られる[1]。複雑な型式がある時期に集中するような時期的傾

表2　サクレウで出土した歯牙変工例

墓	出土位置	遺構性格	埋葬形態	性	年齢	体位	時期	変工型式
Gr13-16	第1面床下	神殿	列石墓	男	若者	座	500～	A-4、B-4
Gr1-4-A	建造物1の西側ブロック下	神殿	石室墓	女	若者	伸、仰	500～	C-4
Gr13-2-A	Gr13-1の直下	神殿	土壙墓	男	成人		700～	C-5
Gr13-2-C	Gr13-1の直下	神殿	土壙墓	女	未成年		700～	C-1、C-4
Gr13-1-A	テラスの壁の後の堆積	神殿	土壙墓	男	成人		700～	C-2
Gr13-23	地表面の下	神殿	土壙墓	男	成人	伸、仰	900～	A-1、A-2
Gr37-6-A	37-B期の堆積	神殿	土壙墓	女	成人		900～	A-1、B-2
Gr3-4-A	広場8の床下	広場	列石墓	?	?	座	900～	C-2
Gr4-1	建造物4の通路・階段下	神殿	石室墓	男	成人	伸、仰	1050～	C-2（C-6?）

向は、とくに認められるわけではない。

　また歯牙変工された人骨の時期的分布は、アツァン期に2体、チナック期に3体、カンクヤック期に4体と、数的には徐々に増えている。しかし、シナバーウル期（1200年〜）からは1体も発見されておらず、この風習は後古典期後期以降には行われなかったことになる。また、歯牙変工された被葬者の割合[2]は、アツァン期では44体のうち2体（墓32基中2基）、チナック期では41体のうち3体（墓33基中2基）、カンクヤック期では58体のうち4体（墓19基中4基）と、それぞれ5％、7.3％、6.9％となっている。この数値からほぼ5％〜7％と一定の割合の人物に歯牙変工が施されたと捉えることができ、サクレウの支配者が歯牙変工を管理していた可能性を指摘できる。

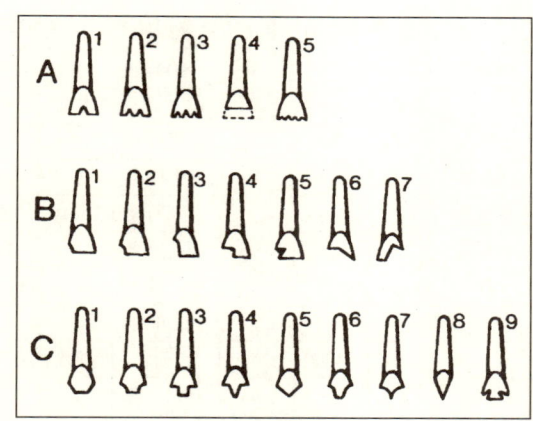

図9　ロメロによる歯牙変工の型式分類
（Romero 1970:Fig.1 から一部転載）

（2）被葬者の年齢と性別

　歯牙変工された被葬者の年齢や性別について、アツァン期では男女1体ずつでいずれも若者であった。チナック期では男性2体はいずれも成人で、女性1体は未成年であった。カンクヤック期では、男性2体と女性1体でいずれも成人で、残り1体は年齢・性別ともに不明となっている。このことから、性別にはとくに偏った傾向が見られないが、男女をほぼ同じ割合にするような意図があったとするのは、無理な見方であろうか。

　年齢については、未成年から成人まで幅広く認められる。ただし、年齢がはっきりしている8体のうち、未成年と若者が3体認められる。成人の5体は、若いときに歯牙変工された可能性がある。もし若いうちに歯牙変工していたとすれば、自分の意志で歯牙変工したというよりも、社会における風習、あるいは権威者からの働きかけで歯牙変工させられたとは考えられないだろうか。

（3）埋葬形態と埋葬場所（表3）

　時期が明確に報告されている墓は96基を数えるが、歯牙変工の認められる墓が8基（人骨は9体）、そうでない墓が88基である。まずこれらを埋葬形態に見ると、大型墓は1基のみで、被葬者には歯牙変工は見られない。また甕棺墓も6基で、これも同様である。石室墓は16基報告されているが、うち2基に歯牙変工された被葬者が見られる。土壙墓がサクレウでもっともよく見られる埋葬形態であり、47基中4基から歯牙変工された人骨（1基には2体の歯牙変工が認められる例もあった）が出土した。列石墓には、20基中2基に歯牙変工された被葬者が見られた。また、石室墓では、16基中2基から歯牙変工された人骨が見つかった。なお、火葬して骨壺に納められたのは6基で、いずれも後古典期後期でまったく歯牙変工は認められなかった。

　次に、埋葬場所について見ていくと、どの時期においても、神殿の基壇や床下に埋葬されることが圧倒的に多い。神殿への埋葬は76例に及ぶが、そのうち7基の墓から歯牙変工された被葬者が見つかった。歯牙変工の認められる墓は8基であり、ほとんどの歯牙変工が神殿に見られることがわ

表3 歯牙変工と埋葬形態および埋葬場所の関係

500年～

	神殿	計
土壙墓	20	20
列石墓	5(1)	5(1)
石室墓	6(1)	6(1)
大型墓	1	1
計	32(2)	32(2)

900年～

	広場	神殿	儀礼基壇	計
甕棺墓		2		2
土壙墓		4(2)		4(2)
列石墓	3(1)	1	2	6(1)
石室墓	1	4(1)	2	7(1)
計	4(1)	11(3)	4	19(4)

700年～

	広場	神殿	計
甕棺墓	2	2	4
土壙墓	3	17(2)	20(2)
列石墓	1	6	7
石室墓	1	1	2
計	7	26(2)	33(2)

1200年～

	神殿	宮殿	儀礼基壇	計
火葬	5		1	6
土壙墓		1	2	3
列石墓	1		1	2
石室墓	1			1
計	7	1	4	12

( )は歯牙変工

表4 主な副葬品と歯牙変工の有無との割合

副葬品	歯牙変工 埋葬数	歯牙変工 割合	歯牙変工なし 埋葬数	歯牙変工なし 割合	全体 埋葬数	全体 割合
形象三足土器	2	25.0%	7	8.0%	9	9.4%
翡翠製品・翡翠片	5	62.5%	31	35.2%	36	37.5%
針・錐・刃	3	37.5%	10	11.4%	13	13.5%

かる。また、広場への埋葬例は11基で、古典期前期と後古典期後期からは発見されていない。そのうち歯牙変工された被葬者は、後古典期前期の1基のみである。なお、儀礼基壇や宮殿からはまったく歯牙変工された人物が発見されていない。もっとも、この両者は埋葬自体の例が少なく、歯牙変工との関係を論じることはできない。

以上のことから、全体の埋葬例と歯牙変工例の数的傾向は同じであり、神殿のうちでも多いものから順に土壙墓、石室墓、列石墓で歯牙変工された人物が納められたことになる。

(4) 副葬品

副葬品に関しては、土器がもっとも多く、納められた墓が5基であった。とくに目立つものとしては、墓3-4と墓4-1から出土した脚が動物の頭部を象った形象三足土器、墓4-1から出土した器壁に穴のあいた三足香炉、墓13-16から出土したネガティブ文土器、墓13-23から出土したヒキガエルの鉛釉形象土器などがある。形象三足土器は、サクレウ遺跡全体で完形が9基の墓から18点出土しているが、同じマヤ高地のサクアルパに比べて少ないことから（Wauchope 1941）、貴重な副葬品だったと考えられる。また、翡翠製品もやはり多く、同じく5基の墓で認められた。翡翠製品が副葬されていた被葬者には、翡翠製のものも含めて必ずビーズが副葬されていた。ビーズは首飾りやブレスレットなどの装飾品の一部だと考えられ、彼らは高貴な人物だったと思われる。放血儀礼の道具であったと考えられる黒曜石やフリント製の刃やポイントは3基の墓から発見されたが、サクレウ遺跡全体では13基の墓で認められた。これら3種類の副葬品は、歯牙変工が見られない被葬者に比べ、25.0%、62.5%、37.5%と、いずれも高い割合になっている（表4）。このことから、歯牙変工された人物は、貴族の中でも儀礼的役割を果たしていた可能性が指摘できる。

ところで、墓13-1には副葬品が見られず、墓13-2にも翡翠製ビーズがあるものの副葬品は少なかった。この2基の墓はいずれもチナック期であり、この時期の墓の副葬品は全体的に貧弱である。これは、チナック期におけるサクレウの都市活動が停滞気味だったことを示すものであろう。

5. 考　察

(1) 空間分析

歯牙変工が認められるのは、建造物1、建造物3、建造物4、建造物13、そして建造物37である。これらに共通するのは、すべて神殿であることである。とくに建造物13では4基（5体）の歯牙変工例が見つかっている。その他の歯牙変工例は、上の建造物に1基ずつであるため、建造物13において、歯牙変工された人物が重要であったことがわかる。

建造物13は広場1の南西側に位置しているが、建造物1や建造物6も広場1を囲む建造物である（図2）。これらの建造物は、いずれもアツァン期〜チナック期（古典期前期後半〜古典期後期）を中心に築造されたものである。したがって、この時期にはこれら三つの神殿に囲まれていた広場1が、儀式の中心的空間として機能していたと考えられる。その儀式の中心的存在だった人物が、神殿を建てる際、あるいは建ててから床下に埋葬されたことは想像に難くない。歯牙変工された人物は、まさにそのような役割を担っていたことを示唆している。アツァン期には、中心的神殿だった建造物1と建造物13に歯牙変工された人物が埋葬され、チナック期には、すでに建築を終えた建造物1に代わって、建造物13に歯牙変工された人物が集中して葬られたと考えられる。

カンクヤック期（後古典期前期）になると、儀礼を行う空間が広場8へと移動する。広場8を挟むように東西に立っている建造物2と建造物3が、その新たな儀礼空間となったのであろう。この広場の北東に位置する球技場もほぼ同時期に使用されたようであり、広場8とともに儀礼の中心的空間であったのだろう。この空間で儀礼を演出した人物は、やはり歯牙変工を施され、建造物3へと埋葬されたと考えられる。

さらにカンクヤック期後半〜シナバーウル期（後古典期後期）になると、広場2も儀礼空間の中心になったようである。この広場は、儀礼基壇である建造物15・16や小神殿である建造物17によって構成されているが、もっとも目立つ神殿は建造物4である。やはりこの広場2でも、歯牙変工された人物が儀礼を演出し、死後に建造物4に埋葬されたと推測できる。

以上見てきたように、神殿およびそれにつながっている広場にのみ、歯牙変工された人物が埋葬されるというルールがあった。そして彼らの墓は、図2に見るように広場を構成する建造物に納められていた。神殿や広場は、儀礼の場を意識して建設され、劇場的世界を演出したと思われる。したがって、儀礼空間は広場1から広場8、そして広場2へと移動し、それぞれの儀礼区域で活躍した人物が神殿に埋葬され、儀礼を演出した特定の人物に歯牙変工が施されたと考えられよう。

(2) 歯牙変工と王権の関係

サクレウにおける96基の墓のうち、どれが王墓に該当するのだろうか。墓の規模や構造、そして副葬品の質と量から、明確に王墓と考えられるのは、神殿1で見つかったアツァン期（500年〜）に属する大型墓である。その他には大型墓は見られず、石室墓のうち副葬品が豊富な墓を王墓と考えるのが妥当であろう（表5）。

アツァン期では6基の石室墓が認められるが、墓1-9以外はいずれも副葬品が豊富であり、王もしくは王族の墓と思われる。墓1-9も墓1-8の直下に造営されており、王族の墓である可能性が高い。

表5 王もしくは王族級の墓の状況と副葬品

墓	出土位置	遺構性格	埋葬形態	性	年齢	方向	体位	時期	変工型式	備考
Tomb	建造物1-D、正面階段3.6m下	神殿	大型墓	?	成人	東	?	500〜		人骨C、少なくとも6体
Gr1-4	建造物1の西側ブロック下	神殿	石室墓	女	若者	南	伸、仰	500〜	C4	
Gr1-8	4段目テラス	神殿	石室墓	男	成人	?	伸?	500〜		女性成人共伴
Gr1-12	1-A期の床上の壁後方	神殿	石室墓	女?	成人	南	屈、仰	500〜		女性成人・若者共伴
Gr1-19	テラスの上の1-D期の堆積	神殿	石室墓	女?	成人	南	伸、仰	500〜		
Gr1-26	1-C期のテラスの床下	神殿	石室墓	?	?	?	?	500〜		
Gr1-1	聖廟床下	神殿	石室墓	男	成人	東	伸、仰	700〜		男性成人、乳児2体共伴
Gr9-3	広場1の下	広場	石室墓	男	成人	東	伸、仰	700〜		
Gr1-14	広場1の床下	広場	石室墓	男?	成人	?	?	900〜		最低10体
Gr3-3	3-B期テラスの最上層	神殿	石室墓	?	12-14歳	北	屈、仰	900〜		男若者、15歳の2体共伴
Gr11-1	中央部の堆積	儀礼基壇	石室墓	?	?	?	?	900〜		13体混在、1200年以降再利用
Gr13-22	上部構造の床下	神殿	石室墓	?	?	?	?	900〜		成人など3体共伴
Gr16-2	西側階段下の土壌	儀礼基壇	石室墓	男	成人	?	?	900〜		男性成人共伴
Gr37-5	37-B期の基壇の最上層	神殿	石室墓	?	7-8歳	西視	座	900〜		
Gr4-1	建造物4の通路・階段下	神殿	石室墓	男	成人	東	伸、仰	1050〜	C2(C6?)	7体の成人と1体の子供の骨混在
Gr37-3	37-C期の堆積、西側部屋の下	神殿	石室墓	男	老人	東	伸、仰	1200〜		女性若者共伴

墓	副葬品
Tomb	129種の多数の副葬品
Gr1-4	土器12、翡翠ビーズ24、ビーズ4、翡翠耳飾り、貝ビーズ2,185、貝装飾品3、骨輪
Gr1-8	土器3、香炉2、石製ビーズ12、翡翠製ビーズ1、石製ペンダント2、翡翠製耳飾り、ビーズ7（翡翠、クリスタル）、石製動物像、石皿
Gr1-12	土器12、翡翠と石鹸石ビーズ41、翡翠製ビーズ3、灰色石ペンダント、黒曜石刃、貝製ペンダント1・ビーズ9、動物歯のペンダント、鳥の骨
Gr1-19	子供共伴。香炉2、土器5、ディスク片、山猫頭骨、翡翠製ビーズ・ペンダント・耳飾り、貝製ビーズ、鳥の骨入り鉢
Gr1-26	翡翠製ペンダント2、石鹸石ビーズ、石製ビーズ、翡翠製ビーズ3、黄鉄鉱と赤鉄鉱の残屑
Gr1-1	石製香炉、蹄形石製品、翡翠の塊、鳥の骨（赤ん坊に副葬）
Gr9-3	土器6、石製ビーズ
Gr1-14	土器1、形象土器2、香炉2、フリント製刃3、斧、黒曜石刃3、黒曜石片、鹿角具、翡翠製ビーズ
Gr3-3	土器1、形象土器3、貝ペンダント、蛙のペンダント、貝ビーズ
Gr11-1	土器2、漆喰塗り陶製耳飾り、メタテ片、マノ片、翡翠製ビーズ
Gr13-22	形象土器1、土器3、翡翠製ビーズ、フリント石刃、陶製印章、紡錘車、Tumbaga片、黒曜石刃、銅製鈴
Gr16-2	土器3、銅製鈴、金盤、平円盤片、翡翠製ビーズ、骨製管、石鏃、翡翠製モザイク片、スレート片
Gr37-5	土器1、翡翠製品1
Gr4-1	三足土器2、香炉1、フリント刃、石板、金箔、翡翠製ビーズ5、黒曜石刃9・石核4
Gr37-3	土器1、マノ、メタテ、石板、翡翠製ビーズ4、貝製ビーズ29

▢ 歯牙変工

王もしくは王族の墓と考えられるこれらの墓のうち、墓1-4の被葬者には歯牙変工が見られるものの、それ以外の墓の被葬者には歯牙変工が認められない。また、アツァン期ではもう1基の墓に納められた人物に歯牙変工が施されているが、この墓13-16は列石墓で副葬品が少なく、しかも座葬である。このことは、必ずしも王もしくは王族のみを対象に歯牙変工が行われたわけではなかったことを示唆している。

　チナック期（700～900年）は、前にも触れたように都市活動があまり活発でなかった時期であり、王族の墓である可能性が高い石室墓は2基のみしか発見されていない。時間的幅を考えれば、王が2人しか存在しなかったことはありえない。よって、石室墓以外にも王や王族の墓があったことになる。歯牙変工が見られる墓13-2は、土壙墓ながら副葬品に翡翠製ビーズが認められ、しかも同様に歯牙変工が認められる被葬者は、墓13-2に同時に埋葬され、もう1体はこの墓の直上に位置している。このことは、彼ら3人が血縁的に近い関係だったか殉葬だったことを示しているように思われる。そして、この時期の墓に納められた副葬品は貧弱であったことを考えれば、墓13-2の人物に翡翠製ビーズが副葬されていたことは、この被葬者がある程度の権威をもっていたと推測される。

　カンクヤック期（900年～）では、石室墓が7基認められ、列石墓にも豊富な副葬品が納められているものが目立つ。この時期には、都市活動が活発に行われていたことを裏づける資料である。7基の石室墓のうち、歯牙変工が見られる被葬者は墓4-1の1体のみである。副葬品も豊富であることから、王または王族の墓であった可能性が高い。また、この時期の伸展葬は2体報告されているが、いずれの人物にも歯牙変工が認められる。1体はこの石室墓4-1に納められた人物で、もう1体は墓13-23の被葬者である。だが、墓13-23は土壙墓であり、しかも翡翠製品が副葬されていないことから王族であった可能性は低い。

　シナバーウル期（1200年～）になると、歯牙変工がまったく見られなくなる。副葬品に翡翠が含まれる例が極端に減り、12基の墓のうち1基にしか翡翠が認められなくなることは、歯牙変工の不在と無関係ではないであろう。つまり後古典期後期には、王が交易をコントロールして翡翠を獲得することは困難になり、もはや歯牙変工によって儀礼を演出する力がなくなったという見方もできる。

　以上のことから、王または王族級の高位の人物には、必ずしも歯牙変工が見られるわけではないことがわかった。しかしながら、アツァン期からカンクヤック期において、ほぼ5％～7％と一定の割合の人物の歯牙変工がなされていた。このことから、サクレウの王が歯牙変工という風習を管理していたことが推測できる。儀礼が社会において重要な位置を占めるマヤ地域では、王が儀礼を司っていたのは周知のことであり、儀礼的役割を果たしていた貴族たちを王が任命していた可能性があるだろう。また、麻酔薬や鉄製道具のない状態で歯を削れば、想像できないほどの苦痛を伴う[3]。その苦痛を経験したことが、歯牙変工した少数の人物の権威づけに効果があったのかもしれない。

6. まとめ

　サクレウにおける歯牙変工はすべて削歯であり、翡翠などの象嵌は認められない。しかしマヤ地域において、多くの遺跡で象嵌された飾歯が発見されており（Romero 1970, Olivares 1997, Tiesler

2001)、高地マヤでも、グアテマラのカミナルフユ遺跡（Cifuentes 1963）やエル・サルバドルのサン・アンドレス遺跡[4]で飾歯が報告されている。よって、サクレウにおける歯牙変工の型式は、高地マヤの他の地域の都市とやや異なっていたと考えられる。この違いが他の文化要素でも見られるとすれば、非常に興味深い。

　本論では、歯牙変工された人物が、神殿もしくは神殿のすぐ前にある広場に埋葬されたルールのあることが明らかになった。神殿前の広場では歯牙変工が行われた人物が儀礼の中心となり、彼らは死後広場を囲む神殿に納められたのだろう。歯牙変工は王によって管理され、王が限られた人物に歯牙変工を命じて儀礼を行わせたというのが、本論の仮説である。チナック期の墓13-2に見られるように、歯牙変工を命じられた人物には血縁関係があったのかもしれない。歯牙変工された人物の割合が少ないことから、彼らは当時の社会において稀少価値があったとと考えられる。

　歯牙変工が貴族間の「おしゃれ」であるとする考え方があることは、本論の冒頭でも指摘した（Miller and Taube 1993:77, Saul and Saul 2001）。しかし、単なる「おしゃれ」に、非常に激しい痛みに耐えるだけの価値があったのかといえば、疑問である。やはり、一種の威信行為と考えるのが妥当であろう。王に歯牙変工を命じられたことにより、その風習を施された人物は威信を得られたという仮説も提示したい。

　本論で提示したこれらの仮説を検証するために、今後もマヤ高地における他の遺跡の歯牙変工例を整理し、分析していきたい。

註

1) 墓4-1から発見されたC-2型は、報告書のfig.291-d（Woodbury & Trik 1953）を見る限り、C-2型が摩滅したものともC-6型とも考えられるが、筆者は資料を実見していないため正確なところはわからない。
2) 被葬者数は子供を除いてある。また、二次埋葬で骨片が混在している場合は明確な人数がわからないために被葬者数に含めていない。
3) 2001年8月に、筆者が東北学院デンタルＴＧ会で「古代における歯の装飾（細工）」について講演した際、多くの歯科医師から歯牙変工に伴う苦痛について指摘を受けた。
4) サン・アンドレス遺跡に関する報告書は出ていないが、2004年8月に同遺跡公園の博物館においてE-1型の歯牙変工が施された人骨を筆者が確認している。

参考文献

多々良　穣　2004a「ワシャクトゥンにおける歯牙変工の様相」『古代アメリカ』第7号、33-49頁、古代アメリカ学会。
多々良　穣　2004b「古代メソアメリカにおける歯の装飾」『古代文化』第56巻第6号、34-43頁、古代學協會。
中村　誠一　2004「ジャングルのなかの神殿ピラミッド─古代マヤ建築」『マヤ学を学ぶ人のために』（八杉佳穂編）、世界思想社。
Cifuentes Aguirre,Oscar　1963　*Odontología y mutilaciones dentarias mayas*. Editorial Universitaria, Ciudad de Guatemala.
Fastlicht, S.　1960　Las mutilaciones dentarias entre los mayas: un unevo dato sobre las incrustaciones dentarias. *Anales del Instituto Nacional de Antropología e Historia*, No.12:111-130. México.
Fastlicht, S.　1962　Dental Inlays and Fillings among the Ancient Mayas. *Journal of the History of Medicine and Allied*

Sciences 17:393-401.

Miller, M.E. and K.Taube 1993 *Gods and Symbols of Ancient Mexico and the Maya.* Thames and Hudson, London. (『図説マヤ・アステカ神話宗教事典』増田義郎監修、武井摩利訳、東洋書林、2000)

Olivares, Nora M. López 1997 Cultural Odontology: Dental Alterations from Petén, Guatemala. *Bones of the Maya,* edited by Stephen L. Whittington and David M. Reed. :105-115. Smithsonian Institution Press, Washington D.C.

Romero Molina, Javier 1958 *Mutilaciones dentarias prehispánicas en México y América en general.* Serie Investigaciones No.3. Instituto Nacional de Antropología e Historia, México.

Romero Molina, Javier 1970 Dental Mutilation, Trephination, and Cranial Deformation. Physical Anthropology, edited by T.D.Stewart:50-67. *Handbook of Middle American Indians,* Vol.9, R.Wauchope, General editor. University of Texas Press, Austin.

Romero Molina, Javier 1986 *Catálogo de la colección de dientes mulilados prehispánicos* IV parte. Instituto Nacional de Antropología e Historia, México.

Saul, Frank P. and Julie Mather Saul 2001 Cosmetic Alterations of the Face and Body, *Archaeology of Ancient Mexico and Central America,* edited by Susan Toby Evans and David L. Webster :180-183. Garland Publishing Inc., New York and London.

Smith, A. Ledyard 1950 *Uaxactun, Guatemala, Excavations of 1931-1937.* Carnegie Institution of Washington Pub.588.

Stephens, John L. 1850 *Incidents of Travel in Central America, Chiapas and Yucatan.* 12th edition, 2 vols. New York.

Tiesler Blos,Vera 2001 *Decoraciones dentales entre los antiguos mayas.* Instituto Nacional de Antropología e Historia, México.

Trik, Aubrey S. 1953 The history of Zaculeu, *The Ruins of Zaculeu, Guatemala.* 2 Vols., edited by R. B. Woodbury and A. S. Trik:9-20. The William Bird Press, Richmond, Virginia.

Wauchope, Robert 1941 Effigy head vessel supports from Zacualpa, Guatemala. *Los Maya Antiguos*:211-232. Mexico.

Woodbury, Nathalie F. S. 1953 Architecture, *The Ruins of Zaculeu, Guatemala.* 2 Vols.,edited by R. B. Woodbury and A. S. Trik:24-75. The William Bird Press, Richmond, Virginia.

Woodbury, Richard B. and Aubrey S. Trik (ed.) 1953 *The Ruins of Zaculeu, Guatemala.* 2 Vols. The William Bird Press, Richmond, Virginia.

古代マヤにおける洞窟利用とその政治的意義

石原　玲子

1. はじめに

　はじめに、古代マヤの人びとの洞窟利用に関する研究史（Brady 1989）を紹介するが、アメリカ考古学界の主流理論の発展（Trigger 2000）と併せて追うと理解しやすい。メソアメリカの洞窟遺跡が欧米人によって最初に記録されたのは、19世紀半ばスティーヴンスとキャザウッドによる探検記においてである（Stephens 1843）。19世紀終盤に洞窟の発掘が行われたが（e.g., Gordon 1898, Mercer 1896, Seler 1901, Thompson 1897・1938）、調査結果は古代マヤ文化が優れていることを示し、当時植民地化されていた北米先住民やメキシコ・中米の先住民に対する人種差別に反するような内容であったため軽視された。20世紀前半のアメリカ考古学は文化史的なアプローチや機能主義が盛んになり、歴史的個別主義を提唱したボアズが率いた反差別運動がきっかけで、北中米の各民族を尊重する文化相対主義が受け入れられるようになり、土器編年等による年代測定や層位論的方法を用いて文化史を復元することに関心が移った。しかし、この時期に洞窟遺跡の調査（e.g., Gann 1918, Joyce 1929）が数少ないのは、古代文化の経済面や人間が環境にどのように順応して生活したかなどを焦点とする機能主義が主流であったため、宗教等に関する研究が軽視されたことによる。

　50年代から60年代にかけて、カーネギー研究所やトゥーレーン大学中米研究所などによって大規模な考古学調査がマヤパンやツィビルチャルトゥンなどで展開された（e.g., Andrews 1965・1970, Smith 1954, Strömsvik 1956）。都市遺跡周辺の洞窟遺跡も調査対象に含まれていたものの、大抵は軽んじた扱いしかされず小規模な調査しか行われなかった。ほかには、小規模な調査がベリーズ、メキシコ中央部やチアパス州、グアテマラにおける洞窟で行われたが（e.g., Anderson 1962, Navarrete 1957, Navarrete and Martinez 1977, Pendergast 1971）、これらの報告書もやはり考古学界では軽視された。これはおそらく祭祀遺跡としての洞窟遺跡を理解するうえで必要な理論的枠組みが当時のアメリカ考古学界ではまだ十分に構築されていなかったためであろう。

　祭祀の場としての洞窟に焦点を当てた考古学調査が行われるようになったのは、70年代終わり頃からである。ヘイデンによるテオティワカンの「太陽のピラミッド」内部に掘られた人工の洞窟の調査（Heyden 1975・1981）や、マクラウドとレエンツによるベリーズのペトログリフ（岩刻画）洞窟の発掘調査（Reents 1980, Reents-Budet and MacLeod 1997）など、長期的に調査を進める例が増え、洞窟の果たす宗教的重要性が認識され始めた。80年代後半には、ブレイディがグアテマラ、エル・ペテン県のナフ・トゥニチ洞窟において大規模な調査を実施した（Brady 1989）ほか、ボノールによって、それまで個別にしか報告されていなかったユカタン半島の洞窟遺跡に関する、初の体系的研究が行われた（Bonor Villarejo 1989）。いずれの調査結果も、洞窟が祭祀に利用されていた可能性

を強く示唆するものであった。この頃には、古代文化は進化論や機能論によって簡潔に説明できるほど単純ではないことがようやく浸透し、宗教やイデオロギーも考古学的に探究可能であることが提案された（Hodder 1982a・b）。こうしてメソアメリカ各文化の宗教面に関して、洞窟遺跡の発掘調査を通して研究を進める洞窟考古学がメソアメリカ考古学界における一分野として誕生した。同時に、文化的に関連性のある民族誌や民族史料を参照して宗教や神話に関する考古遺物の理解に役立たせる研究が盛んになり、洞窟考古学もこうした影響を受けて、現在解釈が進められている。さらに、本稿では主にマヤ文化に焦点を当てるが、マヤ文化以外の例をもあげるのは、メソアメリカから米国南西部までの各文化の宗教の基盤には共通している要素が多いということを指し示すためである。

本稿では、民族史料や民族誌を用いながら洞窟で行われた儀礼を紹介するとともに、考古学調査から得られたデータを図像学等の研究成果と組み合わせることにより、マヤの世界観や宗教における洞窟の位置づけを明らかにしていく。現代マヤの人びととの世界観が反映されている神聖景観（欧米考古学界・人類学界における空間利用を対象とした研究の中で近年盛んになっている研究テーマであるsacred landscapeの造語である。メソアメリカでは、とくに宗教的に重要である地形を取り組み、神話による創造時の世界を模倣した空間を神聖景観と呼ぶ）において、洞窟はそれを構成する必要不可欠な要素の一つである（e.g., Carlson 1981, Vogt 1981）。同様に、古代マヤ社会の中で神聖景観の果たした役割を考える際にも、洞窟は無視することのできない重要な存在であったと主張することが可能ではないだろうか。本稿ではさらに、洞窟を中心とした神聖景観が為政者たちにどのように利用されたのか、その政治的利用の実態にまで言及する。彼らにとって、神聖景観にもとづいて建造された都市は、国家のイデオロギーを喧伝し、自らの権力を強化・正当化する格好の媒体であった。

2. マヤの宗教における洞窟の位置づけ

(1) 「洞窟」の定義

まず、マヤの人びとがいう「洞窟」という語の定義を明確にする必要がある。洞窟というと、地下に広がる広大な空洞を連想するかもしれない。もしくは、岩陰に潜む古代人の住処を思い描くかもしれない。しかし、マヤの洞窟利用の実態を解明するうえで、われわれのもつこうしたイメージを無批判に適用することは絶対に避けなければならない。なぜなら、マヤの人びとにとって洞窟とは、われわれのそれに比べてより幅広く定義されるためである。多くのマヤ語において、チェエン（ch'en）が洞窟に相当する単語であり、それは「地面にある穴」を意味している。チェエンに含まれるものには、洞窟・渓谷・峡谷・泉・池・窪地などがあり（Vogt 1981:126·131）、いくつかの考古資料は岩陰もチェエンと見なされていた可能性を示唆している（e.g., Prufer 2002, Rissolo 2001）。したがって本稿では、「洞窟」とは地面のあらゆる穴を指し、水や自然光の有無を問わず奥深い洞窟・岩陰・セノーテ（天然井戸）・岩石の割れ目すべてを含むものと定義する（図1）。また、マヤの人びとにとって、地表面にある亀裂は、その形態や大きさに関わらず神聖性を有すると考えられていることが、多くの民族誌や民族史料によって明らかとなっている（e.g., Brady 1997:603,

上：ベリーズ、チャパット洞窟遺跡　下左：アグアテカの巨大な亀裂
下右：カラコル遺跡周辺のノースウェスト洞窟（入口の高さは約1mである）

図1　「洞窟」を意味するチェエン（ch'en、T571）のマヤ文字とチェエンの定義内に含まれる「洞窟」

Sandstrom 2005)。たとえば、メキシコ、チアパス州のツォツィル・マヤは、チェエンを山（vits）・木（te'）・石（ton）・峠（hap'osil）に並ぶ神聖な場所の一つと捉えている（Vogt 1981:120）ほか、ユカタン半島のユカテコ・マヤの間では、セノーテ（dzonot）は神聖な場所として現在も重要な信仰の対象となっている（Roys 1939:55）。

(2) 民族学・図像学・神話における洞窟の意味

洞窟はマヤの神話や宗教に頻繁に登場し、主に豊穣や多産、人類や世界の創造、そして生命といった概念に結びつけられている（Bassie-Sweet 1991, Brady 1989, Stone 1995）。民族誌によれば、洞窟には大地や雨、雷、雲あるいは風等を司る神や精霊などが宿っていると考えられている（e.g., Brady 1988:53, Christenson 2001:79・87, Gossen 1974:21, Hermitte 1964:43・54, Redfield 1941:118・239, Redfield and Villa Rojas 1934:205, Thompson 1930:141, 1970:251-275, Vogt 1969:387, 1976:16-17）。たとえば、ドレズデン絵文書にはチャック神（雨と稲妻の神）がセノーテ等の上に立っていたり中に入っていたりする場面が多数描かれており、洞窟と雨の関連性が示唆されている（Ishihara 2000b）。

洞窟はマヤの世界観において暗く危険な地下世界への入口であるほか、洞窟は山の空洞である内部に相当すると見なされ、山すなわち大地への入口である。さらに、こういったことから、洞窟は生命が誕生する母親の子宮であり、人類が生まれた場所であるという（Brady 1988:52, Heyden 1975:134, Hunt 1977:107-109, Sandstrom 2005, Taube 1986:76）。キチェ人の創造神話が記された16世紀に書き残された書物『ポポル・ヴフ』によれば、キチェ・マヤの先祖はブクブ・ペク、ブクブ・シワン（「七つの洞窟、七つの峡谷」）で生まれたといわれている（Tedlock 1996:151-152）。また、多くのナワ人はチコモストクという七つの洞窟より生まれたという（e.g., Tolteca-Chichimeca 1947:xxxv-xxxvi）。

3. 洞窟で行われる儀礼

(1) 民族史料・民族誌による検討

洞窟には多くの象徴的意味が付与されているが、それに伴って多くの儀礼が洞窟の中で行われていたことが、フランシスコ会の司教ディエゴ・デ・ランダが残した民族史料やユカテコ・マヤが書き残した年代記などから判明している。たとえば、チチェン・イツァーにある「生贄のセノーテ」では、人身供儀を含めた雨乞い儀礼が16世紀に至るまで行われていたことが記録されている（Roys 1967:173-174, Tozzer 1941:180-182）。「生贄のセノーテ」で行われた儀礼では、男子の体から心臓を切り出し、供物として燃やした後、心臓とともに遺骸がセノーテの中に投じられたことが記されている（Tozzer 1941:180）。こういった人身供儀がセノーテで行われることは、16世紀ユカタン半島北部において稀ではなかった。そのほかにも、予言や台風を鎮める目的でさまざまな儀礼がセノーテで行われたとされている（Tozzer 1941:181-182）。また、メキシコ、チアパス州にある町サンアンドレス・ララインサールに保管されている18世紀半ばに書き残された書物には、予言や治療のため、そして祝祭日に晴天であるよう祈願するために、祝祭の提供者らが洞窟で儀礼を執り行ったことが記されている（Sanmiguel 1994）。洞窟の中には、七面鳥や香、ろうそくが大地の主（yajual balumil）への供物として捧げられた。

ほかに、民族誌においても洞窟で行われた儀礼が記録されている。もっとも具体的に記述されているのは、メキシコ、ユカタン州にあるバランカンチェ洞窟で行われたユカテコ・マヤによる儀礼に関してのものである（Barrera Vasquez 1970:181-182）。これは、神に祈りを捧げる（Tsikul t'an ti' yuntsiloob）ことにより、その許可なくこの神聖な場所に立ち入った者を災いから守ることが目的であると考えられていたが、後にチャチャック儀礼（雨乞い）であることが明らかにされた。同様の儀礼が、メキシコ、チアパス州のシナカンタンでツォツィル・マヤによって行われている。キン・クルスと呼ばれ、乾季の終わりに生活用水を供給する池の周辺で十分な雨が降るようにと祈願するためのものである（Vogt 1976:99-109）。グアテマラ高地、ソロラ県の町サンティアゴ・アティトランのツトゥヒル・マヤの人びとは、彼らにとってもっとも重要なパカリバル洞窟で、雨乞い儀礼を行ったり先祖と交流したりする（Christenson 2001:87）。また、グアテマラ、チマルテナンゴ県の町テクパンのカクチケル・マヤの人たちは、プルチチ山という重要な山の頂の真下にある洞窟を巡礼地とし、山の魂（k'u'x）にろうそくなどを捧げに行く（Fischer 2001:155）。メキシコ、ベラクルス州に在住するナワやオトミにおいても、山頂付近の洞窟で雨乞い儀礼のための巡礼が行われる（Sandstrom 2005）。

さらに洞窟で行われる儀礼に呪術（Ak'Chamel）がある。メキシコ、チアパス州のツォツィル・マヤ（Uke 1970）、オアハカ州に住むチョンタル・マヤ（Turner 1972:70-71）、グアテマラ高地、ウエウエテナンゴ県にある町サンタ・エウラリアのカンホバル・マヤ（La Farge 1947:128）らによって幅広く呪術が洞窟で行われることが確認されている。シナカンタンでは、呪術およびそれを覆す報復呪術が洞窟の中に立てられている十字架のもとで行われる（Vogt 1969:406-410）。チアパス州のトホロバル地域のある神話によると、ある洞窟の中の川を越せば、太陽が照り多くの果樹が生えている場所にたどりつくという。実際その洞窟には、炉跡があり松葉が撒き散らされ天井はすすによって黒くなっており、近年まで儀礼が行われ続けていることがうかがえる（MacLeod and Puleston 1979:73）。

上記からもわかるように、洞窟の利用は一様ではなく、目的に応じた洞窟が選ばれ儀礼が行われた。たとえば、チアパス州ピノラの民族誌によれば（Hermitte 1964:56）、マリンバをうまく演奏できるよう祈願するにはマリンバ洞窟へ、牛等の家畜の健康を願うにはチェン洞窟へ巡礼に行く。すでに述べたベラクルス州のナワやオトミの雨乞儀礼においても、実際の巡礼先は二つの洞窟に分かれており、雨神（apanchanej）と雷神（tlatomoni）が別々に祭られた（Sandstrom 2005）。

(2) 考古学的検討

古代マヤの人びとの洞窟利用について、最初に民族誌、民族史料、考古資料の統合的な分析を試みたのはトンプソンである。トンプソンは、洞窟利用の機能的な分類を以下のように提案した（Thompson 1975:xiv）。

　①飲料水を汲む場所、②宗教儀礼に用いる「純粋な水」（zuhuy ha）を汲む場所、③儀礼を行う場所、④墓・共同埋葬地・火葬墓地、⑤画廊、⑥祭祀物廃棄場、⑦避難所、⑧その他の利用目的。

トンプソンの分類項目の多く（②④⑤⑥）は洞窟で行われる儀礼過程の一部であることが現在わ

かっている。しかしごく最近まで、洞窟利用といえば決まって宗教儀礼に用いる「純粋な水」を汲む場所と連想されてきた。たとえば、水甕が洞窟遺跡で出土されると、それは「純粋な水」を汲むためのものであると考えられてきた。しかし、これはあまりにも安易な見解であることが近年の研究によって明らかにされている（e.g., 石原2002, Ishihara 2000a）。

　一方で、図像学と民族誌、考古資料の成果の統合を目指した研究がある。ポールらによる研究では、民族誌に記されている新年の儀礼（year renewal ritual）であるクッチ（cuch）儀礼と古典期の多彩色土器に描かれている図像を用いることによって、洞窟遺跡にて出土される遺物の解釈が行われ、洞窟でクッチ儀礼が行われていたと指摘している（Pohl and Pohl 1983）。彼らの研究は興味深いが、方法論に問題がある。ある特定の洞窟遺跡の特定のコンテクストから出土された遺物群をとって論を進めているわけではなく、図像学と民族誌によって明らかになったクッチ儀礼にまつわる遺物が出土されているという事実のみで論じている。考古学における解釈は、出土地点等のコンテクストを考慮しなければならないのはいうまでもない。

　洞窟遺跡にて考古学的調査が体系的になされてきたのは、まだ25年足らずのことである（e.g., Bonor Villarejo 1989, Brady 1989, McAnany 1998, Prufer 2002, Rissolo 2001, Stone 1995）。ボノールによる研究は、主にユカタン州、そしてチアパス州およびベリーズにおけるセノーテを含む洞窟遺跡の概観であり、洞窟を祭祀の場として捉えている（Bonor Villarejo 1989）。またブレイディによるグアテマラのナフ・トゥニッチ洞窟遺跡の調査によって、古代マヤにおける洞窟利用に焦点が当てられている（Brady 1989）。ナフ・トゥニッチ洞窟内には基壇や石製墓室などが建設されているほか、壁面に碑文が残されており（Stone 1995）、先古典期中期から古典期後期まで長期にわたる利用が見られる。この洞窟は巡礼地であり、碑文は洞窟を訪れた支配者層の手によるものではないかとブレイディは推測する。現在、マカナニーによってベリーズのシブン渓谷の洞窟遺跡を含めた広範囲にわたる調査が続けられており、古典期後期にカカオや紙の原料であったイチジクの木の栽培がなされていたと考えられる地域における洞窟利用を考察している（McAnany 1998・2002）。バシー・スウィートによって調査されているメキシコのホルハ洞窟では碑文が発見されており、現代でも行われる儀礼やその洞窟にまつわる神話を記録するとともに発掘されている（Bassie-Sweet 2000・2002）。

　アウエによるベリーズ西部の調査は八つの洞窟遺跡のほか、数多くの洞窟遺跡で踏査を行っている（Audet and Awe 2004, Awe 1999, Awe and Audet 2003, Awe and Griffith 2002, Griffith *et al.* 2000, Helmke and Awe in press, Ishihara, *et al.* 2001）。洞窟の宗教的な重要性が認識されてきたなか、洞窟がいかに利用されてきたかに焦点を当てた研究を、筆者は2003年に西部ベリーズ洞窟遺跡地域研究プロジェクトを通して行った。ベリーズ、カーヨ地区にあるステラ洞窟における考古学調査において洞窟内のテラスや壁などの建造物によってつくられた空間を分析した結果、洞窟内には複数の利用目的に適った空間がつくり出されていたことが明らかになった（Ishihara and Griffith 2004）。

　また、最近では博士論文でも洞窟遺跡を対象にしたものが出てきている。リソーローによるメキシコのキンタナロー州におけるセノーテの調査（Rissolo 2001）、そしてプルーファーによるベリーズ、トリード地区における洞窟や近辺の開地遺跡の研究（Prufer 2002）などが挙げられる。他の博士研究には、直接洞窟遺跡の調査ではないが、メキシコのキンタナロー州における後古典期ユカテ

コ・マヤの小型祭壇の調査で、鍾乳石が奉納されていることが明らかにされ、この祭壇は雨乞いや豊穣儀礼に関係するのではないかと推測されている (Lorenzen 2003)。

4. マヤの世界観と洞窟

マヤの世界観によれば、洞窟は4方位3層に分割された世界において重要な場所である（図2）。世界は東西南北に沿って四角い形をしており、海に浮かぶワニや亀の背中に例えられることが多く、東から西へという太陽の動きが重視される (e.g., Gossen 1974:18-22・30-31, Watanabe 1983)。また、世界は天上界と大地と地下世界の3層から成っている (e.g., Miller and Taube 1993, Schele and Freidel 1990)。四隅には世界の支柱であるバカブ (bacab) が空をもち上げており、世界の中心には3層を行き来できる場所がある (e.g., Heyden 1981:12, Schele and Miller 1986:42, Thompson 1970:195)。この中心点は、セイバの木である世界樹 (yaxche) あるいは洞窟として表現される。セイバの木の幹は天界に伸び、根は地下世界へと広がる。また、山は大地から空へと高くそびえ、山の内部である洞窟は地下世界への扉である。したがって、世界樹も山も世界の3層にまたがる存在であるといえよう。世界の骨組みである四方位と中心という概念は、祭壇や家、ミルパ (milpa、焼き畑) や村などに幅広く応用されている (Vogt 1976:58)。

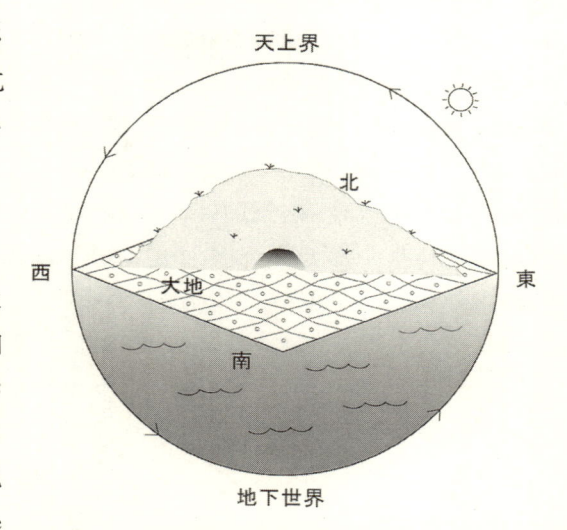

図2 マヤの世界観による4方位3層分割された世界を表した図

グアテマラ高地にある町の教会にも洞窟に関する信仰がいまだ生き続けている。たとえば、サンティアゴ・アティトランの教会には、祭壇の前の床にル・ムシュシュ・ルチリウ (r'muxux ruchiliew、大地の表面の「へその緒」・真中) と呼ばれる小さな穴があり、現地の神話によれば、この穴は地下世界に向かう複数の洞窟のうちもっとも重要なものであるという (Christenson 2001:77-79)。

神聖景観を構成する重要な要素は洞窟や山である。共同体の中心にはしばしばセノーテがあり (Redfield 1950:25)、そこには十字架が祀られていることがある (Redfield and Villa Rojas 1934:114)。しかし、四辺形の世界は、必ずしも真四角や菱形を成しているわけでもなく、四隅も東西南北を正確に指している必要はない。たとえば、ユカタン州の村チャンコムには、実際七つの道が貫通しているが、木製の十字架が置かれているのは世界の四隅を象徴する四つのみである (Redfield and Villa Rojas 1934:114)。サンタ・エウラリアには、多数の十字架が守護神として置かれており、中でももっとも重要なのはナンコノプ (nan konop、共同体の中心) と呼ばれる十字架である。しかし、この十字架は実際に村の中心とは異なる場所に置かれているという (La Farge 1947:112-113)。このように、住民たちによって四隅や中心が定義されることにより、世界が成立する。セノーテや洞窟を中心に共同体を設立し世界を再現することは、自らを世界を創造した神々に例えているのである

(Heyden 1981:6)。こういった神聖な地形は共同体の設立にあたって非常に重要であり、共同体の存在を肯定し、その継続を保証するのである。

　土地を特徴づける地形が地名の一部に取り込まれることがあるが、とくに洞窟や洞窟と関連する水の重要性がうかがえる。ユカタン州の地名を見ると、ロイズが記録した地名286ヵ所のうちの約4分の1にあたる63の地名は洞窟や水に関わる地名である（Roys 1957）。古典期においても、同様な例が見られる。パレンケの地名はラカムハ（Lakamha'、大きな水）であり、おそらく遺跡の中央を流れるオトゥルム川を指しているといわれている（Vogt and Stuart 2005）。また、洞窟を意味するチェエンという文字が地名や紋章文字と関連して用いられることが近年明らかにされた（Vogt and

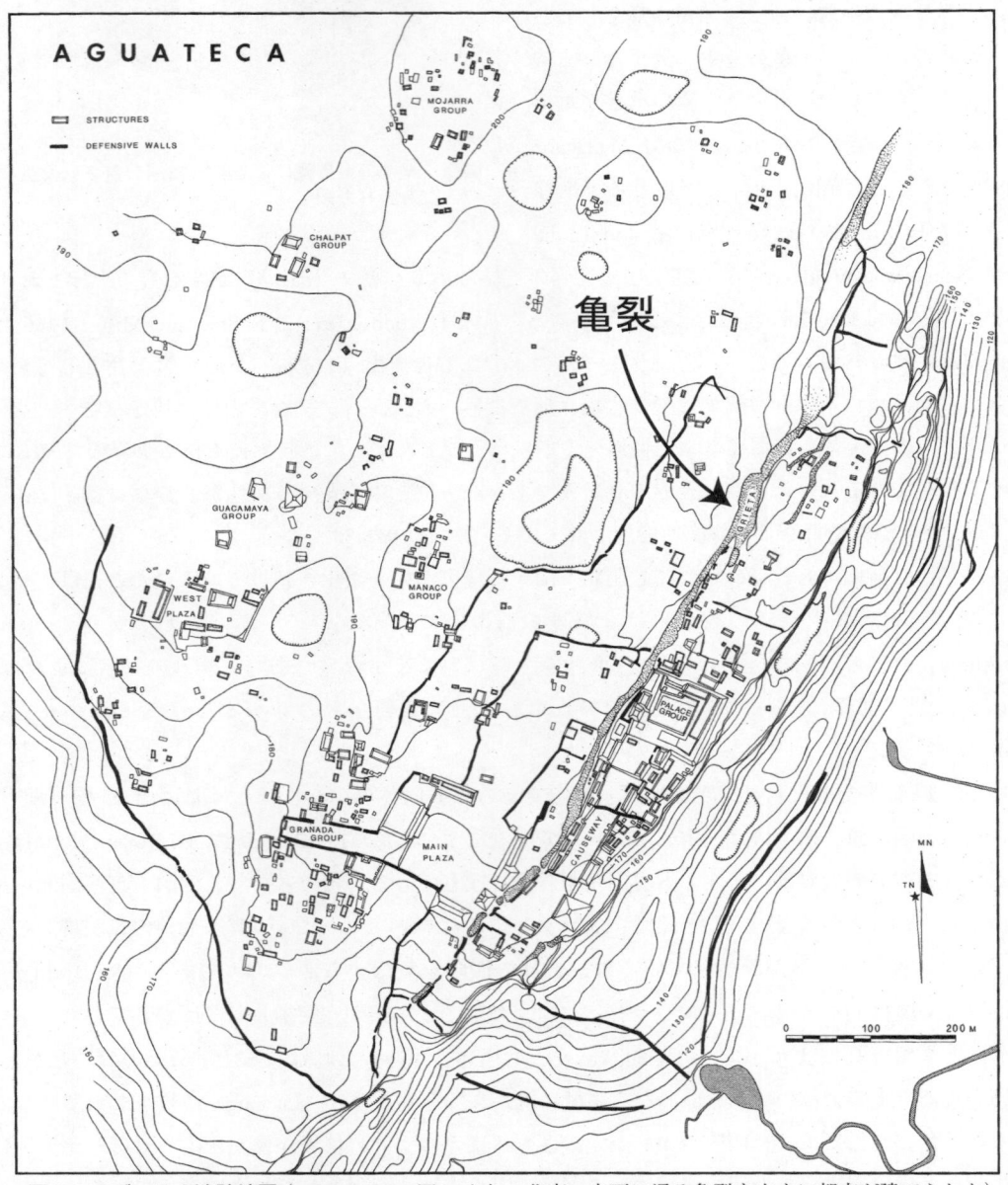

図3　アグアテカ遺跡地図（Inomata 1995：図4.1より。北東―南西に通る亀裂を中心に都市が建てられた）

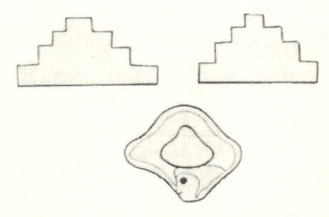

テオティワカン（ショロトル絵文書より）
（Heyden 1975:図10より）

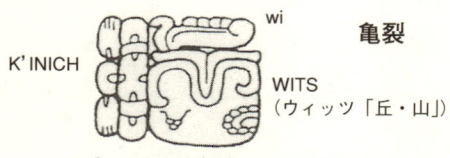

アグアテカの地名（Stuart and Houston 1994:図8より）

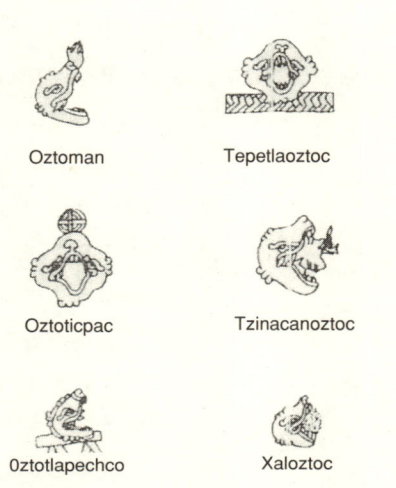

Oztoman
Tepetlaoztoc
Oztoticpac
Tzinacanoztoc
Oztotlapechco
Xaloztoc

メキシコ各地の地名。Oztotlはナワ語で洞窟を意味する（Heyden 1975:図4より）

メキシコ、チョルーラの「グレート・ピラミッド」建築物の地名（Historia Tolteca-Chichimeca 1947: 図4より）

図4　メソアメリカの地名の一部に洞窟が含まれているものの例

Stuart 2005）。ドス・ピラス遺跡のエル・ドゥエンデ・ピラミッドは基壇が加工された丘の上に建っているが、この建築物の下を洞窟が通っており、ピラミッドの頂上の真下に地下水が溜まってできた池がある（Brady 1997:605）。この丘の地名は水を意味しており（Stuart and Houston 1994:85）、おそらくピラミッドの下の池を指していると考えられる（Brady 1997:605）。アグアテカ遺跡の地名は、キニッチ・パ・ウィッツ（k'inich pa' witz）（Stephen Houston, personal communication 2004）であるが、地名の文字の中の丘や山を意味するウィッツ（witz）には亀裂が描かれており、実際に遺跡の中心を走る巨大な亀裂を指していると考えられる（Stuart and Houston 1994:9, 12）（図3、4）。地名の一部に洞窟が含まれている例はマヤだけでなく、テオティワカンなどメソアメリカ全域において見られる（e.g., Heyden 1975・2000:176, McCafferty 1996:3, Stone 1995:33）（図4）。このように洞窟やそれに関連する地形が地名の一部とされていることが多いのは、こういった地形がその土地の人びととのアイデンティティとなっていることを示唆している。

5．神聖景観の政治的意義

(1) 都市計画における洞窟

近年盛んに見られる神聖景観に関する考古学研究は、民族学者ヴォトが紹介した「神聖地理学」

をもとに（Vogt 1981）、メソアメリカ各民族の世界観が都市遺跡内における建造物の配置や都市計画にどのように反映されているかに集中している（*e.g.*, Ashmore and Knapp 1999, Ashmore and Sabloff 2002・2003, Joyce 2000, Koontz, *et al.* 2001）。こういった研究の先頭を切ったのがアシュモアによるものであり、ティカルやコパンにおける主要建造物の配置を分析した結果、都市遺跡が方向性を重視した世界観にもとづいて建設されていると述べた（Ashmore 1991）。

アシュモアらの研究に続いて、ブレイディは都市計画において洞窟の存在が重要であったと考える（Brady 1997）。ドス・ピラス遺跡での調査の結果、都市遺跡の建造物と洞窟とが密接な位置関係にあることが判明された。たとえば、3番目に大きい「コウモリの宮殿」建物群内に「コウモリの洞窟」の入口が塞がれた状態で発見され、奉納物がその地点から見つかった（Brady 1997:606）。

ドス・ピラス遺跡の例を除き、都市遺跡の調査で洞窟についての報告が希少であったために、マヤ地域において洞窟は稀な存在であるとされてきた。しかし、これは今まで洞窟が都市遺跡の調査範囲に含まれなかったためである。そこで、この見解を立証するために、筆者は西部ベリーズ洞窟遺跡地域研究プロジェクトを通してカラコル遺跡において洞窟調査を行い、計15の洞窟が発見され、そのうちの12はカラコル遺跡中心部より半径3km以内に位置していた（Ishihara 2003）（図5）。踏査であったため、窪地等は発掘されなかったが、それでも多くの洞窟の中には遺物（n＝7）や壁などの遺構（n＝7）、鍾乳石が折り取

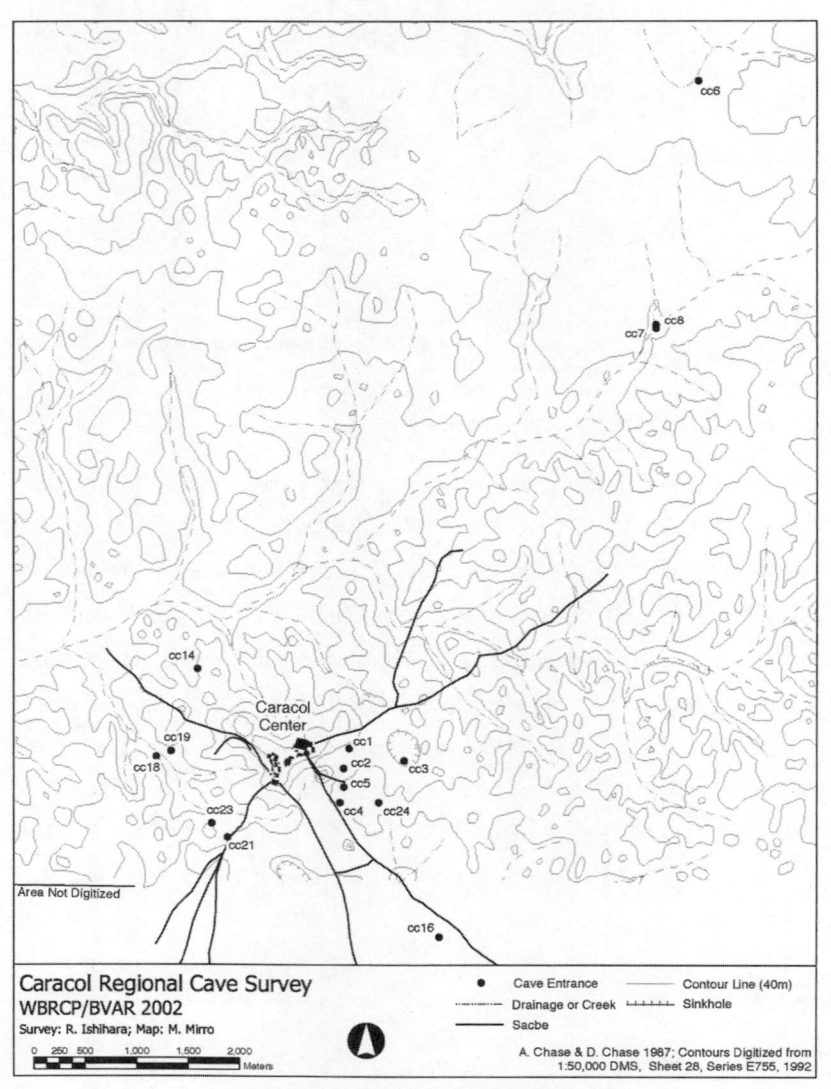

図5　カラコル遺跡と周辺の洞窟

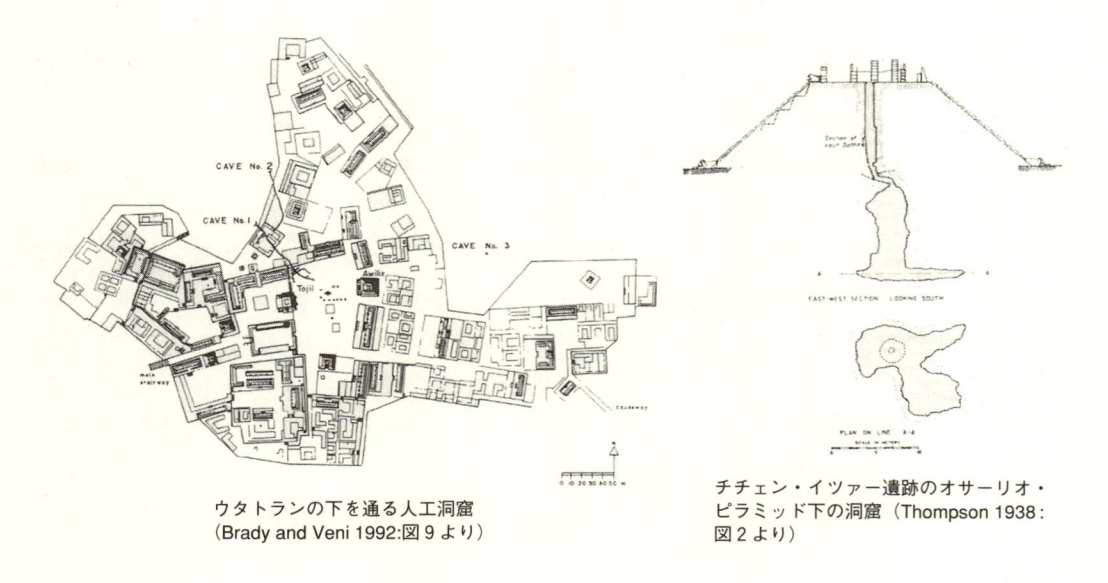

ウタトランの下を通る人工洞窟
(Brady and Veni 1992:図9より)

チチェン・イツァー遺跡のオサーリオ・
ピラミッド下の洞窟（Thompson 1938：
図2より）

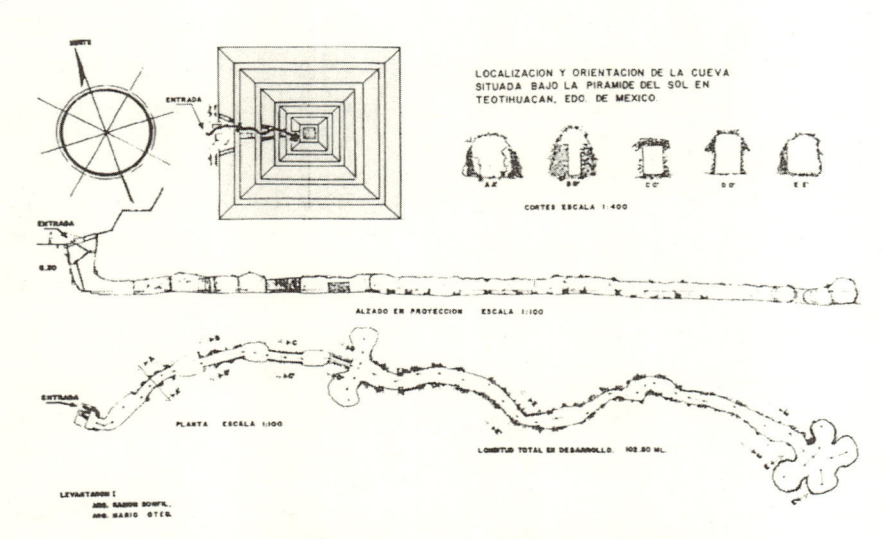

テオティワカンの「太陽のピラミッド」下の洞窟（Heyden1975:図1より）

図6　メソアメリカにおける都市遺跡や建造物の一部として洞窟が取り込まれている例

られている跡（n＝4）が見られた。さらに、建造物あるいは建物群に隣接して洞窟が見つかった例が5ヵ所あった。カラコル遺跡で記録されている石碑の多くには洞窟に関する図像が描かれており（Ishihara 2001）、遺跡周辺に洞窟が多数存在し、おそらくその多くが利用されていたことにより、カラコルにおいて洞窟が重要であったことが示唆される。

　都市遺跡の建造物の一部として洞窟を取り込む慣習は、メソアメリカのさまざまな遺跡において、また先古典期テオティワカンから古典期マヤ、そしてスペイン征服時まで、時空間ともに幅広く例が見られる（Brady 1997:613）（図6）。また、洞窟が自然に存在しない地域では人工的な穴が洞窟

として利用されることがある（Brady and Veni 1992）。テオティワカンでは、「太陽のピラミッド」の下を人工の洞窟が通っており、その奥にある四葉形の一室はピラミッドのほぼ中心に位置する（Heyden 1975;1981）。グアテマラのエル・ペテン県のヤシュハ湖に浮かぶ島トポシュテ遺跡では、遺跡の中心部から人工の洞窟が報告されている（利用されたのは原古典期かと思われる）（Hermes Cifuentes 1993:228）。また、チチェン・イツァー遺跡のオサーリオ・ピラミッドの頂上からは、ピラミッド下部の洞窟へと続く細長い井戸のような入口が発見された（Thompson 1938）。煙突状の穴や洞窟の中からは後古典期の遺物や人骨が出土した。スペイン征服時、ポコマム・マヤの首都であったミシュコ・ビエホ（Brady and Veni 1992:150-155）やキチェ・マヤの首都であったウタトラン（Brady and Veni 1992:157-162, Fox 1978:24）には現在でも儀礼が行われている人工の洞窟がある。いずれの場合も、遺跡が位置する丘の麓に複数の洞窟が掘られ、とくにウタトランの洞窟は主要建造物群の下を通って中央広場の真下まで延びている。これらの例からも、重要な建物やピラミッドの下もしくは都市の中心部に洞窟が存在することは非常に意義のあることであったことが考えられる。

　洞窟は都市景観に神聖性をもたらし、その土地を治める統治者に権力と正当性を与える働きをもつ（Brady 1989:64-71, 1997:615）。洞窟は超自然界への扉だと考えられているため、神聖景観の中心に築かれた国家に超自然的な力や先祖の力が吹き込まれる。同時に、神聖景観は原初に創造された世界を模倣しているため、その中心の国家を率いる為政者は世界を創造した神々と重なり（Heyden 1981:6）、人間界と超自然界との仲介人としての権威を確立するのである（García-Zambrano 1994:221）。

(2)　アグアテカにおけるグリエタ（grieta、亀裂）**考古学調査をケース・スタディとして**

　グアテマラのエル・ペテン県南西部に位置するアグアテカ遺跡は、巨大な亀裂の周りに都市が建設され（Inomata 1995）（図3）、現在猪俣健がその亀裂で考古学調査を行っており、筆者はその調査に参加している（Ishihara, Guerra, *et al.* 2004a・b, Ishihara, Guerra, Shade, *et al.* 2004）。アグアテカ遺跡は、太古の地殻運動によって形成された地塁上に建てられており、グリエタは、地塁の東辺にあたる断層崖に平行して生じた亀裂である。長さ860m、深さ10〜70m、幅1.5〜16mあるこの亀裂は、中米では地学的に珍しいものであり、地表から底部まで続く石灰岩層が観察される。亀裂の中の形態は一様ではなく、奥深い洞窟のように日光がまったく届かない場所もあれば、完全に風雨にさらされた場所もある。また、鍾乳石が多く、地下水が垂れる場所は均一には見られない。

　亀裂は世界の中央である洞窟と見なされ、それを中心にアグアテカが建設されたのは、神聖景観を創造し新しい土地を支配する権限を正当化するのに不可欠だったのではないだろうか。調査目的は、アグアテカが栄えた古典期後期後半（西暦700〜810）における亀裂の使用を明らかにすることであり、それ以前の使用が認められれば、アグアテカードス・ピラス王朝以前の古典期前期の当地域の王朝であったタマリンディトーアローヨ・デ・ピエドラとの関係を研究することも含まれる。

　2003年の踏査では、亀裂の底に壁やテラスなどの建造物が見つかり、洞窟遺跡に見られる建造物との類似点が指摘された。2004年の調査では、亀裂の測量調査により遺跡地図が完成し（Ishihara, Guerra, Shade, *et al.* 2004）、試掘の結果、アグアテカが支配していた時代に亀裂は儀礼の場として使

われていたであろうことがわかった（Ishihara, Guerra, *et al.* 2004a）（図7）。2005年の調査では、試掘を入れた場所をより広範に発掘し儀礼のあり方を解明するほか、古典期後期前葉や古典期前期（アグアテカが当地に王朝を築く前）に属するとされる土器が表採された場所も発掘する予定である。また、洞窟とは異なる特有な遺跡形成過程により亀裂には深い堆積層が期待され、亀裂内のさまざまな地点を発掘することによって、亀裂利用の時空間分布を検討することが可能となる。

(3) 国家宣伝としての神聖景観

世界の骨組みである四隅と中心点を確立し神聖景観をつくり出すことは共同体の境界線をはっきりさせることであり、マヤの人びとによる空間利用の面において重要なことであった（*e.g.*, Hanks 1990:349, Taube 2003:464-465, Tozzer 1941:103-104, Vogt 1976:114）。民

図7　アグアテカのグリエタ（亀裂）内で発見された水甕片

族誌によると、共同体の四方を囲む洞窟や山への巡礼を通して共同体の境界線が確立され、これによって家々が森林から、つまり文化が自然から隔離され、共同体が安全な場所として保障される（Vogt 1976:114）。古典期マヤの場合、統治者の管轄下にある都市は大自然の恐ろしい力から免れる場所であり、王家の権威の表れであった（Stone 1995:15-18, Taube 2003:466-468）。森や荒野は原始的な世界や暗黒かつ危険な夜と結びつけられ、そこには神々や神話に出現する危険な怪物が住んでいる一方で、同じ森林から食物や薬品、資源を獲得し神々の力を借りることがある（Taube 2003:485）。したがって、神々に感謝の意を表し、時には怒りを鎮めるために、神々と交流を図る場である世界の四隅と中心点にて奉納物を捧げ儀礼を行う必要がある。さらに国家儀礼は、単に神々を静める目的だけではなく、統治者の権限や国家を維持するために必要な社会階層を強化する目的があった。

支配階層の人たちの視点から見て、統治するために自らのイデオロギーを普及する必要があり、その方法として都市計画、建築物、彫像、文字、図像などを用いた。メソアメリカにおける都市は彼らの世界観にもとづいた規則に沿って建設され、こういった大規模な建築プロジェクトを通して統治者は公に自分の権力を明らかなものとした（Benson 1985:188）。ピラミッドや王墓は自然界の山や洞窟を模倣したものであり、ピラミッド上の神殿が山頂祭壇に相当するという（Benson 1985:184, Holland 1964:305, Miller and Taube 1993:120, Nuttall 1900, Schele and Mathews 1998:43, Stuart 1997, Vogt 1964）。古典期マヤの祭祀用建築物はしばしばウィッツ（witz、山や丘）と名づけられており、ピラミッドが山と同一であることがうかがえる（Stuart 1997）。また、チェネスやプウク、リ

オベック地域の建築様式には、建物の扉がウィッツ蛇（山、丘を象徴する蛇）の口つまり洞窟となっている装飾が多く施されており、建物自体をウィッツに例えているのである（Gendrop 1980）。建築物は、マヤの人びとにとって多重の意味が含まれ、象徴的に重要なものである。とくに、リオベック建築様式の特徴である擬似扉や擬似ピラミッドを例にとると、機能より象徴としての重要性が優先されていたことがよくわかる（Schavelzon 1980:156）。山や洞窟のように、宗教的に重要な地形を模倣した建築物を建てることによって、統治者は自分の超自然的な権威・権力を宣言しているのである。

ほかに国家のイデオロギーを普及させる方法としてマヤ文字の筆記が用いられた。文字は支配階層の力を固める一手段であり、彼らの価値観をも流布する良い方法であった（Larsen 1988:177）。文字の読み書きは上層社会に限定されており、ウィッツ（Stuart 1987）やチェエン（Stuart 1999）の文字が存在することから、マヤの宗教において根本的な要素である山や洞窟は、とくに支配階層の人びとにとって重要であったことがうかがえる。

文字のほかに、視覚に訴える国家宣伝がある。図像は建造物壁面の漆喰装飾や石碑、壁画などに表現された。教育が必要な文字に比べて、図像はその世界観や宗教を理解している者ならば多重の意味が伝達され、より広く一般大衆に伝わるのである（e.g., Fash and Fash 1996:141）。カラコルでは、ほかでは例を見ないほどに多くの石碑や祭壇において、統治者がウィッツ蛇の頭の上に立っており、「巨大アハウ」と呼ばれる祭壇には洞窟の象徴である四葉形の輪郭の中にカトゥン周期の終了日が記録された（Ishihara 2001）（図8）。ウィッツ蛇の頭や四葉形が盛んに描かれていることから、王権とウィッツや洞窟の重要性と関連性がうかがえる。石碑等に描写された洞窟と王権神授の関連性はオルメカ文化までさかのぼる。祭壇と誤称された石造記念碑は実際玉座であると論じられ、統治者が洞窟の入口をも表すジャガーの口から出現している姿が彫刻されている（Grove 1973）。ジャガーは洞窟や王権と深く結びつけられ、こういった図像が描かれている玉座に腰をかけた統治者は、神々と同様に超自然的な力を有する者であると見なされたのではないかと考えられている（Grove 1973）。マヤの統治者はしばしば洞窟から出現するなど神話の一遍からとられた風

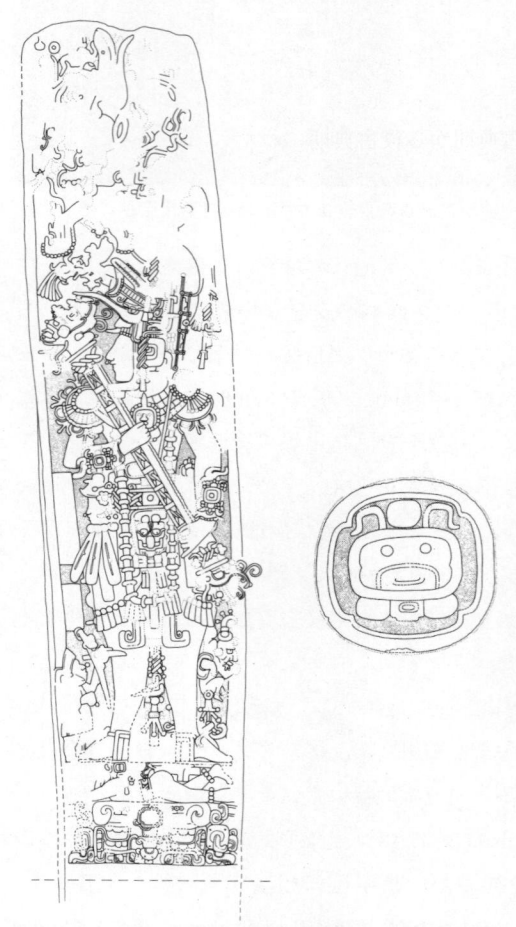

図8　カラコル遺跡におけるウィッツ蛇の頭が描かれたステラおよび四葉形の輪郭を有する「巨大アハウ」と呼ばれる祭壇（Beetz and Sattherwaite 1981:図8・26bより）

景に描かれることによって、統治者と神々や先祖とを同一視させて権威を強化させたのであろう。

6. おわりに

　本論はマヤの世界観や宗教における洞窟の意義を検討し、民族史料や民族誌を参照しながら洞窟が祭祀遺跡であることを指し示した。さらに考古学調査による洞窟利用解明の現状を伝えながら、洞窟遺跡において基礎研究が達成された現在ようやく古代マヤ社会における洞窟利用を理解する理論的枠組みが確立されつつあることを述べた。本論では洞窟が宗教的に重要であるがゆえに、政治的な面においても古代マヤの各都市国家の統治者にとって権威を強化するための必要不可欠な要素であったことを示唆した。洞窟が含まれた神聖景観の中に国家を築き上げ、王権を称える石碑等に洞窟のシンボルや文字を政治的宣伝として利用することによって、洞窟を通じて神々や先祖と交流を図り、統治者の権限が正当化されたのである。

　本論では主に政治的意義としての洞窟利用を検討してきたが、古代社会のさまざまな階層における洞窟利用も考慮していく必要がある。ある国家の管轄下で行われた洞窟儀礼にはどのような人びとが参加することができ、どのような儀礼が行われたのだろうか。このような国家儀礼は参加できなかった人びとにどういった影響を及ぼしたのだろうか。下層階層の人びとの洞窟儀礼は国家儀礼とどう異なっていたのだろうか。また、地域差や先古典期から後古典期にわたる洞窟利用の変遷を考察することも怠ってはいけない。そして、洞窟遺跡を個別に検討するのではなく、近辺の洞窟遺跡や都市遺跡を含めながら検討することが重要なのではないかと考える。発芽したばかりのメソアメリカ洞窟考古学における研究は、古代マヤの宗教に関わる社会様相の解明に貢献することが期待されよう。

　本稿は、米国科学財団院生研究奨学金（2002〜2005）の研究助成による調査資料を用いて執筆した。また、カラコルにおける洞窟調査（2002）は、ベリーズ国考古学省の許可と協力のもと、カリフォルニア大学リバーサイド校人文科学院生研究助成金により、そしてアグアテカの亀裂における調査（2004）は、グアテマラ国立人類学歴史学研究所の許可と協力のもと、米国科学財団博士研究奨学金（2004〜2006）、米国洞窟学会ラルフ・ストーン奨学金によって行われてきた。猪俣健先生、青山和夫先生、Karl Taube先生、Jim Brady先生、Wendy Ashmore先生、Scotte Fedick先生、Jaime Awe先生には熱心にご指導いただいた。さらに井上泰輔氏、佐々布裕和氏、荒木秀治氏は原稿に目を通して下さり、貴重なご助言をいただいた。深く感謝申し上げます。

参考文献

石原　玲子　2002　「土器からみた古代マヤの洞窟利用－ベリーズ、チェチェム・ハ洞窟遺跡を一例として」
　　『古代アメリカ』5、23-47頁。
Anderson, A. H.　1962　Cave Sites in British Honduras. Paper presented at the Akten des XXXIV Internationalen Amerikanistenkongresses, Wien.
Andrews, E. W., IV　1965　*Explorations in the Gruta de Chac*. Publication 31. Middle American Research Institute,

Tulane University. New Orleans.

Andrews, E. W., IV   1970   *Balankanche, Throne of the Tiger Priest*. Publication 32. Middle American Research Institute, Tulane University, New Orleans.

Ashmore, W.   1991   Site-planning Principles and Concepts of Directionality among the Ancient Maya. *Latin American Antiquity* 2(3):199-226.

Ashmore, W. and A. B. Knapp (eds.)   1999   *Archaeologies of Landscape: Contemporary Perspectives*. Blackwell Publishers, Malden, MA.

Ashmore, W. and J. A. Sabloff   2002   Spatial Orders in Maya Civic Plans. *Latin American Antiquity* 13:201-215.

Ashmore, W. and J. A. Sabloff   2003   Interpreting Ancient Maya Civic Plans: Reply to Smith. *Latin American Antiquity* 14:229-236.

Audet, Carolyn M. and Jaime J. Awe   2004   *The Belize Vally Archaeological Reconnaissance Project: A Report of the 2003 Field Season*. Occasional Paper No.1 Belize Institute of Archaeology, National Institute of Culture and History, Belmopan.

Awe, J. J. (ed.)   1999   *The Western Belize Regional Cave Project: A Report of the 1998 Field Season*. Occasional Paper No. 2. Department of Anthropology, University of New Hampshire, Durham.

Awe, J. J. and C. Audet (eds.)   2003   *The Belize Valley Archaeological Reconnaissance Project: A Report of the 2002 Field Season*. Belize Institute of Archaeology, National Institute of Culture and History, Belmopan.

Awe, J. J. and C. S. Griffith (eds.)   2002   *The Belize Valley Archeaological Reconnaissance Project: A Report of the 2001 Field Season-Volume 1*. Belize Department of Archaeology, Ministry of Tourism, Belmopan.

Barrera Vasquez, A.   1970   The Ceremony of Tsikul T'an Ti' Yuntsiloob at Balankanche. In *Appendix to: Balankanche, Throne of the Tiger Priest*, edited by E. W. I. Andrews:72-78. MARI Publication 32, New Orleans.

Bassie-Sweet, K.   1991   *From the Mouth of the Dark Cave: Commemorative Sculpture of the Late Classic Maya*. University of Oklahoma Press, Norman.

Bassie-Sweet, K.   2000   Jolja' Cave. *The PARI Journal* 1(1):5-10.

Bassie-Sweet, K.   2002   *The Jolja' Cave Project*. Paper submitted to the Foundation for the Advancement of Mesoamerican Studies. Inc., Crystal River, FL.

Beetz, C. P. and L. Satterthwaite   1981   T*he Monuments and Inscriptions of Caracol, Belize*. University Museum Monograph 45. University Museum, University of Pennsylvania, Philadelphia.

Benson, E. P.   1985   Architecture as Metaphor. In F*ifth Palenque Round Table, 1983*, edited by M. G. Robertson and V. Fields:183-188. Pre-Columbian Art Research Institute, San Francisco.

Bonor Villarejo, J. L.   1989   *Las Cuevas Mayas: Simbolismo y Ritual*. Ph.D. dissertation, Universidad Complutense de Madrid, Madrid.

Brady, J. E.   1988   The Sexual Connotation of Caves in Mesoamerican Ideology. *Mexicon* 1(93):51-55.

Brady, J. E.   1989   *An Investigation of Maya Ritual Cave Use with Special Reference to Naj Tunich, Peten, Guatemala*. Ph.D. dissertation, University of California, Los Angeles.

Brady, J. E.   1997   Settlement Configuration and Cosmology: The Role of Caves at Dos Pilas. *American Anthropologist* 99(3):602-618.

Brady, J. E. and G. Veni   1992   Man-made and Pseudo-karst Caves: The Implications of Subsurface Features within Maya Centers. *Geoarchaeology* 7(2):149-167.

Carlson, J. B.   1981   A Geomantic Model for the Interpretation of Mesoamerican Sites: An Essay in Cross-cultural

Comparison. In *Mesoamerican Sites and World-views*, edited by E. P. Benson:143-215. Dumbarton Oaks, Washington, D.C.

Christenson, A. J.　2001　*Art and Society in a Highland Maya Community: The Altarpiece of Santiago Atitlan*. University of Texas Press, Austin.

Fash, W. L. and B. W. Fash　1996　Building a World-view: Visual Communication in Classic Maya Architecture. *RES: Anthropology and Aesthetics* 29/30:127-147.

Fischer, E. F.　2001　*Cultural Logics and Global Economics: Maya Identity in Thought and Practice*. University of Texas Press, Austin.

Fox, J. W.　1978　*Quiche Conquest*. University of New Mexico Press, Albuquerque.

Gann, T. W. F.　1918　*The Maya Indians of Southern Yucatan and Northern British Honduras*. Bulletin 64. Bureau of American Ethnology, Smithsonian Institution, Washington, D. C.

Garcia-Zambrano, A. J.　1994　Early Colonial Evidence of Pre-Columbian Rituals of Foundation. In *Seventh Palenque Round Table, 1989*, edited by M. G. Robertson and V. Fields:217-227. Pre-Columbian Art Research Institute, San Francisco.

Gendrop, P.　1980　Dragon-mouth Entrances: Zoomorphic Portals in the Architecture of Central Yucatan. In *Third Palenque Round Table, 1978, Part 2*, edited by M. G. Robertson:138-150. University of Texas Press, Austin.

Gordon, G. B.　1898　Caverns of Copan, Honduras. *Peabody Museum of Archaeology and Ethnology Memoirs* 1:137-148. Peabody Museum of Archaeology and Ethnology, Cambridge.

Gossen, G. H.　1974　*Chamulas in the World of the Sun*. Harvard University Press, Cambridge.

Griffith, C. S., R. Ishihara and J. J. Awe（eds.）2000　*The Western Belize Regional Cave Project: A Report of the 1999 Field Season*. Occasional Paper No.3. Department of Anthropology, University of New Hampshire, Durham.

Grove, D. C.　1973　Olmec Altars and Myth. *Archaeology* 26(2):128-135.

Hanks, W. F.　1990　*Referential Practice: Language and Lived Space Among the Maya*. University of Chicago Press, Chicago.

Helmke, C.G.B and J.J.Awe(eds.)　in press　*The Belize Valley Archaeological Reconnaissance Project: A Report of the 2001 Field Season-Volume 2*. Belize Department of Archaeology, Ministry of Tourism, Belmopan.

Hermes Cifuentes, B.　1993　La Sequencia Ceramica de Topoxté: Un Informe Preliminar. *Beitrage zur Allgemeinen und Vergleichenden Archaeologie* 13:221-252.

Hermitte, M. E.　1964　*Supernatural Power and Social Control in a Modern Maya Village*. Ph.D. dissertation, University of Chicago.

Heyden, D.　1975　An Interpretation of the Cave Underneath the Pyramid of the Sun in Teotihuacan, Mexico. *American Antiquity* 40:131-147.

Heyden, D.　1981　Caves, Gods, and Myths: World-views and Planning in Teotihuacan. In *Mesoamerican Sites and World-views*, edited by E. P. Benson:1-39. Dumbarton Oaks, Washington, D.C.

Heyden, D.　2000　From Teotihuacan to Tenochtitlan: City Planning, Caves, and Streams of Red and Blue Waters. In *Mesoamerica's Heritage: From Teotihuacan to the Aztecs*, edited by D. Carrasco, L. Jones and S. Sessions:165-184. University Press of Colorado, Boulder.

Historia Tolteca-Chichimeca　1947　*Historia Tolteca-Chichimeca, Anales de Quauhtinchan*. Annotated by Heinrich Berlin and Silvia Rendon; prologue by Paul Kirchhoff. Fuentes para la Historia de Mexico I. Antigua Libreria Robredo, de Jose Porrua e Hijos, Mexico City.

Hodder, I. (ed.)　1982a　*Symbolic and Structural Archaeology*. Cambridge University Press, Cambridge.

Hodder, I. (ed.)　1982b　*Symbols in Action: Ethnoarchaeological Studies of Material Culture*. Cambridge University Press, Cambridge.

Holland, W. R.　1964　Contemporary Tzotzil Cosmological Concepts as a Basis for Interpreting Prehistoric Maya Civilization. *American Antiquity* 29(3):301-306.

Hunt, E.　1977　*The Transformation of the Hummingbird: The Cultural Roots of a Zinacantan Mythical Poem*. Cornell University Press, Ithaca.

Inomata, T.　1995　*Archaeological Investigations at the Fortified Center of Aguateca, El Peten, Guatemala: Implications for the Study of the Classic Maya Collapse*. Ph.D. dissertation, Vanderbilt University.

Ishihara, R.　2000a　*Ceramics from the Darkness: An Investigation of the Cave Ceramics from Actun Chechem Ha, Belize*. B.A. thesis, University of Tsukuba.

Ishihara, R.　2000b　Chac in the Dresden Codex. Manuscript in possession of the author.

Ishihara, R.　2001　Iconographic Expressions of Caves at Caracol, Belize: A Preliminary Examination of the *Witz* Monsters on Carved Monuments. Manuscript in possession of the author.

Ishihara, R.　2003　Are There Any Holes Around Here?: A Preliminary Report on the Caracol Regional Cave Survey. In *The Belize Valley Archaeological Reconnaissance Project: A Report of the 2002 Field Season*, edited by J. J. Awe and C. Audet, :64-82. Belize Institute of Archaeology, National Institute of Culture and History, Belmopan.

Ishihara, R. and C. S. Griffith　2004　Construction of Sacred Spaces in Stela Cave, Cayo District, Belize. Paper presented at the 69th Annual Meeting of the Society for American Archaeology, Montreal, Canada.

Ishihara, R., C. S. Griffith and J. J. Awe (eds.)　2001　*Belize Valley Archaeological Reconnaissance Project: A Report of the 2000 Field Season*. Occasional Paper No.4. Department of Anthropology, University of New Hampshire, Durham.

Ishihara, R., J. Guerra and M. Corado　2004a　Excavaciones en la Grieta: Operación 31. In *Inform del Proyecto Arqueológico Aguateca Segunda Fase:La Temporade de Campo de 2004*, edited by Erick Ponciano, Daniela Triadan and Takeshi Inomata:Chapter 8. Report presented to the Instituto de Antropología e Historia, Guatemala, Guatemala City.

Ishihara, R., J. Guerra and M. Corado　2004b　Recolección de Superficie en la Grieta Principal: Operaciones 30 y 31. In *Inform del Proyecto Arqueológico Aguateca Segunda Fase:La Temporade de Campo de 2004*, edited by Erick Ponciano, Daniela Triadan and Takeshi Inomata:Chapter 7. Report presented to the Instituto de Antropología e Historia, Guatemala, Guatemala City.

Ishihara, R., J. Guerra, B. Shade, N. Johnson, D. Weinberg, A. C. Morales, M. Corado and M. Mirro　2004　Levantamiento de Mapa de la Grieta. In *Inform del Proyecto Arqueológico Aguateca Segunda Fase:La Temporade de Campo de 2004*, edited by Erick Ponciano, Daniela Triadan and Takeshi Inomata:Chapter 6. Report presented to the Instituto de Antropología e Historia, Guatemala, Guatemala City.

Joyce, A.　2000　The Founding of Monte Alban: Sacred Propositions and Social Practices. In *Agency and Archaeology*, edited by M.-A. Dobres and J. Robb:71-91. Routledge, London.

Joyce, T. A.　1929　Report on the British Museum Expedition to British Honduras, 1929. *Journal of the Royal Anthropological Institute* 59:439-459.

Koontz, R., K. Reese-Taylor and A. Headrick (eds.)　2001　*Landscape and Power in Ancient Mesoamerica*. Westview Press, Oxford.

La Farge, O.　1947　*Santa Eulalia: the religion of a Cuchumatan Indian town*. University of Chicago Press, Chicago.

Larsen,M.T.　1988　Introduction:Literacy and Social Complexity.In *State and Society:The Emergence and Development* of Social Hierarchy and Political Centralization, edited by J. Gledhill, B. Bender and M. T. Larsen:173-191. Unwin Hyman, London.

Lorenzen, K. J.   2003   *Miniature Masonry Shrines of the Yucatan Peninsula: Ancestor Deification in Late Postclassic Maya Ritual and Religion*, University of California, Riverside.

MacLeod, B. and D. Puleston   1979   Pathways into Darkness: The Search for the Road to Xibalba. In *Third Palenque Round Table, 1978, Part 1*, edited by M. G. Robertson and D. C. Jeffers:71-78. vol. Palenque Round Table Series 4. Pre-Columbian Art Research Institute/Herald Printers, Palenque/Monterey.

McAnany, P.   1998   *Caves and Settlements of the Sibun River Valley, Belize:1997 Archaeological Survey and Excavation*. Department of Archaeology, Boston University, Boston.

McAnany, P.   2002   *Sacred Landscape and Settlement in the Sibun River Valley: XARP 1999 Archaeological Survey and Excavation*. Institute for Mesoamerican Studies, University at Albany, State University of New York, Albany.

McCafferty, G.   1996   Reinterpreting the Great Pyramid of Cholula, Mexico. *Ancient Mesoamerica* 7:1-17.

Mercer, H. C.   1896   *Hill-Caves of Yucatan*. J. B. Lippincott, Philadelphia.

Miller, M. and K. Taube   1993   *An Illustrated Dictionary of the Gods and Symbols of Ancient Mexico and the Maya*. Thames and Hudson, New York.

Navarrete, C.   1957   El Material Arqueológico de la Cueva de Calucan. *Tlatoani* 11:14-18.

Navarrete, C. and E. Martinez   1977   *Exploraciones Arqueologicas en la Cueva de los Andasolos, Chiapas*. Universidad Autónoma de Chiapas, Mexico.

Nuttall, Z.   1900   The Fundamental Principles of Old and New World Civilizations: A Comparative Research Based on a Study of the Ancient Mexican Religious, Sociological and Calendrical Systems. In *Archaeological and Ethnological Papers of the Peabody Museum 1970*. Kraus Reprint Co, New York.

Pendergast, D. M.   1971   *Excavations at Eduardo Quiroz Cave, British Honduras(Belize)*. Royal Ontario Museum, Art and Archaeology Occasional Papers No. 21, Toronto.

Pohl, M. and J. Pohl   1983   Ancient Maya Cave Ritual. *Archaeology* 36(3):28-32・50-51.

Prufer, K. M.   2002   *Communities, Caves, and Ritual Specialists: A Study of Sacred Space in the Maya Mountains of Southern Belize*. Ph.D. dissertation, Southern Illinois University, Carbondale.

Redfield, R.   1941   *The Folk Culture of Yucatan*. University of Chicago Press, Chicago.

Redfield, R.   1950   *A Village that Chose Progress*. University of Chicago Press, Chicago.

Redfield, R. and A. Villa Rojas   1934   *Chan Kom: A Maya Village*. 1964 ed. University of Chicago Press, Chicago.

Reents, D. J.   1980   *The Prehistoric Pottery from Petroglyph Cave, Caves Branch Valley, El Cayo District, Belize, Central America*. Unpublished Master's thesis, University of Texas.

Reents-Budet, D. and B. MacLeod   1997   The Archaeology of Petroglyph Cave, Cayo District, Belize. Manuscript on file in the Department of Archaeology, Belmopan, Belize.

Rissolo, D. A.   2001   *Ancient Maya Cave Use in the Yalahau Region, Northern Quintana Roo, Mexico*. Ph. D. dissertation, University of California, Riverside.

Roys, R. L.   1939   *The Titles of Ebtun* Publication 505. Carnegie Institution of Washington, Washington, D.C.

Roys, R. L.   1957   *The Political Geography of the Yucatan Maya*. Publication 613. Carnegie Institution of Washington, Washington, D.C.

Roys, R. L.   1967   *The Chilam Balam of Chumayel*. University of Oklahoma Press, Norman.

Sandstrom, A. R.   2005   The Cave-Pyramid Complex among Contemporary Nahuas of Northern Veracruz. In *In the Maw *of the Earth Monster: Studies of Mesoamerican Ritual Cave Use*, edited by J. E. Brady and K. M. Prufer:35-68. University of Texas Press, Austin.

Sanmiguel, I.   1994   A Ceremony in the 'Cave of Idolatry': An Eighteenth-Century Document from the Diocesan Historic Archive, Chiapas, Mexico. In *Sacred Sites, Sacred Places*, edited by D. L. Carmichael, J. Hubert, B. Reeves and A. Schanche:163-171. Translated by A. Ben. Routledge, London.

Schavelzon, D.   1980   Temples, Caves, or Monsters? Notes on Zoomorphic Facades in Pre-Hispanic Architecture. In *Third Palenque Round Table, 1978, Part 2*, edited by M. G. Robertson:151-162. University of Texas Press, Austin.

Schele, L. and D. Freidel   1990   *A Forest of Kings: The Untold Story of the Ancient Maya*. William and Morrow, New York.

Schele, L. and P. Mathews   1998   *The Code of Kings: The Language of Seven Sacred Maya Temples and Tombs*. Scribner, New York.

Schele, L. and M. E. Miller   1986   *The Blood of Kings: Dynastic Ritual in Maya Art*. Kimbell Art Museum, Fort Worth and George Braziller, Inc., New York.

Seler, E.   1901   *Die Alten Ansiedlungen von Chacula, im Distrikte Nenton des Departments Huehuetenango der Republik Guatemala*. Dietrich Reiner Verlag, Berlin.

Smith, R. E.   1954   Cenote Exploration at Mayapan and Telchaquillo. *Current Report* (Carnegie Institution of Washington, Washington, D.C.) 12:222-233.

Stephens, J. L.   1843   *Incidents of Travel in Yucatan*. Volumes I & II. Dover Publications, Inc., New York.

Stone, A.   1995   *Images from the Underworld: Naj Tunich and the Tradition of Maya Cave Painting*. University of Texas Press, Austin.

Stromsvik, G.   1956   Exploration of the Cave of Dzab-Na, Tecoh, Yucatan. *Current Report (Carnegie Institution of Washington, Washington, D.C.)* 35:463-470.

Stuart, D.   1987   *Ten Phonetic Syllables*. Research Reports on Ancient Maya Writing No.14. Center for Maya Research, Washington, D.C.

Stuart, D.   1997   The Hills are Alive: Sacred Mountains in the Maya Cosmos. *Symbols* Spring:13-17.

Stuart, D.   1999   Cave References in Maya Inscriptions. Manuscript on file, Department of Anthropology, Harvard University.

Stuart, D. and S. Houston   1994   *Classic Maya Place Names* Studies in Pre-Columbian Art and Archaeology, No. 33. Dumbarton Oaks, Washington, D.C.

Taube, K. A.   1986   The Teotihuacan Cave of Origin: The Iconography and Architecture of Emergence Mythology in Mesoamerica and the American Southwest. *RES: Anthropology and Aesthetics* 12:51-82.

Taube, K. A.   2003   Ancient and Contemporary Maya Conceptions About Field and Forest. In *The Lowland Maya Area: Three Millennia at the Human-Wildland Interface*, edited by A. Gomez-Pompa, M. Allen, S. Fedick and J. Jimenez-Osornio:461-492. Haworth Press, New York.

Tedlock, D.   1996   *Popol Vuh: The Mayan Book of the Dawn of Life*. Simon & Schuster, New York.

Thompson, E. H.   1897   *Cave of Loltun, Yucatan*. Memoirs of the Peabody Museum of American Archaeology and Ethnology 1(2). Harvard University, Cambridge, MA.

Thompson, E. H.   1938   *The High Priest's Grave, Chichen Itza, Yucatan, Mexico*. Anthropological Series 27(1), Publication 412. Field Museum of Natural History, Chicago.

Thompson, J. E. S.   1930   *Ethnology of the Mayas of Southern and Central British Honduras*. Field Museum of

Natural History Publication 274, Anthropological Series 17(2).

Thompson, J. E. S.　1970　*Maya History and Religion.* The Civilization of the American Indian Series. University of Oklahoma Press, Norman.

Thompson, J. E. S.　1975　Introduction to the Reprint Edition. In *The Hill-Caves of Yucatan by Henry C. Mercer*:vii-xliv. University of Oklahoma Press, Norman.

Tolteca-Chichimeca, H.　1947　*Historia Tolteca-Chichimeca, Anales de Quauhtinchan. Annotated by Heinrich Berlin and Silvia Rendon; prologue by Paul Kirchhoff.* Fuentes para la Historia de Mexico I. Antigua Libreria Robredo, de Jose Porrua e Hijos, Mexico.

Tozzer, A. M.　1941　*Landa's Relaciòn de las Cosas de Yucatan: A Translation* Papers of the Peabody Museum of Archaeology and Ethnology 18. Harvard University, Cambridge.

Trigger, B. G.　2000　*A History of Archaeological Thought.* Cambridge University Press, Cambridge, UK.

Turner, P. R.　1972　*The Highland Chontal.* Holt, Reinhart, and Winston, New York.

Uke, T.　1970　Cutting the Hour. *Westways* 62(5):30-33, 57.

Vogt, E. Z.　1964　Ancient Maya Concepts in Contemporary Zinacantan Religion. Paper presented at the 6th Congress International des Sciences Antropologiques, Musee de l'Homme, Paris.

Vogt, E. Z.　1969　*Zinacantan: A Maya Community in the Highlands of Chiapas.* Harvard University Press, Cambridge, MA.

Vogt, E. Z.　1976　*Tortillas for the Gods: A Symbolic Analysis of Zinacanteco Rituals.* 1993 ed. University of Oklahoma Press, Norman.

Vogt, E. Z.　1981　Some Aspects of the Sacred Geography of Highland Chiapas. In *Mesoamerican Sites and Worldviews,* edited by E. P. Benson:119-142. Dumbarton Oaks, Washington, D.C.

Vogt, E. Z. and D. Stuart　2005　Some Notes on Ritual Caves among the Ancient and Modern Maya. In *In the Maw of the Earth Monster: Studies of Mesoamerican Ritual Cave Use,* edited by J. E. Brady and K. M. Prufer:155-185. University of Texas Press, Austin.

Watanabe, J. M.　1983　In the World of the Sun: A Cognitive Model of Mayan Cosmology. *Man* 18(4):710-728.

ベラクルス中南部地方の古典期における社会と権力の構図
―― ラ・ミシュテキーヤ地域の調査事例から ――

黒崎　充

はじめに

　本稿では、オルメカ文化やエル・タヒンの文化と比べて、古代メソアメリカのメキシコ湾岸文化の中で、まだあまりよく知られていないラ・ミシュテキーヤ地域、とりわけセロ・デ・ラス・メサス遺跡を中心とするベラクルス中南部地方における権力のあり方について検討を試みる。この地域では発掘による資料研究に加え、スタークによるセトルメント・パターン研究（以下、セトルメント研究と略す）とその膨大な資料と成果が、長年にわたって蓄積されている。こうした研究調査事例をもとに、この地域のもつ重要性をはじめに第1章で紹介する。その後、第2章で発掘事例を踏まえた原古典期の権力の様相を見る。そして、第3章では石碑やセトルメント研究を中心に、古典期前期から古典期後期にかけての資料を検討する。そして、最後の第4章で古典期における権力の構図と展開に関し、まとめと考察を行うことにする。

1. ラ・ミシュテキーヤ地域の重要性

　ラ・ミシュテキーヤ（La Mixtequilla）地域は、メキシコ湾岸部（la Costa del Golfo de México）、とりわけベラクルス州中南部（El Centro-Sur de Veracruz）[1]に位置する。この地域は海抜0mから15mまでの低地であり、東はリオ・パパロアパン（Río Papaloapan）、北はリオ・トラリスコヤン（Río Tlalxcoyan）によって挟まれる地理的環境にある（図1）。この低地では、年間平均降雨量は1,000mmで半乾燥地帯に属する。

　同じく低地でメキシコ湾岸部に位置するベラクルス州南部地方（El Sur de Veracruz）では、巨石人頭像の出土で良く知られている先古典期オルメカ（La cultura Olmeca）文化の指標となるサン・ロレンソ（San Lorenzo）遺跡や、ラ・ベンタ（La Venta）遺跡[2]、そしてトレス・サポーテス（Tres Zapotes）遺跡などがある。かわって、ベラクルス州中北部では碧眼をもつピラミッドや球技場が17基確認されていて、そのうち、南北二つの球技場には人身犠牲のようすなどを浅浮彫りで施したもので知られる、古典期後期から続古典期の古代文化が存在したエル・タヒン（El Tajín）遺跡がある。

　考古学的に見て、ラ・ミシュテキーヤ地域は、地理的にこれらベラクルス州中北部や南部の遺跡の中間、ベラクルス州中南部にある。また時期的に比較しても、先古典期と続古典期の間、古典期にかけて繁栄した文化が多く存在したとされる。たとえば、死者の世界の神・ミクトランテクゥトゥリ（Mictlantecuhtli）が出土したエル・サポタル（El Zapotal）遺跡がある。また、人をかたどった土製の笛や車輪つきの動物形象土製品が見つかったノピロア（Nopiloa）遺跡などがある。そし

図1　ベラクルス州中南部遺跡分布図（INEGI 1987 より作図）

てまた、合計すると23もの石碑や石彫が発見されたセロ・デ・ラス・メサス（Cerro de las Mesas）遺跡が位置する。こうした重要な発見のある遺跡が多く存在するものの、エル・タヒン遺跡とは異なり、ピラミッドが土でつくられていることなどから、遺跡そのものを発掘・修復・保存し遺跡公園として一般に公開することが非常に難しい状態のまま今日に至っている[3]。

　建造物以外に重要な考古学資料として、いわゆるモニュメント、石碑（とくに長期暦を浅浮彫りで施したもの）などがこのベラクルス州南部から中南部地方で見つかっている。ベルナル・メディーナのセロ・デ・ラス・メサス出土の石碑、オアハカ、マヤ地域の長期暦をもつ石碑などを比較した論文にもとづいて、そのメキシコ湾岸部出土の主な石碑を挙げると、以下の五つがある（表1 Bernard Medina 1997:52, Cuadros 8 より一部改変）（図2）。

表1 メキシコ湾岸部出土の長期暦を記した石碑と小像 (Bernard Medina1997：52 Cuadro 8より一部改変)[*1]

番号	名　称	出土遺跡名	地　域	暦[*2]	年月日[*3]
1	石碑C	トレス・サポーテス	ベラクルス南部	7.16.6.16.18　(6 Edznab 1 Uo)	紀元前 30年 4 月28日
2	石碑1	ラ・モハーラ[*4]	ベラクルス中南部	8.5.3.3.5;13　(Chicchan 3 Kayab)	紀元後143年 5 月22日
				8.5.16.9.7　(5 Manik 15 Pop)	紀元後156年 7 月14日
3	小像	ロス・トゥクストラ	ベラクルス南部	8.6.2.4.17 8　(Kaban 0 Knakin)	紀元後162年 3 月15日
4	石碑6	セロ・デ・ラス・メサス	ベラクルス中南部	9.1.12.14.10　(1 Oc 3 Wayeb)	紀元後468年 4 月10日
5	石碑8	セロ・デ・ラス・メサス	ベラクルス中南部	9.4.18.16.8　(9 Lamat 11Sotz)	紀元後533年 6 月 6日

[*1] 改変の内容は、論文に挙げてある長期暦のチアパス、ガテマラの例を除き、メキシコ湾岸部のもののみを掲げた。そして、番号と地域をここにつけ加えた。また、セロ・デ・ラス・メサスの石碑5を(9.4.14.1.4 7Kan 12Mol) J. y K、紀元後528年8月27日と載せているが、写真や図では暦の部分はまったく読み取ることができないので、ここではあえて取り上げないことにした。

[*2] ここに挙げる数字は、左から順番にバクトゥン、カトゥン、トゥン、ウイナル、キンとして読み解いた場合の数字になる。

[*3] ここで挙げる暦年代はGTM (Goodman, Martínez y Thompson) の相関暦を使い、ユリウス暦での換算になっている。

[*4] ラ・モハーラ遺跡出土の石碑年代に関するものが二つ施されてあり、それぞれの読み方を挙げている。

a：トレス・サポーテス石碑C (Coe 1964：93, Fig.18より転載)
b：ロス・トゥクストラ出土小像 (左：Rands 1973: 576, Fig. 47より転載、右：Coe 1964：94, Fi.g 19より転載。高さ15cm)
c：ラ・モハーラ石碑1 (左：ベラクルス州立大学付属人類学博物館にて2001年1月撮影、右：Winfield 1990：Lamáina 7より転載)

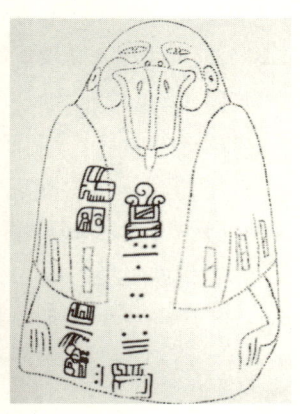

図2　ベラクルス州中南部・南部出土の長期暦を刻んだ石碑

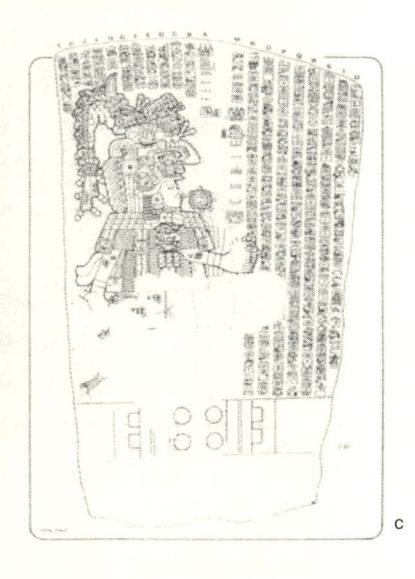

① トレス・サポーテス出土の石碑C （La Estela C de Tres Zapotes）
② ラ・モハーラ遺跡近辺出土の石碑No.1 （La Estela Número 1 de La Mojarra）
③ ロス・トゥクストラス出土の小像 （La Estatuilla de Los Tuxtlas）
④ セロ・デ・ラス・メサス出土石碑No.6 （La Esteal Número 6 de Cerro de las Mesas）
⑤ セロ・デ・ラス・メサス出土石碑No.8 （La Estela Número 8 de Cerro de las Mesas）

がある（図3）。

　これらに加え、同じくベラクルス中南部のエル・メソン（El Mesôn）から見つかった石碑には、長期暦は記されていないものの、主要となる人物像が大きく描かれている。

　このようにして、ベラクルス州南部から州中南部にかけて、長期暦を浮彫りした石碑や主要となる人物像が描かれた石碑が見つかり、とくにセロ・デ・ラス・メサスにおいては、少なくとも三つ人物像と長期暦を記した石碑が出土している。全部で15の石碑と八つのモニュメントが見つかっていることからも、その利用について重きをおき、その他の考古遺物や暦年代から少なくとも古典期前期において、きわめて重要なこの地域一帯の中心となる遺跡であったと考えることができる。

　暦年代に関しては、トレス・サポーテスにおいて7バクトゥンを、ロス・トゥクストラスやラ・モハーラでは8バクトゥンを記す例がある一方、セロ・デ・ラス・メサスでは石碑6、8ともに9バクトゥンとする石碑となっている[4]。

ラ・ミシュテキーヤ地域の考古学調査：研究史略

　こうした状況の中で、セロ・デ・ラス・メサス遺跡はスターリング（Stirling）やドラッカー（Drucker）によって、1939年の遺跡踏査と1940年から41年にかけて発掘調査が行われた。この発掘調査報告がスターリング、ドラッカーによってまとめられた。その結果、この遺跡がオルメカ様式を伴う翡翠製品やテオティワカン様式の円筒三脚などの遺物、そして長期暦を記した石碑の出土、およびメキシコ中央高原の後古典期の様式をもつ土器などが出土していることが明らかになった（Stirling 1941;1943;1965, Drucker 1943;1955）。

　これは、この遺跡においてオルメカ文化からの伝統をもち続けながら、後になってメキシコ中央高原で栄えたテオティワカン文化との関係も指し示すこととなる。また、石碑や長期暦を刻み始めることで、メキシコ湾岸部だけでなくガテマラ太平洋岸にあるバウル（Baul）やサン・イシドロ（San Isidro）にも点と棒で刻んだ暦が見られるとスターリングは指摘している（Stirling 1943:73）。

　その後、メデジン・セニルは、ベラクルス中部での広域にわたる発掘調査と土器資料の比較分析から、古典期の中でもラ・ミシュテキーヤ地域を低地における、とくに古典期後期の最大に発展したところとし、そこからベラクルス中北部を経てタヒンへの地域へと支脈していったとの見解を下した（Medellín Zenil 1960:54）。この後を継いでトーレスは、さらにラ・ミシュテキーヤ地域を中心に発掘調査を行った。とくに、71年から発掘を始めたエル・サポタル遺跡では、先に述べた死者の世界の神・ミクトランテクゥトゥリ（Mictlantecuhtli）の土製像と同じく土製像シワテテオCihuateteo（死の女神像）や合計すると235の一連の集団埋葬群など重要な発掘成果をあげた（Torres 2004:203）。

　そして、バーバラ・スタークは、リオ・パパロアパン西部マングローブの群生する地域に位置す

ベラクルス中南部地方の古典期における社会と権力の構図　195

a：セロ・デ・ラス・メサス石碑6（Stirling 1943:PLATE 23,Figure 11.bより転載、縮尺不明）

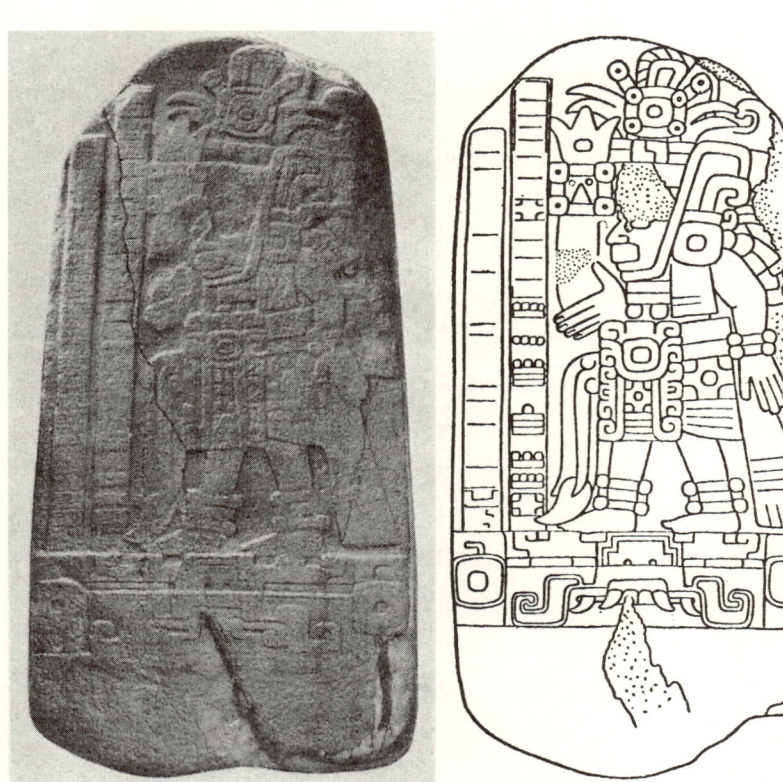

b：セロ・デ・ラス・メサス石碑8（Stirling 1943: PLATE 24, Figure 11.cより転載、高さ244cm、横幅107cm、厚さ53cm）

図3　セロ・デ・ラス・メサス出土の長期暦をもつ石碑6と8

るパタラタ（Patarata）遺跡を発掘調査した経験をもとに（Stark 1977）、このラ・ミシュテキーヤ地域の総合的なセトルメント研究調査を1984年から開始し、現在まで継続している。始めに1984年から85年にかけて調査をセロ・デ・ラス・メサス遺跡で開始し、この遺跡全体の地形マウンド測量および詳細な遺物分布調査あるいは踏査を実施した（Stark et al. 1991）。

この調査研究とその成果については、本稿第3章においてその主たる見解を検討する。

今まで述べてきたように、このラ・ミシュテキーヤ地域はスターリング、ドラッカーらの発掘からメデジンやトーレスの調査を経て、現在までスタークによる詳細な研究成果が積み重ねられている。そこで、こうした資料の集積をもとに当時の社会、とりわけ古典期に焦点を当てて権力および王権の成立と展開に関して検討を試みる。

研究資料

王権の成立とその展開、あるいは社会と権力の構図に関して古典期に焦点をあてて、本稿で検討する考古学資料は、まず始めに発掘による資料を中心に取り扱うことにする。つまり、発掘によって得られた、とりわけピラミッド建築に関する建築様式・石碑などのモニュメント、そして埋納[5]および埋納品、人身犠牲の資料、また威信材や奢侈品ないし供物（ユーゴやアチャ）と埋葬に伴う副葬品を対象とする。

次に、近年この地域で行われているセトルメント研究にもとづいた遺物分布の資料を参考に、地形測量資料、とりわけ各遺跡の規模や配置などを考慮に入れた集住形態の比較研究資料を本稿における社会的考察の資料として対象とする。

2. セロ・デ・ラス・メサス遺跡の発掘調査報告から

ラ・ミシュテキーヤ地域における相対編年と原古典期の設定

スターリングの発掘資料やメキシコ湾岸部の他地域との比較資料にもとづいて、コウ（Coe）は当時の発掘出土資料を比較し、メキシコ湾岸南部、とくにベラクルス州とタバスコ州に関して以下の編年を設定した（Coe 1965:714）（表2）。

ミシュテキーヤ地域の編年をこの中で、セロ・デ・ラス・メサスⅠ、Ⅱ、Ⅲ、Ⅳとし、そのそれぞれを先古典期後期から古典期後期までと後古典期後期への指標とした。また、原古典期にLos CerrosⅠ、NopiloaⅠを、そして、Los CerrosⅡ、NopiloaⅡ、Dicha Tuertaを笑う人をかたどった土偶を指標として古典期後期に位置づけた（Coe 1965:705）。

原古典期に関して、その設定の根拠は、土器：口縁部に刻線を施した小型の椀、口縁部に白色地を呈する黒色土器、黒色土器、褐色地に赤彩をした土器、赤色土器などを挙げる。ここでは"おそらく"としながらも、原古典期を先古典期からの推移・移行の時期とし、その変化を断絶と見るのではなくメソアメリカ文化の中で見て、土器や土偶においてオルメカからの様式を残しつつ新たな要素が加わり変化し、古典期への準備をした段階と設定している（Coe 1965: 696）。

なお、スタークはこの原古典期について先古典期終末期（紀元前100年から紀元後300年）として言及する（Strak 2003:5）。その論拠は、類似した集住形態を示す、同じような低地の自然環境であるマヤ低地などのセトルメントのあり方の比較としての意味で用い、指標となる土器として刻線で

表2　ベラクルスータバスコ地域の考古学編年　(Coe 1965:714,Table 1より発掘資料部分追加)

時　期	ベラクルス中部	ミシュテキーヤ地域	トゥクストゥラ地方	イツモ地方北部
後古典期後期 AD1200〜	イスラ・デ・サクリフィシオスⅡ-Ⅲ キアウィストランⅡ-Ⅲ トレス・ピコスⅡ-Ⅲ	セロ・デ・ラス・メサスⅣ		
後古典期前期 AD900〜	イスラ・デ・サクリフィシオスⅠ キアウィストランⅠ トレス・ピコスⅠ		トレス・サポーテスⅤ （ソンカウトラ） マタカパンⅡ アガルテペック	トーレス遺跡
古典期後期 AD600〜	レモハーダス上層Ⅱ	ノピロアⅡ ロス・セロスⅡ ディチャ・トゥエルタ	トレス・サポーテスⅣ タトカパン ポジアパン	セロ・デ・エンカント
古典期前期 AD300〜	レモハーダス上層Ⅰ	セロ・デ・ラス・メサスⅢ （トレンチ34）	トレス・サポーテスⅢ マタカパンⅠ	
原古典期 AD100〜	レモハーダス下層	セロ・デ・ラス・メサスⅡ （トレンチ30） ノピロアⅠ ロス・セロスⅠ	トレス・サポーテスⅡ	
形成期後期 300BC〜		セロ・デ・ラス・メサスⅠ （トレンチ42）	トレス・サポーテスⅠ ラ・メチュダ	
形成期中期 800BC〜				オルメカ

先古典期中期	Middle Preclassic	（800BC〜300BC）
先古典期後期	Late Preclassic	（300BC〜AD 100）
原古典期	Protoclassic	（AD 100〜300）
古典期前期	Early Classic	（AD 300〜600）
古典期後期	Late Classic	（AD .600〜900）
後古典期前期	Early Postclassic	（AD 900〜1200）
後古典期後期	Late Posclassic	（AD 1200〜 to coquest）

幾何学文を施した土器碗などを挙げる。この時期から古典期前期かけてセロ・デ・ラス・メサス遺跡のマウンド群集住の例を見ない発展をしたとする（Strak 2003:6)[6]。

　ここで、一連のスターリングらによるセロ・デ・ラス・メサスの発掘の中で、原古典期から権力に関して関わりがあるのは、主要マウンド北西部のプラットフォーム状台地に設置した第30トレンチである。ドラッカーの報告では、ここから20もの埋葬が確認でき、マウンド内焼け床の上部で17、第一次マウンド中心部のこの焼けた床層のさらに下より三つの埋葬（Ⅱ-18,19,20）が見つかった（図4）。上部の埋葬では残存の状態がよくなく、四つ（Ⅱ-12,14,16,17）だけが顔面部の骨のみが確認できた。下層では、とくに埋葬Ⅱ-18では副葬品として壺型土器11点、貝製ビーズ 3 点、翡翠製品 5 点、亀の甲に装飾を施したもの 1 点、貝製の笛 7 点、土偶 2 点そしてユーゴと呼ばれるくびき型石製品 1 点が出土し、相当量の朱に覆われていた。また、埋葬については体がしっかり曲げられていて頭部のみ体から離れ、朱に覆われた大きい貝蓋の上に顔を下に向けて置かれていたとしている（Drucker 1943:9）。

　ドラッカーは、このプラットフォーム上マウンドからの出土遺物の観察とまとめから、セロ・デ・ラス・メサス下層Ⅱの時期とし、この焼け床によってさらに上下二つに分けられるが、単色の土器、口縁に白地を呈する黒色土器などがどちらにも見られることからおおよそ同時期とした

198 第Ⅰ部 中米編

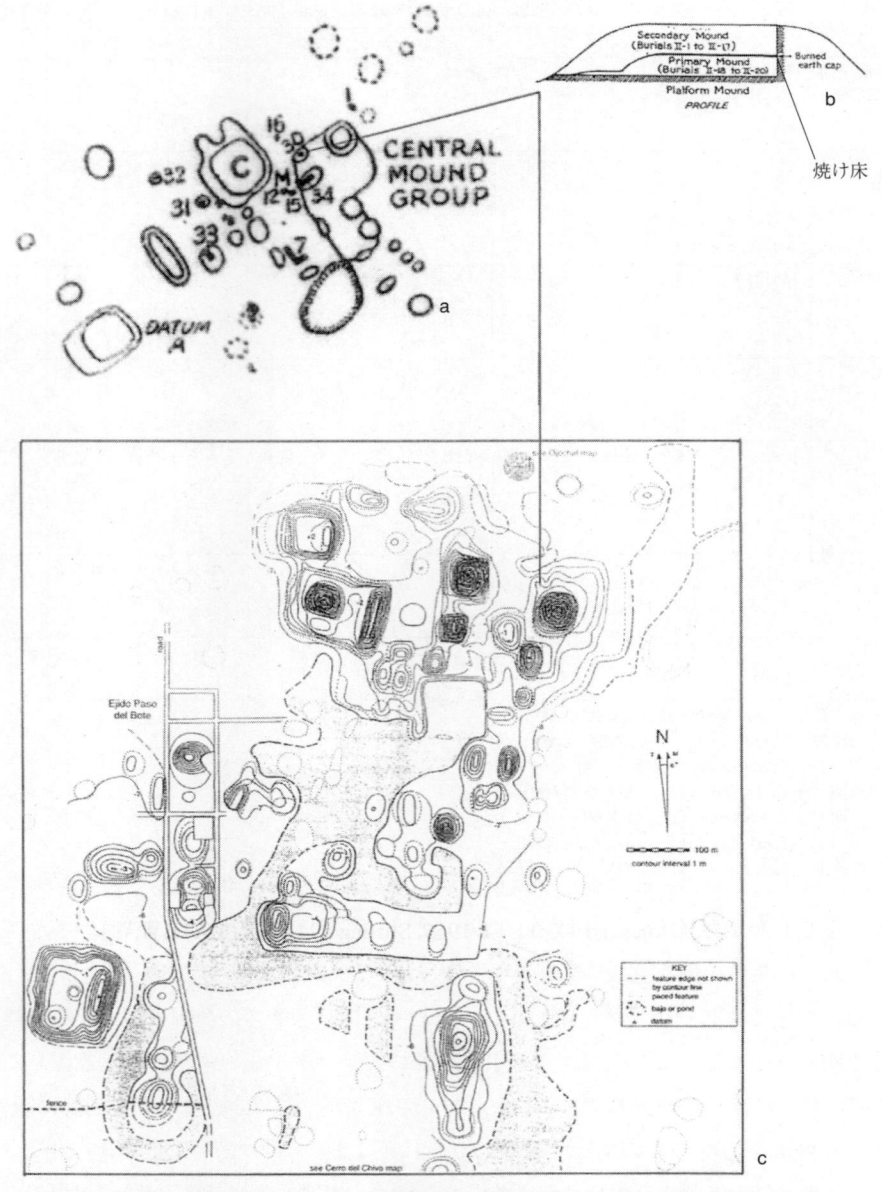

a：Drucker 1943:Fig.1より抜粋　b：Drucker 1943: 8,Fig.2より転載　c：Strak 1999:200, Fig.4より転載
図4　セロ・デ・ラス・メサス遺跡図と第30トレンチの層位図および位置図

(Drucker 1943:77-79,Table 12)。

　この北部マウンド群を構成するプラットフォーム上マウンドから出土した第30トレンチ出土遺物、上層の四つの頭骨および焼け床の下に葬られていた三つの埋葬例から、マウンド建設時に埋葬された人びとあるいは犠牲として葬られる例があったということがわかる。そして、埋葬Ⅱ-18の副葬品およびユーゴの事例からは、葬られた人の中には特別な意味をもっている人がいたと考えることができる。

　おそらく、こうした特別な副葬品、翡翠製品、貝製品や装飾品をつくる、ないしは手に入れるこ

とのできる社会組織が成り立っていて、専用の工人あるいは交易によってこれらの品を手中にすることができる一定の権力が背景にあったのではないだろうか。

いまだ発掘の例が限られており、この遺跡内、広くは地域でどこまでその権力が及んでいたのかは、今後発掘による資料が増えた後比較することができると思う。

また、スタークの分布踏査資料および測量地図から、先古典期（原古典期を含む）の土器資料はセロ・デ・ラス・メサス大センターでも北部の中心となる広場とチボ群と呼ばれる南部地域の一部にはっきり集中し、後の古典期から後古典期の遺物は、遺跡内南半分に集中するとしている（Stark ed. 1991:16）。

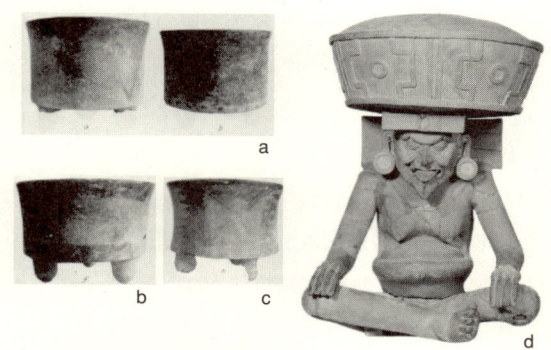

a・b：Drucker 1943: PLATE16a,b,fより転載
c：Drucker 1943: PLATE 22hより転載),
d：ウエウエテオトル像(Arqueologia Mexicana 2004：71より転載)

図5　第34トレンチ出土テオティワカン様式の円筒三脚土器とウエウエテオトル像

古典期前期

ドラッカーが遺物資料からセロ・デ・ラス・メサス下層Ⅱとまとめたものの中で、コウは古典期前期としてセロ・デ・ラス・メサスⅢとしてさらに区分した。その要素としては三つあるとし、①この前期に相当する長期暦をもつ石碑の出土とオルメカ－イサパからの彫刻様式、②テオティワカン様式の土器群と、そして③このミシュテキーヤ地域内発展の様相を呈す大型土製像の出土を挙げる（Coe 1965:701）。

これらの資料は、先の第30トレンチ南東部中心グループの大型マウンドに設置した第34トレンチから集中して出土した（Drucker 1943:11-14, 1955, Stirling 1941:292 PLATE Ⅶ, Ⅷ）。ここでは3層の焼けた床を検出し、その最下層のさらに下から45の埋葬が見つかった。頭骨はまとまっていたが、体の骨はまわりに分散していて残りが非常に悪かったとしている。このうち二つの埋葬のみ大型の翡翠のビーズを伴っていた。残りのよい頭骨はすべて共通の頭蓋変形をしており、1例4歳相当の子どもの骨もあった。ここで、円筒で三脚をもつ土器（図5a, b, c）が（Drucker 1943:PLATE16a, b, f, PLATE13d, PLATE22h）出土し、コウは、テオティワカンⅢ期に類似するとした。後にスタークはこのうちの1点（図5c）（Drucker 1943:PLATE22 h）の褐色地に赤色のネガティブ文の円筒三脚について、テオティワカンでも早い段階テソユカ期—パトラチケ期（紀元前300年から前100年）からツァクアリ期（前100年から紀元後100年）の特徴をもつものとし、それはベラクルスのパタラタ遺跡出土では古典期中期のカマロン期に相当する特徴ある土器の一つとしている（Stark 1991:10）。

さらに、この第34トレンチからは782点の翡翠製品の埋納と老人の姿をした火の神であるウエウエテオトルの大型土製像（図5d）が、マウンドから西の広場の方へ向けて階段部分の中央から見つかった。

石碑に見る権力の資料

スターリングのセロ・デ・ラス・メサスから見つかった石碑・モニュメント報告から、ここでは権

200　第Ⅰ部　中米編

力との関係を示している合計六つの石碑と 1 モニュメントを取り上げてみる（石碑3,4,6,8,11,15;モニュメント5）。

　中央広場から見つかった15の石碑と八つのモニュメントの中で、モニュメント 5 の裏に施された石碑 4 には台座に座った人物が描かれ、右手に焼香用の小さいものか何かをもっている。この人物の前方に、五つの点と枠で囲まれた中に動物か何かの頭が示され、おそらくこの人物を示す称号かと思われる図像がある。左手には丸い形の団扇のようなものをもつ（図6a）。この石碑と同じような要素をもつ人物が石碑11（図6b）に描かれ、そこには左手に同じような焼香用のものをもち、右手に杖か何かをもって立っている。石碑15（図6c）には中央にトラロクのような顔が描かれ、その

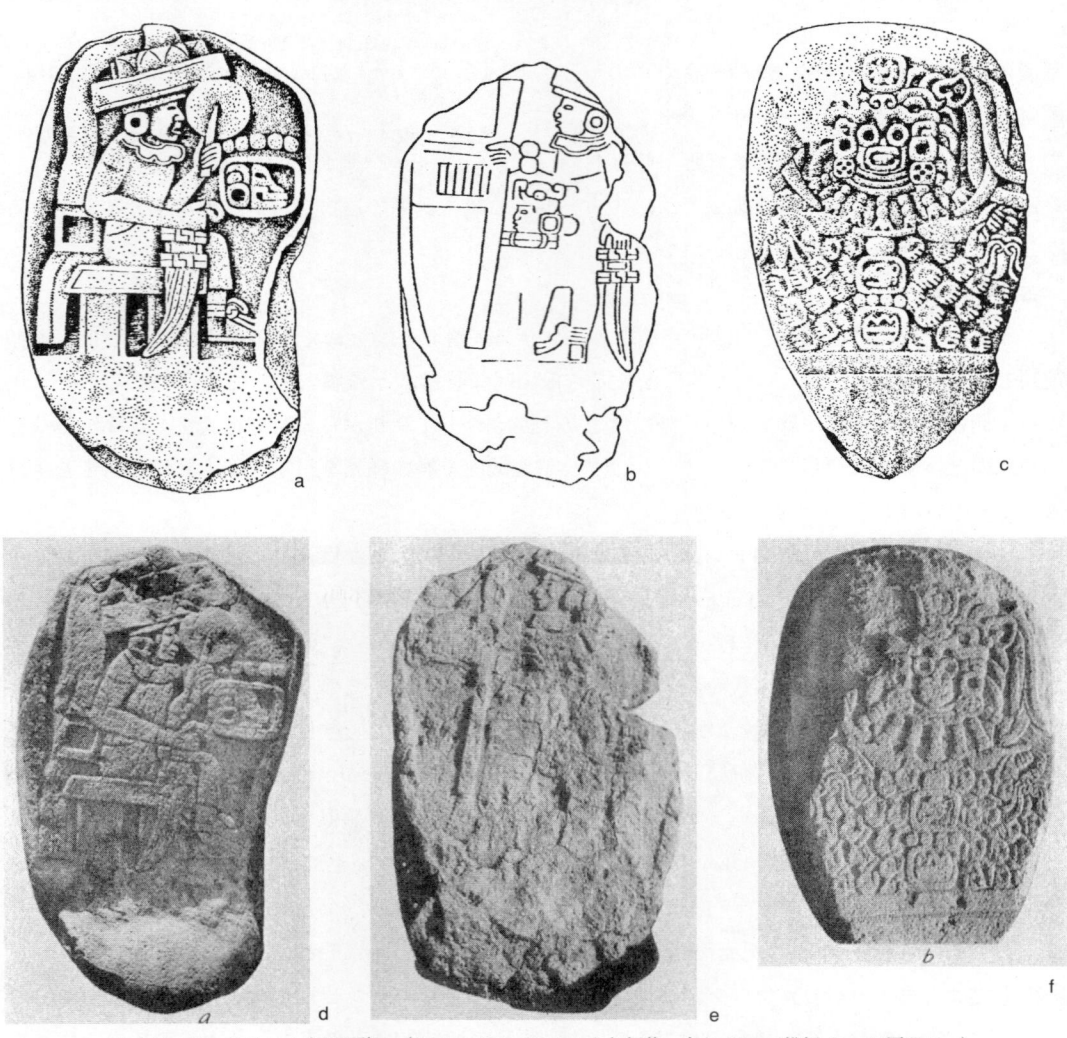

a：セロ・デ・ラス・メサス石碑 4 （Stirling 1943：Fig.14.bより転載。高さ168cm×横幅 91cm×厚さ46cm）
b：セロ・デ・ラス・メサス石碑11（Stirling 1943：Fig.12.bより転載。高さ165cm×横幅 89cm×厚さ36cm）
c：セロ・デ・ラス・メサス石碑15（Stirling 1943：Fig.14.aより転載。高さ196cm×横幅112cm×厚さ51cm）
d：石碑 4 （Stirling 1943: PLATE 22 aより転載）
e：石碑11（Stirling 1943: PLATE 25 bより転載）
f：石碑15（Stirling 1943: PLATE 22 bより転載）

図 6　セロ・デ・ラス・メサス出土石碑（4、11、15）

ベラクルス中南部地方の古典期における社会と権力の構図　201

下に一つの点と枠に囲まれた動物の横顔、四つの点と何かの図像が枠で囲まれている。

　先に挙げた長期暦を施した石碑6、8には主要となる人物が左側から見るかたちで浮き彫られている。これらに加え、石碑3にも同じような要素をもつ人物が描かれている（図7a,b,c,e）。この3人の身につけているものには多くの類似した部分があるが、ここでとくに腰のベルトの正面バックルの部分、三角と丸とそれを受けるような形の前飾りがある。この要素は、セロ・デ・ラス・メサスに近接するエル・サポタル遺跡において見つかった死者の神ミクトランテクゥトリの土製像にも同じようにつけられている（図7d）。

　台座に座った人物、杖をもつ人物、そして同じ要素を多く示した衣装から、描かれる人物が一定の集団に帰属する、あるいは一定の階層に属する人物であろうと考えられる。

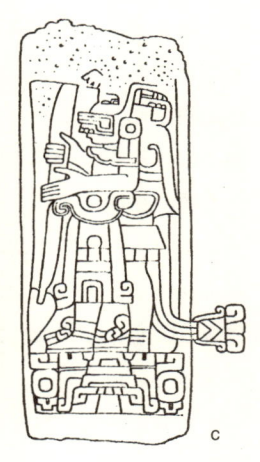

a：セロ・デ・ラス・メサス石碑6（縮尺不明）
b：セロ・デ・ラス・メサス石碑8（高さ244cm×横幅107cm×厚さ53cm）
c：セロ・デ・ラス・メサス石碑3（高さ185cm×横幅76cm×厚さ46cm）
　（a,b,c＝Stirling 1943: Figure11.b, 11C, 10aより転載）
d：ミクトランテクゥトリの土製像（エル・サポタル出土。Arqueología Mexicana 2004: 71より転載）
e：石碑3（Stirling 1943: PLATE 21aより転載）

図7　セロ・デ・ラス・メサス出土石碑3、6、8とエル・サポタル出土のミクトランテクゥトリの土製像

古典期前期の権力の構図

　発掘資料と石碑の資料から古典期前期における権力とその構図について考えてみる。

　はじめにマウンド建設に伴う大量の二次埋葬、翡翠製品の埋納と大型土製像などから、原古典期にくらべ古典期前期の段階になってさらに強いかたちで権力が集約されたと見ることができる。その権力については、埋納されたテオティワカン様式の土器や石碑に見られるトラロクから、権力をもつ集団がテオティワカンとの関係をもって、あるいはそれにもとづくか利用するかして、支配していたと考えられる。また、こうした埋納品や石碑に従事できる専門の工人集団がいたか、あるい

は交易などにより特別な品を入手できる社会組織ができあがっていたと見ることができる。この埋納品やマウンドの建設を実現できるような社会の階層化があったと見ることもできる。そして、石碑に描かれた主要となる人物の要素の類似を見るかぎり、これらの人びとは、同族などの一定の集団に限られていたように思われる。

古典期後期

ここで、古典期後期に入っての権力と社会を考察する資料としてセトルメント研究の事例から検討を試みる。一つには、セロ・デ・ラス・メサスからの発掘の資料から埋葬や埋納など、この時期に関して明確なかたちで提示するまでにいたらないことが挙げられる。また、これまでのセトルメント研究の成果によっての検証が、セロ・デ・ラス・メサス遺跡を含む、このミシュテキーヤ地域での古典期後期における社会背景と関係し、重要であると考えるからである。

3. セトルメント研究にもとづく調査と研究成果から

ラ・ミシュテキーヤ地域の研究成果から

これまでの発掘資料と自らの一般生活居住区の発掘資料（Stark 2001）とマングローブの地にあるパタラタ遺跡の発掘（Stark 1977;1989）の出土資料と踏査資料の比較、そして測量によって得られたマウンド群の配置の様子から、ラ・ミシュテキーヤにおけるセトルメント研究に関する成果が数多く報告されている。その中で、ここではとくに権力と社会に関係するものとして1999年と2003年の論文から見ることにする[7]。

1999年にスタークはラ・ミシュテキーヤ地域における、とくにセンターを中心とするセトルメント研究成果を提示した。遺跡の測量と表面採取した土器の分布を発掘出土資料と比較しつつ、おおよそその遺跡において人びとが活動していた時期を推定する。直接主要マウンドを発掘していないので、その限界を十分に把握しながら、センターにおける、とくに遺跡の測量から得たマウンドの配置・構成などの設計プランを五つの範疇にわけて考察した。五つの分類は以下のとおり。

① "プラットフォーム上に築かれた円錐状大型神殿"（TEMPLE PLATFORMS）
② "宮殿"（PALACES） 特別の場、L字型またはU字型に組まれた、まれに見るかたちでつくられた居住区
③ 球技場（BALLCOURTS）
④ 人工あるいは自然にあるものを利用した堀もしくは池（FORMAL PONDS）
⑤ 広場中心につくられた小祭壇、もしくは神殿（ADORATORIES）と定義した（Stark 1999:208 -211）。

この五つの要素を含む建設の規模と拡大範囲から、二つの大型複合群：セロ・デ・ラス・メサスとアスル（図8の写真a、b）とした。そして、二次センターとしてティオ・プリモとパルマス・クワタス、そのほか小センターとして七つあげている。結論として、二次センターの特徴として四つ挙げ、それは①量質ともに主要センターに見られる大型複合群の建設がなくなること、②球技場ができること、③大型マウンドが減少すること、④広場をもつ建設配置が比較的整ったかたちで見られること、としている。また、二次を取り巻く状況として、主要センターからおおよそ6km以内に

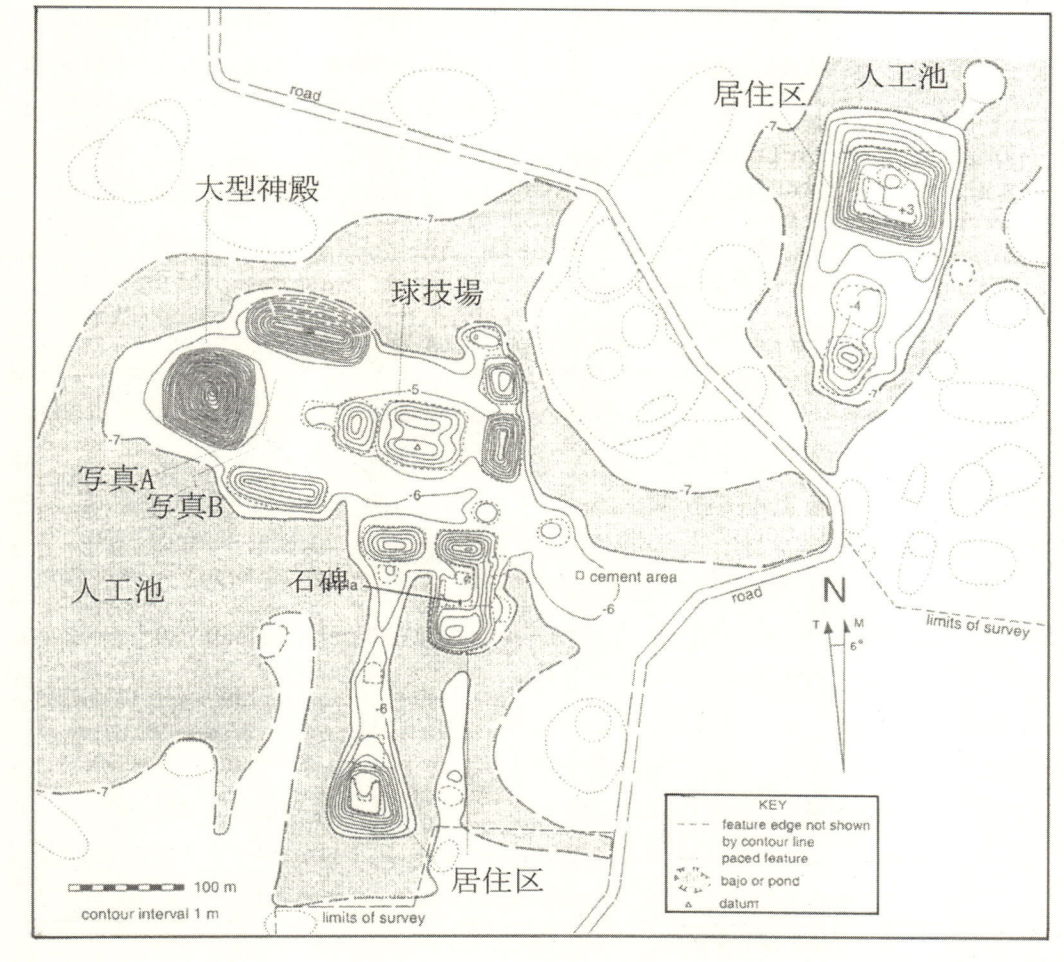

ベラクルス中南部地方の古典期における社会と権力の構図　203

（Stark 1999: Figure10より転載）

a. 大型神殿からみた球技場　　　　　　　b. 大型神殿より見た南部

図8　ロス・アススレス複合群遺跡図

点在する傾向があるとしている。そして、小センターについては、これら五つのうち一つの要素をそれぞれの土地にあわせたかたちでもつとしている（Stark 1999:220-221）。

　のちに、ラ・ミシュテキーヤから北西で同じベラクルス中南部コタシュトラ地域を中心とした、ベラクルス州での広範囲なセトルメント比較研究から、主要遺跡において見られる遺跡の設計プラ

ンを検討し、遺跡の規格というものをダニールズは「標準プラン」とした（Daneels 2002）。

　この「標準プラン」の検討をスタークはさらにラ・ミシュテキーヤ地域に応用し、古典期前期に拡大発展したセロ・デ・ラス・メサス遺跡において、主要センター付近に二つ、若干離れた地点に六つの小規模なプランを踏襲することが明らかになった（Stark 2003:414）。

　この結果、そして最近の見解では、古典期後期において以下の五つの主要センターが考えられている（図9）。①ロス・アススレス、②エル・サポタル、③ノピロア（図10）、④ロス・ピトス＝アヒトス、およびマングローブ地域にある⑤ティオ・ペルシリアーノ（Stark 2003:408）。

　セトルメント研究の結果をもとに古典期の権力と社会について考えると、前期にセロ・デ・ラス・メサス遺跡に権力が集約されるかたちでの社会であったように見える。石碑・モニュメントなどの建立を始め、ピラミッドの建設に際して見られる副葬品や埋納のあり方などから、一定の階層化した社会であったのであろう。古典期後期になると、この遺跡から他の四つの主要センターへ権力をもつ集団が分かれるかたちで分散していく。その一方で、セロ・デ・ラス・メサス遺跡での活動が完全に放棄された様子ではなく、一部において古典期後期の痕跡がある。しかし、他の主要センターにおける資料との比較では、他のセンターに明確なかたちで古典期後期の資料が出ており、ロス・アススレス付近の一般居住の小マウンドにおいても古典期後期の資料がはっきり出てくる様相から、スタークも後継集団と述べるように、他のセンターへ権力あるいは統制機構が移行するかたちで分散した社会になったように見える。この分散した様相は標準遺跡プランの踏襲やセンターの規模の縮小、主要センター間を近距離で往来できることや、各センターごとの石彫・モニュメントの出土など、対立・競争というよりはむしろ連合体のように同族ないしは同系譜の出自による集団によって分かれていったように考えられるが、詳しくは古典期後期のセンターのさらなる発掘を

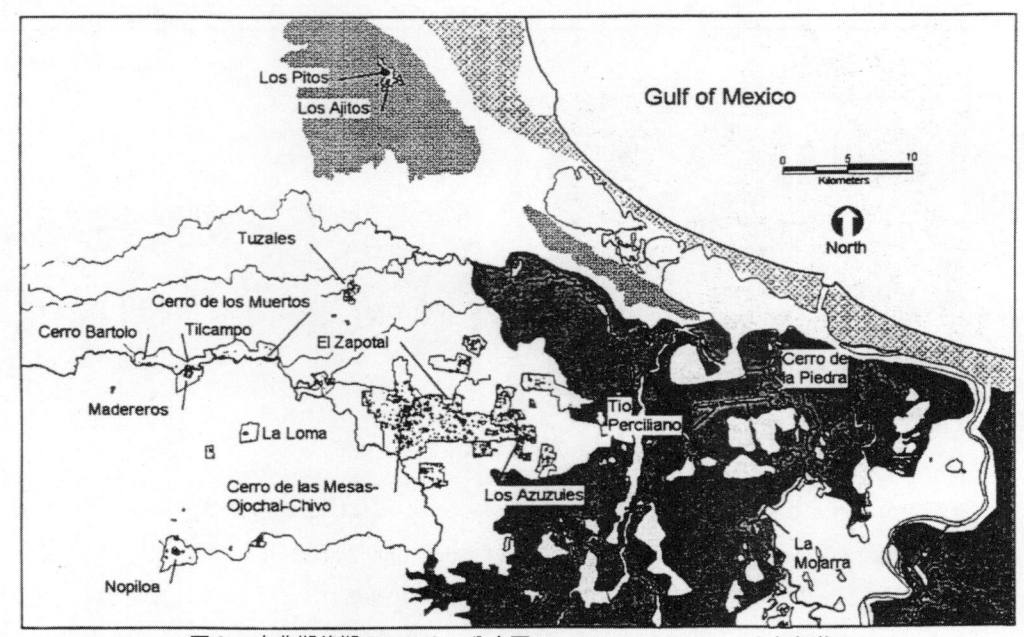

図9　古典期後期のセンター分布図(Stark 2003:395 Figure 3 より転載)

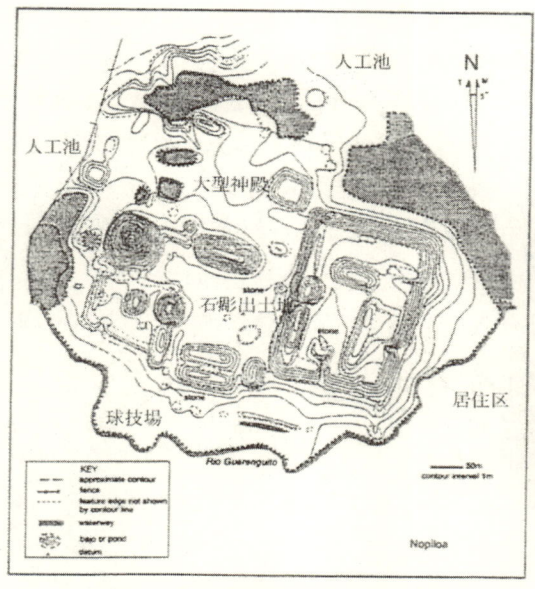

図10　ノピロア遺跡図（Stark 2003: Figure 7より転載）と同遺跡出土モニュメント（2001年1月
　　　ベラクルス州立大学人類学博物館ハラパにて撮影）

もってわかるであろう。

　今後の課題として、なぜ古典期後期になって各センターに分かれて住むようになったのか、社会が安定し人口が増加したためかどうか、それと関連してセンター以外の居住区に関する資料の考察が必要である。

4. ラ・ミシュテキーヤ地域における古典期社会の権力に関するまとめと考察

原古典期から古典期へ――変遷の社会背景と類推される権力の構図

　原古典期（紀元前100年から紀元後100年）には、ピラミッド建造の技術として土の建物をつくり始める。中心に広場を設け、その周囲にマウンドを形成する遺跡群をもち始める。そして、ピラミッド建造物自体は広場のレベルから最大20mの高さにとどく大型のピラミッドを建設し始めるにいたる。土器の製作技法においても黒色地に白色ネガティブの口縁をもつ土器（cocción diferencial）を盛んにつくり始める。こうした遺跡・遺物（土器中心）の一連の集約・発展に社会の階層化の萌芽と一定の集約の始まりが見て取れる。ただ、セロ・デ・ラス・メサス遺跡内部でも、一部に集中するかたちであって、その統制の及ぶ範囲は遺跡内においても限られていたように見える。ないしは広範囲に及ぶまでにはいたらなかった。古典期前期になって石碑・モニュメントの建立など、さらにまとまった一定の階層・集団による統制がより規模の大きいかたちで見られるようになる。

　古典期後期の資料、この時期に相当する同地域内における遺跡の資料および集住形態をセトルメント研究にもとづく資料から見る。ラ・ミシュテキーヤ地域内には主要となるセンターが遺跡単位で設計プランをもってつくられ（セロ・デ・ラス・メサス、エル・サポタル、ロス・アススレス、ノピロア、アヒートス・ピトスやティオ・ペルシリアーノなど）、一定の権力や支配階級によって一極集中から分散型の社会が構成され、組織的に地域内で集住を行っていたと類推される。

また、この古典期後期において主要遺跡内の中心に球技場をつくり、球技を権力機構の一部として重要視しながら行っていたこともうかがえる。これは、後の続古典期のエル・タヒンにおける17の球技場がつくられているのと比較した場合、ラ・ミシュテキーヤでは球技形態は異なるものの、遺跡の中心広場を構成する一部につくられることから、球技の重要度が強くなっていることを示す。

古典期後期から、主要センターによる集住形態は主要センター遺跡をそのまま用いるのではなく、むしろその近辺に規模の小さいマウンド群を形成し、分散したかたちでの住分けが遺跡の分布から類推できる。これは、以前の主要に一極集中するかたちでの権力をもった社会ではなく、むしろもう少し小規模なかたちでの社会背景を提示する。おそらくこうした分散・住分けが生じた背景の要因の一つとして、古典期前期の一極集中による統制、様式の均一化によって安定した社会から、その安定によって生じた人口の増加あるいは活動範囲が拡大したのではないだろうか。各センターにおけるマウンドの配置、人工の堀・池といった規格性などからは、一定の親族間や近親あるいは系譜をもつ集団があって、それぞれ分かれつつお互いに十分行き来できる程度の近距離内で交流する社会があったのではないだろうか。

おわりに

発掘出土資料とセトルメント研究の成果によって、古典期におけるラ・ミシュテキーヤ地域の権力と社会に焦点をあて検討を試みた。ここでは、主要となるセンターを中心にして考察を進めてきた。今後の課題として、社会的背景を考えるに際し、本稿で取り扱いきれなかった権力に伴った一般の集住やそのあり方も含めて、さらに大きな視点からの研究を進めていきたいと思っている。

註
1) 本稿で述べるベラクルス州中南部地方とは、メキシコ湾岸部とくにベラクルス州湾岸部の遺跡を指す場合、一般に使われる地域区分であり、ベラクルス州の北はリオ・ハマパ（Rio Jamapa）から南東へ下りリオ・パパロアパン、西はシエラ・マドレ・オリエンタル（Sierra Madre Oriental）に閉ざされる一帯にある低地地域を指す（STARK and Philip A. eds. 1997: 4 Figure I.I.）。
2) ラ・ベンタ（La Venta）遺跡はタバスコ（Tabasco）州に位置する。
3) 土で築かれた建造物に対する遺跡保存のむつかしさから、この地域や州中南部における土のピラミッドをもつ遺跡の一般公開はあまり進められていない。その一方で、マタカパン（Matacapan）遺跡のように、テオティワカン（Teotihuacan）様式の建築構造をもつピラミッドが調査され、その重要性が指摘されていても、高速道路建設や農地開発のための掘削やレンガつくり用の土の採掘で、数多くのマウンドが消滅している現実の問題がある。
4) 南メソアメリカ太平洋岸斜面では、7バクトゥンの日付をもつ石碑が集中しているとしている（伊藤 2001:38）
5) 英語の"Cache"の示すところは、貴重品などをとくに地中に隠す場所、そしてその隠した物・貯蔵品など、あるいはその両方を示すことがあるように思える。このセロ・デ・ラス・メサスの場合、ピラミッド建設に伴って意図的に物品を土中に埋め納めているので、ここでは埋納とする（田中・佐原編 2002:62）。
6) 先古典期終末期か原古典期かという時期設定および名称の用い方については議論の余地が残るけれども、ここでは当該地域での発展を見る古典期につながる前の段階という意味において、原古典期という名称を用いることにする。

7) ベラクルス州におけるセトルメント研究はこの地域において、もはや欠かすことのできない調査研究方法の一つであるといえる。この研究方法およびそれにもとづいた調査に関しては大変重要で興味深いテーマの一つであるが、それについては、また機会をあらためて検討したいと考えている。きわめて簡略に説明すると、本稿で述べているラ・ミシュテキーヤ地域の例では、先に述べた問題とされる土の構造物であるマウンドの発掘調査が修復・保存を伴うため非常に難しい中で、いかにして考古学研究を進めていくのかという前提にたって、組織化された遺物分布調査および遺跡間の地形測量を基本として、その成果をもとに社会文化を考察するというものである。

参考文献

伊藤　伸幸　2001　「カミナルフユにおける権力と抗争」『古代文化』第53巻、第7号。

田中琢・佐原真編　2002　『日本考古学事典』三省堂。

Arqueología Mexicana　2004　El Esplendedor del barro arte y hoy. *Arqueología Mexicana Edición especial* vol.17, Editorial Raices, México.

Bernard Medina, Henri Noel　1997　Las estelas con cuenta calendárica de Cerro de las Mesas, Ver., Tesis de Licenciatura, Facultad de Antropología. Universidad Veracruzana, Xalapa, Veracruz.

Coe, Michael D.　1964　*Mexico*. Thames and Hudson, London（4th edition）.

Coe, Michael D.　1973　Arcaheological Syntesis of Southern Veracruz and Tabasco. In *Handbook of Middle American Indians*, Vol. 3, ed. Robert Wauchope; Arhaeology of Southern Mesoamerica Part. 2, ed. Gordon R. Willey, University of Texas Press:679-715. Austin. 2nd printing（1965）.

Daneels, Annick　2002　El patrón de asentamiento del periodo Cláscio en la cuenca baja del rio Cotaxtla, Centro de Veracruz. Un estudio de caso de desarrollo de sociedades complejas en tierras bajas tropicales. Tesis de Doctorado en Antropología, Instituto de Investigaciones Antropológicas de la Universidad Nacional Autónoma de México.

Drucker, Philip　1943　Ceramic Stratigraphy at Cerro de las Mesas, Veracruz, México. *Bureau of American Ethnology, Bulletin* No. 141, Smithsonian Institution, Washington, D.C.

Drucker, Philip　1955　The Cerro de las Mesas offering of Jade and Others materials. *Bureau of American Ethnology, Anthropologycal papers*, No. 44, Smithsonian Institution, Washington, D.C.

Instituto Nacional de Estadsítica, Geografía e Informática（INEGI）1987　Carta estatal topográfica, Estado de Veracruz, Escala 1:1000,000, México.

Medellín Zenil, Alfonso　1960　*Cerámicas del Totonacapan: Exploraciones arqueológicas en el centro de Veracruz*. Universidad Veracruzana, Xalapa.

Miller, Mary Ellen　1991　Rethinking the Classic Sculptures of Cerro de las Mesas, Veracruz. In *Settlement Archaeology of Cerro de las Mesas Veracruz, Mexico*, Monograph 34, Barbara Stark L. ed., Institute of Archaeology, University of California:26-38. Los Angeles.

Rands, Robert L.　1973　Jades of the Maya Lowlands. In *Handbook of Middle American Indians*, Vol. 3, ed. Robert Wauchope; Arhaeology of Southern Mesoamerica Part. 2, ed. Gordon R. Willey, University of Texas Press:561-580. Austin 2nd printing（1965）.

Stark L., Barbara　1977　*Prehistoric Ecology at Patarata 52, Veracruz, Mexico: Adaptation to the Mangrove Swamp*. Vanderbilt University Publications in Anthropology 18.

Stark L., Barbara　1989　*Patarata Pottery: Classic Period Ceramics of the South-Central Gulf Coast, Veracruz, Mexico*. Anthropological Papers 51. University of Arizona Press, Tucson.

Stark L., Barbara 1999 Formal Architecutral Complexes in South- Central Veracruz, Mexico: A Capital Zone?, In *Journal of Field Archaeology*, Vol. 26:197-225.

Stark L., Barbara 2003a Cerro de las Mesas: Social and Economic Perspectives on A Golf Center. In *Urbanism in Mesoamerica*, Vol. 1, William T. Sanders et al eds. Instituto Nacional de Antropología e Historia, The Pennsylvania State University:391- 426.

Stark L., Barbara (In Press) Polity and Economy in The Western Lower Papaloapan Basin, Paper prepared for Pre-Columbian Symposium at Dumbarton Oaks, Classic Veracruz: Cultural Currents in the Ancient Gulf Lowlands, October 10-12, 2003.

Stark L., Barbara ed. 1991 *Settlement Archaeology of Cerro de las Mesas Veracruz, Mexico*. Monograph 34, Institute of Archaeology, University of California, Los Angeles.

Stark L., Barbara and Philip J. Arnold III eds. 1997 *Olmec to Aztec, Settlement Patterns in The Ancient Gulf Lowlands*. University of Arizona Press, Tucson.

Stirling, Matthew W. 1941 Expedition unearth buried masterpieces of carved jade. *National Geographic Magazine*, Vol. LXXX, No 3: 277-327, Washington.

Stirling, Matthew W. 1943 Stone Monuments of Southern Mexico. *Bureau of American Ethnology, Bulletin* 138, Smithsonian Institution, Washington, D.C.

Stirling, Matthew W. 1965 Monumental Sculpture of Southern Veracruz and Tabasco. *Handbook of Middle American Indians*, Vol. 3, University of Texas Press:716-738. Austin.

Torres Guzmán, Manuel 2004 Los entierros múltiples en la zona arqueológica de El Zapotal, Veracruz. en Yamile Lira López y Carlos Serrano Sánchez eds., *Prácticas funerarias en la costa del Golfo de México*, Instituto de Antropología de la Universidad Veracruzana, Instituto de Investigaciones Antropológicas de la UNAM, Asociación Mexicana de Antropología Biológica:203-212. México.

Winfield Capitaine, Fernando 1990 *La estela 1 de La Mojarra*. Seminario de estudios prehispánicos para la descolonización de México, Universidad Nacional Autónoma de México, México.

第Ⅱ部　南米編

先史アンデス文明の形成期と社会発展モデル

芝田幸一郎

1. はじめに

南米の中央アンデス地帯（図1）における最初の古代国家の成立は、インカ帝国期をさかのぼること約1,000年、地方発展期（50BC-AD500）のこととされる。本稿で扱う形成期（2500～50BC）（表1）とは、いわば国家の出現前夜であり、その社会の詳細に関してはいまだ不明な点が多い。と

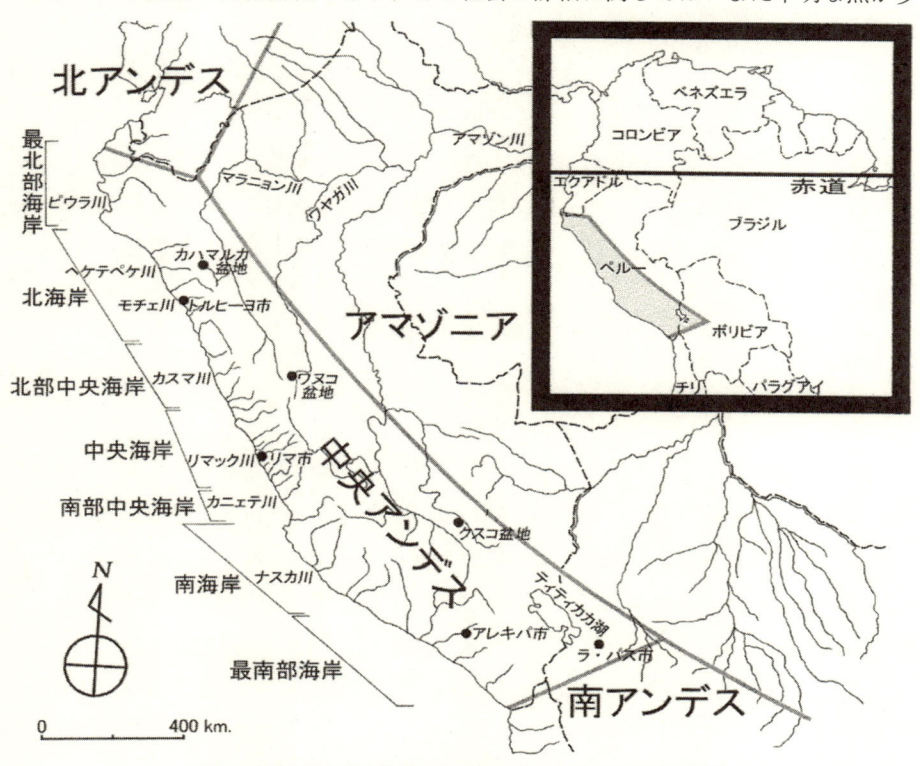

図1　中央アンデス地帯（Willey 1971: fig.3-1を一部改変）

表1　中央アンデス形成期の編年略表

時　期	年　代	主　な　出　来　事	主　な　遺　跡
形成期早期	2500～1800BC	神殿建築の登場	コトシュ、カラル
形成期前期	1800～1200BC	土器製作開始、神殿の巨大化（中央海岸・北部中央海岸）	モンテグランデ、パンパ・デ・ラス・ヤマス
形成期中期	1200～800BC	建築・土器の洗練、図像表現の複雑化	ワカロマ、ガラガイ
形成期後期	800～250BC	海岸での神殿の放棄、トウモロコシ・ラクダ科動物の利用増加	クントゥル・ワシ、サン・ディエゴ
形成期末期	250～50BC	山地での神殿の放棄	ライソン、セロ・アレーナ
地方発展期	50BC～AD500	初期国家の出現	ワカ・デ・ラ・ルナ

はいえ、社会的階層性や軍事活動を積極的に物語るデータに乏しいこと、一方で祭祀用公共建造物すなわち神殿の存在が際立っていることなどから、神殿と神官を中心に宗教によって統合された比較的平等な社会、新進化主義の発展区分に当てはめるならば首長制社会というイメージが普及している。この形成期の中央アンデスでは、大規模建造物、土器、冶金、織物などの技術が初登場し、後の時代のものと比べても見劣りしないほど著しく発展した。また生業の比重が、狩猟採集と漁労から農耕と牧畜へと大きく移行し、生産力が増大・安定化した。これらの変化は、人口の増加や社会組織の複雑化と相互に作用して、後の先史アンデス諸国家の文化伝統や社会的・経済的基盤が形成されることになる。

　文明や国家の定義に関する問題をさておいて、大方の考古学者の意見に従うならば、先スペイン期の南米大陸において、中央アンデス以外の地域では文明が発動せず、国家レベルの社会は現れなかったといえる。では、中央アンデスでは、なぜどのようにして急速な発展が生じ文明への道を歩んだのか。それは多くの研究者の関心を惹きつけてきた人類学・考古学上の重要なテーマであり、主に米国の考古学者たちが研究をリードしてきた。ここでは、まず彼らの主要な仮説の中から、何らかの形で形成期を扱ったものを適応モデル、政治モデル、戦争モデルにまとめて検討し、それらの問題点を整理する。その際、多くの研究者が発展の前提として特定の環境を重視してきたことに注意を払う。一方で、発展に際しての人間集団間の相互作用を重視する理論も紹介する。そのうえで、社会と社会の相互作用、そして社会と環境の相互作用が交差する、より包括的な発展モデルの提案を試みたい。

2. 形成期に関わる主な発展モデル

適応モデル

　このモデルの根底にある考え方は、社会・経済・環境上の諸問題を解決するために社会の発展が自発的に生じたとするものである。具体的には、人口圧が高まり食糧などが不足してくるとき、灌漑農耕などによって生産力を上げるために労働力を統合し、集団内のもめごとを調停し、また灌漑の設備などを余所者から守れるように、中央集権的な大規模政体が生まれたとする[1]。このモデルの弱点は、灌漑農耕などに適した自然環境を発展の前提とするため、環境決定論に陥りやすいことであろう。そしてアンデス文明形成期早期の海岸部ように、漁労採集と初歩的な農耕を生業としながらも労働力を統合して神殿を築いていた社会の発展には当てはめ難い。また、一つの政体内での自立的発展の分析には向いているが、複数の政体間の関係と社会発展のつながりについては軽視されてしまう。

政治モデル

　このモデルでは、社会が不平等な状態であること、ないしは不平等性が何らかのかたちで潜在していること（たとえば特定の資源の分布が不均衡なこと）を前提とする。具体的には、まず食糧など基本的資源の生産（灌漑など）と分配のコントロール、特産物や奢侈品の生産と交易のコントロールにおいて潜在的に有利な条件下にあるグループがエリートとして台頭し、その独占性を強めてゆく。さらにその過程で増してゆく経済的差異がエリート層のステータス上昇などに利用され、よ

りいっそうの格差を生み出す。国家など複合社会のシステムは、このような不平等な構造を維持し、階層間の抗争を抑え、エリート層の利益を守るためにつくられたものと見なされる[2]。また、中心と周縁の経済的に不平等な構造が維持・強化されるという点で世界システム論と相性が良く、これを応用するアプローチも政治モデルに含めることができるだろう[3]。

このモデルにも弱点がある。社会複合化が生じるか否かは、所与の環境・条件が不平等発生の機会を潜在的にもっているか否かを前提にするため、究極的には一種の環境決定論になると思われる。あるいは単に「歴史的差異の結果（Earle 1994: 950）」ということになるかもしれない。

戦争モデル

これは、社会の複合化が政体間の戦争と征服によって生じるという考え方である。代表的なカーネイロ（Carneiro 1970）のモデルでは、ペルー海岸部のように耕地が河川周辺に限られ、その周囲を不毛の砂漠に囲まれている「包囲環境」の場合、人口が増加するにつれて耕地が不足するため、土地をめぐって戦争が起こり、やがて勝者側が敗者側をとりこんで支配下におくことで、社会の大規模化や階層化が生じるとする[4]。

しかしながら、河谷などの地域内にせよ、地域間にせよ、戦争を想起させる考古学データは形成期後期から末期にかけてのものであり、既に大規模な神殿を建造する社会が繁栄していた形成期前期や中期の社会発展を説明するモデルにはなりえない。また、形成期の初め頃、少なくとも早期では、各河谷の推定人口が環境収容力[5]を大きく下回っていた可能性が高く（*cf.* Wilson 1981）、人口圧の問題すなわち包囲環境の効果が現れる前の社会発展について考えねばならない。

次に、上記3モデルに共通し、新しいモデルを立ち上げる際に課題となる点を整理しておく。

① 自然環境と社会変化の関わり：環境を考慮するとき、多くの場合、決定論的な「環境→社会」という一方通行の図式が隠れている。いずれのモデルにせよ、発展のきっかけのところで特定の環境が作用しているからである。適応モデルでは灌漑農耕などに適した自然環境、政治モデルでは所与の環境・条件が不平等発生の機会を潜在的にもっていること、戦争モデルでは包囲環境が前提になっている。確かに環境から何ら影響を受けない社会は考えられないが、同じタイプの環境を背景とした社会が異なる発展軌道を描いた例も多い。つまり、当然のことながら人間の営み自体の中にも発展の方向性に働きかける何かがあったはずである。またその営みが環境を改変し、改変された環境が人間社会にまた影響を与えることもありうる。アンデス文明の環境と社会についても、そのように相互作用的で、常に変化の契機をはらんだダイナミックな関係が論じられるべきである（*cf.* 大貫 1992）。

② 政体間の関係：アンデス文明は旧大陸の諸文明から影響を受けることなく自立的に発展した文明であり、初期の適応モデルは文明間の伝播主義に対してのアンチテーゼとして意義がある。しかしインカ帝国によって統合される前の中央アンデスには、常に多数の独立した政体が併存しており、それらの相互関係を考慮せずに中央アンデスの全体的な社会発展を語ることはできない。その意味で、古典的な適応モデルを形成期に当てはめるには難点がある。戦争モデルと世界システム論的アプローチの政治モデルでは、支配と被支配や中心と周縁といった政体間の

関係が前提となるため、後述するように比較的対等な関係が想起される形成期の諸政体には当てはめにくい。

③　物質文化のスタイル：アンデス文明には、類似する物質文化のスタイルが中央アンデスの広い範囲にわたって分布するという現象が形成期を含めていくたびか見られ、それは当時の社会変化の大きな指標とされてきた。たとえば、戦争モデルなら征服によって、政治モデルなら周縁地のエリートが中心地のスタイルを模倣してステータスアップを図ることなどによって、共通性が広がることになる。しかし、諸政体が独立していて対等な関係にあるとしたら、これらのモデルでは共通性を説明できない。適応モデルや政治モデルでは、政体が影響圏を拡大すると、その圏内で交易が発達することによって物質文化の類似性が高まると考えることもできるが、建築模型などがない以上、形成期神殿の類似性を交易で説明するのは難しいだろう。

ここで確認しておくが、上述の各モデルが形成期の中で適用できる場面もあるだろうし、三つのモデルは互いに否定し合うものでもない。したがって、地域や時期によってモデルを使い分ければ、今指摘した問題の多くは解消されるかもしれない。しかし、根本的に①の問題は残されてしまう。また、包括的モデル構築の試みは放棄されるべきでないだろう。

さて、これより先、環境と社会の相互作用も視野に入れた包括的モデルの試案を提起していきたい。しかしその前に少し角度を変え、人間集団間の相互作用を重視する社会発展理論を紹介しておく必要がある。

3．同等政体相互作用

これまでの調査・研究から見て、アンデス形成期には、神殿を中心に統合された政体が各河谷や盆地内に複数併存していたと考えられる（*cf.* Onuki 1993, Pozorski and Pozorski 1998）。仮に河谷全体を統合する政体を認めるとしても、複数の河谷をまたぐ国家のような大規模政体が存在しなかったことに関しては、多くの研究者の意見が一致するところであり、河谷間の関係が支配／被支配ではない緩やかなつながりだったことは間違いないだろう。このような状況で発展を続けた形成期の社会を考えるとき、示唆に富んだ理論がある。コリン・レンフリューが提案する「同等政体相互作用（Peer Polity Interaction）」である（Renfrew 1986）。

既に概観したように、これまでのモデルにおける社会変化は、より発展した、あるいは強力な外部の政体からの影響で生じるとする見方か、一つの政体の内部で生じてきたという見方になった。これらは部分的に有効なアプローチではあるが、理論的な難点があり、またアンデス形成期の事例からの反証も少なくない。レンフリューが提案する同等政体相互作用は、これら二つの見方の中間をゆくものである。具体的には、マヤやギリシアのような一つの「文明圏」の中で、ほぼ対等で緩やかな関係にある独立した複数の政体が、戦争、競合、シンボルの同調化、刷新の伝達、交易の増大などを特徴とする相互作用を通じて、さまざまな物質文化や社会的特徴を共有してゆき、その中で生産性の向上や社会構造の複合化が生じ、全体的に発展するというプロセスである。

筆者は、同等政体相互作用をそのままアンデス形成期に援用しようというのではなく、その中の「競合」という特徴に注目して、あらたな発展モデルを構築することを目指している。それは、競

合を、次に述べる「神殿更新」というアンデス形成期に広く見られる現象と組み合わせることによって、先述の②と③に関する考古学データと一致するかたちで形成期の社会発展を理解すること、なおかつ決定論ではないかたちで環境と社会の相互作用を描くことが可能と考えるからである。

4. アンデス形成期の神殿更新

東京大学古代アンデス文明調査団は、さまざまな形成期神殿遺跡の発掘調査を通じて、当時の社会発展を考えるうえで重要な現象である「神殿更新」を発見し、これにもとづいて独自の発展モデルを提案してきた（*cf.* 加藤・関編 1998）。それらの神殿遺跡では、古い神殿を埋め尽くしたうえに、同じような、しかし規模を増した新しい神殿を建てることがいくたびも繰り返され、神殿がしだいに大規模化・複雑化してゆくプロセスが捉えられた。そしてここから、「更新のたびにより多くの労働力と、より大量の食糧と水が必要とされ、労働組織がより複雑になり、そして建築物とその装飾を洗練させることにますます労力が注がれ」ること、神殿更新が「経済・技術・イデオロギーの発達や、海岸と山地の交流を促進した」こと、さらには更新が「新しい神殿を完成させるために役立つ新しいアイデアなど、あらゆる新しいものに対する鋭い感性を社会に与えた」というモデルが、逆算的に提起されたのである（Onuki 1993:92-93、和訳は筆者による）。また、神殿建築がもつ表現効果に着目する場合、特定の神殿建築や儀式活動には別の社会の人びとにとっても理解・共感される何かがあり、それが相互訪問すなわち相互作用の契機になった可能性も指摘された（加藤 1993:41）。

5. アンデス形成期の「競合モデル」[6]

それでは、神殿更新モデルと同等政体相互作用に基づいた競合とを組み合わせる前に、本稿で論ずる「競合」とは何か確認しておこう。レンフリュー（Renfrew 1986）によれば、競合とは、隣接する複数の政体がより高いステータスを得るために、より大きな富や権力を誇示する方向に駆り立てられていく相互作用のプロセスであるという。それはポトラッチのように贈り物や饗宴を介して行われることもあれば、土木建設活動を介して行われることもある。たとえば、ある政体が大きな建造物を建てることによってステータスを得ると、隣接する政体はさらに大きく優れたものを建てることで、よりいっそう大きなステータスを得るというプロセスであり、レンフリューはマルタ島の大神殿やイースター島の巨石像が集中して分布していることを理解するのに役立つと考えている。

筆者は、レンフリューが戦争と競合を異なるカテゴリーにしたことに賛同するし、競合のメカニズムを考えるにあたってステータスという視点の重要性は認める。しかし、発展に際しての競合の重要性を理解し、既に指摘した先行研究に共通する四つの問題点を補うような新しいモデルを提案するためには、ステータスのような競合の「目的」だけでなく、視点を変えて「関係」と「媒体」に注目して競合の特徴を抽出しておく必要がある。戦争と競合の違いを強調して説明しよう（図2）。まず、戦争は直接的衝突の関係であり、参加者の力は衝突によって弱くなったり消えたりする。一方、競合は媒体のうえで間接的に争う関係であり、参加者たちの力は媒体に注がれることによって

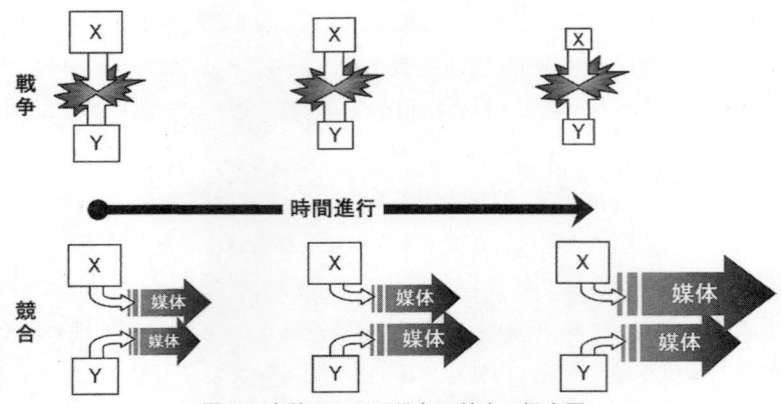

図2　本稿における戦争と競合の概念図

同じ方向に伸びてゆく。具体的には、相手が媒体上に提示したものを意識し、それを踏まえたうえで乗り越えてゆく。すなわち媒体上に差異を積み上げてゆく過程が繰り返されることになる。競合の媒体は、贈り物、饗宴、歌や弁舌、建造物、装飾品、兵器、社会構造、生産技術などさまざまであり、それぞれの重要性は地域や時代によって異なるだろう。

ここでまず注目したいのが、北部中央海岸カスマ河谷の下流部に位置する形成期最大の神殿セチン・アルトとパンパ・デ・ラス・ヤマス-モヘケの事例である。両神殿の活動時期は大部分が重複しており、また互いに約5kmしか離れていないにも関わらず、使用されていた土器は大きく異なるものであった。ところがその建築プランに目を転ずると、まったく同一ではないものの、たくさんの共通項が見られた。ここから、両遺跡の発掘調査を行ったポゾルスキ夫妻は、それぞれの神殿を中心とする二つの大政体がライバル関係にあったことを想定している（Pozorski and Pozorski 1998）。また中央山地のワヌコ盆地では、形成期早期の神殿がやはり5kmほどの間隔をおいて多数分布しており、ここでも各神殿を中心に統合された共同体が互いに競合し、かつ補い合う関係にあったことが推測されている（Onuki 1993）。つまり形成期の神殿間に、戦争ではなく、また単なる協力関係でもない競合の関係を想定することは、これまでの研究成果の延長線上にあるといえるのであり、少なくとも積極的に否定するデータはない。

それでは、このような神殿間の競合関係と神殿更新モデルを組み合わせると、どのような社会の動態が見えてくるのだろうか。

既に述べたように、アンデス形成期の神殿は更新を経て規模を増している。そして更新のたびに必要な労働量と、それを賄うための食糧の量が増えるならば、土地と人（労働力）の確保が重要になってくる。ここに競合の契機がある。形成期の場合、領土をめぐる戦争の痕跡がないため、対象を人に限定して良いだろう。環境の生産性に対して人口が少ない、すなわち包囲環境が効力を発していないと思われる形成期前半の状況（Wilson 1981）を考えるとなおさらである。このようなとき採られうる競合の戦略として、饗宴などの可能性を否定するわけではないが、本論では作業仮説として神殿建築を競合の媒体と見なしたうえで議論を進めたい。労働を提供する側の立場で機能的に推し量るならば、より大きな神殿はより大きな余剰生産力を象徴する、ないしは、より長期にわたる神殿更新の過程を経ているため、それを支える社会の安定性・持続性の高さを映し出しているこ

とにもなる。あるいは、より多くの地域の神殿建築の特徴を併置させることで、より多くの人びとの共感を得るという戦略も考えられる。このようにして、形成期アンデス社会の競合は、神殿建築をメディアとし、労働力の確保をめぐって繰り広げられたと仮定する。するとこの仮定は、以下の考古学データとの一致を見ることになるのである。

まず神殿の規模、すなわち投入された労働量を見ると、形成期の早期から中期までは全体的に増大する傾向にある。またこの頃は、カスマ河谷を頂点として、北部中央海岸や中央海岸の神殿群が圧倒的な規模を誇り[7]、北海岸、南海岸、山地における神殿は小規模であるという地域差が見られる（図3A, B）。また、労働量の増大は神殿更新とも対応している。すなわち、形成期早期から中期までは、更新のたびに神殿の体積が増すのは当然として、1回の更新に要する労働量も増大する傾向にある（図4A, B）[8]。

形成期の神殿には、U字形基壇配置や円形半地下式広場などさまざまな特徴が見られ、それらには一定の地域性がある。一方で、それらの特徴が複数組み合わされて一つの大神殿を構成することも多い。ここに、もう一つの競合の戦略を見出すことができる。神殿更新を考慮すると、地域内の他の神殿と共通の諸特徴をもったうえで、更新を通じて別の地域の特徴を加えて差異化を図り、そうすることで同時により多くの地域の人びとから理解と共感を勝ち得る可能性が高まるのではないだろうか。実際、海岸部の大神殿では、あとから円形半地下広場や山地神殿の特徴を追加していく様子が報告されている（*cf.* Burger and Salazar-Burger 1991, Pozorski and Pozorski 1993）。そしてこのプロセスによって、遠く離れたもろもろの神殿間にも一定の共通性が見られるという現象が理解できる[9]。

ひとたび競合のプロセスが始まると、より多くの人材を確保した神殿は、より大規模な神殿更新が可能になり、新たな建築特徴を加える機会も得て、さらに多くの人びとを惹きつけることになる。つまり一種のポジティヴ・フィードバックのプロセスが想定されることになる。最大規模の神殿群を擁するカスマ河谷に、さまざまな建築特徴の分布域が重なっているのは、このためだと思われる（図5）[10]。これはまた、カスマ河谷以南の神殿と北海岸の神殿との間に、顕著な規模の格差が見られることの説明になるかもしれない。形成期早期の頃までは、生業が農耕よりむしろ漁労に依存していた可能性が高く（Moseley 1975）、その場合、エル・ニーニョ現象の影響が大きい北海岸では、より南の地方と比べて食糧獲得の安定性に劣ることになる。この頃に神殿を大規模化しえなかったことが、時間が経つにつれ地域間の差を広げることになったという解釈である。

さて、前に競合モデルが考古学データと一致すると述べたが、形成期早期から中期までは良いとして、形成期後期以降は神殿そのものが衰退してしまう（図3C）。海岸部ではほとんどの大神殿が放棄される。逆に山地の神殿が大型化するが、その体積は形成期中期までの海岸の大神殿と比べると格段に小さなものである。また1回ごとの神殿更新に投入される労働量も次第に減少してしまう（芝田 2001）。

この現象を理解するには、社会間の相互作用を観察するだけでは不十分であり、社会と環境の相互作用という視点を競合モデルに組み込む必要がある。それは競合プロセスの中で増加する人口と環境収容量の問題であり、ここで初めてカーネイロがいう包囲環境が重要になってくる。しかし包

218 第Ⅱ部 南米編

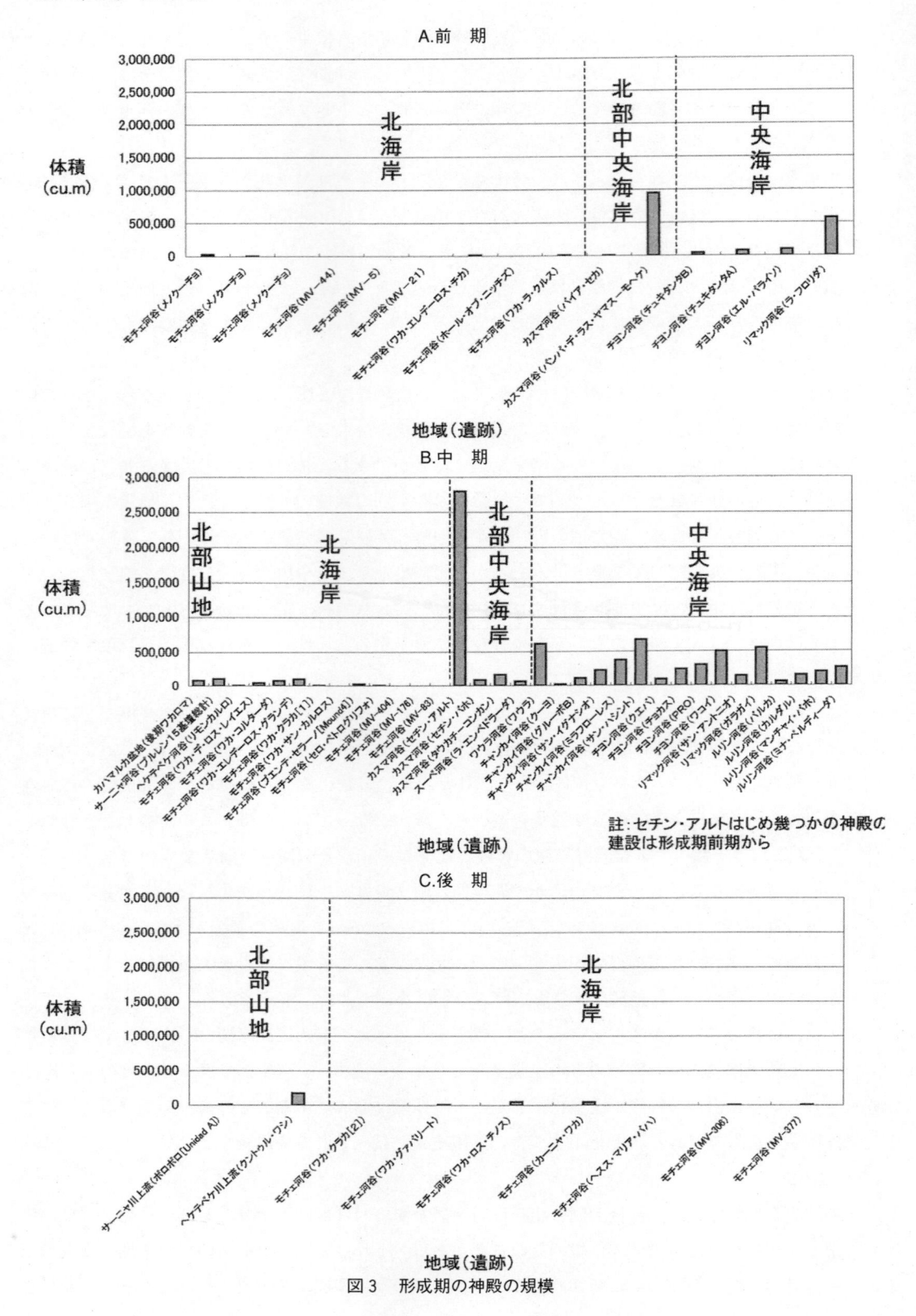

図3 形成期の神殿の規模

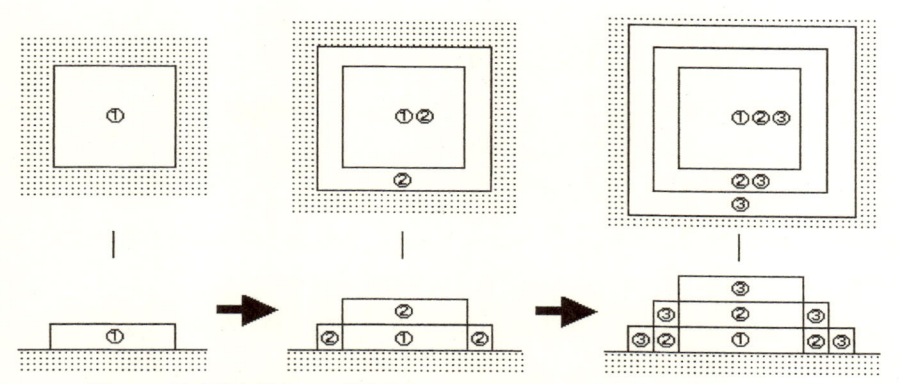

図4A　形成期中期までの神殿更新による建築の大型化（モデル化したもの）

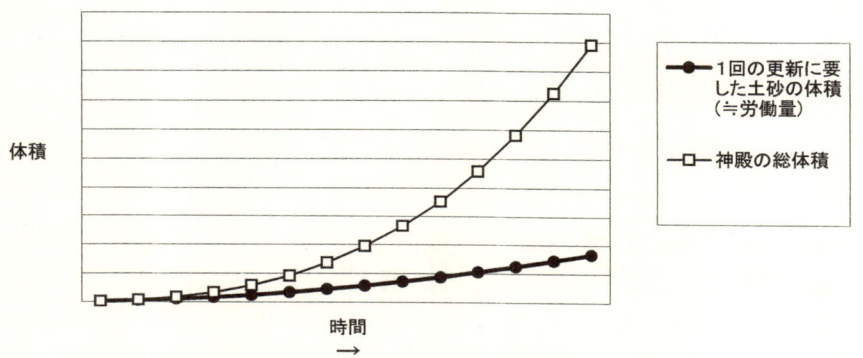

図4B　形成期中期までの神殿更新による労働量の増大（図4Aに基づく）

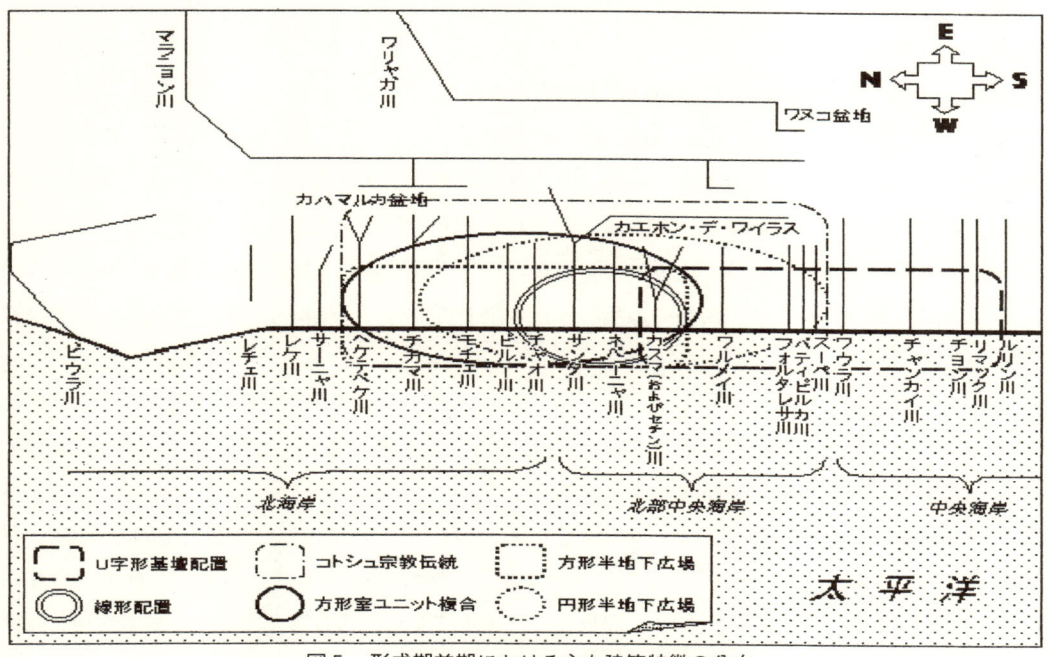

図5　形成期前期における主な建築特徴の分布

囲環境は、カーネイロの戦争モデルに見られるような社会発展に結びつくのではなく、一つの社会のあり方が衰退もしくは転換する現象と関係してくる。

神殿を媒体とする競合が進展するなか、神殿は更新によって規模を増し続け、必要労働量も総人口も増えてゆく。その値は、形成期の農耕・漁労技術レベルの範囲では各河谷の環境収容量の限界に向かってゆく。下記のように試算した。

まずONERN（Oficina Nacional de Evaluación de Recursos Naturales）の調査（cf. ONERN 1972）による灌漑適地1級から3級までの合計を形成期の推定耕作地面積として設定した。これまでに形成期の確実な灌漑水路跡は発見されていないため、モチェ王国の例のように現代まで残るような恒久的な水路はつくられなかったと考えられる。したがって、現代でさえ灌漑に不適とされる4級以下の土地は除外して良いだろう。また形成期の耕作地面積は少なくとも現代より少なくなるはず（現代の大都市付近を除く）だが、たとえば北部中央海岸カスマ河谷では、1級から3級までの合計面積は現代の耕作地総面積の7から8割に達する。技術水準の差を考慮すると、この値は筆者の仮説にとって不利な過大評価にこそなれ、過小評価にはならないだろう。またカスマ河谷の形成期大遺跡がすべて、ちょうど1級から3級までの範囲に分布していることも傍証となろう。こうして、形成期におけるカスマ河谷下流・中流域の推定耕作地面積は5,970haと設定される。当時の技術水準で1haあたり2人養えるとして（T. Pozorski 1980, Wilson 1981）、耕作地の環境収容力は11,940人となる。一方、海産資源の方は主に沿岸の長さによって決まり、当時でも太平洋沿岸部1kmあたり通常なら最低50人が養える（Wilson 1981）。形成期に複数の河谷にまたがる政体があったとは考えにくいが、後述する筆者の仮説にとって有利にならないよう、北隣のネペーニャ河口から南隣のワルメイ河口までの沿岸部約100kmを利用できたと想定する。この場合、沿岸部の環境収容力は約5,000人となる。したがってカスマ河谷下流・中流域の環境収容力の総計は16,940人と算出される。同様の計算で、北海岸モチェ河谷の場合は25,420人、中央海岸チヨン河谷は2,424人、リマック河谷は17,916人、ルリン河谷は9,466人の環境収容力が見込まれる。

最初に限界に近づいたのは、他の河谷と比べて多くも少なくもない耕作適地面積に、形成期最大規模の神殿群を抱えたカスマ河谷であった。この地域の大神殿群の体積を労働量（成人男性人数×日数）に換算し、複数の絶対年代値から割り出された神殿の存続期間の中に、更新ごとに増大する労働量を割り振ってみる。すると、最後の神殿更新時に必要とされる労働量から考えられる総人口は、少なく見積もってもカスマ河谷の環境収容量の限界に迫ってくるのである。具体的な試算プロセスは以下のとおり。

まず、形成期前期と中期におけるカスマ河谷下流・中流域の諸神殿の体積を合計すると3,977,640㎡である。これを労働量に換算すると（T. Pozorski 1980）、成人男性1人が51,124,607日間（140,067年間）建材運搬や建築活動に従事することに相当する。カスマ河谷諸遺跡の調査者ポゾルスキ夫妻にならって複数の放射性炭素年代の幅（およそ1500〜1000BC）から諸神殿の存続期間を500年として計算しよう。すると1年あたりに必要なフルタイム労働者の数は280人。しかし、より現実味があるのは、ポゾルスキが指摘するように今日のアンデスでも見られるパートタイム協同労働「ミタ制」の場合であり、彼の説にならって各々の成人男性が交代で年間62.5日働くとするならば、1年

間に必要な成人男性数は1,344人。そして総人口の 5 人に 1 人が成人男性だとすると、総人口は6,720人となる。ただしこれは、500年間まったく変わらぬ労働量を仮定した場合の、増減しない総人口である。形成期中期までは、神殿更新によって一定の期間ごとに建築の総体積が増すのみならず、更新 1 回ごとの労働量も増していることを思い出す必要がある。そして増加する必要労働量に対応するかたちで総人口を計算すべきであろう。ただし、図4Bのような等比級数的上昇曲線の場合、筆者が必要とする建設活動最終時の誤差が非常に大きくなってしまう。したがって、持論を展開するうえでは不利となるが、時間の進行と労働量の増大を一次関数の直線に仮想したうえで分析を進めることにする。仮に最初の年は 1 人と設定し、中間の年（ここでは250年目）では6,720人、そして最後の年（500年目）では13,440人の総人口が見込まれることになる。この時点で、カスマ河谷の推定環境収容力16,940人にかなり接近する[11]。

まさにこの頃、紀元前1000年頃にカスマ河谷をエル・ニーニョ現象が襲った痕跡が確認されているが（Wells 1990）、このとき食糧の不足はいっそう深刻なものとなったであろう。ウィルソンの計算によると、通常のペルー沿岸の寒流は外洋の暖流と比べて 6 倍の環境収容力を有するため、エル・ニーニョ現象到来時のペルー沿岸部の環境収容力は通常の 6 分の 1 と考えられる（Wilson 1981）。この場合、カスマ河谷下流・中流域の耕作地と沿岸部の総合環境収容力は12,473人まで低下することになる。先に筆者が行った試算によると、当時のカスマ河谷の人口は13,440人であるから、仮に耕作地がまったく被害を受けなかったとしても、人口と環境収容力のバランスが崩れた可能性は高いと思われる。形成期前期末から中期初頭に放棄されたカスマ河谷の神殿の中には、建設作業の途中だったものがあるが、これは、さらなる神殿更新ができなかったことを物語るのではないだろうか。

6. 競合の媒体

同等政体相互作用というアイデアは、確かに新しい視座を提起するが、レンフリュー自身も述べているように、それ自体は社会変化の要因というより一つのプロセスにすぎない。この視座にもとづいて研究を先に進めることが必要であろう。実際、筆者が注目する競合に関しても、ある地域でそのプロセスが見られるだけでは、必ずしも文明への軌道上にあるとはいえない。競合は、さまざまなタイプの人間社会のさまざまな側面に観察される現象だからである[12]。そこで筆者の注目するのが、何が競合の「媒体」になっているか、という点である。アマゾニアの民族誌を見ると、首長は優れた語り手、優れた戦士でなければならないというが（クラストル 1987[1974]）、この場合、競合の媒体となるのは個人の能力であり、それはごく限られた時間的・空間的範囲の中でしか競合できない性質である。したがって、このような競合が生み出す変化は蓄積され難く、世代が代わるごとにほとんどリセットされてしまう。しかし、恒久性の高い物質文化が媒体となるとき、競合のプロセスは反復的ではなく累積的になる。神殿がその好例であるが、潜在的には広く物質全般がその特質をもっているはずである。競合を「関係」として見るとき、アールが指摘するように物質には「関係それ自身に欠けている永続性と広がりがある（Earle 1997:12）」ため、空間的に遠く離れた相手とも、また世代の離れた相手とも競合の関係が成立する。こうして競合の媒体である物質文化は加速度的に変化し続け、物質の性質によっては神殿の例のように社会自体にフィードバックして

その変質を促すのである。広く南アメリカ大陸における同時期の社会を概観するとき、中央アンデスの形成期ほど神殿の存在が際立っているところが皆無であることは、非常に示唆的であるといえよう。

7. おわりに

　物質を媒体とする累積的な競合は、社会に発展をもたらす一方で、物質の性質によっては、環境と社会の軋轢が引き起こされる場合もあるのではないだろうか。現代文明ではあらゆる側面でそのような競合が生じているし、古代社会でも当時の技術で開発できる環境の限界を超えたときには起こるかもしれない。アンデス形成期ではカスマ河谷の例がそうなのだろうか。形成期後期から末期にかけて、カスマ周辺で戦争の痕跡があるのは興味深い。しかし、このときカーネイロの戦争モデルが描くような征服と発展のプロセスは生じず、その後このあたりを起源とする大規模な社会は、二度と現れなかった。一方、レンフリューは同等政体相互作用の中での諸政体の崩壊を、次のように想定している。密接な相互作用の関係にある諸政体の一つが崩壊するとき、他の政体にもそれが波及する。たとえば革命や反乱が生じ、それが成功したとき、各政体の構成員は前例を見て、それが可能であるとわかるからである（Cherry and Renfrew 1986:155）。いずれにせよ、形成期後半における神殿を中心に統合されていた諸政体の崩壊と紀元後に登場する最初の国家との間には、埋めねばならない研究上の大きな空白がある。

註

1) たとえばスチュワード（1979[1955]）。
2) ビルマンの説（Billman 1996）の一部やハース（Haas 1987）。ビルマンの場合、二毛作のできる土地と一毛作しかできない土地の収穫量の差が、最初の経済的格差を生むことを指摘している。また、代表的な形成期研究者であるバーガーのチャビン・ホライズン説（Burger 1992）の中にも、政治モデルを見出せる（海岸部の社会危機が下地となって、山地のチャビン・カルトが広く普及する。これが中央アンデスの広域に平和な状態を生み出し、経済的自給性の低い山地を中心に長距離交易が活発化する。そして交易を管理して私有財産を増すエリートの台頭につながる）。
3) 実際、最近のバーガーの論考では世界システム論が援用されている（Burger and Matos 2002）。
4) ビルマンの説（Billman 1996）の一部やウィルソンの場合（Wilson 1988）も同様のモデルになる。また包囲環境などの生態学的考察とは異なるが、ポゾルスキ夫妻の著書（Pozorski and Pozorski 1987）でも戦争と征服による大規模政体出現が描かれる。
5) または人口支持力（carrying capacity）。
6) 本章における諸計算の詳細は芝田（2001）参照。
7) これらの河谷では、大神殿の付近に必ずといって良いほど、それに匹敵するような規模の神殿が複数見られる。
8) 形成期早期のワヌコ盆地コトシュ遺跡の事例（cf. Onuki 1993）を単純化してモデルとする。形成期前期と中期における神殿更新の労働量に関しては、複数の遺跡の部分的な発掘データから推測している（芝田 2001: 8-10）。
9) 神殿が物・人・情報の発信中心地というより、それらが集まってくる場所であるという、ルンブレラスに

よる神殿の求心性の指摘 (Lumbreras 1993: 369) は、旧来のチャビン・ホライズン論等が描く遠心的な図式とは好対照をなし、筆者のモデルと親和性が高い。

10) 図6の建築諸特徴のあらましは次のとおり。コトシュ宗教伝統の建築：床の中央に通風ダクト付の炉をもつ小部屋状構造物 (cf. Burger 1992)。方形室ユニット複合：方形基壇の中央部に小部屋状構造物、その前方にアトリウムが配置され、アトリウム両脇は一段高くなり小部屋状構造物が見られる場合が多い。U字形基壇配置：三つ以上の基壇建築がU字形（コの字形）に配置され、広場を囲む。線形配置：複数の基壇と広場が一直線上に配置され、多くの場合、主基壇に向かうにつれて次第に高さを増す（加藤1993）。円形・方形半地下式広場に関しては字句どおりのため省略する。

11) 今後は、詳細なセトルメント・パターン研究などによって、人口の通時的変化を裏づける作業も必要であろう。

12) 90年代から、先スペイン期の社会発展と競合との関係を論じる研究が散見されるようになってきたが、この問題点に関する議論はほとんど行われていない。

参考文献

大貫 良夫 1992 「中央アンデス先史時代の環境と文化の相互関係のプロセス」『東京大学教養学部人文科学科紀要文化人類学研究報告』6、1-46頁。

加藤 泰建 1993 「アンデス形成期の祭祀建築」民族芸術学会編『民族芸術』9、37-48頁、講談社。

加藤泰建・関雄二編 1998 『文明の創造力―古代アンデスの神殿と社会』角川書店。

クラストル, P. 渡辺公三訳 1987（1974） 『国家に抗する社会：政治人類学研究』水声社。

芝田幸一郎 2001 「競合する政体、移ろう発展の軌道―アンデス形成期における社会発展のモデル」『古代アメリカ』4、1-28頁。

スチュワード, J. 米山俊直・石田糸壬子訳 1979（1955） 『文化変化の理論』弘文堂。

Billman, B. 1996 *The Evolution of Prehistoric Organizations in the Moche Valley, Peru.* Ph.D. dissertation, University of California, Santa Barbara. University Microfilms, Ann Arbor.

Burger, R. 1992 *Chavin and the Origins of Andean Civilization.* Thames and Hudson, London.

Burger, R. and R. Matos 2002 Atalla: A center on the Periphery of the Chavin Horizon. *Latin American Antiquity* 13 (2):153-177.

Burger, R. and L. Salazar-Burger 1991 The Second Season of Investigations at the Initial Period Center of Cardal, Lurin Valley. *Journal of Field Archaeology* 18:275-296.

Carneiro, R. 1970 A Theory of the Origins of the State. *Science* 169:733-738.

Cherry, J. and C. Renfrew 1986 Epilogue and Prospect. In *Peer Polity Interaction and Socio-political Change*, edited by C. Renfrew and J. Cherry:149-158, Cambridge University Press.

Earle, T. 1994 Political Domination and Social Evolution. In *Companion Encyclopedia of Anthropology: Humanity, Culture, and Social Life*, edited by T. Ingold:940-961. Routledge.

Earle, T. 1997 *How Chiefs Come to Power: The Political Economy in Prehistory.* Stanford University Press, Stanford.

Haas, J. 1987 The Exercise of Power in Early Andean State Development. In *The Development and Origins of the Andean State*, edited by J. Haas, S. Pozorski and T. Pozorski. Cambridge University.

Lumbreras, L. 1993 *Chavín de Huántar: excavaciones en la Galería de las Ofrendas.* Materialien zur Allgemeinen und Vergleichenden Archäologie 51. Verlag Philipp von Zabern, Meinz.

Moseley, M. 1975 *The Maritime Foundations of Andean Civilization.* Cummings, Menlo Park.

ONERN (Oficina Nacional de Evaluación de Recursos Naturales) 1972 *Inventario, evaluación y uso racional de los recursos naturales de la costa: cuencas de los Roís Casma, Culebras y Huarmey.* ONERN, Lima.

Onuki, Y. 1993 Las actividades ceremoniales tempranas en la cuenca del Alto Huallaga y algunos problemas generales. In *El Mundo Ceremonial Andino (Senri Ethnological Studies 37)*, edited by L. Millones and Y. Onuki:69-96. National Museum of Ethnology, Osaka.

Pozorski, S. and T. Pozorski 1987 *Early Settlement and Subsistence in the Casma Valley, Peru.* University of Iowa Press, Iowa City.

Pozorski, S. and T. Pozorski 1998 La dinámica del valle de Casma durante el Período Inicial. *Boletín de Arqueología PUCP* 2:83-100.

Pozorski, T. 1980 Early Horizon site of Huaca de los Reyes: Social Implications. *American Antiquity* 45:100-110.

Pozorski, T. and S. Pozorski 1993 Early Complex Society and Ceremonialism on the Peruvian North Coast. In *El Mundo Ceremonial Andino (Senri Ethnological Studies 37)*, edited by L. Millones and Y. Onuki:45-68. National Museum of Ethnology, Osaka.

Renfrew, C. 1986 Introduction: Peer Polity Interaction and Socio-political Change. In *Peer Polity Interaction and Socio-political Change*, edited by C. Renfrew and J. Cherry:1-18. Cambridge University Press.

Wells, L. 1990 Holocene History of the El Niño Phenomenon as Recorded in Flood Sediments of Northern Coastal Peru. *Geology* 18:1134-1137.

Willey, G. 1971 *An Introduction to American Archaeology Volume II: South America.* Prentice Hall.

Wilson, D. 1981 Of Maize and Men: A Critique of the Maritime Hypothesis of State Origins on the Coast of Peru. *American Anthropologist* 83: 93-120.

Wilson, D. 1988 *Prehispanic Settlement Patterns in the Lower Santa Valley, Peru: A Regional Perspective on the Origins and Development of Complex North-Coast Society.* Smithsonian Series in Archaeological Inquiry. Smithsonian Institute, Washington, D.C.

先史アンデス文明形成期における社会統合過程
―ヘケテペケ川中流域の事例より―

鶴見　英成

1. はじめに

　先史アンデス文明の形成期（紀元前2500〜50年）には、中央アンデス各地において神殿建築を中核として定住化が進み、さまざまな地域社会が展開していた。続く地方発展期には複数の河川流域にまたがるモチェのように、大きな広がりをもつ初期王権が成立するが、形成期の社会は河谷流域の盆地など、より限定された地理的環境を単位としていた。各地における調査事例の蓄積により、地域ごとのさまざまな社会変化のプロセスが解明されてきたが、今後はそれらを比較検討し、より広範囲での社会動態をモデル化していくことが形成期研究の大きな課題となっていくであろう。しかし一般調査によって遺跡分布が明らかになった地域は増えてきても、層位発掘にもとづくコンテクストの確かな資料をもとに議論が可能な地域は、まだ限られているのが現状である。そんななか、ペルー北部のヘケテペケ川流域（図1）は、とくに上流部で発掘成果が多く蓄積され、建築更新プロセスと土器編年との対応関係が提示されており（Terada and Onuki 1985, Onuki 1995）、また下流域でも発掘調査が進められてきている（坂井 2004）。近い将来、ヘケテペケ川流域を単位として、山間盆地から海岸平野まで幅広い環境帯を横断する、地域社会間の相互関係が動態的に解明されることが期待される。ただし、その中間である中流域に関しては、多数の形成期遺跡の存在が知られながらも、調査された遺跡は限られており、研究の進んでいない地域であった。筆者は2003年と2004年の二次にわたり、この中流域にて考古学調査を実施した[1]。その内容は神殿遺跡ラス・ワカスの発掘調査と、ヨナン村〜パイ・パイ村間両岸の一般調査である[2]。本稿では、まず当該地域における先行研究の概要と問題点を明らかにする。次に調査によって新たに得られたデータをもとにして、ヘケテペケ川中流域の形成期の社会変化を動態的に解明する。またその変化の要因を考察し、今後の研究の展望を示すこととする。

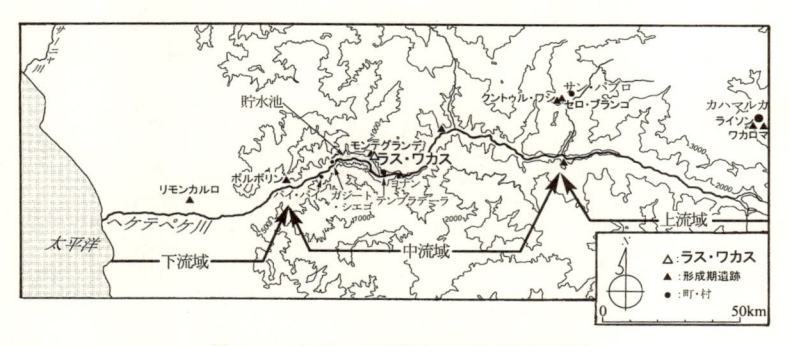

図1　ヘケテペケ川流域の形成期の遺跡

2. ヘケテペケ川中流域の形成期研究の経緯

ヘケテペケ川中流域、テンブラデーラ村とガジート・シエゴ村の間は、上流域・中流域を通じてもっとも谷が開けた部分の一つであったが、ガジート・シエゴ村には大規模なダムが建造され、この一帯は現在では貯水池となっている。その着工に先駆けて70年代末から80年代初頭に、水没・破壊予定地における考古学調査が集中的に実施され、形成期からインカ期にいたるまでのさまざまな時期の遺跡の存在が明らかにされた。とくに北岸のケブラダ（枯れ谷）・モンテグランデが合流する傾斜地、アマカス平原の東西幅約4kmの範囲には、形成期の基壇建築が多数集まっていることが報告された（図2）。それらの多くが、規模・形態から見て神殿建築と考えられる（Keatinge 1980, Ravines 1985）。

80～82年に実施された、R.ラビーネスの率いるペルー文化庁による緊急調査プロジェクトは、中流域・下流域に分布する遺跡を登録し、とくに中流域北岸の水没予定地に関しては詳細な遺跡分布地図を刊行した（Ravines 1981）。平行していくつかの遺跡で小規模な発掘調査を行い、またラス・ワカス遺跡を含む多数の遺跡を清掃している（Ravines 1982・1985）。

M.テーレンバッハの調査隊は80～83年にアマカス平原にて、複数の形成期の基壇建築を発掘した（Tellenbach 1986, Carcelén 1984, Paredes 1984, Tam e Aguirre 1984）。アマカス平原東部の「第2丘陵」と名づけられた丘陵が調査の中心で、とくに「モンテグランデ第2丘陵・北複合遺跡」（以下、「モンテグランデ遺跡」として言及）における大規模な発掘では、形成期の神殿のみならずその周りを囲む居住域の広がりまで明らかにした。アマカス平原周辺における形成期の社会の様相を考察するうえで、このモンテグランデ遺跡のデータは興味深い。神殿の周囲に展開する住居群は、一定の間隔を開けて木柱を立て並べて壁としたもので、その大半は地表面に直接建てられている。しかし神殿建築の至近においては、地表面よりやや高いテラスを設け、その上に少数の住居が並んでいた。これらは鉄砲水による水害を受けにくい、他の住居とは性質の異なる特別な住居であると調査者は指摘している。また神殿建築の上には、塔状の石積みに囲まれた、つくりの良い土器を供えた墳墓が設けられていたことも踏まえ、この集団には神官集団というエリート階層が存在したと

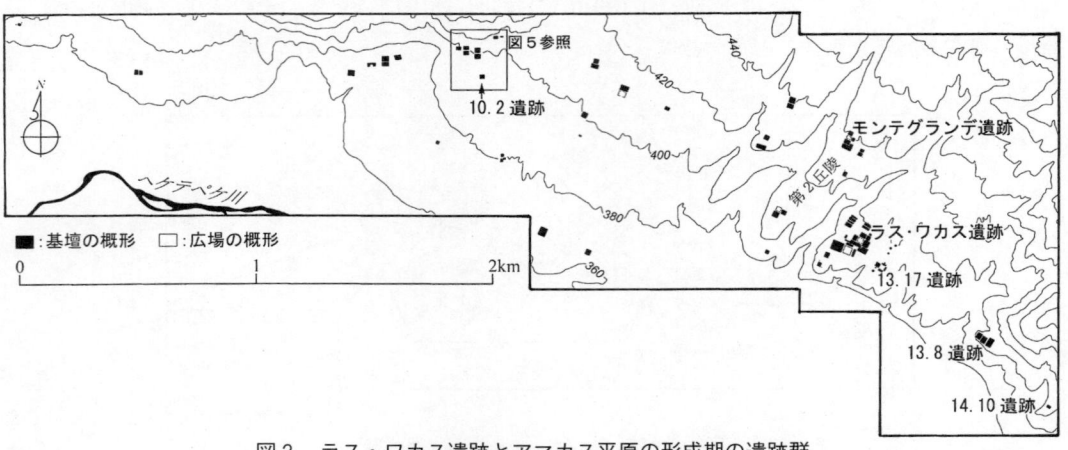

図2　ラス・ワカス遺跡とアマカス平原の形成期の遺跡群

結論づけている（Tellenbach ibid.:291-295）。モンテグランデ遺跡の神殿建築は、大きな更新の前後で二つの時期に分けられる。最初の時期であるモンテグランデI期には、ワカ・アンティグアという正方形に近いプランの基壇を中心とし、周囲の住居群はこれと方向軸をそろえて並んでいる。続くモンテグランデII期には、ワカ・アンティグアとはやや異なる方向軸をもつ、ワカ・グランデという基壇が増設される。このとき、同時に周囲の住居群の軸がこれに合わせて一変するという。このように建築の配置には高い計画性があり、神官集団のもとでしっかりとした共同体の統制があったことがうかがわれる。

モンテグランデ遺跡の建築に伴って出土する土器は、北部ペルーの形成期編年に照らすと形成期前期（紀元前1800～1200年）のものであり、続く形成期中期（紀元前1200～800年）には神殿建築も住居群も放棄されていたと見られる。一方、同じ形成期前期において、上流域カハマルカ盆地の社会の状況はまったく異なっていたということが指摘されている（関 2003）。遺跡は概して小規模であり、形成期中期以降に大型化する神殿遺跡ワカロマも、形成期前期には部屋状の小建築の一群に過ぎず、祭祀空間と居住空間との分化も明瞭でない。このように、モンテグランデ遺跡に見られる階層分化は、ヘケテペケ川流域一帯を視野に入れて比較した際に看過できぬ重要な特徴であり、形成期の社会変化プロセスが一様でないということが、ここに明確に見て取れる。

しかし、モンテグランデ遺跡の発掘を始めとする、これまでの中流域の研究は十分とはいい難い。先述のとおりアマカス平原にはモンテグランデ遺跡以外にも形成期の基壇建築が多数分布するが、それらの編年上の位置づけがまだ明らかでない。またモンテグランデ遺跡に神官階層の存在が想定できるといっても、同程度の規模の基壇建築は周辺に多数存在しており、それらの間の関係がいかなるものであったのかが不明のままである。さらに南岸や水没予定地の外などでの遺跡登録が不完全であったこと、発掘調査まで実施された遺跡は限定されていたことなど、データの不足は大きな問題であった。このようなことから、中流域で再調査を実施することは必要不可欠だったのである。

貯水池は1988年に竣工したが、水位は当初の計画ほど高くはならず、標高約400m以上の遺跡はほぼ恒常的に確認される。また地点によっては水位が下降すると水没していた遺跡が顔を出す。とくに一帯で最大の神殿遺跡ラス・ワカスは、幸いにもその大部分が水没を免れ、調査可能な状態で残されたのである。以下、ラス・ワカス遺跡の調査成果を概括する。

3．ラス・ワカス遺跡の成立から放棄の過程

ラス・ワカス遺跡はモンテグランデ遺跡の南東約300m、北から下ってくるケブラダに東西を区切られた幅約200mの丘陵上に位置する。遺構の広がりは大きく、南に下る斜面が約500mにわたって緩やかなテラス状に整形されているが、その中心となるのは二つの広場と多くの基壇からなる大規模な建築複合で、南北160m、東西150mほどの範囲に集中している。この主要建築部においては、1981年の緊急調査プロジェクトにおいて表層の堆積をほぼすべて除去する清掃作業が実施され、カハマルカ盆地の後期ワカロマ期に類する土器が採集されたと報告された（Ravines 1985）。筆者の発掘調査の結果、後期ワカロマ期の中でもとくにセロ・ブランコ遺跡のセロ・ブランコ期（Onuki 1995:127-204）やクントゥル・ワシ遺跡のイドロ期（井口 2002）のような、形成期中期の特徴をも

つ土器が主体であること、形成期後期以降の土器は伴わないことがわかった。そして形成期中期の建築の更新過程を解明するとともに、モンテグランデ遺跡と共通する土器を包含する形成期前期の建築がその前身であることも確認した。このような建築と土器の顕著な変化をもとに、ラス・ワカス遺跡に時期区分を設け、形成期前期に対応する最初の時期を「アマカス期」、続く中期に対応する時期を「テンブラデーラ期」と呼ぶこととする。

　建築の更新の過程は多くの段階を踏んだものであり、ここではその詳細には触れないが[3]、以下のように要約できる。アマカス期の建築は、B広場を伴うC1基壇と、広場をもたないA1基壇とが隔たって配置された姿である（図3）。続くテンブラデーラ期には、B広場の南側に多量の土砂を積んでB1基壇が築造され、階段を通じての南側との連絡が強調されたかたちになる。またA1基壇の東側にA広場が築かれ、続いてそれを囲むかたちに基壇が増築される。このため最終的に、すべての基壇・広場が階段で連結されたかたちになったのである（図4）。すなわち、二つの小規模な神殿建築が単一の大規模な神殿建築へと統合する過程といえる。またC1基壇よりも北側には、緩やかな斜面を整形したテラスが続いているが、試掘によってここに住居址の痕跡を確認した。全容はまだ明らかでないが、テラスの土留め壁と平行な軸をもつ方形の住居や炉などが確認されており、モンテグランデ遺跡に多く見られる住居址と類似するものといえそうである。

　ラス・ワカス遺跡とモンテグランデ遺跡とは深いケブラダで隔てられているが、中心部の間の距離は近い。両者はいかなる関係にあったのだろうか。この問題に関して土器分析から興味深い結果が得られつつある。モンテグランデ遺跡におけるモンテグランデⅠ期・Ⅱ期の区別は、建築のみな

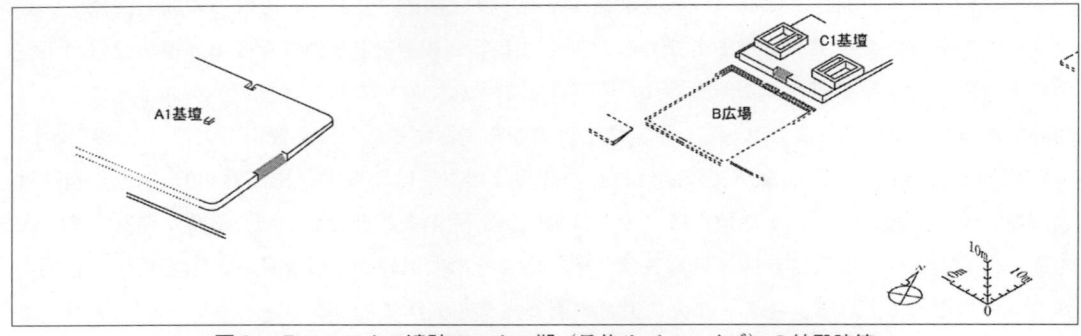

図3　ラス・ワカス遺跡アマカス期（最終サブフェイズ）の神殿建築

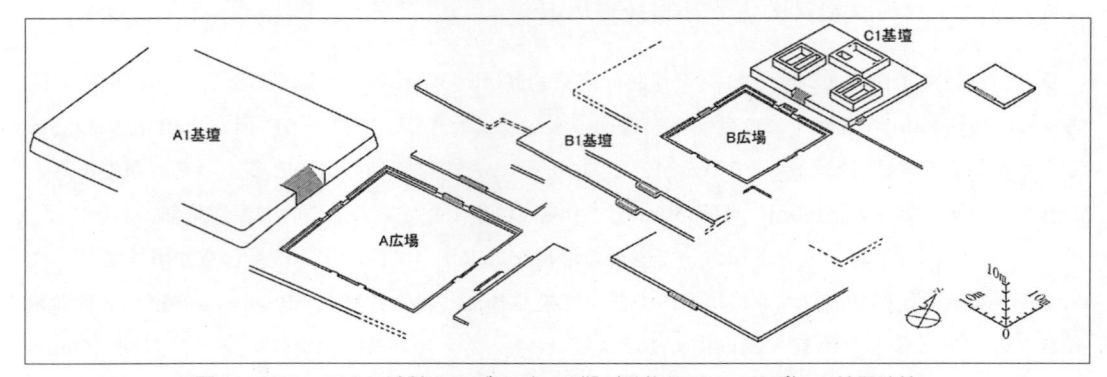

図4　ラス・ワカス遺跡テンブラデーラ期（最終サブフェイズ）の神殿建築

らず土器の変化にも対応している。「A土器」と名づけられた一群の土器は、胎土の理化学分析の結果、遺跡周辺で採取される原料からつくられたとされるもので、モンテグランデⅠ期からⅡ期まで通じて製作・使用され続けた。一方、カハマルカ盆地、とくにワカロマ遺跡に典型的に見られるという「B土器」はⅠ期にはなく、Ⅱ期の建築に伴って出土するという（Ulbert 1994）。これに対し、ラス・ワカス遺跡の出土遺物の分析はいまだ途上ではあるが、「B土器」が遺跡の最下層から出土することは間違いないようである。よってラス・ワカス遺跡のアマカス期は、モンテグランデ遺跡のモンテグランデⅡ期と同時かやや遅く、ことによると放棄後の時期にあたるのであり、モンテグランデが放棄された後も、ラス・ワカスでは引き続きテンプラデーラ期に至るまで神殿建設が進行したということになる。ラス・ワカス遺跡の居住域の発掘や、絶対年代測定など今後のさらなる調査研究によって明らかにする必要があるが、いずれにせよ現時点までのデータからすると、ラス・ワカス遺跡とモンテグランデ遺跡とが一連の神殿として機能したもの、と単純に結論づけることは難しいようである。アマカス平原における社会の変化は、このように個々の基壇建築の成立・放棄のプロセスから明らかにせねばならない。以下、この問題について、著者の調査によって得られた新しいデータを先行研究に加え、またアマカス平原の外の遺跡群まで視野に入れて、時期ごとに社会の変化を考察し、また問題点を明らかにする。

4．ヘケテペケ川中流域の形成期の遺跡分布

　先述のとおり、ヘケテペケ川中流域における先行研究はもっぱら貯水池建造に先立つ緊急調査であったため、水没予定地以外のデータが不足している。著者の調査ではより広い範囲を対象とし、また先行調査において発掘のなされなかった地点においても清掃を実施するなど、より幅広いデータ収集を行った。その結果アマカス平原の遺跡群は、規模の大きさ、密集の度合いの高さなど、周辺とは異なる特徴をもつことが明らかになった。そのため以下時期ごとに、まずアマカス平原での遺跡分布、続いてアマカス平原の外での遺跡分布について記述し遺跡間の関係性を考察する。

　アマカス平原に密集した形成期の遺跡群は、貯水池建設の影響により現在までに破壊されてしまったものが多いが、先行研究の成果を吟味し、また破壊を免れた遺跡を2003年に踏査したところ、確認できる限りすべての遺跡に形成期前期の土器が伴うことがわかった。さらに、形成期前期に対応すると考えられる石組みの塔状墳墓の分布が基壇建築群の分布と重なることや、また建築プランの共通性などを傍証とし、アマカス平原の基壇建築群の多くが形成期前期に建造されたものである、という見通しを得るにいたった（鶴見2004）。

　しかし形成期前期といっても、モンテグランデ遺跡とラス・ワカス遺跡との間に時期差が認められたように、アマカス平原の神殿群すべてが同時に並存したのか、それとも先後関係があるのかという点を検討する必要がある。この問題に関して2004年に、現時点で入手可能なデータをもとに考察を試みた。モンテグランデ遺跡から約1.5km西側に、10.2遺跡という名で登録された基壇建築がある。標高約385mとやや低い立地のため例年は水没しているが、2004年にはダム水位の大幅な下降に伴い姿を現した。その機会に清掃を実施したところ、基壇の上に部屋を複数のせたプランである

こと、基壇上へ登るための階段が北側にのみ設けられていたことが判明した。10.2遺跡の北側には複数の基壇建築が並んでおり、これらはいずれも南側に入口を向けている。すなわち10.2遺跡とそれらの基壇とは向き合うかたちを呈しており、緊密な結びつきがあったことが想定されるのである[4]。このまとまりを10.2複合と呼ぶことにする（図5）。モンテグランデ遺跡やラス・ワカス遺跡が、やや距離をおいた複数の基壇から成る神殿だったのと同様に、10.2複合も一単位の神殿建築と見ることに蓋然性があろう。また10.2複合の約300m西側に、形成期の遺物を伴う四つの基壇が近接して並んでいたことが報告されているが、うち少なくとも二つは一連の建築の可能性があると調査者は解釈している（Ravines 1981:23）。また先述のとおりモンテグランデ遺跡では、最大規模の「北複合」のほかにも、同じ「第2丘陵」の上に二つの基壇複合が報告されているが、それらとの間の地表面がテラス状に整形されており、全体として緊密な関係があったものと想定できる。このように、約30地点にのぼるアマカス平原の基壇建築群は、神殿として機能した基壇複合を一単位として、いくつかにくくることができるという見通しが得られた。

　さらにそれら複数の基壇複合の間に、形成期前期の中での先後関係が想定できるであろうか。この問題に触れる前に、まずアマカス平原の外の遺跡分布を概観しておきたい。踏査の結果、アマカス平原ほど密集してはいないものの、形成期の基壇建築は対岸、下流側（パイ・パイ村西側まで）、上流側（ヨナン村まで）のいずれでも確認された。これらに共通しているのは、いずれも形成期前期の土器を伴う、つまりアマカス平原と同じ傾向が見られる点である。とくにアマカス平原より下

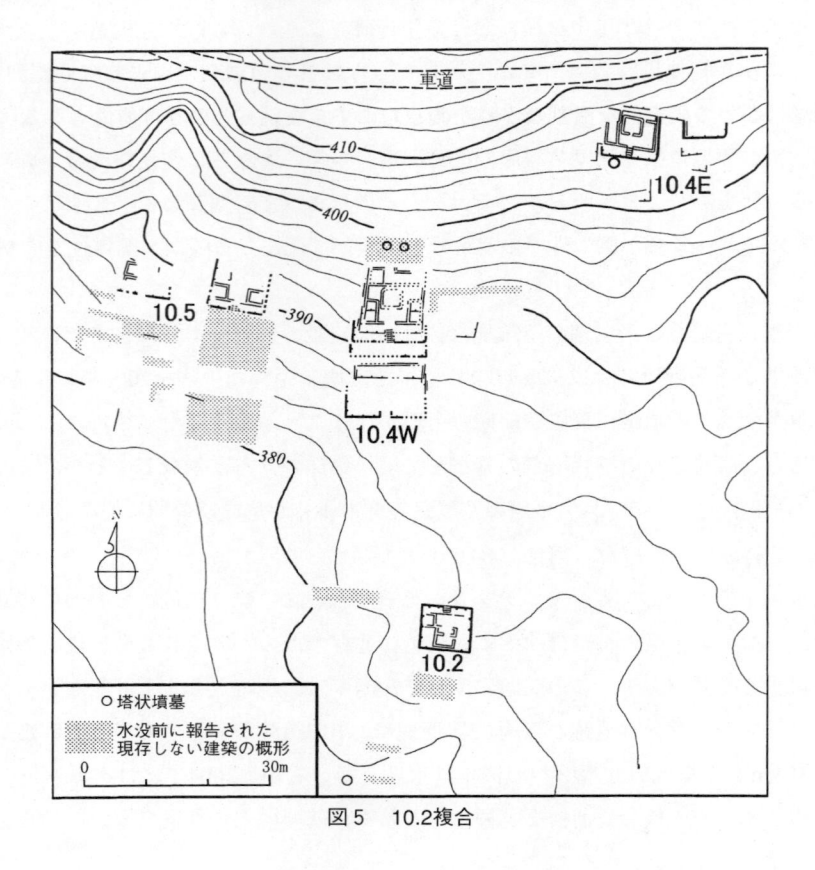

図5　10.2複合

流側ではA土器・B土器の両方が採取されたが、谷が開けて下流域の海岸平野が始まる地点に位置する、形成期前期の神殿遺跡として流域最大の規模をもつポルボリン遺跡（Ravines 1985）までその傾向は続いている[5]。一方アマカス平原の対岸、そして上流側の基壇建築群ではB土器は発見されていない（図6）。この現象は単に、A土器に比べB土器の絶対数が少なかったことよるのかもしれない。モンテグランデ遺跡のデータによれば、A土器がモンテグランデⅠ期からⅡ期まで通じて使用されたのに対し、B土器はⅡ期からの導入とされているためである。しかし形成期前期の遺跡群の中で成立・放棄に時期差があったとすれば、このような土器の時期差は手がかりとなるであろう。ふたたびアマカス平原に注目すると、10.2複合の基壇群を始めとして、モンテグランデ遺跡のモンテグランデⅠ期の建築に類似した例が多数見られる[6]のに対し、Ⅱ期の類例は一つしかないこと、また10.2複合にB土器がきわめて少ないことなど、神殿数の減少を予見させるデータが得られているのである。これは絶対年代測定まで含め、今後調査研究すべき課題である。

　続く形成期中期の土器が採取されるアマカス平原の遺跡は、いずれも前期から継続して機能したと考えられるが、その数は減少する。うち最大の規模をもつのはラス・ワカス遺跡のテンブラデーラ期神殿であるが、ケブラダを隔ててそのすぐ東に位置する、方形広場を囲む基壇複合13.17遺跡も、2004年に発掘したところ、その大部分が中期に建造されたと見てよいとわかった。さらに東側の13.8遺跡と14.10遺跡でも、形成期中期対応と思しき土器片が採取されており、付近には住居址と考えられるテラス状構造も報告されている（Ravines 1982:50-60）。ただしこれら2遺跡で採取された土器は少量であり、またとくに14.10遺跡は建築自体が小規模であるため、形成期前期の神殿の上に埋葬や埋納などの限定的な活動の痕跡が残ったにすぎない、という可能性もある[7]。
　そこでアマカス平原の外の遺跡分布まで対象を広げて考察していく。これら2遺跡より東、すなわち上流側ヨナン村までの約3km間に、南岸の段丘上の3地点で中期の土器を伴うマウンドを確認した（図7）。チムーなど後代の堆積で厚く覆われているものの、基壇建築が埋まっていると想定できる規模である。ただしいずれも規模においてラス・ワカスをしのぐものではない。一方、下流側では中期の遺跡は発見されなかった。下流域との境界に位置する先述のポルボリン遺跡では海岸部のクピスニケ様式の土器や、上流域カハマルカ盆地の後期ワカロマ期に対応するものなど、形成期中期の土器が出土したとされるが（Ravines 1985）、それとラス・ワカスとの間が空白となったといえる。このように形成期中期においては、ラス・ワカスを西端として上流側に遺跡が分布していることになる。さらなる検証が必要ではあるが、この傾向を考慮するならば、アマカス平原の13.8遺跡と14.10遺跡も、いずれも形成期中期に機能した神殿建築という可能性が高いと推論される。

　形成期後期にはラス・ワカス遺跡が放棄されるため、この時期の遺物の様相を層位発掘にもとづいて捉えることはできないが、上流域のクントゥル・ワシ遺跡のデータが参考になる。クントゥル・ワシ遺跡では形成期後期の中で二つの時期が確認されている。土器や黄金製品などに海岸部の影響が見られる前半のクントゥル・ワシ期（紀元前800〜500年）と、クントゥル・ワシ遺跡が北部山地の社会的中心として機能した後半のコパ期（紀元前500〜250年）である。それらの資料と比較

図6 形成期前期の遺跡分布

図7 形成期中期の遺跡分布

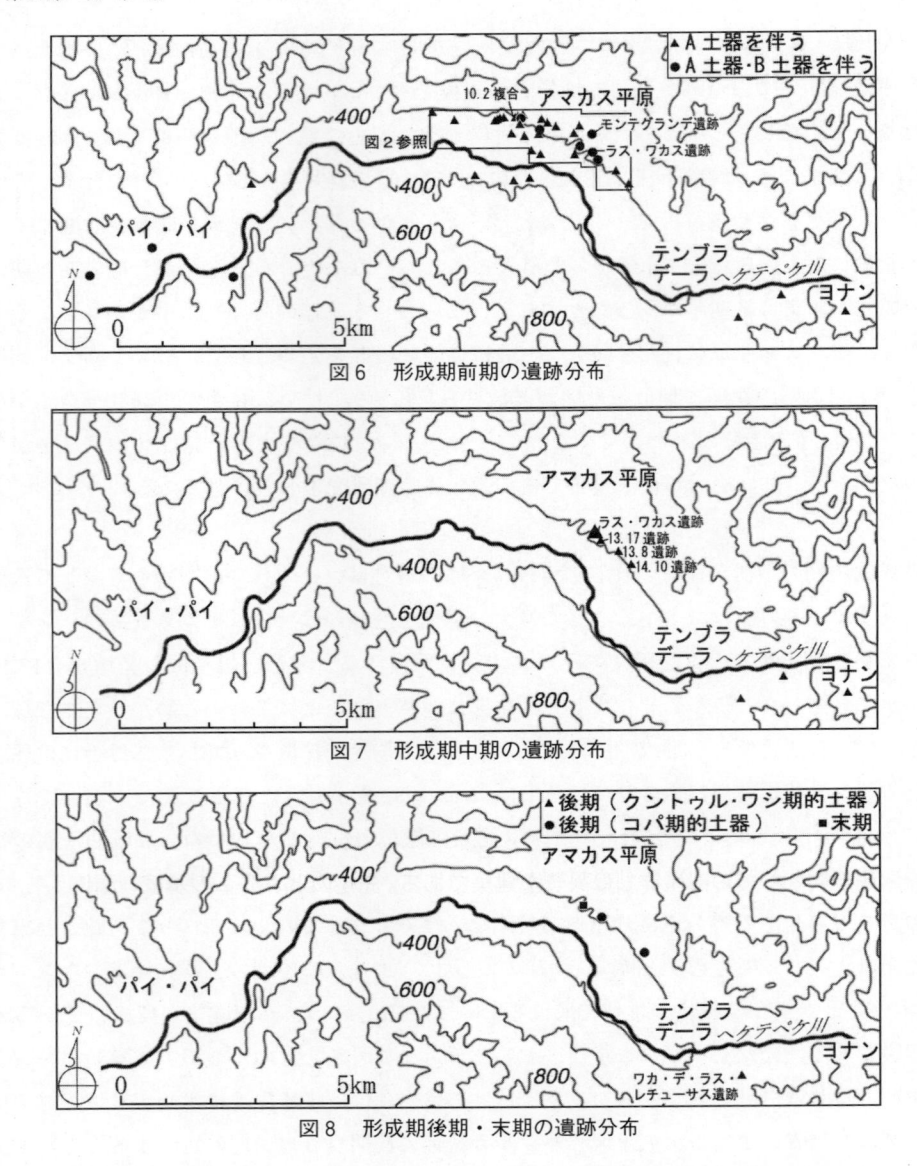

図8 形成期後期・末期の遺跡分布

すると、アマカス平原にはクントゥル・ワシ期に相当する土器を伴う遺跡が欠けているが、コパ期と関係する土器が出土した遺跡はある（Ravines 1982:50-60）。また続く形成期末期、カハマルカ盆地のライソン文化（紀元前250～50年）と共通する土器が発掘された地点もある（Paredes 1984）。しかし、いずれの時期にも大規模な神殿建築はつくられず、かつての住人が残したテラスや基壇を再利用した小規模な居住の痕跡を残すにとどまっている。一方、アマカス平原の外では、ラス・ワカスより3km東にクントゥル・ワシ期のものと共通性がある土器が採集された唯一の遺跡、ワカ・デ・ラス・レチューサス遺跡がある（図8）。これらのことから形成期後期の初頭に、中流域の社会は大きな転換を迎えたと考えられるのである。

5. 考察と展望

　以上のことを総括して、ヘケテペケ川中流域における形成期の社会変化を考察する。

　形成期前期に、ヘケテペケ河谷中流域から下流域への境界にかけて、各々の神殿建築を統合の中核として複数の集団が定住していた。とくに現在貯水池の広がる範囲は開けた地形であり、中でもアマカス平原は現在では乾燥しているものの、このころには北側の山地から恒常的に水が流れてきていたとされる（Tellenbach 1986:294）。この広く肥沃な氾濫原は大きな人口を支持でき、たとえ灌漑技術が発達していなくても、農耕を基盤として定住化が進む基盤は整っていた[8]。このためアマカス平原の神殿群は、モンテグランデ遺跡や10.2複合のように、中流域の他の地域より大規模で、また多数密集しているのであろう。それぞれの神殿を、少なくとも神官とそれ以外の構成員という階層に分化した集団が支え、そのような複数の集団が緩やかに連帯していたものと考えられる。しかし、その関係は固定的ではなく、B土器の導入前に衰退した可能性のある神殿や新しく築造されたラス・ワカス遺跡のアマカス期神殿など、集団間での廃合を示唆するデータが得られている。そのような社会の再編成の過程において、モンテグランデやラス・ワカスなどが次第に大型化していったと考えられる。

　そのような社会変化があったことの傍証となりうるのが、入口のない部屋の出現という現象である。モンテグランデ遺跡のモンテグランデⅡ期に新造されたワカ・グランデは、中央が南北に通り抜けられる通路状で、その両側に3部屋ずつ計6部屋が基壇の東西端に載るかたちである。この6部屋には入口が開いておらず、はしごか踏み段を使わねば出入りできない部屋になっており、周囲に広がる居住空間としての部屋群とは異質な建築である。先述のとおりこの基壇の類例は一つのみ、しかもモンテグランデ遺跡と同じ「第2丘陵」の上に位置するもので、時期はやはりモンテグランデⅡ期対応とされており（Paredes 1984）、両者は「第2丘陵」上の単一の神殿建築を構成する、一連のものともいえる。また部屋の配置と形状は異なるが、ラス・ワカス遺跡でも入口のない部屋が、アマカス期にC1基壇の上に建てられる。これらは形成期前期の中でも遅い時期に成立したものであり、そのころ居住とは別の目的でこのような建築を設ける必要が生じたと考えられる。ここではこれらが倉庫として機能したという可能性を指摘しておく。カスマ河谷の形成期前期の神殿遺跡パンパ・デ・ラス・リャマス＝モヘケ遺跡のワカAと呼ばれる大規模な基壇は、狭い入口をもつ77もの部屋を上部に載せたもので、それぞれの入口は棒をさしわたして封鎖できるようになっている。このようなアクセスの制限されたつくりから、調査者はこの建築をエリート階層の管理する倉庫と見なし、さらに花粉分析の結果などから、貯蔵物は食糧や日用品であったと考えている（Pozorski and Pozorski 1992）。これに比べると規模は小さいが、ヘケテペケ川中流域では多数の集団の併存する状況から、少数の神殿を中心として集団間の廃合が進む中で、饗宴の重要性が増大し、そのために公共の物資を貯蔵する設備が神殿の機能の一つとして組み込まれた可能性があろう。

　さらに形成期中期に入ると神殿群の多くが放棄され、一方でラス・ワカスのテンブラデーラ期神殿が大型化していく。これは神殿間の廃合が漸次的に進行した結果であり、セトルメントの構造に、大神殿となったラス・ワカスと規模の劣る神殿群という階層化が現れてきたと指摘できる。以上の

ように、前期から中期にかけての神殿数の減少と、一部の神殿の存続・拡大という現象は、地域社会の統合の過程を表すものと捉えられる。

　形成期後期に入り、アマカス平原の神殿群はラス・ワカスまで含めすべてが放棄される。ラス・ワカスより約5km上流に位置するマウンド、ワカ・デ・ラス・レチューサス遺跡のみが、形成期後期まで存続した公共建造物である可能性をもつが、その規模はラス・ワカスに遠く及ばない。そしてこの後、形成期末期に至るまで神殿建築の建設は見られない。それまでの居住の中心だったアマカス平原から神殿が消えたこと、神殿が小規模化したことから、それまでの神殿を中核とした社会がこの時点で大きく変容し、形成期前期以来の社会統合の進行が停滞に向かったことがうかがわれるのである。

　以上のような社会変化を引き起こした要因については、上流域や下流域、また隣接する他の河谷流域との動態的関係の解明という視点で議論すべき問題であるが、これに関して中流域にて興味深いデータが得られたので、それを示して本稿の結びとしたい。それは、形成期前期からのセトルメントパターンの変化と、水害との関係についてである。形成期中期から後期にかけての社会変化に、水害が関与しているという可能性は以前から指摘されていた。中央アンデス北部海岸から中央海岸にかけての多くの河谷の下流域において、形成期中期に建築を更新して拡大し続けていた神殿遺跡の多くが、続く形成期後期には放棄されていたという「海岸空白」現象である。これはおそらく紀元前800年頃、大規模なエル・ニーニョ現象の発生に伴う洪水などの自然災害が、各地の社会の解体を促したことが要因と指摘されている（Burger 1992:184-190, Onuki 1995:210-212）。形成期後期の中流域において、ラス・ワカスを中心として統合に向かっていた社会が解体されたのも、このような下流域の現象と関係する可能性がある。それでは、水害は中流域の社会にどのような影響を与えたのであろうか。

　ラス・ワカス遺跡のA広場周辺、海抜約410mの高さに、かつてこの地点が水没したことを示す土砂堆積層が確認された。A1基壇から崩れ落ちた壁石に被さっていることから、A1基壇が放棄された時点、もしくはその後に堆積したものと判断できる。この層の年代を解明するのは今後の課題とするが、ヘケテペケ川流域が過去に水害に見舞われたということは確かである。そのような水害が形成期前期や中期に起こった可能性はあるだろうか。他の地域に目を向けると、たとえば中央海岸ルリン河谷の神殿遺跡マンチャイ・バホでは、形成期前期から中期にかけて、土砂崩れから神殿を護るために長大な防壁を築いており、実際にそれが土砂崩れを食い止めたという、直接的な証拠が報告されている（Burger 2003）。調査者は土砂崩れの要因を大規模なエル・ニーニョ現象に求めており、それが同じ頃、アマカス平原の形成期の社会にも影響を及ぼした可能性がある。またモンテグランデ遺跡でのモンテグランデⅠ期からⅡ期への建築の変化を、調査者は北側の山から下る鉄砲水による被害と関連づけており（Tellenbach 1986:293-295）、豪雨に起因するさまざまな被害が出ていたと考えられる。今日では貯水池によって洗われたため、局所的な被害の痕跡は確認できないが、比較的標高の高いモンテグランデ遺跡やラス・ワカス遺跡には大きく影響しない規模の水害であっても、より標高の低い10.2複合などの遺跡群においては、建築の水没など大きな打撃となった

と想定できる。このような水害は、神殿や住居を失った集団と被害の少なかった集団という差異を生じさせ、集団間での廃合というかたちで社会の再編成を促す要因となりえたのである。また形成期前期から中期にかけて神殿の分布が上流側に移動していく傾向が確認されたが、これは標高が高く水害を受けにくい地点へと居住の中心を移す、という戦略の結果と見ることができる。また、形成期後期まで存続したワカ・デ・ラス・レチューサス遺跡が、ラス・ワカスよりも標高が30mほど高い地点にあることからも、水害による直接的な被害が大きな社会変化を引き起こしたことがうかがわれる。今後積極的に、このような生態学的な視点から各地の社会変化のプロセスを捉え直していくことが重要ではないだろうか。

　以上が現時点での考察と展望である。未解明の問題はきわめて多いが、今後の調査研究によって検証しつつ、さらに論を進めていくこととしたい。

註

1) 当調査は文部省科学研究費補助金（基盤研究（S））「先史アンデス社会における文明の形成プロセスの解明」（研究代表者：加藤泰建）によって、2003年7月～9月および2004年8月～9月に実施された。
2) ヘケテペケ川中流域という地理的区分の具体的な範囲について研究者間の明確な合意はなく、地形や現代の耕作形態の地域差等をもとに多様な案が提示されている。本研究では下流域との境界をベンタニーヤス村付近、上流との境界をチレテ村～マグダレーナ村付近としている。
3) 2003年度の調査を踏まえた報告（鶴見2004）にて詳述した建築更新過程は、2004年度の調査の結果、細部に訂正の必要が生じたが、本文中に示したとおり、その概要に大きな変更はない。詳細は本稿では触れず、稿を改めて報告することとしたい。
4) 10.4という名で報告された基壇建築は、一般調査報告（Ravines 1981）にて示されたものと、発掘報告（Ravines 1982）とで異なっている。図5では前者を10.4W、後者を10.4Eと示した。
5) ポルボリン遺跡より西側、下流域の平野部が広がり始める地域にも、形成期前期の土器を伴う小規模な建築が点在することが確認されている（坂井他2000）。
6) モンテグランデⅠ期のワカ・アンティグアは、正方形に近い基壇の中心軸上に入口を備えた方形の部屋が載り、周囲に同様の部屋が配されるもので、アマカス平原にはこれに近い形態の基壇建築が複数認められる。
7) 形成期中期以降には放棄されていたことが発掘で確認されたモンテグランデ遺跡においても、地表レベルでは中期の土器片が11点採取されており、調査者はこれを前時代の遺跡への供物と解釈している（Ulbert 1994:148）。また10.2遺跡では地表レベルで中期の土器が採集されたものの、建築内部の土層からはもっぱら前期の土器が出土するため、モンテグランデ遺跡と同様に中期には神殿としての機能を失っていた可能性が高い。
8) そのため形成期早期、すなわち先土器時代から居住があった可能性はあるが、これまでのところ考古学的に確認されていない。居住の開始時期については今後の研究課題とする。

参考文献

井口　欣也　2002　「クントゥル・ワシの土器タイポロジー」『平成11～13年度科学研究費補助金〔基盤研究（A）(2)〕研究成果報告書：アンデス先史の人類学的研究－クントゥル・ワシ遺跡の発掘－』（加藤泰建編）、25-44頁。
坂井　正人　2004　「形成期神殿リモンカルロの建築活動―2003年度の発掘調査より―」『古代アメリカ』7、71-75頁。

坂井正人、徳江佐和子、鶴見英成、芝田幸一郎　2000　「ペルー北海岸における考古学遺跡の一般調査（1998、1999年）」『山形大学歴史・地理・人類学論集』1、51-91頁。

関　雄二　2003　「古代アンデスにおける国家の起源」『古代王権の誕生Ⅱ』（角田文衞・上田正昭 監修）、211-231頁、角川書店。

鶴見　英成　2004　「ペルー北部、ヘケテペケ川中流域の形成期社会の研究－2003年度ラス・ワカス遺跡発掘調査と一般調査—」『古代アメリカ』7、19-32頁。

Burger, Richard　1992　*Chavín and the Origins of Andean Civilization.* Thomas and Hadson, London.

Burger, Richard　2003　El Niño, Early Peruvian Civilization, and Human Agency: Some Thoughts from the Lurin Valley. In *El Niño in Peru: Biology and Culture Over 10,000 Years. Fieldiana: Botany, New Series* 43, edited by J.Haas and M. O. Dillon:90-107. The Field Museum of Natural History, Chicago

Carcelén Silva, José　1984　Los trabajos realizados en la Huaca Campos de Montegrande. *AVA-Beiträge* 6:520-540.

Keatinge, Richard. W.　1980　Archaeology and Development: the Tembladera Sites of the Peruvian North Coast. *Journal of Field Archaeology* 7: 467-475.

Onuki, Yoshio ed.　1995　*Kuntur Wasi y Cerro Blanco: dos sitio del Formativo en el norte del Perú,* edited by Yoshio Onuki, Hokusen-sha, Tokio.

Paredes Abad, María Isabel　1984　El complejo sur de la Meseta 2 de Montegrande. *AVA-Beiträge* 6: 505-512.

Pozorski, Sheria and Thomas Pozorski　1992　Early Civilization in the Casma Valley, Peru. *Antiquity* 66: 845-870

Ravines, Rogger　1981　*Mapa arqueológico del valle del Jequetepeque.* Proyecto de Rescate Arqueológico Jequetepeque, Lima.

Ravines, Rogger　1982　*Arqueología del valle medio del Jequetepeque.* Proyecto de Rescate Arqueológico Jequetepeque/ Instituto Nacional de Cultura, Lima.

Ravines, Rogger　1985　Early Monumental Architecture of the Jequetepeque Valley, Peru. In *Early Ceremonial Architecture of the Andes*, edited by C. Donnan:209-226. Dumbarton Oaks, Washington D.C.

Tam Chang, Manuel y Irris Aguirre de Tam　1984　El complejo sur-este de la Meseta 2 de Montegrande. *AVA-Beiträge* 6: 513-519.

Tellenbach, Michael　1986　*Die ausgrabungen in der formativzeitlichen siedlung Montegrande, Jequetepeque-Tal, nord-Peru.* Marerialien zur Allegemeinen und Vergleichenden Archäologie, Band 39, München.

Terada, Kazuo and Yoshio Onuki　1985　*The Formative Period in the Cajamarca Basin, Perú: Excavations at Huacaloma and Layzón, 1982.* University of Tokyo Press, Tokyo.

Ulbert, Cornelius　1994　*Die keramik der formativzeitlichen siedlung Montegrande, Jequetepequetal, nord-Peru.* Marerialien zur Allegemeinen und Vergleichenden Archäologie, Band 52, Mainz.

カハマルカ文化再考

渡部　森哉

1. はじめに

　考古学では、土器を始めとする遺物、建築、埋葬形態などの特徴を基準として、「文化」という単位が設定される。たとえば先スペイン期アンデスの場合、遺物・遺構の特徴によってインカ、ワリ、チムー、モチェ、ナスカ、レクワイ、リマ、カハマルカといった単位が設定され、それぞれは「文化」という概念で捉えられる。そして同一文化に属する土器や金属器などを指す場合「様式」[1]という言葉が用いられ、インカ様式、チムー様式、モチェ様式などと呼ばれる[2]。「文化」は個別のデータを総合し、解釈するために必要な概念の一つである[3]。

　各「文化」の担い手である人間集団を示す単位としては「社会」が用いられ、「文化」は「社会」に置換され、たとえばモチェ社会、インカ社会と呼ばれる。それでは、こうした物質的特徴の共通性によって想定される社会は、どのようなモデルで捉え記述できるのであろう。たとえばチムーとはどのような社会であったのか、という問いにはどのような答えが用意されているのだろうか。

　従来の議論においては、各社会を一つの政治組織、政体として捉え、それらを文化人類学・社会人類学の分野で用いられる、国家あるいは首長制社会といったモデルを援用して説明する場合が多い。たとえばインカ、チムー、ワリ、ティワナク、モチェ、ランバイェッケ（シカン）[4]といった社会は、国家[5]というモデルが用いられ記述される[6]。一方、それら以外のナスカ、レクワイ、カハマルカなどの社会は国家ではない、国家レベルに達していない社会とされ、しばしば首長制社会というモデルで説明される[7]。個別社会を扱う場合、確かに国家あるいは首長制社会というモデルを用いることによって記述の対象とする社会のイメージを端的にいい表すことができる。しかしいったいどのような判定基準に従って、国家社会とそうでない社会が分類され記述されるのだろうか。

　現在、研究者の間で用いられる国家を認定する考古学的基準はいくつかある。一つはしばしば王と呼ばれる中央集権的な権力をもつと想定される人物の墓、あるいはそうした指導者を表す図像の存在である。そして状況証拠として社会階層の存在が指摘され、エリート／非エリートという分類が行われる。もう一つは明らかに政治的中心と考えられる大規模な遺跡の存在であり[8]、それに伴うセトルメント・パターンの階層性という状況証拠が示される。一方、こうした諸特徴が欠如している場合、国家とは見なされない。

　たとえば、ペルー北海岸のシパン遺跡で発見された多くの黄金製品を伴った人物の墓はモチェ社会のエリートと考えられている（Alva and Donnan 1993）。同じく北海岸のバタン・グランデ遺跡で発掘された墓の人物はランバイェッケ（シカン）社会のエリートと見なされている（Shimada 1995）。インカ王に関しては、死後ミイラにされ保管されたため、豪華な副葬品を伴った王の墓は確認され

ていないが、スペイン人が残した記録からその存在を知ることができる。

その規模や建築の特徴から、中心性が明示された遺跡の分布はより明確である。インカ帝国の首都はクスコであり、ワリ遺跡、ティワナク遺跡はそれぞれ同名の社会の中心とされる。また北海岸のチムー社会の首都はチャンチャンであり、ランバイェッケ社会の中心ははじめバタン・グランデであったが、その後トゥクメに移ったと考えられている。同様にモチェ社会においても、モチェ、パンパ・グランデ、ガリンドなどの中心とされる遺跡が確認されている[9]。

以上に例示した先スペイン期アンデスにおける国家社会を扱う場合、本論集の趣旨である王権を真正面から論じることができよう。しかし本論は、それらを対象とするのではなく逆に、非国家社会の事例としてカハマルカ社会を取り上げ、国家社会と比較することによって、アンデスにおける社会統合のあり方の特徴、および社会の類型化の方法について考察を加えることを目的とする。

以下では、始めにカハマルカ文化・社会についての先行研究の成果を概観する。次に筆者らが調査を実施したバーニョス・デル・インカ遺跡の発掘データを提示する。最後にカハマルカ社会の特徴を分析し、社会を類型化するモデルに関して考察を加える。

2. カハマルカ文化、カハマルカ社会

カハマルカ川はペルー北部高地を流れる川であり、その周辺の開けた土地一帯はカハマルカ盆地と呼ばれる（図1）。アンデス山脈の分水嶺の東側に位置する標高約2,500～2,800mの温暖な盆地で、現在では農業、牧畜業が盛んである。そして、そこは紀元前から重要な遺跡が分布する、アンデス先史学上きわめて重要な地域である。

現在のところ、先土器時代における人間の生活の証拠は明確ではない。形成期は前期ワカロマ期（1500～1000BC）、後期ワカロマ期（1000～500BC）、EL期（500～250BC）、ライソン期（250～50BC）と時期区分されており（Terada and Onuki eds. 1985）、とくに後期ワカロマ期以降にワカロマ、ライソン、チョンドルコなどの大規模な祭祀センターが建設された。またライソン期と平行する時期（形成期末期）には、他地域においては大基壇を伴う祭祀センターは建設されなくなったが、カハマルカ盆地においては、例外的に祭祀センターの建設は継続した（Terada 1985:206）。

形成期の後、カハマルカ盆地ではカオリンという特殊な白色粘土を用いた土器、スプーン製作に特徴づけられる文化が興り、スペイン人の侵入時まで連続的に発展した。それがカハマルカ文化、あるいはカハマルカ伝統と呼ばれる。形成期末期のライソン期とカハマルカ文化期との間の時期区分の指標は、カオリン土器の登場、土器の器種組成の変化、建築の石組みの違いなどであるが、器形・文様など土器のいくつかの特徴においては連続性が認められる。ライソン期からカハマルカ文化期への移行、すなわちカハマルカ文化の起源は今後の課題として残されている。

カハマルカ文化のカオリン土器は、胎土・器形・文様の特徴が時期ごとに明確に異なるため、他の地域において発見されても容易に識別でき、他地域の編年と対応させる手がかりとなる。1940年代にフランス人のレシュレン夫妻がカハマルカ文化の編年を提案し（Reichlen and Reichlen 1949）、その後1980年代に日本調査団が新たな編年を打ち立てた（Matsumoto 1993, 松本・寺田 1983, Terada

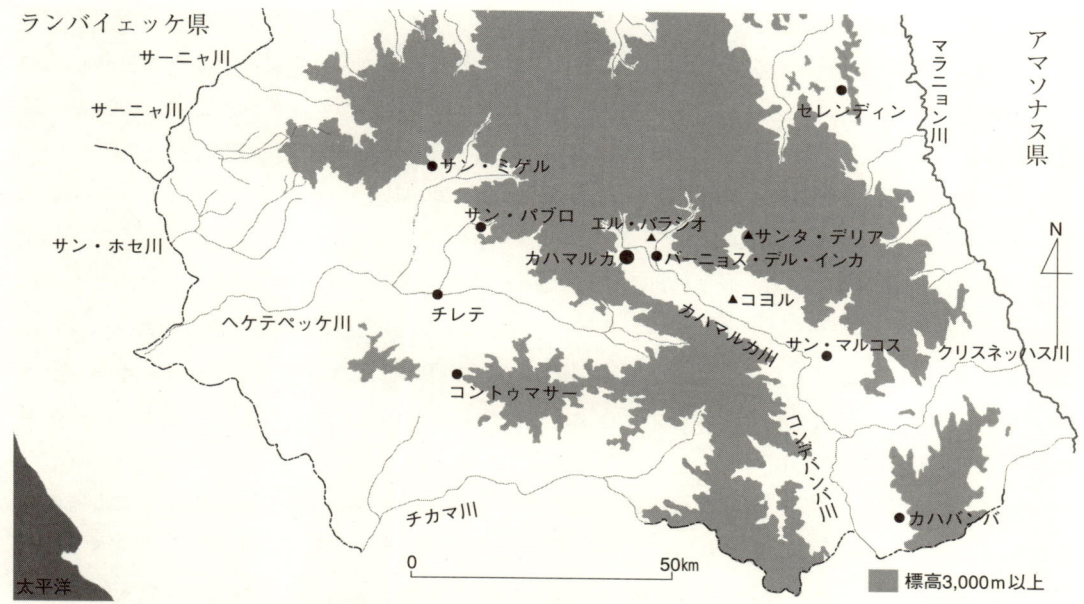

図1 カハマルカ地方の周辺図および本論文で言及する遺跡の位置（●現在の街、▲遺跡）

y Matsumoto 1985)。現在では、日本調査団の時期区分が一般に用いられている。

　　カハマルカ晩期（AD1200～1532）
　　カハマルカ後期（AD 900～1200）
　　カハマルカ中期（AD 450～ 900）　　A、Bの二つの亜時期に区分される。
　　カハマルカ前期（AD 200～ 450）　　A、B、Cの三つの亜時期に区分される。
　　カハマルカ早期（50BC～AD 200）　　A、Bの二つの亜時期に区分される。

　カハマルカ文化は、時期によって若干の相違はあるが、中心と想定される大規模な遺跡の存在が明確でなく、広い範囲にわたって同じタイプのカオリン土器が分布するという特徴を有する。また、他の地域では数百年単位で諸社会が興亡を繰り返したのに対し、カハマルカ盆地においては約1,600年という長い期間にわたって少なくとも土器や建築の特徴に連続性が認められる。

　カハマルカ早期からカハマルカ中期前半までは、アンデス先史学において地方発展期（50BC～AD600）と呼ばれる時代に対応する。この時期は外部との接触の証拠がいくつか確認されているが[10]、大まかに捉えれば盆地内で社会が熟成する内的発展の時代といえる。カハマルカ前期の土器タイプはとくにバリエーションが豊富であり、松本・寺田はこの時期の土器タイプが、通時的変化だけでなく遺跡間差をも示す可能性を提示している[11]（松本・寺田 1983:26）。カハマルカ中期の土器の一タイプであるCajamarca Classic Cursive[12]は、胎土の緻密さ、文様の複雑さなどの点において、カオリン土器製作の一つの到達点を示しており、南のワマチューコ地方でも確認されている。

　地方発展期に続くワリ期（AD600～900）には、ペルー南高地を中心としてワリ社会が台頭し、アンデス各地を席巻するという汎アンデス的現象が生じた。大まかに捉えればこの時期に地方社会は衰退し、ワリの支配下に組み込まれたといえる。しかし、カハマルカ盆地には、エル・パラシオ遺跡あるいはミラフローレス遺跡と呼ばれるワリの遺跡があるにも関わらず（ルンブレラス

1977[1974]:181, Watanabe 2003）、カハマルカ社会はむしろ連続的に発展した。ペルー北海岸などではワリの要素を取り入れた地方様式の土器が製作されたが、カハマルカではそのような融合様式の土器は確認されていない。そしてワリ期と平行するカハマルカ中期に製作されたC. Floral Cursiveは広い範囲に分布し、ワリ、ハルガンパタ、アヤパタなどワリ関連遺跡において確認されている[13]。カハマルカ中期には、カハマルカ社会とカハマルカ盆地の外の社会とのインターアクションが活発化したといえる。

地方王国期（AD900～1450）前半に対応するカハマルカ後期の状況については、多くのことがわかっているわけではない。この時期の土器タイプC. Semicursiveは三脚を伴った器形が主流であり、三脚土器はペルー北海岸でも報告されている。同じくこの時期に製作されたC. Black-and-Orange[14]については詳しいことは不明であるが、カハマルカ盆地ではなく、それよりも北に分布の中心がある可能性がある（松本・寺田 1983:28）。

カハマルカ晩期はカハマルカ文化の最終期である。この時期の時期指標であるカオリン土器のタイプAmoshulca Complexは、インカの到来後もその特徴に変化が起こらず、最終的にはスペイン人侵入時まで製作が続いたと考えられている。つまり、インカ期においては各地で大きな変化が認められるが、カハマルカではワリ期の状況と同様に連続性が目立つのである。

土器製作の特徴に注目すれば、カハマルカ社会の統合度がもっとも高まり、その特徴が顕在化したのはカハマルカ中期である。その意味でカハマルカ社会の性格を捉えやすい時期であるといえる。カハマルカ中期に関して、松本・寺田は「盆地内で政治的統一が達成され、土器様式に反映されているように、強固な文化的統一がなし遂げられた時期である」と述べ、「政治的な中心地」の候補としてコヨル遺跡を挙げている[15]（松本・寺田 1983:30）。

一方、ダニエル・ジュリアンは次のように述べている。

> カハマルカ中期Aまで、調査した地域はコヨルを中心として統合された。遺跡の建築の規模は、エリート集団の存在を示唆しており、彼らが建設を指揮し、かなりの労働力を統御できたものと考えられる。このことはかなり高いレベルの社会的文化的統合、おそらく最高度の首長制社会のレベル、を示している。（中略）国家レベルの政体という可能性を完全に排除することはできないが、後の時代のアンデスの諸国家に備わった大規模な貯蔵施設や広大な行政構造はなかったようである[16]（Julien 1988: 239-240）。

松本・寺田は「文化」「伝統」という用語を採用し、カハマルカ「社会」が国家か首長制社会かという議論はしていない。一方、ジュリアンは早期から晩期まで一貫してカハマルカ社会を「首長制社会」として記述し、中期Aに関しても国家というモデルを用いていない。

以下ではバーニョス・デル・インカ遺跡の発掘調査結果にもとづき、カハマルカ中期の実態の一端を明らかにし、カハマルカ社会の統合のあり方について考察したい。

3. バーニョス・デル・インカ遺跡の発掘調査

バーニョス・デル・インカはカハマルカの東約5 kmのところに位置する町である（図1）。1532年

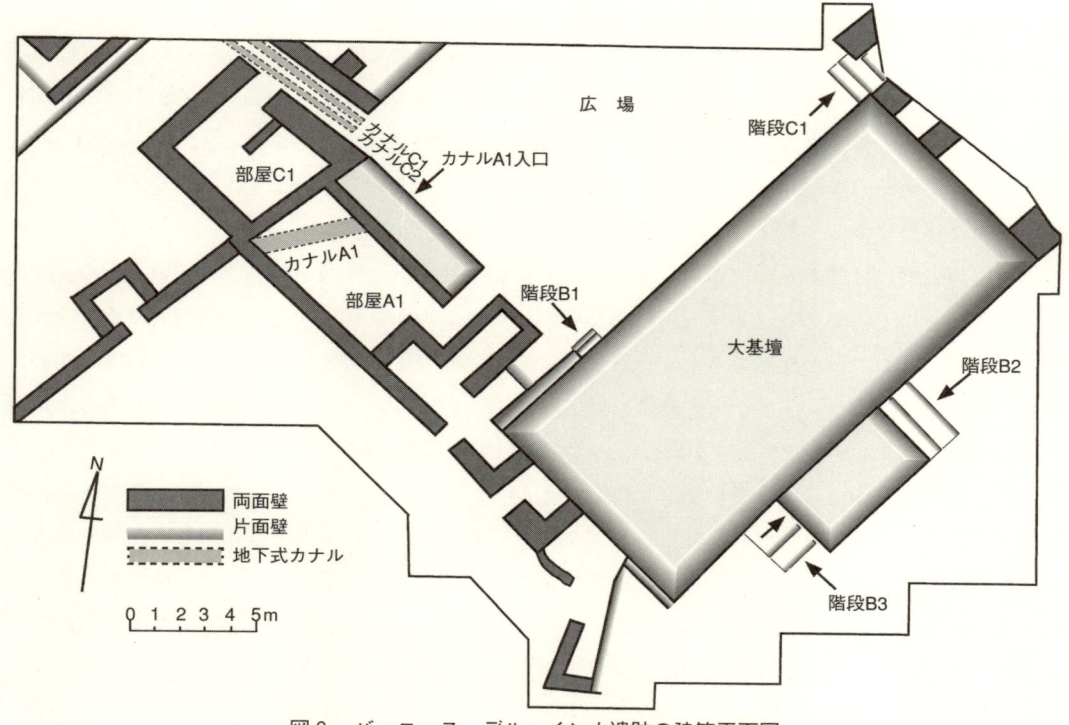

図2　バーニョス．デル・インカ遺跡の建築平面図

11月にフランシスコ・ピサロ率いるスペイン人一行がカハマルカに到着したとき、インカ王アタワルパが滞在していた場所であった。現在では公衆浴場[17]があり、カハマルカにおける観光の目玉の一つとなっている。

公衆浴場の敷地内にあるバーニョス・デル・インカ遺跡[18]では1979年に、同地区に温泉の排水管を埋め込む際、緊急事前調査が行われた。調査を担当した当時文化庁カハマルカ支局の考古学者ロッヘル・ラビーネスは次のように述べている。

> 1979年7月に文化庁によって実施された考古学遺跡の範囲確定調査の結果、カナルやタンクなどのさまざまな種類の数多くの建築が発見された。それらは初期のスペイン人征服者のデータや記述と合致する[19]（Ravines 1985: 110）。

筆者等はバーニョス・デル・インカ遺跡において2000年および2001年に発掘調査を実施した。当初の目的は、ラビーネスによる時期比定、すなわちスペイン人が見たというインカ期の遺跡の存在を確認することであったが、発掘の結果、埋もれている建築群の大部分がカハマルカ中期に属することが判明した。そのため現在、インカの浴場がどこにあったかは不明である。

発掘地区はカハマルカ川の支流であるチョンタ川に向かって東から西に緩やかに傾いている。調査の結果、この場所は過去に数度整地され、西側は大量の土によって埋め立てられたことが明らかになった。また、出土した遺構のほとんどは基礎部分しか残存していなかったが、大まかな建築プランを確認することができた（図2）。建築はほぼすべてカハマルカ中期に属し、カオリン土器C. Classic Cursiveが共伴する。また、カオリン製の土製スプーンや、カオリンではない粘土で製作さ

れた円形皿、土製のアンタラと呼ばれる楽器（パンパイプ）の破片などが多く出土している。

　建築は16m×13mの広さの広場を中心に、その四方を基壇や部屋状構造などの建物が取り囲む設計である。広場の北コーナーは未確認であるが、広場の四隅にはそれぞれアクセスがあったと思われる。南コーナーのアクセスは幅1.3m～1.5mであり、南のさらに広い空間に抜けることができる。広場の東コーナーの階段C1も他の建築につながっているようである。つまり、発掘で確認した建築は大規模な建築複合の一部であり、その全容は把握できていない。

　広場の南東側には20.6m×9.5mの大きさの大基壇が位置する。上部が削平されていたため、基壇の本来の高さは不明である。基壇内部は複数の壁によって細分され、区画された空間はそれぞれ石や土で埋められたことが確認できた。それによって基壇内の圧力を分散させ、基壇の強度を高める効果があったのだろう。広場から大基壇には、階段B1を通って上ることができる。大基壇の南東側には5.4m×3mの大きさの小基壇が隣接し、その北東側には階段B2、南西側には階段B3を伴う。そのほかにも大基壇周辺には小さい部屋状構造がある。

　さらに大基壇内部には、それよりも古い建築が確認された。それは大基壇と同じ方向軸に従って建設された長方形の部屋状構造であるが、西の壁は後の時代に取り壊されたため未確認である。南西－北東軸は10.5m、北西－南東軸は少なくとも7mある。壁の幅は約60cmであり、部屋状構造の内側の床は外側の床よりも約60cm高い。つまり、周囲より一段高い部屋状構造である。この建築に共伴する土器のタイプはC. Precursiveであり、松本・寺田の編年におけるカハマルカ前期Cに対応する。

　広場の南西に位置する部屋A1は3.4m×6.4mの大きさである。その北東には高さ30cmの小テラス状の張出しがあり、その下にカナルA1の入口がある。カナルA1は部屋A1の床下を通っているが、それ以上続かないため建設途中で放棄された可能性がある。

　部屋A1の北西壁に接する部屋C1は3.5m×4.5mの大きさである。その北東にある通路の床下にカナルが2本確認され、両方ともカナルA1と同様に広場から始まりチョンタ川に向かっているが、どこまで続くか不明である。カナルC1はカナルC2の一部を壊してつくられているため、建設されたのはカナルC2よりも後である。しかし、それが建築のプロセスの差を示すのか、あるいは時期差を示すのかは不明である。

　興味深いのは遺跡の放棄の状況である。大基壇の周辺部に厚さ1～2cmの焼土が分布しており、大基壇の南西に隣接する部屋状構造内部では厚さ25cmもあった。また広場からは植物の茎の痕跡を伴う土の破片が大量に出土したが、それらは大基壇上にあった建築物の壁の一部であったと思われる。焼土の直上には橙色の土が堆積しており、その中には直径30～40cmの石が多く含まれていた。それらの石は面をもっているため、壁石だったと考えられる。さらに明らかに建物のコーナー部分が集中的に壊されていた。また、広場の西コーナー付近の部屋C1周辺は灰色の土で建物が覆われていたが、その覆土の中から人間の墓が一基検出された。それは頭を東に向けた伸展葬であったが副葬品はなかった。遺跡の放棄に伴う埋葬であった可能性がある。

　まとめると、ある時期意図的に遺跡全体が焼かれ、建物は倒され、埋め尽くされ更地となったといえる。その行為が建物を利用していた人びと自身によって行われたか、あるいは外部の人間の手によって行われたかは現在のところ不明である。

遺跡の放棄時期を決定するためには、放射性炭素年代測定による絶対年代の確認、および土器の特徴に基づく相対編年の確立が必要である。しかしカハマルカ盆地の編年と中央アンデス全体の標準編年との対応関係は確立されておらず、とくに本論文で扱うカハマルカ中期に関してはいくつか問題があった。

カハマルカ中期の編年

1940年代にカハマルカ盆地で調査を行ったフランスのレシュレン夫妻の編年によれば、カハマルカⅢ期[20]は二時期に分かれ、その前半にはC. Classic Cursive、後半にはC. Floral Cursiveが製作された（Reichlen and Reichlen 1949:161）。しかしその後、松本・寺田はレシュレンらの解釈に異議を唱え次のように述べている。

> Reichlenが、floral cursiveがclassic cursiveの後に発生することを示唆して以来、classic cursiveとfloral cursiveは多くの研究者によってCajamarca Ⅲの前半と後半を区別する指標として扱われてきた。しかし、われわれの資料からは、このような截然とした区別はなしがたい。確かにclassic cursiveは前半にしか見られないが、<u>floral cursiveはこの期の全層位にわたってもっとも優勢な土器タイプとして存在するのである</u>（松本・寺田 1983: 27, 下線は引用者）。

そして松本・寺田は新しい時期区分を提唱した。それによれば、カハマルカ中期AにはC. Classic Cursive、C. Rectilinear Cursive[21]、C. Floral Cursiveの三タイプが製作され、一方カハマルカ中期Bには前二者は姿を消し、C. Floral Cursiveのみが製作され、さらに胎土が粗くなり三脚が登場するという。

カハマルカ中期の土器編年に関する問題は、バーニョス・デル・インカ遺跡の発掘データにもとづき、次のように解釈できる。

建築の覆土から出土したカオリン土器はC. Classic Cursiveが主体で、カハマルカ前期のC. Precursiveもかなり含まれていた。しかし一方で、C. Floral Cursiveは含まれていなかった。つまり、発掘データはC. Classic CursiveをC. Floral Cursiveよりも前に位置づけるレシュレン夫妻の編年と矛盾しない。そして松本・寺田のいうように、C. Floral Cursiveが「この期の全層位にわたって最も優勢な土器タイプとして存在する」のならば、それはC. Classic CursiveとC. Floral Cursiveの製作時期が一部重なり合うと解釈するか、あるいはC. Floral Cursiveが製作された後の時代の層に、前時代のC. Classic Cursiveが混入したという堆積の問題として扱うのが妥当であろう[22]。

しかし同時に、C. Classic Cursiveの中には、スポーク・モチーフと呼ばれる文様[23]を伴うC. Floral Cursiveの先行形態が認められる[24] [25]（図3）。それらとC. Floral Cursiveとの違いは次のようにまとめられる[26]。

① 器形はC. Classic Cursiveと同様に器壁がほぼ垂直に立ち上がる碗であり、底部は高台付きで平らである。また、直径15～20cmに達する大型の碗もある。一方、C. Floral Cursiveはより厚手で壁面と底部との屈曲部の角度が大きく、器面がより外傾する。

② スポーク・モチーフの文様帯の上下に二重線が施される。一方、C. Floral Cursiveには二重線は認められない。

③ スポーク・モチーフの単位の幅は、C. Floral Cursiveよりも狭い。

④ C. Classic Cursiveと同様、器壁内面に文様が施されない場合がある[27]。一方、C. Floral Cursiveは器壁の両面に文様が施される[28]。

また、C. Floral Cursiveはカハマルカ中期後半ほど胎土が粗くなり、三脚が出現するという松本・寺田の解釈を踏襲すれば、カハマルカ中期は次のように三つの亜期に区分できるだろう[29]。

　カハマルカ中期A：C. Classic Cursive（C. Floral Cursiveの先行形態を含む）
　カハマルカ中期B：C. Floral Cursive
　カハマルカ中期C：C. Floral Cursive（胎土が粗くなり三脚出現）

この編年に従えば、バーニョス・デル・インカ遺跡の建築の主要な部分ができあがったのはカハマルカ中期Aであり、その終末期に遺跡全体が焼かれ建物は意図的に壊された。こうした急激な放棄は、複合的要因によって生じた社会変化の結果であろう。そして現在、大きく二つの要因を指摘できる。

一つは気候の変化である。発掘で建築が水浸しで発見されたため、遺跡の利用時期は現在よりも地下水位が低い時代に比定できる。ペルー南高地のケルカヤ氷河のデータによれば、AD562～594は非常に乾燥した時代であった（Shimada *et al.* 1991）。仮に遺跡の建設・利用年代が6世紀後半の乾燥した時期に重なるならば、その後気候の乾燥が弱まるにつれ、地下水位が上昇し遺跡周辺の土地は利用不可能になったと考えられる。今後遺跡の放棄年代と気候変化の時期との対応関係を確認する必要がある。

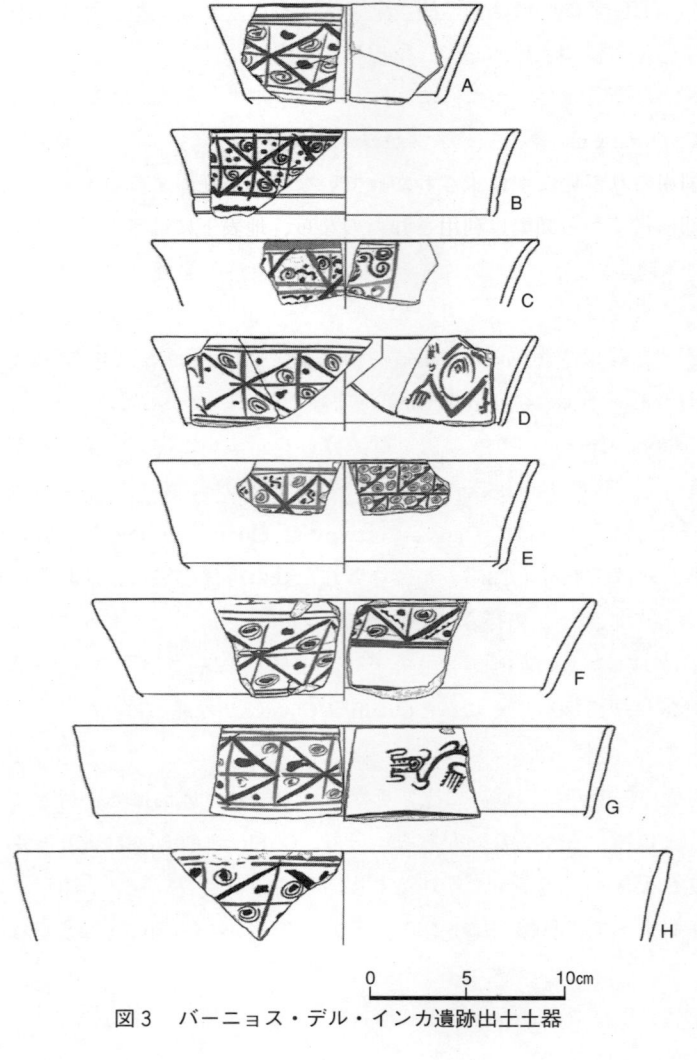

もう一つの要因として考えられるのは、ワリ社会との接触である。カハマルカ中期AからBにかけては、土器の特徴に連続性が認められる一方で、C. Classic CursiveからC. Floral Cursiveへという変化も生じている。また、各地のワリ関連遺跡からカハマルカ中期BのC. Floral Cursiveが出土しているという状況証拠[30]から、現在筆者はカハマルカ中期AとBの境界は、ワ

図3　バーニョス・デル・インカ遺跡出土土器

リとの接触時期とほぼ同時期であると想定している[31]。ワリ社会との接触に伴う社会変動という視点からバーニョス・デル・インカ遺跡の放棄を考える必要があり、カハマルカ盆地へのワリの到来時期の絶対年代の確認は今後の課題である[32]。

4. カハマルカ社会の性格

カハマルカ中期Aには他の時期には見られない、比較的明確な建築プランをもった大規模遺跡が存在する。バーニョス・デル・インカ遺跡では、明確な設計に従い、広場の周りに建物が配置されている。また、同時期に比定されるコヨル遺跡には、切石を積み上げた見事な壁の建築が存在する[33]。しかし、その後カハマルカ盆地には、こうした明確な設計プランをもった遺跡は確認されておらず、たとえばカハマルカ晩期の大遺跡であるサンタ・デリアは、遺跡の広がりはあるが、小規模建築の集合である（Watanabe 2001）。

遺跡の規模や遺構の特徴、また土器製作の特徴から見れば、1600年にわたる歴史の中でカハマルカ中期Aはカハマルカ社会の統合度がもっとも高まった時期であるといえる。しかし、ジュリアンが述べるように、それを首長制社会と捉えることは適切なのだろうか、そしてコヨル遺跡を首都として記述することは妥当なのだろうか。

これまでカハマルカ盆地においては、山の上か斜面を中心に遺跡分布が確認されてきたが、盆地底部の川沿いの土地がどのように利用されていたかはよくわかっていない。現在のように耕作地や居住地としてカハマルカ盆地の底部は古くから頻繁に利用されたのなら、地表下にはさらに多くの大規模遺跡が埋もれている可能性がある。したがって、現在知られている遺跡の中では、山の頂上部に位置するコヨル遺跡がもっとも目立つ存在であるが、それをもって首都と解釈するのはいささか性急であろう。また、バーニョス・デル・インカやコヨルといった大規模な遺跡の存在はカハマルカ中期Aに複数の大規模センターが登場したことを示しているが、この時期に3、4段階にわたるようなセトルメント・パターンの階層性が成立した証拠は確認されていない。

確かにカハマルカ中期Aには大規模遺跡が存在するが、それ以外にカハマルカ社会の中央集権性を示す証拠は明瞭ではない。カオリン土器はカハマルカ盆地においてほぼ均一に分布し、製作や分布の中心を特定することは難しく、土器の特徴が遺跡ごとに異なるという状況も認められない。また、カハマルカ文化の埋葬形態については、現在のところわかっていることは少なく、エリートと考えられる人物の墓も見つかっていない[34]。

それではいったい、コヨルやバーニョス・デル・インカのような大規模遺跡は、どのような性格の遺跡なのか。

バーニョス・デル・インカ遺跡においては、住居址におけるような生活の痕跡が認められず、貯蔵施設など物資のコントロールに関わるような証拠もない。一方、土製のアンタラと呼ばれる楽器（パンパイプ）の破片が多く出土しており、その他にも円形の平皿など儀礼・祭祀に用いられたと考えられる遺物も発見されている。さらに発見された地下式のカナルは、その設計から単なる排水用とは考えにくく、儀礼用である可能性がある。また意図的に焼かれ、埋められたという放棄の状

況も特殊である。つまり発掘データを総合的に判断すれば、儀礼的側面が顕著に現れており、単なる政治的中心と解釈することは難しい。また同時期のコヨル遺跡も、19世紀に残されたスケッチによれば、山の周りを幾重にも壁が取り囲み頂上の狭い範囲に三つの部屋状構造が載っている設計であり（Wiener 1993[1880]:139-140)、また、内部に壁龕を備えた円形構造物というカハマルカ盆地の他の遺跡には認められない建築物もある。また、ジュリアンが指摘するように貯蔵施設は備えておらず、やはり政治的中心としてはかなり異質である。

　アンデスにおいてセンターと呼ばれる大規模遺跡の性格は、政治的側面と儀礼的側面の二つの側面の重なり合いとして捉えるべきである。インカ帝国の首都クスコの複合的性格にも示されているように（Rowe 1967)、政治的側面と儀礼的側面の二つは相反し別個に存在するわけではない。その一方のみに注目してしまうと、遺跡の特徴は理解できない。

　カハマルカ中期の大規模センターは、インカやワリ、モチェなどに認められる政治センター（首都）よりも小規模であり、また程度の問題であるが、政治的側面よりも儀礼的側面が目立つという意味で性格も異なるようだ。また、カハマルカ中期Aの社会の特徴として、内部の均質性を指摘することができる。土器の特徴、分布、そしてセトルメント・パターンでは、明らかな中心地を特定することはできず、また遺跡間の差も明確ではない。

　政治的側面に注目すれば、カハマルカ社会の社会統合のあり方は中央集権的国家社会とは異なっている。いわゆる国家社会は政治的指導者、政治的中心（首都）を中心として、セトルメント・パターンの階層性に示されるように、垂直方向に統合された社会である。しかしカハマルカ社会は、大規模センターの祭祀的性格、および均質的な土器製作に認められるように、儀礼的紐帯が強く、水平方向のつながりが顕著な社会である。カハマルカ社会は一つの政体としてよりも、祭祀センターという場を中心として統合された、内部が均質化された社会と捉えた方がイメージしやすい。それは政治的指導者を中心としてというよりも、祭祀センターという一つの場を定点として統合度が高まった社会であり、中心となる場の規模、設計に儀礼的紐帯の強さが顕在化する。そして外部に拡大するというよりも、むしろ内向的・求心的である。

　以上のように捉えれば、カハマルカ中期はワリという中央集権的な社会と、非中央集権的なカハマルカ社会が対峙した時期であるといえる。そしてワリ期に大きな変化を被り衰退したモチェ社会とは対照的に、カハマルカ社会はむしろ連続的に存続した。中央集権的という意味において同じタイプの社会であるワリとモチェは、両者が対峙した際、片方は繁栄し、もう片方は衰退した。ところが一方で、国家社会とは異なるかたちで統合されたカハマルカ社会は、ワリ社会とかち合わず共存することができた。非中央集権的社会であるカハマルカ社会が外部の社会と接触しつつも、長期間にわたって柔軟に存続したことの理由の一つは、そのように説明できるのではないか。

　カハマルカ社会と類似した状況を示す例として、地方発展期にペルー南海岸で繁栄したナスカ社会がある。ナスカには、巡礼センター（祭祀センター）と性格づけられるカワチという遺跡がある（Silverman 1993・1994)。それは人間が集まる場であり、社会統合の核として機能したが、社会を統治する権力が発信された起点である。政治的首都とは性格が異なる。そしてシルバーマンは、初期

ナスカ社会を信仰を共有した互いに独立した複数の首長制レベルの集合・連合として捉えており、古代ギリシャの隣保同盟との類似性を指摘している（Silverman 1993:320-343）。また、ナスカ文化では土器製作の特徴に均質性が認められる。

5. おわりに

　従来、先スペイン期アンデスの諸社会が類型化される際には、政治組織に重点が置かれ、研究の進んでいる国家社会を基準として、そこからの距離によって社会統合の度合いが測量され、国家、首長制社会といった既存のモデルが当てはめられ記述されてきた。そして儀礼的側面は、政治組織に付随させるかたちで捉えられてきた。しかし、カハマルカ社会のように儀礼的側面に注目した方が、その特徴を理解しやすい社会もある。アンデスにおける社会統合のあり方を、政治的指導者を中心とする政治的統合と、祭祀センターという場に示される儀礼的紐帯の重なり合いとして見れば、これまでの社会分類、社会発展に関するモデルとは異なった代替モデルを提示することができよう。

　当然ながら研究対象とする社会を、政治組織か儀礼共同体か、という単純な二分法で捉えることはできない。インカやワリ、モチェという中央集権的国家社会においても祭祀・儀礼の役割は重要であるし、非中央集権的社会であるカハマルカ社会においても政治的側面を無視することはできない。どのような社会を事例にするにせよ、その統合のあり方を分析する際には、聖（祭祀）と俗（政治）の権力の相互関係に注目する必要があり、いずれか片方を扱うだけでは社会の本質を理解できないであろう。

　今後モデル構築のためには、社会の統合原理という質的基準と、統合の程度という量的基準を設定する必要がある。統合原理については政治的指導者を中心とした統合と儀礼的紐帯との二つの側面の相互関係から考察する必要がある。また、統合の程度についても同様に、垂直な中央集権性と、内部の均質性によって示される水平方向のつながりという二つの軸の組合わせに注目する必要がある。また本論では社会統合のあり方について通事的にではなく共時的に考察してきたが、社会発展のプロセスの解明も今後の課題として残されている。

　2001〜2002年のバーニョス・デル・インカ遺跡の発掘調査は、公衆浴場を管理する「バーニョス・デル・インカ総合観光施設行政委員会（Comisión Administrativa del Complejo Turístico Baños del Inca）」の主催によって実施された。発掘調査、遺跡修復にはJuan Ugaz、Evelyn Anyanett Mora Coronado、Regina Abraham、Jacqueline Tejada Bobadilla、Carlos del Marが参加した。調査は日本学術振興会海外特別研究員としてペルー・カトリカ大学に派遣中に実施された（平成13年度採用）。

註
1) 英語では"style"にあたる。分類された個別の遺物群を指す場合、「タイプ」（type）が用いられる。
2) またそこから派生して、チムー＝インカ様式、地方インカ様式といった名称も用いられるが、いずれも基準となる文化名称を用いている。
3) 今後、こうした「文化」を設定するこれまでの前提を問い、方法を精緻化する必要が生じてくると考えら

4) ただしキャロル・マッキーは、ランバイェッケを国家と呼ぶことに対し異議を唱え、バタン・グランデやトゥクメといったランバイェッケの主要なセンターを「宗教センター」、「祭祀センター」と呼ぶ（Mackey 2001）。彼女はチムー国家とランバイェッケ社会との差異を強調している。
5) アンデスの事例ではしばしば国家は王国とも呼ばれる。古代ギリシャをモデルとした都市国家というモデルがあるが、それによって適切に説明できる事例は現在までのところアンデスでは確認されていない（Kolata 1997; Wilson 1997）。
6) インカ、チムー、ワリ、ティワナクについては帝国という言葉を用いる研究者もいる。
7) たとえば島田は「レクワイ文化は、おそらく、互いに競合し合う複数の首長制社会からなり、おのおのは、パシャシュやカバナのような独自の政治＝宗教センターを擁していたと思われる」島田 1991: 81-82）と述べている。
8) アラン・コラタは首都とされる大遺跡をアンデスにおける都市の例として挙げている（Kolata 1997）。そしてアンデスの都市の性格は政治的・宗教的であり、経済的ではないと述べている。
9) ただし、近年モチェ社会は南北に大きく二つに分かれるという説が出されているため、首都と呼べる遺跡は複数あったと考えられる（*cf*. Shimada 1999）。
10) アンデス山脈東斜面に位置するチャチャポーヤス地方では、カハマルカ早期、前期の土器片がいくつか確認されている（Schjellerup 1997:208）。
11) 「新しい土器が誕生しても、ある遺跡では古い独自の伝統が守られ、新しいものが受け入れられなかった」と述べ、カハマルカ盆地内に土器製作の伝統が異なる集団が併存していた可能性を指摘している。もしそうならば、土器の特徴を判断基準としてセトルメント・パターンの変化を押さえることは難しい。
12) 以下では土器のタイプ名の頭にCajamarcaがつく場合、C.と省略する。
13) ルンブレラスは「北部高地で、ワリはカハマルカを征服したが、カハマルカ土器はひじょうに権威高いものでありつづけ、ワリで使われたばかりなく、モチェを含む多くの他地方にくばられた」（1977[1974]:189）と述べている。しかし筆者は、C. Floral Cursiveの広範囲にわたる分布は、単なる土器の移動ではなく、ワリの支配下におけるカハマルカの人間集団の移動に起因すると考えている（Watanabe 2003）。また、ペルー北海岸において海岸カハマルカと呼ばれる土器群が出現するのもこの時期である。
14) レシュレンらが設定したNoir et rouge, noir et orange tiahuanacoide figuratifに対応する。また彼らはこの土器タイプがC. Semicursiveよりも時期的に後であると述べている（Reichlen and Reichlen 1949:151・168）。
15) 松本は1993年の論文でコヨル遺跡を「祭祀／行政センター」の一つと記述している（Matsumoto 1993:196）。
16) "By subfase A of Middle Cajamarca the study area was unified with its capital at Coyor. The scale of the architecture at the site implies the presence of an elite group which was able to plan the construction and manipulate a substantial labor force. This implies a higher level of sociocultural integration, probably of the paramount chiefdom level.……While the possibility of a state-level polity cannot be entirely ruled out, the massive storage facilities and extensive administrative structures associated with later Andean states do not appear to have been present."
17) Complejo Turístico Baños del Incaという団体が管理している。
18) 遺跡の正式名称はComplejo Turístico Baños del Incaであるが、煩雑さをさけるため、本論では単にバーニョス・デル・インカ遺跡と呼ぶ。
19) "Trabajos de delimitación arqueológica realizados por el Instituto Nacional de Cultura, en septiembre de 1979, pusieron al descubierto numerosos restos arquitectónicos de diversa índole, inclusive canales y estanques que concuerdan con los datos y descripciones de los primeros conquistadores españoles."

20) 松本・寺田編年におけるカハマルカ中期に対応する。
21) レシュレン夫妻が設定したC. Classic Cursiveの中に含まれる。ただし違いは文様に限定されるため、本稿ではC. Classic Cursiveに含めて記述する。
22) 同様に、バーニョス・デル・インカ遺跡の出土土器は、C. Classic Cursive主体でC. Precursiveが含まれるという状況は、両タイプの土器の製作時期が一部重なり合うか、あるいは堆積状況の問題として考えられる。いずれにしても、C. PrecursiveからC. Classic Cursiveへ時期差なく連続して移行していることは確かである。
23) 2本の斜線からなる×印と十字線を組み合わせた放射状文様。車輪のスポークに類似する。
24) スポーク・モチーフを伴う土器群をC. Classic Cursiveから独立した土器タイプとして設定しないのは、しばしば複合的な文様があり、分類の明確な基準を示せないためである。
25) 1982年の報告書では同様の土器片はC. Classic Cursiveに含まれているが（Terada and Onuki, eds. 1982: PLATE 46a, 2-6, PLATE 104, 12-16, 22）、1点のみC. Floral Cursiveに含まれている（ibid.: PLATE 46b-11, PLATE 104-16）。しかし、1983年の論文では、こうした土器群がどのタイプに分類されているかは明らかではない（松本・寺田 1983:写真6, 7）。1993年の松本の論文ではC. Rectilinear Cursiveに分類されている（Matsumoto 1993:Fig. 13-2, b）。
26) C. Floral Cursiveについては、Terada and Onuki, eds. 1982: PLATE 104, 3-8を参照。
27) ただし内面底部に文様が施されたかどうかは不明である。
28) 松本・寺田はC. Floral Cursiveの外面に平行線が彩文される場合があると述べているが（松本・寺田 1983:27）、それはC. Classic Cursiveと共伴することが確認された（cf. Terada and Onuki, eds. 1982:PLATE 46a 11, 46b-12, PLATE 104-9, 11）。
29) また、遺跡の大基壇の内部にはその前の時期の部屋状構造が埋まっており、それはC. Precursiveと対応する。松本・寺田編年に従えばカハマルカ前期CにはKolguitin ComplexとC. Precursiveが製作された。松本・寺田はコルギティン遺跡ではKolguitin Complexが、アモシュルカ遺跡ではC. Precursiveが主体であることに触れ、「このように狭い範囲にあっても地域差が存在した」（松本・寺田 1983:26）可能性を指摘している。
　しかし、両土器タイプの製作時期がずれるのであれば、カハマルカ前期は計四つの亜時期に区別することが可能である。もちろん製作時期がきれいに分かれるのではなく、一部重なり合う時期がある可能性はあるが、今後、両土器タイプの製作開始時期が果たして同時期がどうかを確認する必要がある。いずれにせよ器形・文様などの特徴から判断すれば、C. PrecursiveからC. Classic Cursiveへの連続性は明らかであり、それは層位的にも確認されている。そのためC. Precursiveの方が後の時代まで製作され続けた可能性が高い。ジュリアンもC. PrecursiveがC. Classic CursiveとC. Kolguitin Complexの中間的特徴を備えていることを指摘している（Julien 1988: 76）。
30) また一方で、C. Classic Cursiveの完形土器に両手に杖状のものをもった人物というワリ起源と考えられる図像（Shimada 1999:Figure 5.14）が確認されているため、カハマルカ中期Aの終末の年代とワリの到来時期との間にはあまり時期差はないと考えられる。ただし島田は同じ図像がモチェの図像を想起させると述べている（ibid.: 411）。
31) 松本・寺田はC. Classic Cursiveが製作されたカハマルカ中期Aをワリとの接触以前の地方発展期、中期Bをワリ期に比定している（1983:30-31）。
32) 島田はカハマルカ中期AとBの境界にAD700という年代を当てている（Shimada 1999:410-411）。
33) コヨル遺跡における表面採集土器は、C. Classic CursiveとC. Precursiveが主体であり、バーニョス・デル・インカ遺跡と時期的に並行する。
34) カハマルカ晩期に二次埋葬が行われていたことは判明したが（Watanabe 2001）、二次埋葬がいつからカハマルカ盆地で始まったかは明らかではない。

参考文献

島田泉（松本亮三訳）　1991　「地域芸術の開花―モチェ文化とその同時代文化―」『古代アンデス美術』（増田義郎・島田泉編）71-105頁、岩波書店。

松本亮三・寺田和夫　1983　「カハマルカ文化伝統の編年―ペルー北部山地、カハマルカ盆地の発掘概報―」『東海大学文明研究所紀要』4、19-41頁。

ルンブレラス、L. G.（増田義郎訳）　1977[1974]　『アンデス文明―石期からインカ帝国まで―』岩波書店。

Alva, W. and C. B. Donnan　1993　*Tumbas Reales de Sipán*. Fowler Museum of Cultural History, University of California, Los Angeles.

Julien, D. G.　1988　Ancient Cuismancu: Settlement and Cultural Dynamics in the Cajamarca Region of the North Highlands of Peru. Ph.D. dissertation, Department of Anthropology, University of Texas at Austin.

Kolata, A. L.　1997　Of Kings and Capitals: Principles of Authority and the Nature of Cities in the Native Andean State. In *The Archaeology of City-States: Cross-Cultural Approaches*, edited by D. L. Nichols and T. H. Charlton:245-263. Smithsonian Institution Press, Washington and London.

Mackey, C.　2001　Los dioses que perdieron los colmillos. In *Los Dioses del Antiguo Perú 2*, edited by K. Makowski Hanula:110-157. Colección Arte y Tesoros del Perú. Banco Crédito del Perú, Lima.

Matsumoto, R.　1993　Dos modos de proceso socio-cultural: el Horizonte Temprano y el Período Intermedio Temprano en el valle de Cajamarca. In *El Mundo Ceremonial Andino*, edited by L. Millones and Y. Onuki:169-202. Senri Ethnological Studies No. 37. National Museum of Ethnology, Osaka.

Ravines, R.　1985　*Cajamarca Prehispánica: Inventario de Monumentos Arqueológicos*. Inventarios del Patrimonio Monumental del Perú 2. Instituto Nacional de Cultura de Cajamarca, Corporación de Desarrollo de Cajamarca, Cajamarca.

Reichlen, H. and P. Reichlen　1949　Recherches archéologiques dans les Andes de Cajamarca: premier rapport de la Mission Ethnologique Française au Pérou Septentrional. *Journal de la Société des Américanistes* 38:137-174.

Rowe, J. H.　1967　What Kind of a Settlement Was Inca Cuzco? *Ñawpa Pacha* 5:59-76.

Schjellerup, I. R.　1997　*Incas and Spaniards in the Conquest of the Chachapoyas: Archaeological and Ethnohistorical Research in the North-eastern Andes of Peru*. GOTARC Series B. Gothenburg Archaeological Theses, No.7. Department of Archaeology, Göteborg University, Göteborg.

Shimada. I.　1995　*Cultura Sicán: Dios, Riqueza y Poder en la Costa Norte del Perú*. Fundación del Banco Continental para el Fomento de la Educación y la Cultura, Edubanco, Lima.

Shimada. I.　1999　Evolution of Andean Diversity: Regional Formations (500 B.C.E.-C.E. 600). In *The Cambridge History of the Native Peoples of the Americas, Volume III: South America, Part 1*, edited by F. Salomon and S. B. Schwartz:350-517. Cambridge University Press, Cambridge.

Shimada, I., C. B. Schaaf, L. G. Thompson and E. Mosley-Thompson　1991　Cultural Impacts of Severe Droughts in the Prehistoric Andes: Application of a 1,500-year Ice Core Precipitation Record. *World Archaeology* 22(3):247-270.

Silverman, H.　1993　*Cahuachi in the Ancient Nasca World*. University of Iowa Press, Iowa City.

Silverman, H.　1994　The Archaeological Identification of an Ancient Peruvian Pilgrimage Center. *World Archaeology* 26(1):1-18.

Terada, K.　1985　Early Ceremonial Architecture in the Cajamarca Valley. In *Early Ceremonial Architecture in the Andes*, edited by C. B. Donnan:191-208. Dumbarton Oaks Research Library and Collection, Washington,D.C.

Terada, K. and R. Matsumoto　1985　Sobre la cronología de la Tradición Cajamarca. In *Historia de Cajamarca 1: Arqueología*, edited by F. Silva Santisteban, W. Espinoza Soriano and R. Ravines: 67-89. Instituto Nacional de Cultura -

Cajamarca, Cajamarca.

Terada, K. and Y. Onuki(editors) 1982 *Excavations at Huacaloma in the Cajamarca Valley, Peru, 1979.* University of Tokyo Press, Tokyo.

Terada, K. and Y. Onuki(editors) 1985 *The Formative Period in the Cajamarca Basin, Peru: Excavations at Huacaloma and Layzon, 1982.* University of Tokyo Press, Tokyo.

Watanabe, S. 2001 Excavaciones en Santa Delia 2001. In *Informe Preliminar del Proyecto de Investigaciones Arqueológicas en el Valle de Cajamarca, Perú,* edited by Y. Seki, J. Ugaz and S. Watanabe:39-54. Informe preliminar presentado al Instituto Nacional de Cultura - Lima. Instituto Nacional de Cultura, Lima.

Watanabe, S. 2003 Wari y Cajamarca. *Boletín de Arqueología PUCP* 5 (2001):531-541.

Wiener, C. 1993[1880] *Péru y Bolivia: Relato de Viaje.* Translated by E. Rivera Martinez. Instituto Francés de Estudios Andinos, Universidad Nacional Mayor de San Marcos, Lima.

Wilson, D. J. 1997 Early State Formation on the North Coast of Peru: A Critique of the City-State Model. In *The Archaeology of City-States: Cross-Cultural Approaches,* edited by D. L. Nichols and T. H. Charlton:229-244. Smithsonian Institution Press, Washington and London.

アンデスの地上絵の変貌
―― 身体と空間をめぐって ――

坂井　正人

1. はじめに

　本論文ではアンデスの地上絵を取り上げ、その変容過程に注目したい。地上絵の先行研究では、ナスカ（Aveni 1990, Reiche 1949・1993）に関するものが有名であるが、ナスカ期以前の形成期に制作された地上絵についても複数の研究がある。ペルー北部海岸ではサーニャ谷(Alva y Meneses de Alva 1982)、セチン谷(León 1996)、スーペ谷(Shady, Machacuay y Aramburú 2003)について形成期の地上絵が報告され、南部海岸ではパルパ谷付近の報告(Reindel, Isla y Koschmieder 1999)がある。しかし、これらの地上絵は別個に研究されており、相互の関係については考察が不十分である。

　本論文では、まず形成期の地上絵を中心に先行研究を紹介したうえで、アンデスの地上絵の変容過程について検討する。その際に、次の二つの点に注目する。まず注目するのは、地上絵に描かれている「人間の身体」と「動物の身体」の図像表現である。これらの身体が切断・接合・合成される場面を比較することで、地上絵がどのように変貌したのかを検討する。次に注目するのは、地上絵が制作された空間の特徴である。地上絵は、アクセスがとくに制限されない「開かれた空間」に描かれた場合と、アクセスが制限される「閉じられた空間」に描かれた場合がある。この差異を手がかりに、地上絵の変容過程を考察する。

2. アンデスの地上絵

(1) スーペ

　スーペ谷はペルー北中部海岸に位置する。この谷の中流域に地上絵（図1）があり、すぐ近くにカラル（Caral）遺跡とチュパシガロ（Chupacigarro）遺跡が分布する。付近は乾燥地帯で、両遺跡は標高約350mの河岸段丘に立地する。

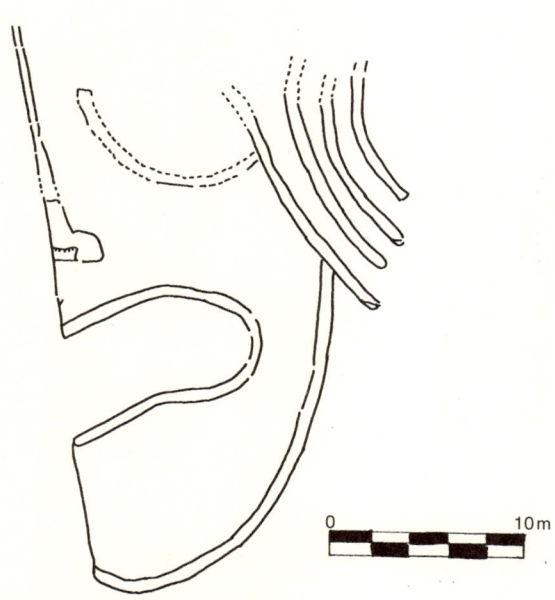

図1　スーペの地上絵（Shady, Machacuay y Aramburú 2003:306を改変）

これらの遺跡の調査（Shady y Leyva eds. 2003）は、ペルーのサン・マルコス大学のシャディ（Ruth Shady）教授によって1996年に開始された。カラル遺跡の場合、約65haの範囲に30以上の建築物が確認され、これらは神殿・居住地・広場・倉庫・祭壇だと考えられている。また、放射性炭素年代測定によって形成期早期（古期後期）（前2500～前1600年）に成立したことが判明した。土器が導入される以前の時代である。チュパシガロ遺跡は、カラル遺跡の中心部から西に1km離れたところにある。この遺跡は小規模であるが、建築プランがカラル遺跡とよく似ており、カラル遺跡とほぼ同時期の遺跡であることが放射性炭素年代測定によって確認されている。

スーペ谷の地上絵（Shady, Machacuay y Aramburú 2003）は、カラル遺跡およびチュパシガロ遺跡の建築群から、南に約1km離れたところにある。ここには大小の地上絵と直線が描かれており、その中でもひときわ目立つのが人間の横顔の地上絵だ。

この地上絵は、砂丘の斜面部に制作された。建築材料として、付近で採取できる角張った石が用いられ、石の平らな面をそろえて並べることで、地上絵の輪郭が描かれた。石は砂丘の上に直接おかれ、石と石の間に漆喰は使われていないので、制作にはそれほどの労力を必要としなかった。建築材料と工法から、地上絵は形成期早期に制作されたと考えられている（Shady, Machacuay y Aramburú 2003:305-308）。

地上絵の横顔は縦40m、横24mである。顔は東を向いており、目は閉じている。口は開いているが、歯はない。頭には「流れ出る血」もしくは「風になびいている髪」のような表現があり、地上絵に動きを与えている(Shady, Machacuay y Aramburú 2003:305)。

この横顔の地上絵は、セチン(Sechín)谷のセロ・セチン（Cerro Sechín）神殿遺跡の石彫に描かれた「切断された頭部」（図2）とよく似た図像であり、放射性炭素年代測定でも近い値が得られているので、両者はほぼ同時期だと考えられている（Shady, Machacuay y Aramburú 2003:309）。そこで、この地上絵は「スーペ谷におけるセチン様式の地上絵」（un geoglifo de estilo Sechín en el valle de Supe）と呼ばれている。

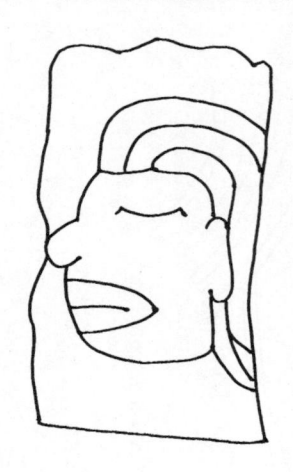

セロ・セチン遺跡の石彫では、「切断された身体」の図像が多く、頭部のほかに腕や脚などの切断された姿が描かれている。「切断された身体」から多量の血が流れているので、流血を伴う供犠の場面だと考えられている。こうした流血を伴う儀礼は、アンデス地域では古くから豊穣のために行われたことを、ビショッフ（Henning Bischof）は民族誌、エスノ・ヒストリー、考古学データにもとづいて明らかにしたうえで、セロ・セチン遺跡の「切断された身体」が豊穣儀礼と関係することを示唆している（Bischof 1995:144-147・150）。

図2　セロ・セチン神殿の石彫：切断された頭部(Cárdenas 1995: 66を改変)

(2) セチン

「切断された身体」の地上絵は、セロ・セチン神殿遺

跡から10kmほど内陸に入った、パンパ・コロラダ（Pampa Colorada）と呼ばれる砂漠平原にもある。この砂漠平原にあるブエナ・アイレス（Buena Aires）山の斜面で、1988年に地上絵（図3）は発見された(León 1996)。付近は極度に乾燥しており、地表は赤茶色の小石に覆われている。

地上絵は交通の要所に建設された可能性が指摘されている（León 1996:24-25)。海岸と山地を結ぶ幹線道路の側に、地上絵は立地しているだけでなく、そのすぐ近くには海岸地帯を結ぶために建設された先スペイン期の道が存在するからである。

セチン谷の地上絵は、大小の具象的な図像と直線によって構成され、幅35cmの白線によって描かれてい

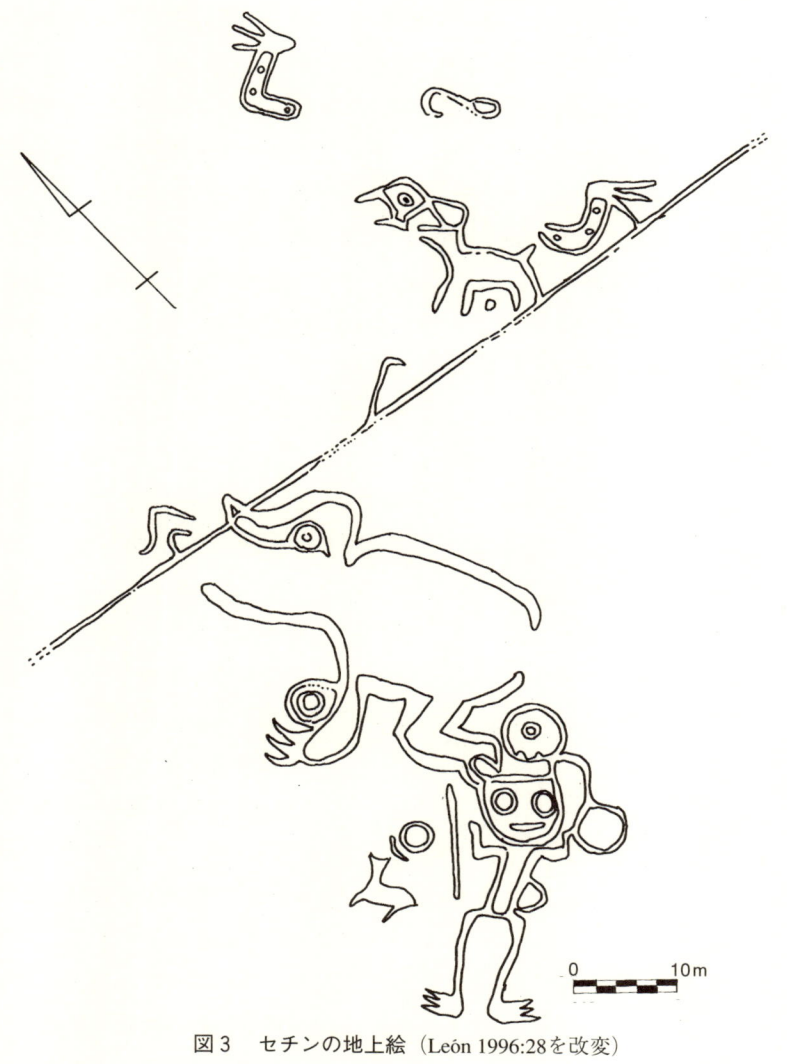

図3　セチンの地上絵（León 1996:28を改変）

る。白線を設定するために、地表を覆っている赤茶色の小石が除去され、石の下にある白い地面が露出させられた。

地上絵は、大きく二つの図像グループに分けられる。第1グループは山の斜面の上部に描かれ、第2グループは山の斜面の下部に描かれ、両グループは直線の地上絵[1]によって区分されている。第1グループには、「切断された両脚」および「手と指が欠けた片腕」が含まれる。このほかに「S字文様」「逆L字文様」「四脚動物」などの地上絵がある。第2グループは「杖をもった人物」「ネコ科動物」「狩猟動物」「円」「半円」によって構成されている。調査者であるレオン（Wilder León）は言及していないが、「杖をもった人物」の頭の上に、「丸目の鳥」のような動物が確認できる。

この二つの図像グループの中で、「ネコ科動物」の地上絵は飛び抜けて大きい。長さ35mで幅は23mある。この地上絵を、調査者が「ネコ科動物」とした決め手は脚と尾の形にある。これらの部位が、セロ・セチン遺跡の壁画およびパリュカ（Pallka）遺跡の骨角器に描かれたネコ科動物によ

く似ているというのである。また地上絵の「ネコ科動物」の図像は不完全であり、頭部が欠けているとも主張している(León 1996:25)。

　これらの図像は、いつ制作されたのであろうか。またすべての図像は同時に制作されたのか、それとも時期差があるのだろうか。「ネコ科動物」「狩猟動物」「杖をもった人物」「切断された両脚」および「手と指が欠けた片腕」はセロ・セチン遺跡と同時期に制作され、「四脚動物」は後のチャビン文化に属すると、調査者であるレオンは主張している(León 1996:26-27)。

　多くの地上絵がセロ・セチン遺跡（形成期早期）とほぼ同時期に制作された、という見解には賛成できる。地上絵とセロ・セチン遺跡はすぐ近くに立地しているだけでなく、「切断された身体」の図像が共通して見られるからである。さらに、人間と動物の地上絵の付近には土器が見つからなかったことも、根拠の一つとして挙げることができる。なぜならば、土器が制作される以前の時代にセロ・セチン遺跡は建設されたからである。

　動物の地上絵のうち唯一、後の時期に分類された「四脚動物」について考えてみよう。この図像は、ネコ科動物（もしくは犬）に鳥の頭を合体させたものだと考えられている(León 1996:26)。動物や人間の部位が統合されて、一つの超自然的存在の図像が形成されるというのは、形成期中期の前後に制作された土器・石彫・壁画などに繰り返し見られる特徴であり、これはセロ・セチン遺跡における壁画や石彫の図像表現とは大きく異なる点である（Bischof 1994:184）。この観点から「四脚動物」の図像を分析すると、二つの動物の要素をもつ「四脚動物」は、形成期中期前後に制作されたように見える。しかし、この図像は、ある動物の頭の上に別の動物の頭部を単に積み重ねたもので、部位の統合が不十分な印象を与える。また、形成期中期前後の図像表現にはあまり見られないタイプである。「四脚動物」の制作時期については、形成期の他の図像表現との詳細な比較が必要なので、現時点では決定できないが、必ずしも形成期中期前後につくられたと考える必要がないことは指摘しておきたい。つまり「四脚動物」の地上絵も、他の動物の地上絵と同様に、形成期早期に制作された可能性は十分ある[2]。

(3) サーニャ

　この地上絵（図4）は、ペルー北海岸サーニャ（Zaña）谷のカヤルティ（Cayaltí）地区にあるパンパ・デ・カニャ・クロス（Pampa de Caña Croz）と呼ばれる砂漠平原の近くで見つかった。この砂漠平原に隣接する山の斜面に地上絵は描かれている。標高230mの乾燥地帯だが、近くには地上絵と同時期の居住遺

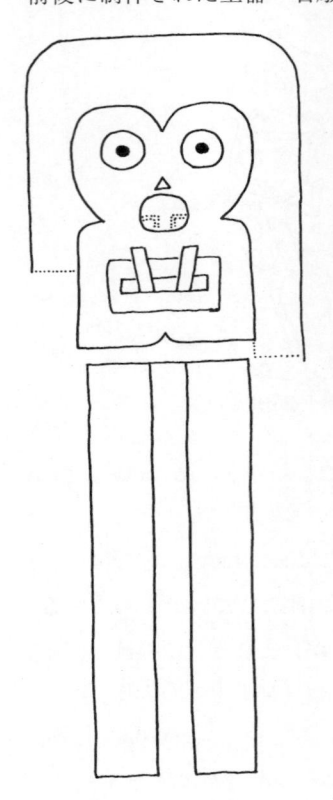

図4　サーニャの地上絵（Alva y Meneses de Alva 1982:206を改変）

跡がある。発見者であるアルバ夫婦は、この地上絵の現地調査を実施して、以下の見解を示している（Alva y Meneses de Alva 1982）。

地上絵は身長65mの立像で、横幅のもっとも太いところは23mある。ただし胴部がなく、頭部と脚部だけで構成されている。脚部は縦長の2本の長方形によって示され、人間の脚のように見える。一方、頭部には人間、フクロウ、ネコ科動物の三つの属性が確認されている。

人間の属性は髪型に見られる。向かって右側の髪は長く、顎の側まで伸びているが、左髪は短く、口の側までしか届いていない。これとまったく同じ髪型が、ペルー北海岸のランバイエケ地方から出土した、土製人形の頭部破片（形成期）に示されている。

フクロウの属性は、深く切れ込んだ眉間および丸い目に示されている。さらに鼻の上に描かれた正三角形は、フクロウの短いくちばしを、正面から見た姿を表しているようだ。一方、ネコ科動物の属性は、下唇から上に突き出した2本の牙によって明らかである。また鼻の形もネコ科動物を思わせる。

サーニャ谷の地上絵と類似した図像は、ペルー北部の形成期中期前後の諸遺跡から出土した石彫や土器に見られるので、この時期に地上絵はつくられたと想定されている。

この地上絵は、白石・赤石・暗色の石を組み合わせて制作された。規模の大きさにも関わらず、図像全体の調和がとれているので、紐と杭を用いて描かれたと考えられている。

白石は顔と脚部に用いられ、赤石は髪の部分に使われた。一方、暗色の石は、地上絵全体の輪郭を構成している。白石と赤石は、どちらも平石だ。大きさは白石が10cmくらいだが、赤石は3～6cmと小さい。どちらの石も、地上絵の近くでは産出されないので、たぶん上流域からもってこられたと思われる。一方、輪郭を描くために用いられた暗色の石は角石であり、地上絵の付近で入手できる。

地上絵は遠くから眺めることを前提に制作された。そこで一見してわかるように、細部は省略され、重要な特徴が強調された。その結果、胴部は欠落し、脚部は長くなったと考えられている。

遠くからでも目にすることができるので、地上絵には公的な性格があったと想定される。ただし、付近の谷は狭く、道に迷うことはないので、単なる道しるべとは考えにくい。地上絵の近くに形成期の居住地があるので、むしろそこに住む人びとの守護神的な存在であり、儀礼の対象であったと考えられている。

(4) パルパ

パルパ（Palpa）地区は、ペルー南海岸のグランデ川とパルパ川が合流する付近にある。とくにグランデ川には恒常的に水が流れ、付近の平坦な土地に水が供給されたので、先スペイン期から人間の居住があった。

パルパ地区は、ナスカ台地から北に20km離れたところにあり、ナスカ台地と同様に地上絵が存在することが古くから知られていた（Horkheimer 1947）。また付近の考古遺跡は1920年代以来、繰り返し調査されたが、本格的な調査は1997年より開始されたドイツ人考古学者ラインデル（Markus Reindel）を中心とするグループによって初めて実現した（Reindel, Isla y Koschmieder 1999）。

ドイツ隊の調査によると、パルパ地区では、形成期後期からインカ期の遺構や遺物が確認されて

いる。形成期後期（前400〜前200年）には小さな集落が分散していたが、ナスカ早期（前200〜1年）になると公共的な建物が出現した。形成期末期〜ナスカ早期（1〜後200年）には、グランデ川とパルパ川が合流する付近に、ロス・モリーノス（Los Molinos）が建設された。この遺跡はパルパ地区で支配的な役割を担った。しかしナスカ中期（後200〜400年）になると放棄され、かわりにラ・ムニャ（La Muña）が建設された。この遺跡は規模が大きく複合的である。またその近くには居住地が集中し、大きな埋葬施設も見つかっている。この埋葬施設は、社会の階層化が進んだことを示唆している。ナスカ後期（後400〜600年）になると、中期よりも遺跡の数は増えるが、飛び抜けて大きな遺跡はつくられなくなった。中期ホライズン（後600〜1000年）には外部勢力の進入によって、遺跡の数が激減する。後期中間期（後1000〜1400年）になると、台地の高いところや丘の上に遺跡が築かれる。これらは防御用だと思われる。その一方で大きな居住地が出現する。しかしインカ期（後1400〜1532年）に入ると、遺跡の数は再び減少する。

　パルパの地上絵は直線・台形・渦巻き・人間などに分かれ、そのほとんどは台地や山腹に分布している。「直線の地上絵」には、単純な直線のほかに曲線、ジグザグ文様が含まれる。直線の太さも0.2m〜4mの幅がある。「台形の地上絵」は、パルパ地区では非常に目立つ存在である。地上絵が描かれた地区には、必ずといってよいほどある。「渦巻きの地上絵」は直径が25〜35mあり、1本の線によって描かれている。

　「人間の地上絵」はパルパ地区に10個あり、大きさは9〜36mと多様である。この中には「切断された身体」（図5）が含まれている。切断する道具である「儀礼用ナイフ（Tumi）」の地上絵（長さ38m・幅18m）も見つかっており、「切断された身体」との対応を示唆している。「動物の地上絵」もパルパ地区から見つかっているが、数は少ない。主なものとして、シャチの地上絵（55m）を挙げることができる。「人間の地上絵」と「動物の地上絵」は山の斜面に描かれたので、谷間に住んでいた当時の人びとの目に触れたと思われる。

　地上絵の制作時期についても、ドイツ隊の研究によって、多くのことがわかるようになった。地上絵の近くに分布する遺跡と土器が検討された結果、地上絵は形成期後期に制作が開始され、形成期末期〜ナスカ早期には「人間の地上絵」が山の斜面に描かれた。地上絵の制作は中期ホライズン早期まで継続するが、パルパ地区における大多数の地上絵はナスカ前期のものである。そのほとんどが幾何学文様と直線であり、平地に制作された。

　地上絵の起源について、ドイツ隊は新たな仮説を提起している。パルパ谷、グランデ谷、ビスカス谷で見つかった岩絵には、全部で400点以上の人間の図像が描かれている。この岩絵にある人間の図像と、形成期末期頃に制作された「人間の地上絵」が非常に

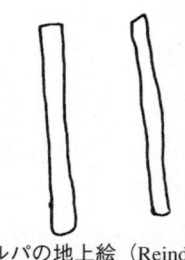

図5　パルパの地上絵（Reindel他1999:333を改変。縮尺不明）

よく似ている点に注目して、岩絵が地上絵の起源だと主張している（Reindel, Isla y Koschmieder 1999:375）。

また「人間の地上絵」と「台形の地上絵」の配置に注目して、これらの地上絵が豊穣儀礼に用いられたという仮説も提起している。「人間の地上絵」の頭部および「台形の地上絵」の上辺は、どちらも斜面の上部に描かれている。そこで両者の向いている方位を調査したところ、どちらもほぼ北を示すことがわかった。この方位は川の源流の方向と一致するので、川の水を意識して地上絵は制作されたことになる。こうして制作された地上絵は、水の信仰にもとづく儀礼のために用いられたと主張されている（Reindel, Isla y Koschmieder 1999:376）。

3. 地上絵の変貌

(1) 「人間の身体」と「動物の身体」：切断・接合・合成

スーペの地上絵とセチンの地上絵が形成期早期に制作されたとすると、この時期の地上絵に描かれた「人間の身体」は切断の対象であり、「動物の身体」は不足と過剰を表現する媒体であったと思われる。

スーペの地上絵では首から下が切断された人間の横顔が描かれ、セチンの地上絵には切断された人間の腕と脚が描かれている。そこで、これらの地上絵において「人間の身体」は明らかに切断の対象である。

では、「動物の身体」についてはどうであろうか。これについては、セチンの地上絵（図3）を再検討することで明らかにしたい。まず、山の斜面の下部に描かれた図像（前記の第2グループ）から検討しよう。ここに描かれている動物たちは、さらに二つのグループに分けることができる。Aグループは「ネコ科動物」と「丸目の鳥」である。「ネコ科動物」は片脚で人間の頭をつかんでおり、「丸目の鳥」は口で人間の頭を啄んでいるように見える。「ネコ科動物」は、上下に切断されており、体の一部が不足している。「丸目の鳥」の身体も、「ネコ科動物」と同様に一部不足しているので、「不足した身体」の2匹の動物によって人間は支配されていることになる。Bグループは「狩猟動物」のみである。この動物は身体に欠損がなく完全である。また陰画技法によって制作されている点で、他の動物とは一線を画する。この動物は、人間がもつ杖の脇に小さく描かれているので、人間の支配を受けているような印象を受ける。以上より、「完全な身体の動物」を支配する人間が、「不足した身体の動物」によって支配されるという構図を斜面下部の図像に見ることができる。

次に、斜面の上部の図像（前記の第1グループ）を検討しよう。ここには人間のものだと思われる「切断された両脚」および「手と指が欠けた片腕」がある。近くには「四脚動物」も描かれているが、全体のバランスが悪い。「四脚動物」の頭の上に、別の動物の頭部が接合され、「過剰な身体」となっている。以上より、斜面上部の図像には「切断された人間の身体」と「過剰な動物の身体」が表現されていると考えられる。

ではすべての図像が同時期に制作され、相互に関係していると仮定した場合、セチンの地上絵はどのように解釈できるだろうか。セチンの地上絵は直線によって二分され、下には人間が動物に襲

われる場面が描かれ、上には人間の「切断された身体」が描かれている。直線によって二分され、人間が動物に襲われる場面が描かれているという点において、セチンの地上絵は北部海岸のモチェ社会（後100〜700年）の土器や壁画に見られる「杯の受渡し」の図像（Donnan 1978）と非常によく似ている。

「杯の受渡し」の図像は上下に分割され、そこには動物と人間の部位が合成された「擬人化された動物」と「牙のはえた人間」が登場する。前者の方が動物的性格が強い。「擬人化動物」は、下の場面で人間を襲って血を採取し、この血を上の場面で「牙のはえた人間」に渡す役割を担う。この「牙のはえた人間」を王と仮定したうえで、モチェの図像群を分析した加藤（1992）は、豊穣（自然の生産力）の源が動物の世界に求められたモチェ社会では、擬人化動物を媒介にして、王は豊穣をコントロールしていたと主張する。

一方、セチンの地上絵は、「不足した身体の動物」が下の場面で人間を襲い、その身体を切断することで、上の場面では「過剰な身体」を獲得しているように見える。この地上絵では、動物同士の部位の接合はあるが、人間と動物の部位の合成はない。人間と動物は峻別されていたのである。形成期早期でも、豊穣の源が動物の世界に求められていたと想定すると、「不足した動物の身体」は豊穣の不足を示し、「過剰な動物の身体」は豊穣の充足を示していたと考えられる。そして人間の身体を切断する「人身供犠」によって、「不足した動物の身体」を「過剰な身体」に変換することで豊穣が実現する、という考え方が形成期早期にはあり、この考えにもとづいて地上絵が制作されたのではないだろうか。

形成期中期前後になると、地上絵には動物と人間の部位が合成された「擬人化動物」が描かれる。サーニャ谷の地上絵（図4）に描かれた「擬人化動物」は、人間・フクロウ・ネコ科動物の部位で構成されている。「擬人化動物」は、地上絵に限らずこの時期の遺物に繰り返し描かれ、切断された人間の身体と組み合わされることがある。その中でも、サーニャ谷の隣にあるヘケテペケ谷のリモンカルロ地区から出土したとされている石皿（Salazar Burger and Burger 1982:223, 1996:92-94）（図6）と石製のコップ（Cordy-Collins 1992:212, Deza 1996:51）は示唆的である。両者には、「切断された人間の頭部」を網袋に入れて担いでいる擬人化されたクモの図像が線刻されて

図6　リモンカルロの石皿（Salazar-Burger and Burger 1982:223を改変）

いる[3]。この図像に注目した大貫（1993:29-31）は、土器の図像表現および民族誌と比較することによって、「切断された頭部」と作物の豊作の関連性を示唆した。また擬人化されたクモが握っている「切断された頭部」の図像に注目したビショッフ（Bischof 1995:144）は、この「切断された頭部」の一部が塊茎作物に変化している点を指摘している。つまり「切断された頭部」によって、豊作がもたらされるという考え方があったのであろう。「切断された頭部」を所持している擬人化したクモが、切断用の道具であるナイフを握っている図像（Cordy-Collins1992:208-212）が存在する。そこで「擬人化動物」が人間を切断する「人身供犠」を行うことで、豊穣が実現するという考え方が形成期中期頃に存在したと思われる。

(2) 「開かれた空間」と「閉じられた空間」

ペルー北部海岸にあるスーペとセチンの地上絵は、どちらも他の遺跡から少し離れた砂漠平原の丘の斜面に制作された。地上絵が砂漠平原の真っ直中にあることと、遠くからでも見える斜面に制作されたことを考慮すると、地上絵への立入りと観察を制限することは、地上絵を制作するにあたって前提とはなっていなかったと思われる。つまり地上絵へのアクセスにとくに制限を設けない「開かれた空間」におかれていたことになる。スーペとセチンの地上絵が形成期早期に制作されたと考えると、この時期の地上絵は「開かれた空間」に設けられたことになる。

サーニャの地上絵は斜面に描かれている点では、形成期早期の地上絵と類似しているが、この地上絵の付近に形成期の居住地が存在する(Alva y Meneses de Alva 1982:212)ので、地上絵へのアクセスに制限が設けられた可能性がある。ただし居住地と地上絵の配置が提示されていないので、アクセスがどの程度制限されたかは不明である。

一方、ペルー南部海岸のパルパ地区では、山の斜面に形成期末期頃の地上絵が描かれ、平らな台地にナスカ前期の地上絵が設けられた。山の斜面に描かれた地上絵は遠くからでも見えるが、平らな台地に描かれた地上絵は近づかないと見ることができない。そこで後者は前者よりも「閉じられた空間」におかれている。平地の地上絵の中には、丘の近くに制作されたため、丘の上から地上絵の全体像を見渡せるものが含まれている。地上絵の全体像を眺めることを前提にして制作された点で、形成期末期の地上絵と似ているが、観測地点が丘の上に限定されるので、アクセスに一定の制限が設けられていることになる。つまり平地に制作されることで、地上絵は「閉じられた空間」におかれる。

「開かれた空間」では地上絵へのアクセスの制限が少ないので、地上絵は複数の集団によって利用されたのではないか。たとえばスーペの地上絵の場合、カラル遺跡とチュパシガロ遺跡に異なった集団がいたと仮定すると、地上絵は両集団によって共有された可能性が高い。パルパ地区の場合も、形成期末期に小さな遺跡がパルパ川とグランデ川の周辺に数多く確認できるので（Reindel, Isla y Koschmieder 1999:342,371）、これらの区域の集団が地上絵を共有していた可能性は高い。

「閉じられた空間」に地上絵を描くことで、地上絵へのアクセスは特定の集団に制限される。このことによって、地上絵と集団の関係はより密接なものになる。パルパ地区の場合、ロス・モリーノス遺跡を中心とする社会によってナスカ前期の地上絵は占有されたと思われる。

地上絵の制作が豊穣祈願にあるとした場合、「閉じられた空間」に地上絵がおかれることでどの

ような変化があったのだろうか。それまで複数の集団に共有されていた地上絵は、特定の集団と結びつくことで争って制作されたのではないだろうか。集団の間の競合が社会全体に豊穣をもたらすというアンデスの民族誌事例（友枝 1986:188-189）が、これを傍証している。

　パルパ地区だけでなく、地上絵が集中するナスカ台地を含めて検討することで、ナスカ期における競合のあり方を考えてみたい。地上絵が集中して見られるのは、①ナスカ台地の北側のインヘニオ川付近、②南側のナスカ川付近、そして③パルパ川とグランデ川の合流地点付近のパルパ地区である。これらの地上絵は居住地の近くに制作されている点で類似しているが、河川ごとに描かれている地上絵の内容が異なる。動物と植物の地上絵は、インヘニオ川付近には30以上も集中しているが、ナスカ川付近およびパルパ地区には少ない。その一方で、幾何学文様の地上絵はナスカ川付近およびパルパ地区に集中しており、とくに台形の地上絵がパルパ地区には多いことが指摘されている（Reindel, Isla y Koschmieder 1999）。

　つまり、河川ごとに分かれた集団が自分たちの居住地の近くに、それぞれ異なったモチーフの地上絵を数多く制作したことになる。集団のシンボルとして地上絵を描くのであれば、これほど多くの地上絵は必要ないので、競い合って制作された結果だと考えられる（坂井 1996・2004）。ただし、競合がどのようなルールにもとづいているのかは、今後検討していかなければならない。

4. おわりに

　本論文の目的は、ペルー海岸部で制作された地上絵を取り上げ、その変容過程を明らかにすることである。まず形成期早期に制作されたと考えられるスーペ谷とセチン谷の地上絵を紹介したうえで、形成期中期前後に制作されたサーニャ谷の地上絵を取り上げた。これらの先行研究を踏まえて、形成期社会が豊穣の源を動物の世界に求めたと仮定したうえで、地上絵に描かれている人間と動物の身体表現を分析した。その結果、人間の身体が切断されるに伴い、動物の身体が肥大することによって豊穣が実現するという考えが、ペルー北海岸の形成期早期の地上絵に示されているという見通しが得られた。

　一方、形成期中期前後になると、地上絵に描かれるのは擬人化した動物となる。この擬人化動物が「切断された頭部」に働きかけることで豊穣が実現するという考えが、地上絵を制作するうえで前提にあったのではないだろうか。

　形成期の地上絵は、山や丘の斜面に描かれることが多い。その中でも、居住地区から遠く離れた所に設けられた地上絵は、立入りと観察がとくに制限されなかったので、複数の集団によって共有されたと考えられる。一方、平地に描かれた地上絵へのアクセスは、特定の集団に限定される。こうして地上絵が特定の集団と結びつくことを契機に、豊穣を実現するために地上絵の制作に競合関係が生まれたという見通しが得られた。

　本論文では、地上絵とその他の遺物の類似点を前提に議論を進めてきたが、今後の研究においては両者の差にも注目すべきである。たとえば地上絵、壁画、石彫の図像表現は、形成期早期において類似している。しかし、地上絵は「開かれた空間」におかれたのに対して、神殿内部に建設された壁画と石彫はアクセスに一定の制限が想定できるので、「閉じられた空間」におかれた可能性が

高い。この差に注目することで、地上絵、壁画、石彫の関係について研究していきたい。

　形成期早期に北部海岸で成立した地上絵は、形成期が終わると南部海岸のみで制作されるようになる。そこで、地上絵の展開における、ペルー北部海岸と南部海岸の差異についても今後検討する必要がある。

　豊穣の源を動物の世界に求めたと考えられる形成期社会において、地上絵が変貌した一因として、動物と人間の関係に変化が生じたことが挙げられる。この変化は動物の家畜化とどのように関係しているのだろうか。この点も今後検討すべきである。

註

1) 直線の地上絵は、すぐ近くの丘から来ている。この丘を出発点とする直線群は、地上絵の付近を通り、数キロ先まで伸びている。

2) 調査者であるレオンは、「S字文様」と「逆L字文様」の地上絵をチャビン文化に含め、直線の地上絵を中期ホライズン（後600〜1000年）以降としている（Leôn 1996:27）。「S字文様」や「逆L字文様」の地上絵とよく似た図像は、形成期中期前後の遺物に見られるが、これについても形成期の他の図像表現との詳細な比較が必要がある。直線の地上絵の年代は、土器にもとづいて決定された。この土器は直線の先端から採取されたが、その場所は動物の地上絵から数キロ離れたところであり（cf. Leôn 1996:26）、土器の数は1点のみである。数キロ先から採取された土器1点だけでは、直線の地上絵を中期ホライズン以降とする決め手にはならない。むしろ、直線の地上絵と動物の地上絵は、どちらも幅35cmの線で描かれている点（Leôn 1996:25-26）に注目すれば、同じ時期に制作された可能性を考慮する必要がある。今後、直線の地上絵およびその付近を網羅的に調査することで、その制作時期について検討すべきであろう。

3) 同じリモンカルロ地区にある形成期中期の神殿(Templete de Limoncarro)から、クモをモチーフとする線画と構造物が出土した（Sakai y Martinez 2001、坂井 2004）。この調査は、「アンデス先史の人類学的研究」（科学研究費基盤研究(A) (2)、研究代表者：埼玉大学教授　加藤泰建）および「先史アンデス社会における文明の形成プロセスの解明」（科学研究費基盤研究(S)、研究代表者：埼玉大学教授　加藤泰建）の一部として行われた。

参考文献

大貫　良夫　1993　「先史アンデス文明の宗教芸術のはじまり」『民族藝術』9、25-36頁。

加藤　泰建　1992　「牙と王冠：モチェの図像表現と王権」『ジャガーの足跡』（友枝啓泰・松本亮三編）、153-175頁、東海大学出版会。

坂井　正人　1996　「古代ナスカの空間構造：観測所、山、祭祀センター、居住センター、地上絵」『リトルワールド研究報告』13、37-55頁。

坂井　正人　2004　「形成期神殿リモンカルロの建築活動」『古代アメリカ』7、71-75頁。

坂井　正人　2004　「先史アンデス社会における情報の統御システム：ナスカの地上絵とインカ帝国の秘密を探る」『日本ペルー協会会報』732号別冊、1-21頁、日本ペルー協会。

友枝　啓泰　1986　『雄牛とコンドル』岩波書店。

Aveni, Anthony ed.　1990　*The Lines of Nazca*. The American Philosophical Society, Philadelphia.

Alva y Meneses de Alva　1982　Geoglifos del Formative en el Valle de Zaña. *Beiträge zur Allgemeinen und Vergleichenden Archäologie* 4: 203-212.

Bischof, Henning　1995　Los Murales de Adobe y la Interpretación del Arte de Cerro Sechín. *Arqueologia de Cerro*

Sechín 2: 125-156. Pontificia Universidad Católica del Perú y Fundación Volkswagenwerk-Alemania, Lima.

Bischof, Henning   1994   Toward the Definition of Pre- and Early Chavin Art Styles in Peru. *Andean Past* 4: 169-228.

Cárdenas, Mercedes   1995   Iconografía Lítica de Cerro Sechín: Vida y Muerte. *Arqueología de Cerro Sechín* 2: 43-124. Pontificia Universidad Católica del Perú y Fundación Volkswagenwerk-Alemania, Lima.

Cordy-Collins, Alana   1992   Archaism or Tradition?: the Decapitation Theme in Cupisnique and Moche Iconography. *Latin American Antiquity* 3(3): 206-220.

Deza, Jaime   1996   *Xequetepeque*. Universidad Nacional Agraria La Molina, Lima.

Donnan, Christopher   1978   *Moche Art of Peru*. Museum of Cultural History, University of California, Los Angeles.

Horkheimer, Hans   1947   Las Plazoletas, Rayas y Figuras Prehispánicas en las Pampas y Crestas de la Hoya del Río Grande. *Revista de la Universidad Nacional de Trujillo*. 1:45-63.

León, Wilder   1996   Los Geoglifos de Pampa Colorada, Casma. *Queymi* 35:24-29.

Reiche, Maria   1949   *Mystery on the Desert*. Editora Medica Peruana S.A., Lima.

Reiche, Maria   1993   *Contribuciones a la Geometría y Astronomía en el Antiguo Perú*. Asociación María Reiche para las Líneas de Nasca. Epígrafe Editores S.A., Lima.

Reindel, Markus, Johny Isla, y Klaus Koschmieder   1999   Vorspanische Siedlungen und Bodenzeichnungen in Palpa, Süd-Peru. *Beiträge zur Allgemeinen und Vergleichenden Archäologie* 19: 313-381.

Sakai, Masato y Juan Martinez   2001   *Informe Preliminar de las Investigaciones Arqueológicas del Templete de Limoncarro en el Año 2001*, Instituto Nacional de Cultura, Peru.

Salazar-Burger, Lucy, and Richard Burger   1982   La Araña en la Iconografía del Horizonte Temprano en la Costa Norte del Perú. *Beiträge zur Allgemeinen und Vergleichenden Archäologie* 4: 213-253.

Salazar-Burger, Lucy, and Richard Burger   1996   Cupisnique. *Andean Art at Dumbarton Oaks*. 1: 87-100. Dumbarton Oaks Research Library and Collection, Washington, D.C.

Shady, Ruth y Carlos Leyva eds.   2003   *La Ciudad Sagrada de Caral-Supe*. Proyecto Especial Arqueológico Caral-Supe, Instituto Nacional de Cultura, Perú.

Shady, Ruth, Marco Machacuay y Rocío Aramburú   2003   Un Geoglifo de Estilo Sechín en el Valle de Supe. *La Ciudad Sagrada de Caral-Supe*. 303-311. Proyecto Especial Arqueológico Caral-Supe, Instituto Nacional de Cultura, Perú.

インカ期の中央と地方
──インカの統治形態と象徴システム──

岩田　安之

1. はじめに

　いつの時代、どの地域にも中央と地方という二項対立関係は必ず存在し、その関係は相対的なもので時代・地域によって変化する。一般的に中央は伝統を維持する傾向といち早く変化する傾向の2種類があり、地方はその中央の2種類の傾向に追随する傾向がある。本稿はこの前提にのっとり、インカの中央と地方、具体的にはインカの首都であった中央クスコとそれ以外の地域を設定し、その関係がいかなるものであったのかを考察する。
　前半ではインカの地方統治のあり方にはいかなるものがあったのかを、地方センターのあり方から分類し、統治形態の具体像をさぐる。後半では、中央クスコのインカスタイル土器、地方のインカスタイル土器を比較し、伝統的な中央インカスタイル、変異的な地方インカスタイルの二項の存在理由を説明する。そして、統治形態とインカスタイル土器との関係を考察する。

2. インカの地方統治の形態

　インカの地方統治形態は、その領域内で画一的なものではなく、その地方によってさまざまなものがあったことが、最近さかんに

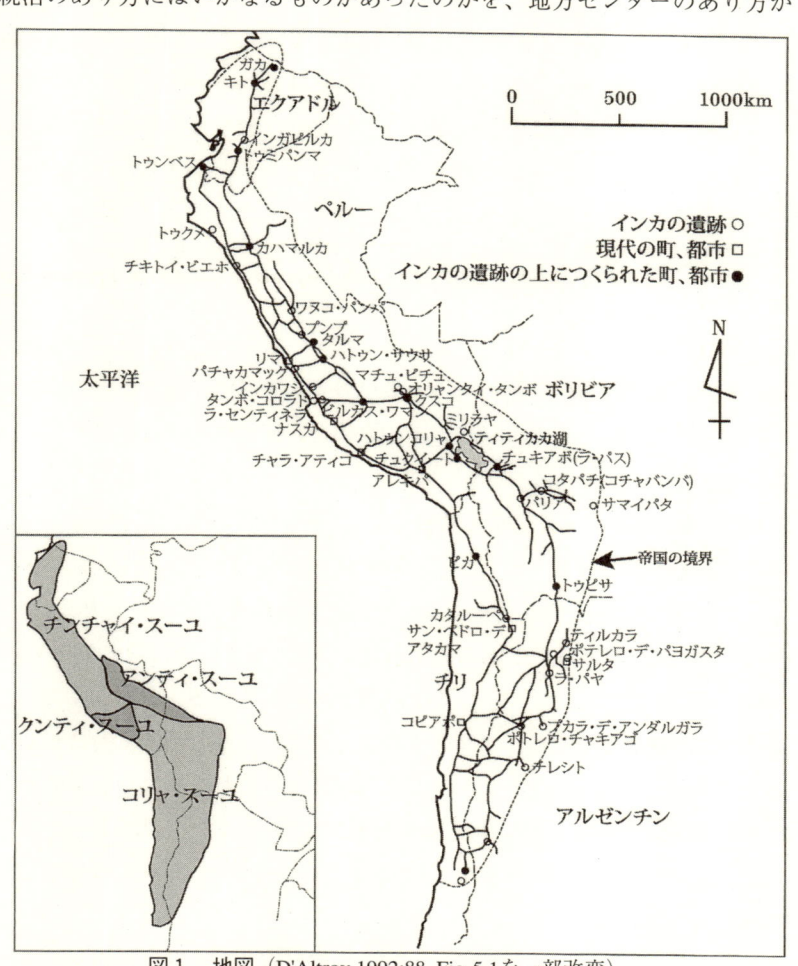

図1　地図（D'Altroy 1992:88, Fig.5.1を一部改変）

研究され、その具体的な様相が明らかにされつつある。筆者の管見によれば、以下の研究があげられる。

ヒスロップは、地方における従来の勢力にどのようにインカという新しい勢力が融合したのかを、建築形態とそのプランニング[1]によって論じている（Hyslop 1990）。つまり、従来の勢力に、インカの建築やそのプランニングがどのように入り込んでいったのかという問題意識である。よって、その視点はインカの建築形態を中心に地方在地勢力とインカとの関連を考察したものである。

Provincial Inca（Malpass. ed. 1993）では、各論者が、ワマチュコ地域（ペルー北部高地）、ワヌコ地域（ペルー中部高地）、アンダマルカールカナス地域（ペルー南部高地）、北部チリ地域、ティティカカ盆地地域について、インカの入植に伴う地域の再編、統治形態などを考古学的データと文書データを組み合わせて分析を試みている。

ダルトロイはワヌコ地方、ペルー海岸地域、ティティカカ湖盆地、南アンデス、エクアドル高地と五つの地域におけるインカの統治形態の違いを述べている（D'Altroy 2002）。この論考からは、インカは各地域においてインカ以前から居住している従来の民族の特色を生かした地方統治の行われていたことが考察されている。

これら上述の調査・研究を主にして、本章では地方センターの存在に着目することによって、インカの地方統治形態を見ていきたい。インカは各地方の拠点として、地方センターをつくったことはよく知られている。このような地方センターに着目した根拠は、今日われわれが生活する社会構造と少なからず同様であったのではないかと推測するためである。地方センターは地域拠点であり、その拠点を中心に人口が増加し、街が発展する場合が多い。この理由・視点によりインカの地方センターを見ることによって、インカ期における各地域の重要度の違いを、ある程度はかることが可能であると考えられる。よって、本稿では地方センターに着目し、インカの地方統治パターンの抽出を試みた。いうまでもなく、地方センターにはいろいろな種類が存在する。行政センター、宗教センター、その両方を兼ねるもの、規模の大きなもの、小さなものなどがある。このようなセンターの機能の違いにも着目し、以下インカの地方統治のあり方を見ていく。結果、以下の統治形態が抽出できる。

（1）　地方センター設置統治形態

これは、インカの地方センターが設置された地方の統治形態である。

1）　インカが新たに地方センターを設置する場合

ワヌコパターンに代表される統治形態である（図2）。地方センターはワヌコ・パンパである。ワヌコ・パンパを中心として、インカ以前からの居住遺跡、インカによって移住させられたミティマエス居住遺跡が存在する。グロスボルは、インカが自らの領域内においてワヌコ地域を含む北東地域を重要視したのは、トウモロコシとコカ栽培、そしてフロンティアとの交易に適した位置にあったことを理由に挙げている（Grosboll 1993:74-75）。インカ以前からの居住遺跡は、いくつか調査されているが、イチュにのみインカ建築、インカスタイル土器が確認されている（Morris and Thompson 1985:133）。

上マンタロ地域は、インカ以前の有力先住民族であるワンカ族の居住地域である。この地域には

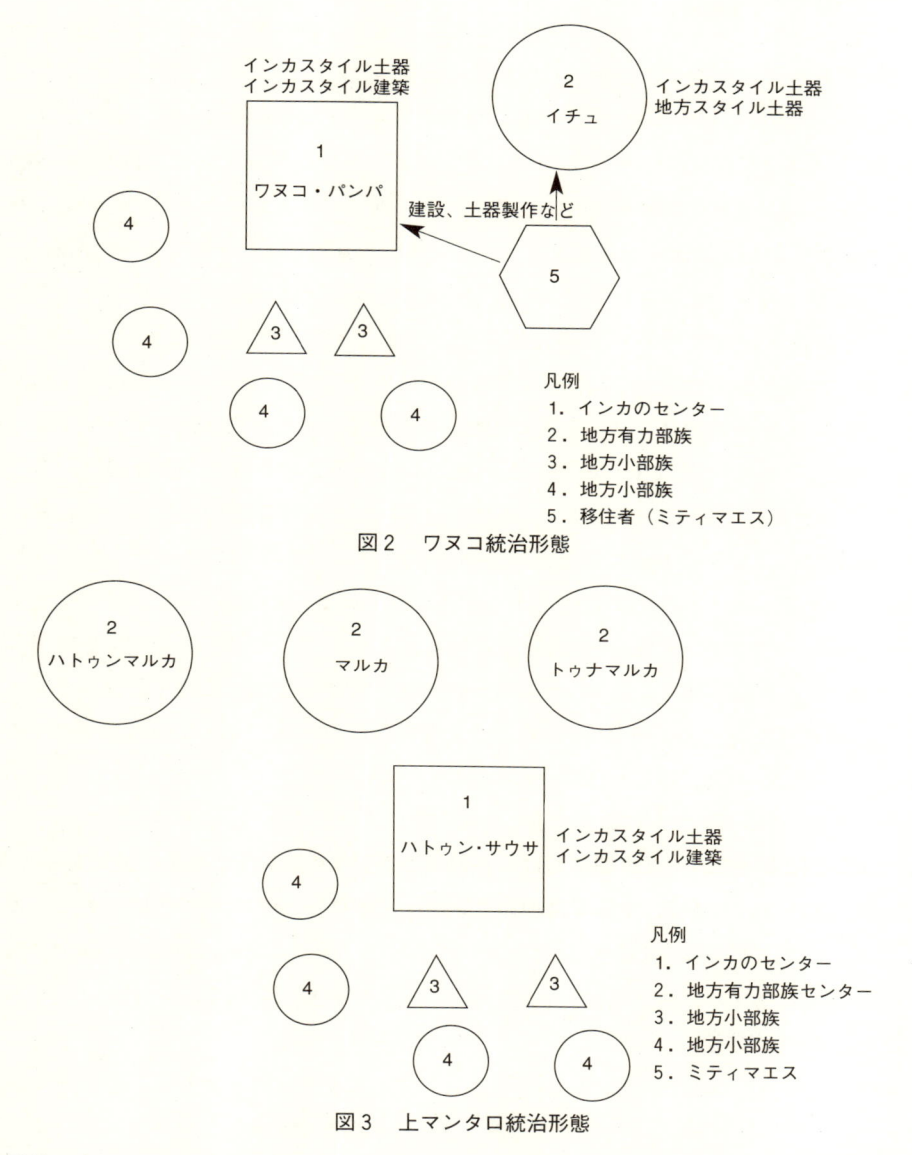

```
                インカスタイル土器
                インカスタイル建築            ２
                ┌──────────┐       ○  インカスタイル土器
                │     １     │      イチュ  地方スタイル土器
      ○        │  ワヌコ・パンパ │        ↑
      ４        │            │   建設、土器製作など
                └──────────┘      ⬡
                                  ５
         ○   △ △
         ４    ３ ３
              ○   ○       凡例
              ４   ４      １．インカのセンター
                          ２．地方有力部族
                          ３．地方小部族
                          ４．地方小部族
                          ５．移住者（ミティマエス）
              図２　ワヌコ統治形態
```

```
    ○           ○           ○
    ２           ２           ２
 ハトゥンマルカ    マルカ      トゥナマルカ

                    ┌──────────┐
                    │    １     │ インカスタイル土器
           ○        │ ハトゥン・サウサ│ インカスタイル建築
           ４        └──────────┘
           
           ○   △  △
           ４    ３  ３
                ○  ○     凡例
                ４  ４     １．インカのセンター
                           ２．地方有力部族センター
                           ３．地方小部族
                           ４．地方小部族
                           ５．ミティマエス
              図３　上マンタロ統治形態
```

インカ以前にトゥナマルカやハトゥンマルカという本地域のセンターともいえる大規模な遺跡が存在していた[2]（図３）。そして、インカが本地域に設置した地方センターにはハトゥン・サウサがある。インカ以前に有力な在地センターが存在していたという点ではワヌコ地域と異なるが、大きく見るとワヌコパターンに類似していると推測される。しかし、インカの地方センターであるハトゥン・サウサは、現在のサウサの下にあるため、ほとんどが破壊されており（DeMarras 2001:141）、詳細な調査はされていない。少ないハトゥン・サウサの調査（Earle, D'Altroy, Scott, Hastorf, Kevine 1988: 39-50）では、ハトゥン・サウサは948基の円形コルカ（貯蔵庫）、1,026基の方形コルカを有しており、円形と方形のコルカでの使い分けが指摘されている。

　いずれにせよ、インカはインカ以前の地方勢力を駆逐することはしていない。ワヌコ地方ではイチュに見られるようにインカの建築、土器スタイルを在地の遺跡に加えることをするのみである。

トゥナマルカやハトゥンマルカからは、地方インカスタイル土器は発見されるというインカの影響は見られるが、インカがこの遺跡を破壊した痕跡は確認されない。

ハトゥンコリャはクスコのように行政活動の拠点であった（Julien 1983:256）。ティティカカ湖地域には豊富な資源があったため、早くからインカのターゲットになっていた（D'Altroy 2002）。また、ティティカカ湖は神聖な場所であったために、この地域はインカにとって重要であったと推測される。ちなみに、第10代皇帝トパ・インカ・ユパンキは本地域にエステートを五つ所有していた。シエサ・デ・レオンなどの記録では、インカ以前の後期中間期とされる時期には、ティティカカ湖北部にコリャ首長国、西部にルパカ首長国があり、お互い争っていたとされている（シエサ 1979:174・188-197・265-266・273・375-377）。ルパカはコリャを倒すため、インカと同盟を結んだ。その結果、インカ・ルパカ同盟はコリャを制圧した。その後も、インカの支配下にあってコリャ地域では反乱が起こる不安定な地域であった。ルパカ地域はティティカカ湖の南西部である（Hyslop 1990:247）。ルパカの村であるルンダヤニ（フリの近く）では、インカ期にはインカの方形建築が在地の円形建築に沿って使用されていた（Hyslop 1990:247）。インカスタイル土器とインカ期の在地チュクイート土器がいくつかの方形建築から発見されている（Hyslop 1990:247）。ルパカ地域にはチュルパというイグルースタイル[3]の墓が伝統的にあるが、インカはその形式を受け継ぎ、程度のよいインカスタイルの石積みにより、形態を円筒形・方筒形に変化させ墓を製作した。その墓にはエリートが埋葬された（Hyslop 1990:248）。これらの事例からも、インカの地方への浸透が破壊ではなく、融合である状況が見てとれる。

　　2）インカが在地のセンターに改変を加えて地方センターとする場合

　　1）のパターンが行政センターに多いのに対して、インカが在地のセンターを改変する場合は、インカ以前から存在する宗教センターに類例が認められる。パチャカマック、インガピルカがそれである。なお、この2例は遺跡の規模や機能面などにおいて異なるため、厳密には同列に扱うべきではないが、宗教的色合いが濃いセンター遺跡として、この範疇に含めた。

（2）無センター統治形態

インカの地方センターは存在しない。具体例としてはアンダマルカ・ルカナス地方である（図4）（Schreiber 1993）。アンダマルカ・ルカナス地方はクスコ南西部の高地に位置する。アンダマルカ・ルカナス地方には四つの小部族があったが、インカ期にあってはアプカラのみに、在地土器に混じりごく少量のインカスタイル土器、遺跡の中心の大きな岩の横に方形のインカ建築が見られる。他の部族はインカスタイルは土器も建築も有しておらず、そのほかにはミティマエスの遺跡と推定される場所から1片のみインカスタイル土器が発見されている。四つの小部族はインカ期に序列をつけられ、再編されたものと推測さ

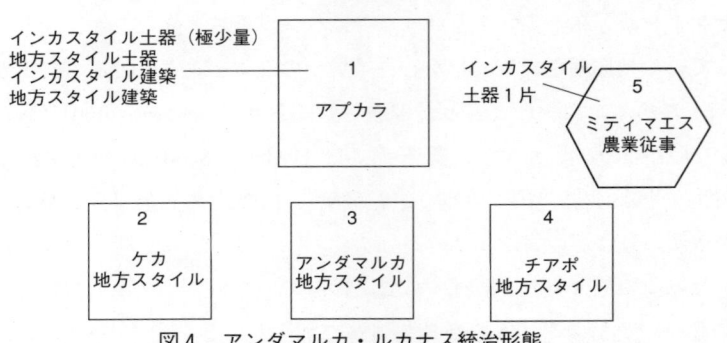

図4　アンダマルカ・ルカナス統治形態

(3) そ の 他

　インカの領域内の北部〜中部海岸地域は、全体的に見ればインカの影響が希薄な地域である。南アンデス地域のコリャスーユは、人口が少なかったためにインカの興味の境界と考えられてきた（D'Altroy 2002:257）。

　大きく分けると、インカの地方統治形態は、地方センターを設置する場合とそうでない場合の2種類が確認できる。さらにその中で、統治形態の変異が確認できるようである。上記のワヌコパターンなどに代表されるように、農耕・牧畜に適した場所、資源の豊富な場所、物資の流通の拠点とされる地域に、インカは集中的に施設をつくっている。よくいわれているように、拡大のきっかけとなったのは、土地の所有目的という概念ではなく、その土地だからこそ、労働力を注入し効率的に物資を確保することが可能であると判断したために、拠点づくりをするということである。

　また、インカが重要視していたのが地域の宗教的拠点である。上述のパチャカマック、インガピルカなどは好例である。インカは地域の宗教施設を破壊するという行為はせず、その宗教施設を積極的に利用することによって、地域の在地集団をインカによる統制に取り込むことを可能にしたのではなかろうか。

　シエサ・デ・レオンは「統治権が住民から取り上げられることはけっしてなかった。すべての者たちが、それぞれ太陽を神として礼拝するよう命令された。それ以外の宗教でも習慣でも禁じられることはなかった。しかし、クスコでおこなわれていた法や慣例にしたがって統治がなされ、すべての者が共通語〔ケチュア語〕を話すよう命令された」（シエサ 1979:87）。この記述からもうかがえるように、インカはまず地方の統治権を優先させたことが推測される。つまり、その地方のやり方・コードをよく認識し、それに合わせて統治形態を決定していたと解釈できる。また、インカの言葉であるケチュア語を強制したのは重要である。それぞれの地域・時代において共有された言葉は、その言葉を共有する人びとの根底における価値観である。まず、その根底の価値観を自らの価値観へ変換させようとしたのは大きい。このような政策は、他民族を物質的な面ではなく、精神的な面で効率的にインカ化できた一つの例であろう。

　最後に、インカの地方センターが多く存在するのは高地のインカ道沿いであり、海岸地域には多く存在しない。高地のセンターはトゥミパンパ、インガピルカ、ワヌコ・パンパ、プンプ、ハトゥン・サウサ、ハトゥンコリャであり、海岸部ではタンボ・コロラドとインカワシが主要なものである（D'Altroy 2002:244）。海岸地域にセンターがあまり存在しない理由を現時点で確実に説明することはできない。インカは海岸地域を重要視しなかったのか、あるいはかなりの独立性を認めていた結果か、いずれも推測の域を出ない。今後の課題であろう。

　このように、インカの統治形態には地域の状況に合わせるようにさまざまなものが存在することを見てきた。このような統治形態の中で具体的な遺物はいかなるあり方をしているのであろうか。次章では、インカの特徴的な土器であるインカスタイル土器を中央と地方の二項対立関係によって見ていき、そこからインカの象徴システムともいえる統治システムの存在を説明する。

3. インカにおける象徴システムの一端

(1) 中央と地方のインカスタイル土器

　いわゆるインカスタイル土器はインカの首都であるクスコ以外では、地方センター、地方エリートの居住区など限定した場所からのみ発見される事実はよく知られている。この事例から、インカスタイル土器が他の土器に比し、希少性・権威性を有する象徴性の高いものであることはほぼ確実であろう。インカスタイル土器は政治的関係を円滑にする儀式的饗宴で中心的に用いられ、酒の醸造、食事の準備、食事や飲物の提供、保存のために使用されたと推測されている（D'Altroy 2001:243）。さらに広く解釈すれば、インカスタイル土器の政治的活動における使用、とくに地方センターでの使用は象徴的・現実的スポンサーとしての国家の重要性を強調するものであった（D'Altroy 2001:243）といわれている。

　しかし、そのようにいわれるインカスタイル土器とはいかなるものであろうか。ここでは、本稿で扱う中央と地方のインカスタイル土器の範囲について、筆者の見解を説明する。

　ロウはインカスタイル土器を形態から11種類に分類している（Rowe 1944:48）（図5）。リベラは、チンチェーロから収集した土器を28種類に分けている。リベラの分類は基本的には皿（プレート）などの細分が多くなされているため、ロウ分類を細分した内容といえよう。よって、リベラ分類はロウ分類に下位分類を加えたものと考えてよい。よって、本稿ではインカスタイル土器の基本的な器形を抽出したロウ分類に準拠するものとする。

　インカスタイル土器は、ロウの形態分類からさらに、ポリクローム（多彩色）系と非ポリクローム系に分けることができる。その視覚的効果や手間がかかるという理由から、非ポリクローム系よりもポリクローム系のほうが象徴性の高いことは明白である。そのことを示すように、副葬品などに使用されるのもポリクローム系が多い。本稿のテーマの中心が象徴の問題を扱うため、本稿で考

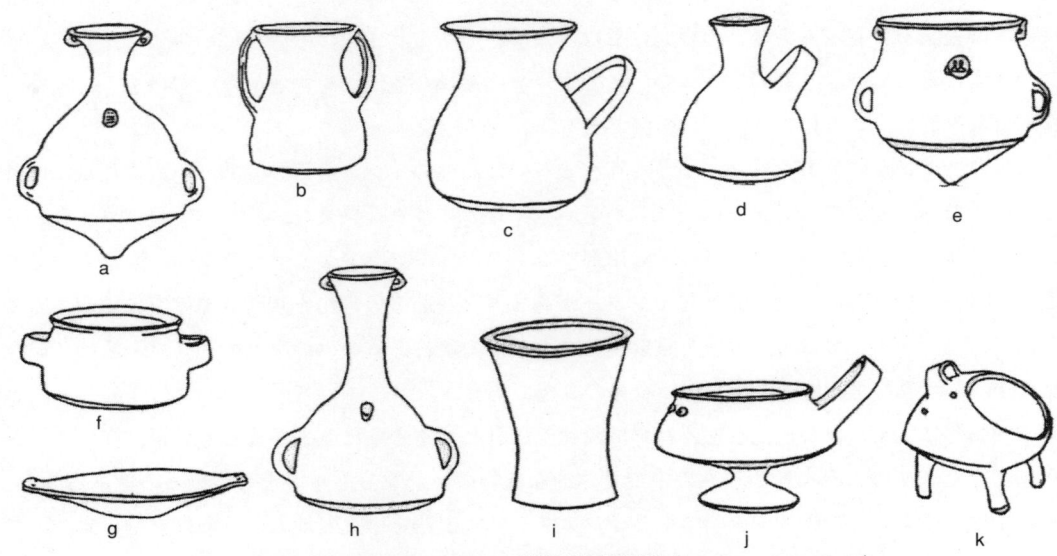

図5　ロウによるインカスタイル土器の器種分類（Rowe 1944:48, Fig.8）

図6　クスコ・ポリクロームA、B

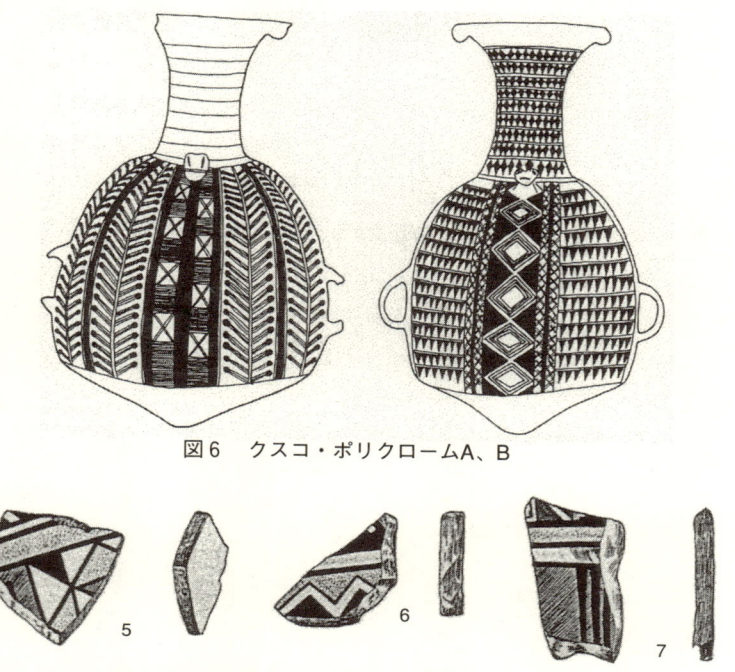

図7　クスコで発見されたウルクスーユ・ポリクローム（Rowe 1944:Fig.19）

察するインカスタイル土器は、より象徴性の高いポリクローム系を中心に扱うことにする。ポリクローム系の分類もロウのそれに準拠する。

　さて、中央であるクスコで確認されているポリクローム系のインカスタイル土器にはいかなるものがあるのであろうか。ロウの発掘調査で確認されている種類は以下のものがある。

　①　クスコ・ポリクロームA, B（以下C.P.A, C.P.B）（図6）
　②　コリパタ・ポリクローム（以下Q.P.）
　③　ワタナイ・ポリクローム（以下H.P.）
　④　ウルクスーユ・ポリクローム（以下U.P.）（図7）

である。ロウの調査ではC.P.A, Bは他のポリクローム系に比べ多く発見されるため、クスコにおける典型的なインカスタイルの土器といえる。

　それに対して、Q.P.はパチャカマックの「太陽の神殿」の廃棄物から発見されている（Rowe 1944:49）。U.P.は後述するが、ティティカカ湖周辺で発見されるスタイルであるため、地方インカスタイルがクスコにもたらされたスタイルであると推測される。U.P.は、文様が中央のインカスタイルとは少し異なる。しかし、それは中央の文様表現を著しく変える程度ではない。このU.P.の事例から、本稿でいう地方インカスタイル土器を以下のように定義しておきたい。形態は中央インカスタイルとほぼ同様であるが、文様表現は中央スタイルに準拠したもののことをいう。

（2）　中央文様と地方文様

　インカスタイル土器には中央と地方のスタイルがあり、前項でそれはいかなるものかを定義した。その前提に立ち、中央インカスタイル土器の文様と地方インカスタイルの文様について、具体的に

いかなるものがあるのか、クスコ、地方センター、地方センター周辺、それら以外の地域について見ていきたい。

　1) ク　ス　コ

　クスコは、インカの首都であり、当時の行政・宗教の中心である。ここで、もっともよく発見されるインカスタイル土器の文様表現は、上述の (1) ①C.P.A,Bの2種類に表現されたものである（Rowe 1944）（図6）。ほかにQ.P.、U.P.、H.P.、C.P.A、B以外のクスコ・ポリクロームがある。C.P.Aは中央文様帯に交叉と平行線文様、その両脇にフェーンパターンを配するもの、C.P.Bは中央文様帯に菱つなぎ、両脇に鋸歯文様が配されるものである。上述したようにU.P.は、ティティカカ湖地域で集中的に発見されており、この地域に居住していた部族との関連が強いスタイルであると推測される。ジュリアンはU.P.はC.P.Bのデザインと密接な関係があると述べ、U.P.の変異はシユスタニのチュルパから発見されている（Julien 1993:194）。またU.P.は、クスコでも相当量発見されている。この事実は、ティティカカ湖地域の部族がクスコに居住していたか、クスコとティティカカ湖地域との交流が行われていたかなどの、いくつかの推測が可能である。いずれにせよ、U.P.の事例からクスコとティティカカ湖地域との関連性がうかがえる。

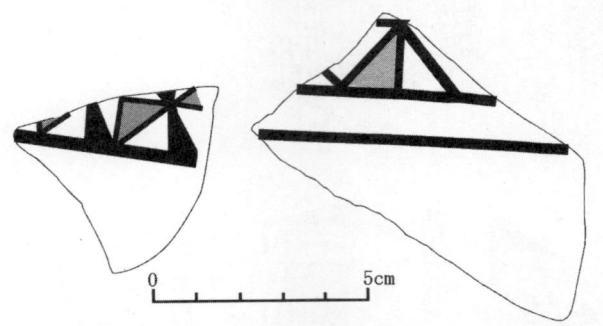

図8　ハトゥンコリャで発見されたU.P. (Julien 1983:Plate53を写真トレース）

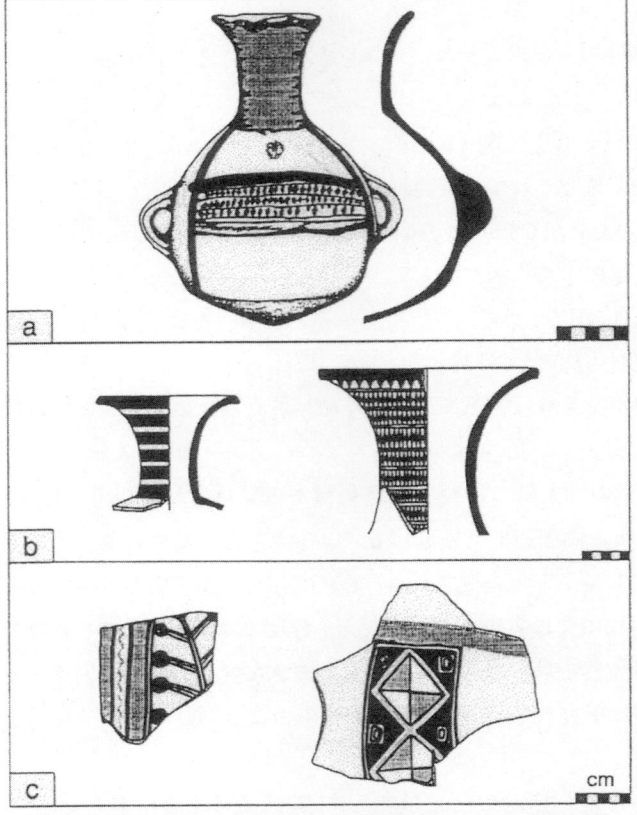

図9　上マンタロ地域で発見された地方インカスタイル土器（Costin and Hagstrum 1955:628, Fig.5）

　2) 地方センター

　ティティカカ湖地域のセンター、ハトゥンコリャ、ワヌコ地域のセンター、ワヌコ・パンパ、エクアドルで発見される地方インカスタイル土器にはC.P.A,Bを忠実に模倣したものが多く確認される。

　その忠実な模倣品が存在する一方で、ジュリアンの調査したハトゥンコリャ（Julien 1983）では、C.P.Bの変異文様が確認されている。その特徴的な

ものの一つが上述したU.P.である（図8）[4]。このデザインはジュリアンによって風車モティーフと呼称され、フェイズ2に最初に現れ、フェイズ3になり一般的になるとされている（Julien 1983:253）。層位発掘から、フェイズ2はフェイズ3よりも古いとされている[5]。

3）地方センター周辺の遺跡

出土場所の正確な限定は不可能であるが、上マンタロ地域で発見された文様である。これは、C.P.Bの変異であ

図10　ワヌコ地域イチュで発見された地方インカスタイル土器
（Morris and Thompson 1985:133, plate69を写真トレース）

り、菱と四角を組み合わせるものである（Costin and Hagstrum 1995: 628）（図9下段右）。

ワヌコ地域、イチュで発見されたインカスタイル土器の文様は、C.P.Bの菱文様が変異している（図10）。三重菱内に十字文が表現され、C.P.Bの変異模様であるといえる。これはイチュの構築物Ⅱ、部屋Aで発見されたもので、現在のところ、この遺跡で確認されている唯一の地方インカスタイル土器である（Morris and Thompson 1985: 133）。よって構築物Ⅱに居住していた人物は重要であったと推測されている（Morris and Thompson 1985:133）。イチュはワヌコ地域東部のチュパイチュ地域にある遺跡の一つで、本地域でもっとも重要な遺跡とされている（Morris and Thompson 1985:138）。なぜなら、イチュは1542年から1560年までチュパイチュ地域の首長であるパウカル・ガマンの居住地であったとされているためである（Morris and Thompson 1985:138）。

4）上記以外の地域

　a）ペルー北部〜中部海岸地域

本地域に展開したチムー王国は、インカの拡大以前に北部海岸から中部海岸に約1,000kmもの広大な版図を展開した有力な政体であるが、その地域を自らの領域にした後もインカはセンターなどをつくることをしていない（Hyslop 1990:250）。本地域では、いわゆるチムー・インカスタイルという融合土器が生まれた。チムー・インカスタイルは形態のみインカスタイル土器のコードを維持しているが、文様、焼成後の色などはまったく中央インカスタイル土器とはかけ離れたものである。

　b）チリ、ディアギータ地域

ダルトロイは、本地域は人口がもっとも希薄なコリャ・スーユ地域にあり、インカがあまり関心を示さなかった場所としている（D'Altroy 2002:257）。本地域では、形態・文様ともに伝統には類似しているが、かなり崩れたものが確認されている。

これらの事例を見てきた結果、その地方特有の文様を有したと推測される地方インカスタイル土器の存在することがわかる。その変異には2種類ある。それは①意図的に中央インカスタイル土器文様を変化させる意識的変異と、②自然に在地の土器とインカスタイル土器の属性が融合した自然変異の2種類である。具体的にその2種類を確認できるのは、①はワヌコ地域イチュ、上マンタロ

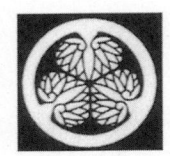

図11　本家の家紋と分家の家紋（左一つのみが本家）（真藤 1985を改変）

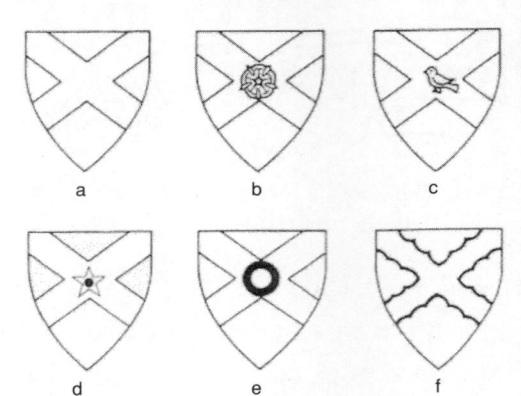

図12　ネヴィル家の紋章ディファレンシング
（森 1998:46, 図50の②）

地域、ティティカカ湖周辺地域、②はペルー北部～中部海岸地域、コリャスーユ地域である。①と②を分ける基準を設定することは困難であるが、ここでの基準は文様の変異、器形の変異の度合いで、たとえば模倣かくずれなどの判断を下すようなやり方で判断した。

また、①意識的変異文様にはC.P.Bの変異が多いことも特徴であり、その理由は次に説明する。

（3）インカにおける象徴システムの一端

前項では、インカスタイル土器の地方スタイルの変異には①意識的変異、②自然変異のあることを見てきた。②自然変異は文化の接触があった場合には必ず引き起こされる現象である。これに対し、①の意識的変異には意識的である以上、変異させる理由が当然あるはずである。その理由は以下に説明するが、そこにインカの象徴システムの一端が見えてくるのである。

C.P.Bの意識的変異には、中央文様そのものは使用できないが、中央文様を少し変化させた文様であれば使用できるという状況が推測される。これは、日本でいう本家と分家の使用する家紋が異なるという事象と類似する（図11）。分家は本家の家紋そのものは使用できないが、その一方でまったく異なった家紋も使用しない。分家が使用するのは本家の家紋を変異させた家紋である。本家とつながりがあり、しかも分家であるということを家紋の変異で表現するのである。紋章学でいうディファレンシングも同様の事象である（図12）。ディファレンシングは「特に同族の紋章が親子兄弟の間で『似ているが同一ではない』ことを示す必要があり、その方法をディファレンシングという。つまり当主（父）の紋章に長男、次男、三男などを示すマークを付けて違いを示したり、縁帯を加えて分家の紋章とすることをいう」（森 1998:xii）。ユニオンジャックを国旗の一部に入れることにより、イギリス連邦の一員であることを示すシステムとも類似する（図13）。

そして、上述の家紋、紋章、国旗の象徴性を使用したシステムがインカにも当てはめられるという前提からは、①意識的変異の現象は、インカが当該地域を自らの傘下に入ったことを証明するために、中央文様を少し変異させた文様を地方の首長に下賜したことを示していたことが推測可能で

図13　国旗に表されたイギリス連邦（辻原 1998:96を一部改変）

ある。中央文様をそのまま使用するのは許可しないが、中央文様の変異文様の使用なら許可するというものである。さらにいえば、中央文様を使用することを禁忌とすることで中央文様の権威を高めるためのシステムともいえる。これは象徴を利用することによって紐帯を確証するシステムである。

最後に、地方インカスタイル土器にはなぜC.P.Bの文様を変異させた文様が多く存在しているのかを説明したい。ジュリアンはハトゥンコリャの調査で、層位的にC.P.AよりC.P.Bの方が新しいと述べている（Julien 1983:217）。発掘調査からフェイズ3にC.P.Bが初めて現れるとし、フェイズ1から現れるC.P.Aより後に出現する[5]としている。しかも、ハトゥンコリャで発見されたC.P.Bは、その入念さと胎土から、クスコからの搬入品ではないかと推測されている（Julien 1983:217）。C.P.Aの地方での変異文様は管見にしてあまり見たことがない。これは、インカの拡大がC.P.Bの製作され始めた時期と重なるようにして行われたことを示しているといえるのではないだろうか。さらに、C.P.Bの変異文様が各地に存在するということは、インカが拡大した時期にインカが自らの象徴としていたインカスタイル土器はC.P.Bであったことが推測される。

以上の説明から、C.P.Bの意識的変異文様が存在する地域はC.P.Bを媒介としたインカ連合ともいえる関係が築かれていたとまとめることができる。象徴による支配、換言してシンボル支配が有効な場合は、一般的に象徴化された権力の強力な場合が多いといえる。卑近な例で恐縮であるが、ナチスドイツの鍵十字の利用などが好例である。第2章で見てきたインカの地方における多様な支配形態にも関わらず、インカが急速に領域を拡大可能にしたのはシンボル支配を有効に活用したからといえる。今回はインカスタイル土器に限って見てきたが、結論として、インカはこのような象徴システムを利用した支配体制をとっていた可能性が高い。土器以外にも、建築、衣服などに同様の象徴システムを見て取れる可能性がある。

4. おわりに

本稿は構造主義的分析により、他時代における他社会の構造変換可能な部分を取り出すことによって、人間の普遍性の一端を説明したものである。上述の構造という言葉からもわかるように、本稿は一般的に構造主義の名を与えられている考え方にのっとったものである。分類の網目をずらすことによって、社会の変異の体系を理解しようとする試みが本稿のテーマである。この考え方から本稿は、インカの土器文様の変異体系を、日本の家紋体系、西洋の紋章体系、現在の国旗の関係に変換することによって、人間の行う象徴システムを一般化し説明したものである。

レヴィ＝ストロースは「問題は全体社会を把握することではなく（それはいかなる場合にも厳密な意味では不可能なくわだてである）、社会のうちに、たがいに比較できるレヴェル、比較によって意味をもつレヴェルを発見することなのだ」（レヴィ＝ストロース 1972:98）と述べており、筆者はその比較できるレヴェルとして文様を選択したのである。

また、象徴（シンボル）の捉え方についてはいろいろあるが、筆者が現在考えているインカにおける象徴（シンボル）の捉え方について一つの見方を紹介しておく。

オグデンとリチャーズ（Ogden and Richards 1923）は、シンボルが思考を介して何か具体物（指

示対象、referent）を表していることを図のように示した。彼らは、この図を「意味の三角形」（triangle of meaning）と呼び、シンボルと指示対象とが直接関係しているのではなく（したがって図のなかでは底辺が点線で描かれている）、あくまで思考を媒介にして両者が直接的に結びついていることを強調している（清水 2003:5-6）（図14）。シンボルには、「その本来的意味に加えて非本来的意味を担いうる」という特徴がある（清水 2003:9）。ハトということばは、鳥類の一種としての鳩という本来的な意味を担っているだけでなく、「平和のシンボル」という非本来的な意味で用いられることがある。隠喩（metaphor、メタファー）や寓喩（allegory、アレゴリー）といったものも、本来の通常の意味とは別の何らかの意味を含んでおり、むしろ別の意味を効果的に伝達するために考え出された表現形式であるといえる（清水 2003:9-10）。

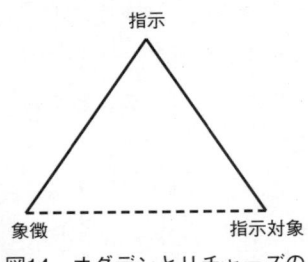

図14 オグデンとリチャーズの意味の三角関係（脇坂他 1992:46）

　上記のシンボルの定義に見られるようにシンボルとは恣意的なものでシンボル化されたものにはシンボル化した人びとの意味が恣意的に込められている。インカスタイル土器の文様の中でも、意識的変異の多い、つまりシンボル性の高いC.P.Bに代表される菱文様は、もっとも象徴性の高い表現であることは明白であろう。本稿ではインカスタイル土器文様、その中でもC.P.Bがインカの象徴システムによって効果的に利用されていたのではないかという仮説を提示したが、究極的にはなぜ菱という形態が選択されたのかを説明する理論まで到達しないと、インカ社会の根底まで理解することはできない。シンボルと指示対象の紐帯は恣意的なものである。この紐帯の生まれた過程を解釈することが、インカの内部構造を解明することになるのである。

　本稿では、われわれの使用している家紋などの象徴システムなどとインカは同様の象徴システムを利用していたという仮説を提示し、人間の普遍性・一般性に焦点を当ててインカ社会の一端を説明した。つまり、このような象徴システムは共時的にも通時的にも存在が認められるもので、普遍的に人間の世界を成り立たせている一つのやり方ということができる可能性を指摘した。

　だが、この普遍性も見方を変えると人間の差異性・特殊性が見えてくる。差異性・特殊性の両項は対立する見方ではなく、共存する、あるいは共存させなくてはならない2項である。そして、その両項への指向性はゆれ動き、その時代・地域の大きなうねりの中で流行したり、すたれたりする。ルソーは「人間の多様性を研究しようとするなら、身近なところを見つめなければならない。しかし人間の一般性を研究するにあたっては、遠くを眺めることを知らなければならない。固有性を発見するには、まず差異の観察から始めなければならない」（ルソー 1970（1783）:63-64）と述べている。

註

1) プランニングとは、この場合は町の建築計画という意味である。
2) それぞれの当時の人口の見積りは、トゥナマルカが7,955～13,259人、ハトゥンマルカが6,633～11,055人である。
3) （エスキモー人の）堅雪小屋。

4）ティティカカ湖地域には、タラコ・ポリクロームとウルクスーユ・ポリクロームの二つのスタイルが確認されている（Julien 1993:190）。タラコ・ポリクロームはティティカカ盆地の北部に集中する。ティティカカ盆地北部以外ではまれである。クスコ・インカスタイルから強く影響を受けている。キャット・スポットモティーフを使用する。ロウは、U.P.をクスコ・インカスタイルの一つに含めている（Julien 1993:192）。C.P.Bのデザインと密接な関係がある。U.P.の変異はシユスタニのチュルパから発見されている（Julien 1993:194 fig.7.6）。U.P.はルパカ地域で発見される地方インカスタイル土器である。よって、インカ以前のこの地域の有力部族であったルパカ首長国特有の土器と推測される。上2スタイルともオレンジバンドを使用する場合がある。クスコ・インカは典型的なものは黒、赤、白を使用する。オレンジバンドはティワナクスタイルと関係がある（Julien 1993:195）。

5）フェイズ3はフェイズ2より新しい。ジュリアンはハトゥンコリャの層位的な発掘調査により、フェイズ1から4までの4期に分け、それぞれフェイズ1：ある程度のインカの影響、フェイズ2：強いインカの影響、フェイズ3：強いインカの影響、フェイズ4：ある程度のヨーロッパの影響としている（Julien 1983:114）。

参考文献

岩田　安之　1998　「インカ土器の文様変容について」『貞末堯司先生古稀記念論集　文明の考古学』19-29頁、海鳥社。

岩田　安之　2004　「考古学的分類に関する一考察－ひとつの記号学的見地からのアプローチ」『研究紀要』第9号、23-28頁、青森県埋蔵文化財調査センター。

C.オグデン、I.リチャーズ　2001（1967）　『新版 意味の意味』新泉社。

シエサ・デ・レオン著（増田義郎訳）　1979　『インカ帝国史』87頁、岩波書店。

清水　寛之　2003　「シンボルの意味と機能」『視覚シンボルの心理学』3-20頁、ブレーン出版。

真藤建志郎　1985　『「家紋」の事典』日本実業出版社。

辻原　康夫　2004　『国旗と国名由来図典』出窓社。

ド・ソシュール・フェルディナン（小林英夫訳）　1940『一般言語学講義』岩波書店。

森　　護　1998　『紋章学辞典』大修館書店。

ルソー（小林善彦訳）　1970（1783）　『言語学起源論』（古典文庫37）、現代新潮社。

レヴィ＝ストロース・クロード（荒川幾男他 共訳）　1972　『構造人類学』みすず書房。

レヴィ＝ストロース・クロード（大橋保夫訳）　1976　『野生の思考』みすず書房。

脇坂豊・川島淳夫・高橋由美子編著　1992　『記号学小辞典』同学社。

Costin, Cathy L. and Hangstrum, Melissa B.　1995　Standardization, Labor Investment, Skill, and the Organization of Ceramic Production in Late Prehispanic Highland Peru. *American Antiquity*, 60: 619-639

D'Altroy, Terence N.　2001　State Goods in the Domestic Economy: The Inka Ceramic Assemblage. In *Empire and Domestic Economy*, edited by Terrence N. D'Altroy and Christine A. Hastorf:243-264. Kluwer Academic/Plenum Publishers, New York.

D'Altroy, Terence N.　2002　*the Incas*. Blackwell Publishing, U.K.

DeMarrais,E.　2001　The Architecture and Organization of Xauxa Settlements. In *Empire and Domestic Economy*, edited by Terrence N. D'Altroy and Christine A. Hastorf:115-153. Kluwer Academic/Plenum Publishers, New York.

Earle, Timothy K., D'Altroy, Terence N., Scott, Catherine J., Hastorf, Christine A., Kevine, Terry Y.　1988　Sobre la penetracion Inca en el valle del Mantaro. *Boletin de Lima* 59: 39-50.

Grosboll,S.　1993　...And He Said in the Time of the Ynga, They Paid Tribute and Served the Ynga. In *Provincial Inca*.

ed. by Malpass, M. A.: 44-76. University of Iowa Press, Iowa City.

Hyslop, John   1990   *Inka Settlement Planning*. University of Texas Press, Austin, Texas.

Julien,C.J.   1983   *Hatunqolla: A View of Inca Rule from the Lake Titicaca Region*. Series Publication in Anthropology, Volume 15. Berkeley: University of California Press.

Julien,C.J.   1993   Finding a Fit: Archaeological Ethnohistory of the Incas. In *Provincial Inca*, ed. by Malpass, M. A.:177-233. University of Iowa Press, Iowa City.

Malpass, Michael A. ed.   1993   *Provincial Inca, Archaeological and Ethnohistorical Assessment of the Impact of the Inca State*. University Iowa Press, Iowa City.

Morris, C.and Thompson, D.   1985   *Huánuco Pampa: An Inca City and Its Hinterland*. Thames and Hudson, London.

Rowe, J.H.   1944   *An Introduction to the Archaeology of Cuzco*. Papers of the Peabody Museum of American Archaeology and Ethnology, Vol.XXVII,№2, Harverd University, Cambridge.

Schreiber,Katharina.J.   1993   The Inca Occupation of the Province of Andamarca. In *Provincial Inca*, ed. by Malpass, M. A.:77-116. University of Iowa Press, Iowa City.

Topic, John R. and Topic,Theresa Lange   1993   A Summary of the Inca Occupation of Huamachuco. In *Provincial Inca*, ed. by Malpass, M. A.:17-43. University of Iowa Press, Iowa City.

インカ国家における人間の犠牲
―ポルボラ・バハ遺跡の墓をめぐって―

大平　秀一

はじめに

　15世紀半ば以後、クスコを中心として全アンデス地域に拡大・発展したインカ国家には、人間を犠牲に捧げる慣習が存在した。16～17世紀に残された文書の中には、断片的ながらもこれが明記されている。とりわけ「カパクチャ」と称される子供あるいは若年者の犠牲を伴う儀礼行為は、多くの文書で広く言及されているものとしてよく知られている。ピエール・デュビオール（Duviols 1976）やトム・ザウデマ（Zuidema 1977-78）らによる文書研究によれば、国家レベルでなされていた「カパクチャ」は、クスコ（インカ）と地方社会、ならびに神々と人間の互酬関係の維持、そして祖先崇拝などと関連していたことなどが指摘されており、その考察を深めることは、インカ国家ならびに先スペイン期・アンデス先住民社会の諸特徴理解につながるものといえる。

　インカ国家以前の時期に関していえば、近年、とくにペルーの海岸地域において、人間の犠牲をめぐる出土資料が蓄積されつつあり、徐々にではあるが同慣習の具体像に迫る考察がなされ始めている。90年代以後には、形質人類学的分析も進展し、出土状況や図像データなどと組み合わせることにより、犠牲者の獲得やその取扱いをめぐる状況、そして犠牲執行をめぐる諸相に関する見解までもが提示されている状態にある[1]。しかしながら、文書の記述と直接的な対比・考察が可能なインカ国家に関しては、これまで報告されている出土資料が僅少であり、しかも若干の例外を除けば、高峰の氷河中から検出されたものに限定される。1995年、ペルー南部のアンパト山頂付近で検出された「フアニータ」に代表されるように、永久凍土から出土した遺骸や副葬品は、保存状態の良好な場合が多く、形質人類学・医学的分析などを通して多様な情報の抽出を可能とする。しかし、氷河が障害となり、墓を周囲のコンテクストに位置づけながら考察することには多大な困難が伴い、既存の文書情報と対比・考察できる部分も限定される[2]。現段階において、インカ国家においてなされていた人間の犠牲をめぐる諸相は、いまだに不明瞭な部分が少なくなく、文書に記述されているようなコンテクストにおいて、実際に犠牲がなされていたかどうかも検証できていない状況にある。

　犠牲をめぐる資料に関しては、民族誌データを得られる可能性がほとんどなく、その諸相を明らかにしていくためには、遺跡で得られるデータを少しでも蓄積していくことが求められることになる[3]。本論では、インカ国家における人間の犠牲に関して、とくに「カパクチャ」を取り上げ、これをめぐって詳細な記述が残されている一つの文書と既存の出土資料を確認した後、筆者がエクアドル南部高地のポルボラ・バハ（Pólvora Baja）遺跡で検出した、犠牲者を埋葬したと判断される墓のデータを提示して考察を加える。

文書に見られる人間の犠牲 ―「カパクチャ」

インカ国家における祭祀・儀礼の詳細を月ごとにまとめ、「カパクチャ」に関しても詳述している記録者の一人クリストバル・デ・モリーナ（Molina 1959 [1575]:91-97）は、同儀礼行為を4月に執り行われたものとして扱い、第9代インカ王パチャクティによって始められたと述べている。この文書によれば、「カパクチャ」において、コヤ・スユ、チンチャイ・スユ、アンティ・スユ、コンティ・スユというインカ国家を構成する四つの地方に属する諸村々から、1人あるいは2人の10歳の小さな少年少女、衣服、家畜、金製・銀製・ムユ（スポンディルス貝）製のリャマなどの供物をクスコにもちより、インカ王と人びとの長寿・健康・平和、そしてインカの勝利を祈願し、創造神、太陽神、月の神、雷神、ワナカウリ（Huanacauri）などのワカに対し、それぞれを担当する神官を通して供物・犠牲が捧げられている[4]。さらに、クスコから関係者がグループをなして、供物や犠牲者を受け渡しながら涸谷や丘を横切って進み、四つの地方の重要なワカに対しても同様の奉納をしてインカ国家の領域の境界まで進んだこと、犠牲者を含む隊列を見ることが禁忌であったこと、犠牲を含むワカへの奉納がキプカマヨによって管理されていること、子供は絞め殺されたり生きたまま心臓を取り出して犠牲に捧げられたこと、飢えたり不満を抱いて創造神の下にたどり着かぬよう捧げられる前に食物や飲み物が与えられたこと、"pirac" と称される神々の像に血液を塗る行為がなされたこと、クスコではサン・セバスティアン（San Sebastián）付近の頂にあるチュキ・カンチャ（Chuqui cancha）という丘で犠牲が埋められたこと、子供は主要なワカにのみ捧げられたこと、「カパクチャ」は「カチャグアス（Cachaguas）」とも呼ばれたこと、などが述べられている[5]。

こうした記述の内容は、他の文書と必ずしも一致しているわけではなく、「カパクチャ（capachucha）」をめぐる情報には多様性が認められる[6]。「カパクチャ」という用語そのものに関しても、さまざまな脈絡で使用されていて一定の意味が与えられておらず、その詳細はきわめて不明瞭といわざるをえない[7]。しかしその一方で、「カパクチャ」が、多くの捧げ物や聖像を地方社会からクスコにもちより、諸神々やインカ王に対して、クスコならびに諸地方においてなされた、金・銀製品そして子供や若年者の犠牲を含む国家レベルの儀礼と関連していることは、明らかに読み取ることができる[8]。

「カパクチャ」に関して言及している文書は数多く認められるとはいえ、その記述は断片的なものにすぎない。こうした中で、犠牲に処されるプロセス・墓の特徴などが驚くほど詳述され、実際の遺跡と対比して考察するうえでもきわめて示唆的な情報を含む文書が知られている。エルナンデス・プリンシペ（Hernández Príncipe）という司祭が、偶像崇拝根絶運動に際して、ペルー・アンカシュ（Ancash）県のレクアイ（Recuay）村、アリャウカ（Allauca）村、サンタ・マリア・マグダレナ・デ・イチョア（Santa Maria Magdarena de Ichoa）村、そして担当していたオクロス（Ocros）村に関して残した報告書である[9]（以下「オクロス文書」と略記）。これは1621～22年にかけて作成されたもので、「カパクチャ」の詳細な情報はオクロス村に関する記述の中に認められる。この文書には、社会集団の神話的起源や親族の系譜に関する豊富な情報も含まれているが、以下に遺跡と対比して考えるうえで示唆的な部分を抜粋しながら、とくに地方においてなされた「カパクチャ」を

確認したい。

　この文書によれば、クスコにおいて、4年ごとにアザやシミのない美しい10歳から12歳の少女たちが、アクリャ（aqlla）として四つの地方から選ばれて「カパクチャ」の祭礼が催されたという[10]。まずクスコにおいて、彼女たちが犠牲に捧げられる部分は、次のように述べられている。

　　祭りの終わりに、クスコに残ることになったカパコチャをワナカウリのワカもしくは、太陽の館へ連れて行った。彼女たちは意識朦朧とさせられ、水の入っていない貯水槽へ下ろされた。その底の傍らに小さな空間が設けられており、安心させるために朦朧とさせて、生きたまま彼女たちを閉じ込めたのである。インカ王は、そのほかのアクリャを生地へ連れ帰り、これと同じことを行うように命じ、父親たちには特権を授けて司政官にした。さらに、これらのカパコチャがその地方一帯の保護者・守護者となって、毎年捧げられた礼拝のために、インカ王は彼女たちに奉職する祭司を置くようにも命じた（Hernández Príncipe 1923[1621]:61）。

オクロス村には、こうして自分の土地に戻って犠牲に捧げられたアクリャの墓があった。彼女は、後述するように、インカ王に命じられて灌漑用水路を建設したカケ・ポマ（Caque Poma）という男性の娘で、インカによってタンタ・カルワ（Tanta Carhua）という名前を与えられていた。タンタ・カルワは、「この上なく際立った美しい」少女で、10歳のときにクスコに行って「カパクチャ」に参加し、生地オクロス村に戻ってきた。そして、次のようにして犠牲に捧げられた。

　　老人たちは、伝統に従い、その少女（タンタ・カルワ）が「クスコの祭りで施されたことで十分なので、もう殺してください」といったと語っている。老人たちは、彼女をここから1レグア（約5.5km）にある、アイシャ（Aixa）という場所に連れていった。そこは高い丘で、インカの土地の境界にある。そしてそこに墓をつくって彼女を降ろし、生きたまま塞いでしまったのである。…（中略）…その場所は荒れ果て、しっかりと覆われており、他の神殿とはまったく異なっていた（Hernández Príncipe 1923[1621]:62）。

タンタ・カルワの墓が構築されているアイシャの丘は、インカ国家の畑が広がる同名の温暖な土地にあり、カケ・ポマは呪術師の力を用いて険しい岩を貫通させ、そこに水路を建設している。

　　アイシャという土地は、下方に向かうケブラーダを通って、前述した峡谷の正面にあるワンチャイ（Huanchai）に向かう小川に沿って行き、オクロスから2レグア半（約14km）のところにある。そこは温暖な土地で、カシケが畑とカマーヨを有していた場所で、フランシスコ神父が、リュクリャ（Lluclla）のワカを探しに来てミサを上げたところでもある。太陽に捧げられた、前述したカケ・ポマの娘のカパコチャを探しに1週間滞在した際に、その（ワカ）祭壇は私が壊し終え、ミサもあげた。これらの土地はインカ王のものだったので、（インカの）国のものである。王の名のもとで、前述したカケ・ポマは、断崖絶壁の切り立った岩山を通して、水路を引くことを命じた[11]（Hernández Príncipe 1923[1621]:60）。

エルナンデス・プリンシペは、実際にその墓を開けており、そのときの様子を次のように伝えている。

　　「十字架の勝利の日」（イースターの3日前）、ほぼ1日中働いた。深さ3エスタード（5.85m）ほどで、（底が）きわめてしっかりと平らにされた井戸のように掘られており、端の方に棚のよ

うな空間が設けられていた。そこにカパコチャが、すばらしい鍋、小さな壺、華やかな銀製のトゥプや装身具を伴い、異教徒の様式で座っていた。これらは、インカが贈り物として彼女に与えたものであった。彼女はすでに腐乱しており、ここに纏ってきた最上質の衣服はつくりえないほどすばらしいものであった（Hernández Príncipe 1923[1621]:62）。

その後タンタ・カルワは、同じ親族集団（アイユ）に属する人びとの崇拝対象となり、呪術師を通して病気等の問題に助言する役割を果たしていることが詳述されている[12]。また、娘を差し出したカケ・ポマは、インカ王から首長の地位と座椅子を手に入れており、はじめに述べたような犠牲者の提供と特権・地位獲得の間に、贈与と反対贈与の関係を明瞭に認めることができる。

オクロス文書では、レクアイ村のエコス・アイユ（Hecos ayllu）で2人、チャウピス・アイユ（Chaupis ayllu）で7人、イチョク・アイユ（Ichoq ayllu）で4人、カキマルカ・アイユ（Caquimarca ayllu）で5人の犠牲者を提供していることも明記されている（Hernández Príncipe 1923:26-32）。これらは、犠牲者たちの名前も挙げられており、エコス・アイユに関しては、やはりしみやほくろのないこの上なく美しい者とある。さらに後者三つのアイユでは、送られた場所まで記されており、その中にはクスコのほかにチチカカ（Titicaca）、キト（Quito）、ワヌコ・エル・ビエホ（Huanuco El Viejo）が含まれている。これらは、クスコや犠牲者の出身地そして聖なる場所のほかに、インカ国家の行政センターにおいても、人間の犠牲がなされていたことを示唆するものとして着目される[13]。同様に、アリャウカ村でも計13人がクスコやキトそしてヤワル・コチャ（Yahuar cocha）に加え、チリにまで送られている（Hernández Príncipe 1923[1621]:41）。

地方社会側が、インカ国家に生贄を差し出していたことは、16世紀の巡察文書の中でも確認することができる[14]。たとえば、チチカカ湖西岸に居住していたルパカ族ハナン・サヤの首長の一人ペドロ・クティンボ（Pedro Cutinbo）は、1567年2月17日、「インカに支払っていた税の申告」の中で、「カパクチャ」という用語は使用していないものの、「犠牲に捧げられる息子（少年）たちと太陽・月・雷に仕えるための娘たち」を挙げている。同様に、やはりルパカ族ウリン・サヤの首長の一人、ルイス・クティパ（Luis Cutipa）も同年2月25日に、「偶像やワカに捧げるためのインディオ」をインカに差し出していたと証言している[15]（Diez de San Miguel 1964[1567]:39, 81）。

インカ国家の配下にあった地方社会は、膨大な数に及んでいた。偶像崇拝根絶運動に伴う報告書や巡察文書の多くは失われているものの、オクロス文書やルパカ族の事例を考慮すれば、「カパクチャ」のみを考えても、われわれのイメージをはるかに超える多くの犠牲が捧げられていた可能性がある。上述したレクアイ村では、四つのアイユ以外に、別の地域からミティマエスとして送られてきた土器職人の共同体に関しても述べられているが、そこでは良い土器がつくれるようにと、粘土を産する穴が崇拝されており、その穴にも2人の子供が捧げられている[16]（Hernández Príncipe 1923[1621]:34）。

犠牲をめぐる出土資料

文書情報から想定される状況とは相反し、これまで遺跡から確認されている犠牲の事例は極端に少ない。これはおそらく、文書の信憑性に問題があるというより、インカ国家の中心的領域である

山岳地域において降雨量が多いために、有機遺物の残存状態が悪いということが関連しているものと思われる。加えて、オクロス文書で示されているように、犠牲者が生き埋めにされたのだとすれば、人骨のみから自然死した遺骸と区別することがきわめて困難になる。同様に、墓が故意に表土から隠されているとすれば、その検出には多大な困難が伴うことにもなる。これまで確認されている犠牲の出土例が高峰の氷河中に偏っているのは、こうした問題が関連しているためと考えられる。

これまで、犠牲に捧げられた遺骸が確認されている高峰として、チリのエル・プロモ（El Plomo）山、アコンカグア（Aconcagua）山、アルゼンチンとチリ国境付近のエル・トーロ（El Toro）山、アルゼンチンのケワル（Quehuar）山、ボリビアのリュリャイリャコ（Llullaillaco）山、ペルーのピチュピチュ（Pichupichu）山、アンパト（Ampato）山などが知られている。

1954年、最初に検出されたエル・プロモ山出土の遺骸は、現在サンチアゴの自然史博物館に保管されている。被犠牲者は8～9歳の少年で、顔は赤く塗られ、鼻および上唇から頬に向かって放射状に黄色い4本の線が描かれ、座位屈葬の姿勢にあった。油が塗られた髪は200本以上に編まれ、頭部には人間の毛髪製ヘッドバンド、コンドルの毛の装飾を伴う黒いリャマの毛製飾りを付していた。また、喉下と右手首には銀製のペンダントとブレスレットを身につけ、リャマの毛製貫頭衣とアルパカの毛製外套を纏って、リャマの皮製モカシンを履いていた。このほか、コカの葉を詰めた二つのポーチ、少年のものとされる髪、乳歯、爪切り、そして赤い糸の切れ端を入れた五つのポーチも身に着けていた。また、遺骸とともに人間とリャマの小像が3点出土している[17]。少年が纏っていた貫頭衣には嘔吐した痕跡が認められ、高所でチチャを飲んだ可能性が示唆されているが、肝臓からはアルコール分が検出されていない。また髪型の特徴より、少年の出身地がチチカカ湖周辺域であるとする説も提出されている（Besom 1991）。

一方、1985年、南米最高峰のアコンカグア山において検出された犠牲者は、7歳の少年で、やはり顔が赤く塗られていた。首に多色の石製ビーズの飾りを下げた少年は、ポンチョを纏ってサンダルを履き、毛製・木綿製の幾何学文様や鳥文様を伴う複数の毛布で巻かれ、座位屈葬の姿勢で埋葬されていた。毛布の中には、サンダル1足と二つのポーチが収められており、後者の一つには調理済の豆が入れられていた。アコンカグア山の事例では、二つの大きな準円形の石積みと直径約90㎝のストーン・サークルが検出されており、墓は一つの石積みから確認されたものである。もう一つの石積みからは、人間やリャマの小像が6点出土している[18]（Schobinger 1991）。

1995年、ペルー南部のアンパト山で登山中に偶然に発見されたフアニータは、年齢約14歳、身長147㎝の少女であった。これは、近隣のサバンカヤ山の噴火の影響で氷河が溶け、ピーク付近のテラスから墓ごと転落し、露出していたと想定されており、墓の構築状況等は不明瞭である。彼女は肩掛けや腰帯を纏って座位屈葬の状態で布に包まれ、やはり人間やリャマの小像、そしてインカ様式の土器などが副葬されていた。これまでの分析により、右側頭部を殴打されたことによって死にいたったこと、病気の痕跡が確認されず栄養摂取状態が良好であったこと、死にいたる6～8時間前に野菜を食していることなどが明らかになっている。アンパト山では、別の場所において幼少の少年と8歳程度の少女を埋葬した墓が、6mの距離をおいて隣接して検出されている。これらは落雷による損傷が激しく、とくに少年は焼け焦げた状態にあった。やはりインカ様式の土器などを伴

い、座位屈葬の状態で埋葬されていた[19]（Reinhard 1996・1997）。

　現在のアンデス地域において、雪を抱く高峰は神々が宿る場所として知られており、同様の信仰体系は、インカ国家においても存在したことは明らかである。後述するように、タンタ・カルワは水路に捧げられたとする見解があり、アンデス地域において、山が水源として捉えられることを考慮すれば、構造的に等しいものと解釈することができる。高峰で検出された資料は、犠牲者が子供あるいは若年者であること、上質の衣服を纏っていること、嘔吐の痕跡（意識朦朧とさせられていた可能性の存在）、男女が対になって捧げられていること、金製・銀製・ムユ（スポンディルス貝）製の人間ならびにリャマの小像も一緒に捧げられていることなどが文書データと一致するため、「カパクチャ」と関連づけて捉えられているといってよい[20]。ただし、けっしてこうした解釈を否定するわけではないが、山に対して子供を捧げたことを示す文書があるにしても、「カパクチャ」と高峰を直接的に関連させて言及している文書は認められない。

　高峰以外では、ペルー中央海岸のパチャカマ神殿において、犠牲者を埋葬したと判断されているインカ期の墓が報告されている（Uhle 1991[1903]:84-88）。これらは、「太陽神殿」南東テラスからインカ様式の土器を伴って出土した計46体の遺骸で、衣服の特徴、トップという肩掛けを留める針が出土し毛抜き用のピンセットが出土していないことなどから、被葬者はすべて女性と判断されている[21]。被葬者の首は、直径がわずか5.1cmのみで、木綿製白色布が密着して結ばれていたことに加え、首部の皮膚のずれ、下あごがはずれていること、脊椎骨の歪みなどから、被葬者が自然死したものではなく、首部を強く絞められて犠牲に捧げられたと解釈されている（Uhle 1991[1903]:85）。年齢は具体的に記述されていないものの、大人の女性で、頭骨の髪が白に近いグレーのものもあると述べられており、顔には朱色のペインティングが残存しているものもあるとしている。20世紀初頭に提出された報告には図が示されておらず、墓の形態は不明である。また情報が限定的で、46人全員が犠牲に捧げられているのか、全員だとすれば同時になされたのか、どこで犠牲に捧げられたのかなど、詳細は知りえない。パチャカマ出土の犠牲者は、1598年頃にケチュア語で書き留められたワロチリ神話と一致する興味深いデータではあるが、再分析が求められるものといえよう[22]。現段階では、顔が赤く塗られていることやインカ様式の副葬品の共伴を除けば、高峰で検出された犠牲者との共通点は認められない[23]。

　パチャカマ以外では、ヘイエルダールら（Heyerdahl and Sandweiss 1995:90-97・112-115）によって、ランバイェケ谷下流に位置するトゥクメ（Túcume）のワカ・ラルガならびに「聖なる石の神殿」から出土した、インカ期の犠牲が報告されているものの、その記述や分析からは詳細をうかがい知ることができない[24]。

ポルボラ・バハ遺跡の墓

(1)　遺跡の概要

　問題となる墓が検出されたポルボラ・バハは、トメバンバ西方のアンデス西斜面、標高約1,450mの地点に位置するインカ国家の遺跡で、2003年に実施した一般調査で確認されたものである[25]。これまで表土からの観察がなされたのみで、清掃・測量・面的な発掘調査は実施していない。同遺跡

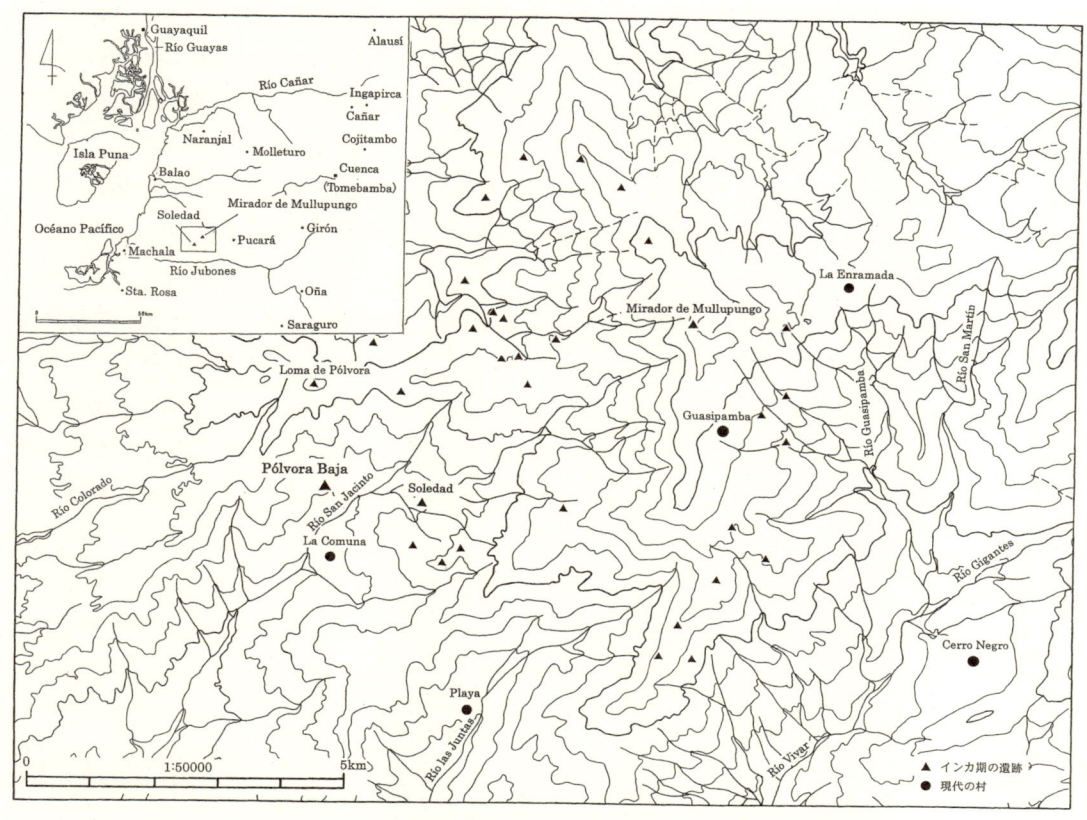

図1　ポルボラ・バハ遺跡周辺図（左上:エクアドル南部全図）

　周辺域には、東方約 6 kmのミラドール・デ・ムユプンゴ（Mirador de Mullupungo、以下「ムユプンゴ」と略記）、南方約2.5kmのソレダー（Soledad）といったインカ国家の行政センターをはじめ、4ヵ所の水をめぐる施設、複数のインカ道、畑など、同国家によって建設された多くの施設が確認されており、ポルボラ・バハも一連のコンテクストに位置づけられるものである（図1、大平 2003a）。
　遺跡は、標高2,242mのロマ・デ・ポルボラという丘の南東に位置する小丘の南斜面に構築されている[26]。地表から確認できる遺構は、一部に土留めの壁を伴うテラス、バーニョ・デル・インカ（1,436m）、人為的に加工された岩、そして土壌に伴う落ち込みのみである。バーニョ・デル・インカは、東西7.2m、南北4.2m、深さ約1.1mの水槽が1.9mの間隔をおいて東西に 2 槽並んで配されており、西側の水槽の半分は1998年前後に起こったとされる5～8mにも及ぶ地盤沈下により失われている[27]（写真1）。このバーニョの南方約20mの地点には、径約 2 m、高さ約1.5mの岩があり、その上部は凸凹に加工されている（写真2）。さらに下方には、これより規模が大きい、同質の岩も認められる。これらは、ワカとして信仰・儀礼の対象となっていたものと容易に想定され、水をめぐる施設とともに一連の儀礼空間を構成していたことが明らかである。
　バーニョ・デル・インカの北側は、前述した小丘から下る急峻な斜面となっているため、バーニョには北側から水が流れ込み、加工された岩の方向に向かって流れ出ていたものと明瞭に判断される[28]。この急斜面上、標高1,497mの地点には小さなテラスが認められ、土壌に伴う落ち込みが検出され

286　第Ⅱ部　南米編

た。この土壙は、周辺域において少なくとも3,000は構築されていると想定され、その意味を理解するために、現在も多様な場所で発掘を進めている途上にある（大平 2003a）。ポルボラ・バハ遺跡を検出した際も、まずこの土壙の発掘調査が実施された。それまで得られていたデータより、土壙内部のみを上から掘り進めることには困難が伴うため、2m×1mのトレンチを設定して半切し、残り半分に関しては土壙内部を発掘するという手法が取られた。本論でデータを提示する墓は、最初のトレンチ発掘を行っている過程で、この土壙とはまったく関係性が認められない地点において、期せずして検出されたものである。

　検出された墓の周囲には複数の土壙痕が認められるのみで、急斜面上のテラスに単独的に設けられていることになる。ただし墓の西側約1〜2mの地点には、盗掘による穴が認められる。土地主より、35〜40年前に彼自身が父親とともに土器や人骨を掘り出した跡であるという情報が得られており、二つの墓が隣接して構築されていた可能性が高い[29]。墓が位置する小テラスの南側全体は視野が開けており、バーニョ・デル・インカを始めとする一連の水をめぐる施設ならびに儀礼空間、そ

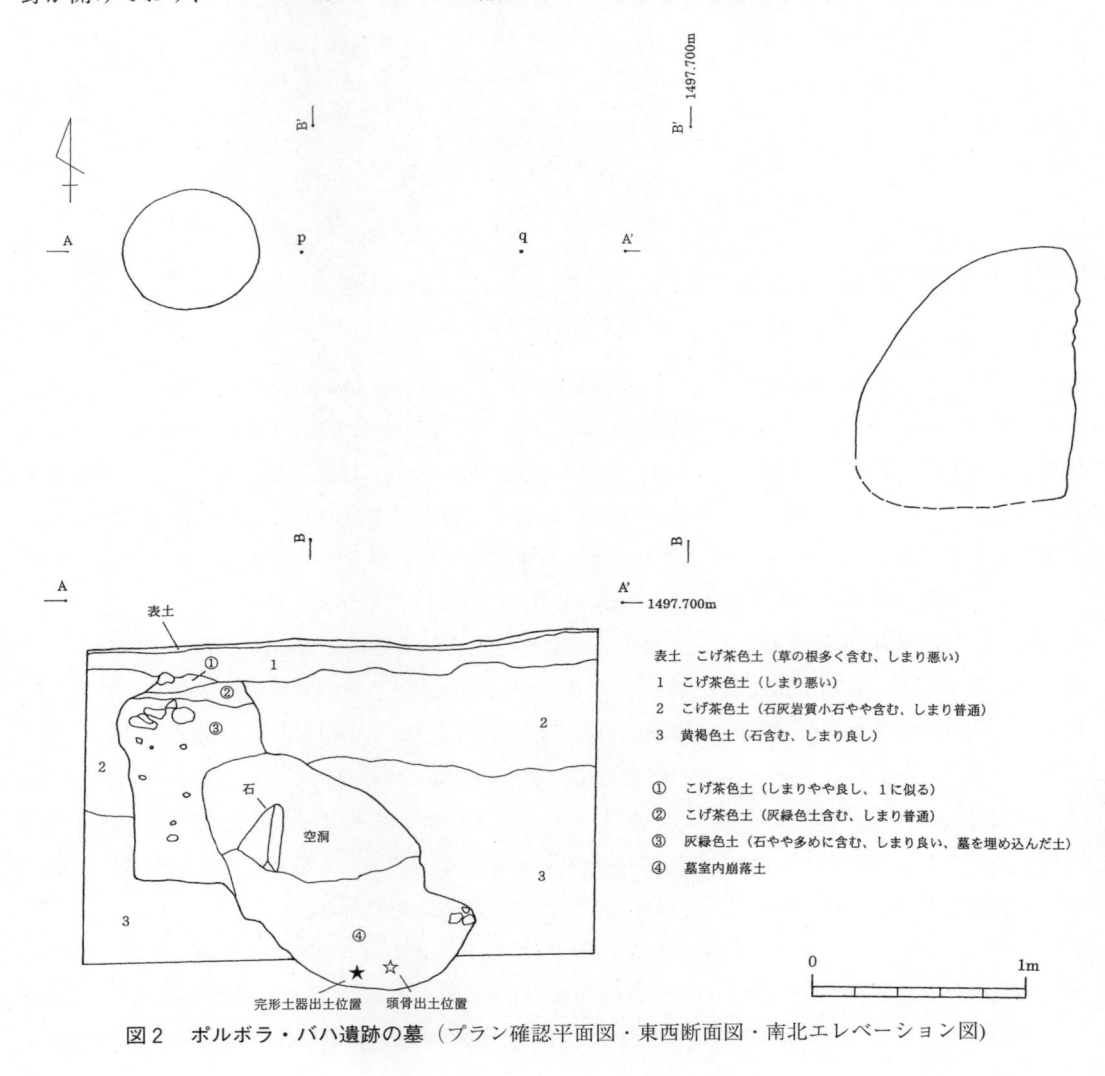

図2　ポルボラ・バハ遺跡の墓（プラン確認平面図・東西断面図・南北エレベーション図）

図3　人骨・遺物出土状況平面図

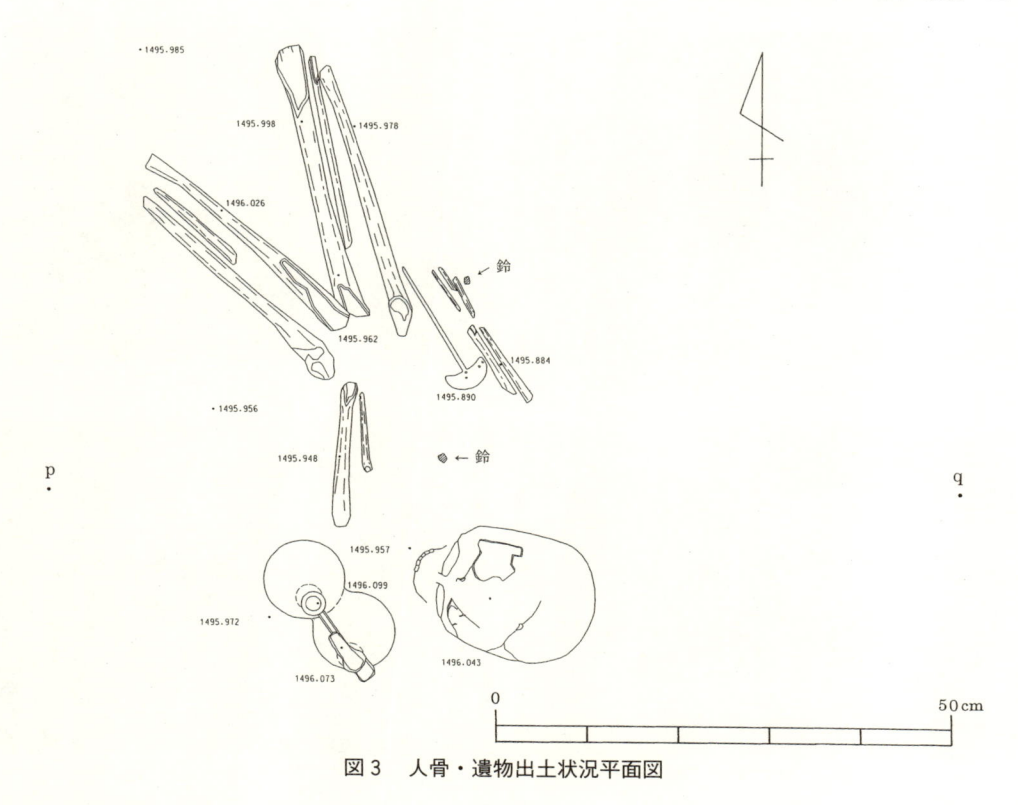

してソレダー遺跡の一部や南方に広がる峰々を見晴らすことができる。さらに東および北東方向には、それぞれムユプンゴ遺跡ならびにギリリウ（Guiririu）という聖なる山も臨むことが可能である。

（2）　墓の形状・副葬品・被葬者

　検出された墓は、地表から直径約60cm、深さ90cmの円筒形の穴を構築した後、その穴の下部から東側に径65cmほどの穴を設けてドーム型の墓室が掘り込まれており、全体としてはブーツ型の形状を呈している。墓室は、最大の径と高さがそれぞれ約1mにすぎず、1m^{3}に満たない狭い空間である。墓室内にずれ込んだ状態で検出されたものの、墓室と円筒形の穴の際は約45cm×65cmの平石を利用して塞がれていたものと明瞭に判断される。円筒形の穴には小石を多く混入させた灰緑色土が、小型のツルハシで発掘を進めるのに困難が伴うほどコンパクトに詰め込まれていた[30]。したがって、上部が土で覆われてしまうと、表土から墓の存在を確認することは不可能となる。全体として、この墓は規模こそ小さいものの、入念に構築されたものといえる（図2、写真3, 4）。

　南緯約3度に位置しているため、状態が悪いとはいえ、墓室内には幸いにも被葬者の大腿骨ならびに下腿骨（脛骨と腓骨）、腕の骨の一部（おそらく尺骨・橈骨）そして歯や顎部を含む頭骨が残存していた。大腿骨と下腿骨は墓室のほぼ中央部より検出され、出土状況から、被葬者は北側を向き、下半身は膝を完全に折り曲げて、両方の下腿を大腿の西方向に若干ずらした姿勢、いい換えると正座の状態をやや崩したような姿勢にあったものと明瞭に判断される[31]（図3、写真5）。頭骨は、墓室の北側際において顎部を真下にした状態で出土し、右側側頭部には陥没したような大きな破損が認められた（写真6）。また腕の一部と判断される骨は、頭骨と大腿・下腿骨の間において、手

写真1　バーニョ・デル・インカ（東側）

写真2　聖なる岩（ワカ）

写真3　墓の構築状況

写真4　墓の形状と人骨出土状況

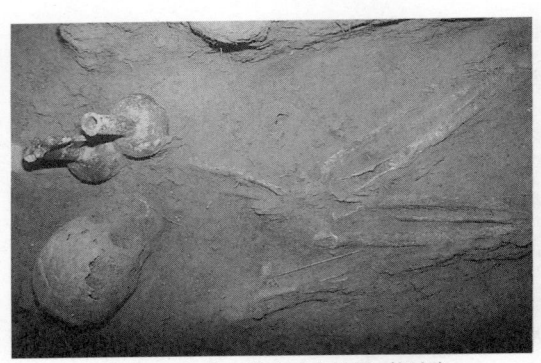

写真5　人骨・遺物出土状況（細部）

写真6　被葬者の頭骨と土器出土状況（細部）

写真7　副葬品の土器

上:トゥプ、左下:鈴とビーズ、右下:ピンセット
写真8　出土遺物

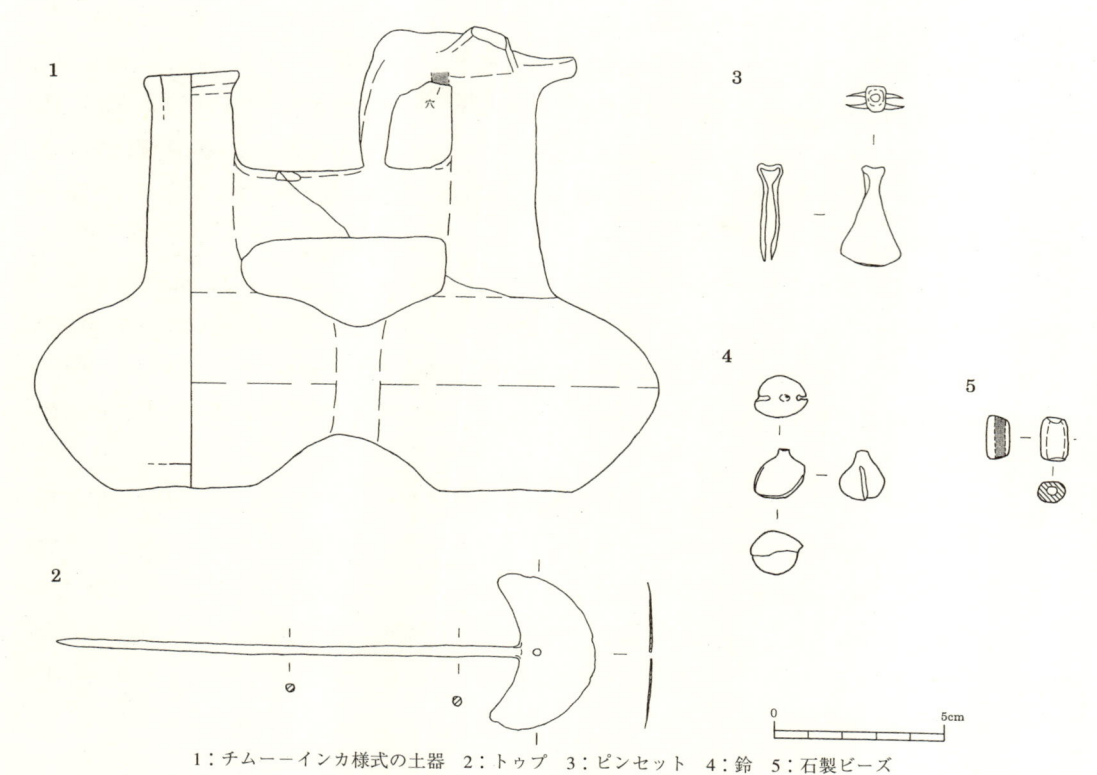

1：チムーーインカ様式の土器　2：トゥプ　3：ピンセット　4：鈴　5：石製ビーズ
図4　出土遺物実測図

を体の中央方向に寄せたような状態で出土している。胴部に関しては、骨が残存していなかったとはいえ、胸部でリクリャ（肩掛け）を留めていたトゥプという針、および後述するように首にかけられていたと考えられる飾りの出土位置、そして両腕の骨の位置より、脚部と頭部の間にあったものと判断される。つまり墓室の蓋が閉められた段階で、被葬者は下半身を正座の姿勢をやや崩したようにして、顔を西に向けかつ頭部を地面に対して垂直に近い状態にし、南側を頭にして仰向けになっていたと判断される。

　筆者の知る限りでは、インカ時代において、上述したような姿勢で埋葬された事例は確認されていない。自然死した人間の遺骸が、副葬品を伴う入念に構築された墓に埋葬される際、葬送の準備を施されずに投げ込まれたとは考えられず、埋葬時における被葬者の姿勢は、きわめて不自然な状態にあるといえる。墓室に入れられた段階において、被葬者は正座かあるいはそれを崩したような姿勢で座っており、何らかの理由により仰向けの状態に倒れ込んでしまったと考えるのが自然であろう。こうした状況に加え、右側側頭部に見られる陥没したような破損、後述するような被葬者の諸データが生贄をめぐる文書記述と一致していることなどを考慮すると、被葬者は自然死したのではなく、犠牲に処されたものと判断される。出土状況より、以下に示すような犠牲のプロセスが浮かび上がってくる。

　まず被葬者は、生きたまま墓室の中に入れられ、水が流れ落ちてくる北側を向いて、正座あるいはそれをやや崩した姿勢で座り、それから顔を墓室の入口（西側）に向けた。犠牲執行者は、円筒

状に掘り込まれた部分に入り込み、墓室入口から手あるいは体の一部を墓室に入れ、被葬者の右側側頭部を向って左側（北側）から鈍器で殴打した。被葬者は、その勢いで南側に向って仰向けに倒れこんだが、室内が狭いため、後頭部は墓室の北側壁にあたり、頭部が地面に対して垂直的な状態になった。最初に正座の姿勢で座っていたとすれば、この殴打によってその姿勢が西側にやや崩れた。そして、おそらくその直後に後述する土器が頭部付近に添えられ、そのまま墓室が石で閉じられて、円筒形の穴も埋め戻された。

出土した人骨は、クエンカ大学医学部教授のハシント・ランディバル（Dr. Jacinto Landivar）氏ならびに同市モンテ・シナイ病院医師のイバン・バリェホ（Dr Ivan Vallejo）氏によって、基礎的な分析がなされた。この結果、被葬者は身長148cm前後、年齢15歳〜20歳の女性であった。骨からは病気の痕跡は確認されず、死にいたった段階において、栄養摂取状態がきわめて良好な健康体の少女であった。

墓室からは、インカとペルー北海岸の特徴が混在した、インカーチムー様式の鳥飾り付黒色橋型双胴注口壺が1点、金属製トゥプ1点、金属製ピンセット1点、金属製鈴5点、貝製あるいは骨製の小ビーズ1点、黒色石製ビーズ1点が出土した[32]（図4、写真7、8）。トゥプは、インカ時代において、身に着けて埋葬されているのが一般的であり、出土位置より被葬者に関しても同様に考えて問題ない。鈴、ピンセット、ビーズ類はすべて紐が通せるようになっており、紐の一部が残存する小ビーズは鈴の一つに付着して出土した。トゥプ周辺から出土していることから、被葬者はこれを首から胸のあたりにぶら下げていたものと判断される。したがって、副葬品と明瞭に呼べるものは、頭部西側におかれた土器1点のみということになる。アンデス地域では、土器に表象された情報などから、ピンセットは男性用の毛抜き道具と捉えられるのが一般的であり、墓から出土した場合、被葬者の性別判断の指標とされる場合もある[33]。しかしながら、この墓のデータより同遺物をこうした指標として用いることには、危険性が伴うことになる。

考察とまとめ

ポルボラ・バハにおいて検出された墓は、オクロス文書における「カパクチャ」の記述と明らかに共通する要素が認められる。オクロス村で犠牲に捧げられたタンタ・カルワの墓は、周囲にインカ国家の畑が広がるアイシャという高い丘に構築されていた。この文書を分析し、現在のオクロス村も観察しているザウデマ（Zuidema 1976-78:168）は、この丘からは谷と水路を見下ろすことが可能で、タンタ・カルワは新たに建設されたカナルに捧げられたとし、丘が他の山頂からも見えるので、水路の建築に携わったすべての人びとの信仰対象となったという見解を述べている。前述したように、ポルボラ・バハにおいて検出された墓も、丘の頂上でこそないが、同様のロケーションに構築されているといってよいだろう。ロマ・デ・ポルボラは、ムユプンゴ遺跡からはもちろん、同遺跡西方に広がるアンデス山脈西斜面のあらゆる場所から臨むことが可能な丘である。また、墓が構築された場所からは、ワカと判断される岩とバーニョ・デル・インカを含む、一連の水をめぐる施設を見下ろすことができる。表土からは観察できないものの、バーニョ・デル・インカに水路が伴っていることはいうまでもない[34]。現段階においてポルボラ・バハでは未確認であるが、周辺域

では複数のインカ国家の畑を確認しており、この領域が同国家の農地として重要な役割を果たしていたことも明らかである（大平 2003a:12-15・19-20・30）。これまでに行った発掘調査を通し、周辺域の中心的存在であるムユプンゴやソレダー遺跡は、建設途上で放棄されていることが明らかとなっている（Odaira 1998, 大平 2003a・b）。よって、同じコンテクストにあるポルボラ・バハのバーニョ・デル・インカも、建設直後かあるいは建設終了間際だった可能性がきわめて高い。

墓の構築に関して見ると、タンタ・カルワの埋葬場所は深いシャフト墓の特徴を呈していたものと推測される。ポルボラ・バハの墓は形状が同質のものとはいえないが、一つの共通要素を認めることも可能である。タンタ・カルワの墓の記述では、「荒れ果て、しっかりと覆われており」としか記されていないものの、旧オクロス村に構築され、やはり信仰の対象ともなっていた、カケ・ポマを含む同村の祖先の墓に関しては、次のように述べられている[35]。

  首長であり司政管であったペドロ・ベントゥーラ（Pedro Ventura）の曽祖父、祖父、親や叔父といった祖先と関連する前述したすべてのヘンティーレス（異教徒）たちは、古いウルコン（Urcon…オクロス）村の昔の要塞の中で、隠された地下の納骨堂にいた。そこはしっかりとモルタルが詰め込まれ、短い草が茂っていた。これらは墓の上に故意に行われたものであり、見つけ出すのが不可能なように思われた（Hernández Príncipe 1923[1621]:53）。

現存する資料では確認することが不可能とはいえ、同じ社会集団に属する人びとによって構築されたタンタ・カルワの墓が、この記述と同様の特徴を呈していた可能性は十分に考えられるだろう。モルタルを詰め込んで意図的に表土から見えなくし、検出に困難を伴うような構造は、小石を混ぜながらセメント状の灰緑色土を詰め込んでしっかりと構築されたポルボラ・バハの墓の特徴と合致するものである。

犠牲者に関しては、20歳に満たない若年者であるという点で、タンタ・カルワの事例を始めとする諸文書の記述ならびに高峰で確認されている出土データと一致している。多くの記録者は、犠牲に捧げられる子供・若年者の美しさや潔白さを強調しているが、ポルボラ・バハの少女も健康な女性であったと推測される[36]。また犠牲への処せられ方に関しては、ポルボラ・バハのケースでは、生きたまま墓に入れられたところまでは諸文書の記述と一致しているが、その後、単に蓋をして生き埋めにしたのではなく、頭部を鈍器で殴打されている可能性がきわめて高い。これは、前述したフアニータと同様の方法である。両者は、殴打を受けた場所が右側頭部という点でも一致している。インカ以前のデータではあるが、犠牲執行者と考えられている老人が、トゥミという儀礼用ナイフを左手に握った状態で埋葬された墓も検出されており（Cordy-Collins 2001:31）、犠牲執行は左手によってなされた可能性がある[37]。

以上の状況より、ポルボラ・バハの墓はタンタ・カルワの犠牲と同質の意味合いを有していたものと考えられる。逆にいえば、エルナンデス・プリンシペが記述しているような慣習の存在を直接的に支持するデータが、インカ国家の遺跡から初めて得られたことになる。オクロス文書では、タンタ・カルワが信仰の対象となり、年央に食事が与えられ、1本のウスヌ（usnu）と称される管を通して飲み物が与えられたと記されている（Hernández Príncipe 1923[1621]:63）。墓にこうした管を通して死者に酒を与える慣習は、エクアドル南部海岸のポルト・ビエホ地域、ならびにキト地域を

扱っている他の文書でも述べられている[38]（Cieza 1924[1553]:cap.51, Anônimo 1965[1573]:225-226）。ポルボラ・バハの墓には、こうした管が差し込まれていた痕跡が認められなかったとはいえ、やはり何らかの信仰の対象となっていたものと考えてよいだろう。

　もちろん、両資料の間には相違点も認められる。オクロス文書では、犠牲者の墓としてタンタ・カルワの墓一つの記述に終始しているが、ポルボラ・バハでは隣接して別の墓が構築されていたものと判断される。もちろん、盗掘を受けたもう一方の墓のデータを抽出することは不可能だが、こうした特徴はアンパト山で確認されている少年と少女の墓の配置ならびに諸文書の記述と共通するものである[39]。また、オクロス村の事例では、インカの下にある地方社会が犠牲を捧げていることが明らかである。しかし遺跡からの考察によれば、ポルボラ・バハ周辺には、こうした土着社会が存在した痕跡は認められない。しかし、少なくとも10km×10kmの面積の中に、多くの水路やバーニョ・デル・インカを含む、インカ国家の諸施設の建設に携わっていた多くの労働者が居住していたものと考えられ、ポルボラ・バハの犠牲はこうした地域外の社会集団との関係性も意識されてよい[40]。

　オクロス文書の記述からは、副葬品や織物の特徴を抽出することはできないが、既存の出土資料を見ると、土器や金属製ならびにムユ（スポンディルス貝）製の小像を始めとする副葬品は、いわゆるクスコ様式の特徴を帯びている。しかしポルボラ・バハでは、小像が含まれておらず、インカーチムー様式の土器が副葬されているため、被葬者とペルー北海岸の関係が考慮に入れられて然るべきであろう。ポルボラ・バハ出土のものと同じ特徴を有する土器は、トメバンバからも出土しているほか（Uhle 1923:fig21-1）、装飾に差異が見られるとはいえ、同じ様式の橋型双胴壺はトメバンバ―ムユプンゴ間を結ぶルート上にあり、ムユプンゴ遺跡西方14kmの地点に位置するプカラ（Pucará）遺跡の墓からも出土している[41]（大平 1999:35）。チムー社会の領域であるペルー北海岸は、伝統的に工芸品製作や水路の建設に長けており、インカ国家においても、こうした労働に携わっていた同地域の集団を各地に配していたことが知られている。調査地周辺において、インカ国家の諸施設の建設に携わっていた労働者の中にも、ペルー北海岸の社会集団が含まれていたのかもしれない。しかし、エクアドルとペルー北海岸の密接な関係は古期・形成期以後には認められ、カベーリョ・バルボア（Cabello Valboa 1951 [1586]:327-330）が採取しているナインラプ（Naymlap）王の神話にも示されているため、慎重に検討を加えていく必要がある[42]。今後、ポルボラ・バハ出土の金属製品をペルー北海岸出土のものと比較することを始め、犠牲者の出身地の特定に向かう必要がある。これにより、上述したような側面ならびに人間の犠牲をめぐる諸相の理解に加え、被葬者と副葬品の関係についても、新たな考察を進め得ることになる。

　最後に、犠牲者の埋葬場所に関して述べておく。オクロス文書には、クスコで犠牲に捧げられる場所として、「水の入っていない貯水槽」の底に設けられた空間が含まれている[43]。遺跡として残るインカ国家の施設において、「貯水槽」という表現に見合う唯一のものは、バーニョ・デル・インカのみである。この施設の意味合いはいまだに不明瞭な側面があるとはいえ、神々からもたらされる豊穣や繁殖の力を示す水と関連していることは明らかで、研究者の中にはインカ国家のシンボルと解釈する者もいる（Matos 1994:154）。この施設には、実際に水が流れていたことが明らかで、

文書における「水の入っていない」という表現が何を意味しているのか不明瞭であるとはいえ、一つの可能性として、建設途上あるいは建設直後のバーニョ・デル・インカを指していると捉えることもできるだろう。遺構の破壊を伴うため、これまでの遺跡調査において、バーニョ下方あるいは壁体の内奥が発掘された事例はおそらくない。筆者は、ムユプンゴ遺跡において、バーニョ内の床の構築状況を確認するために、一部を下方に掘り進めたことがある。そこには、ポルボラ・バハの墓で詰め込まれていたものと同質の灰緑色土が1m近くにもわたって積まれ、水に耐久できるように、しっかりと構築されていた。よって、文書で述べられているように、犠牲者を葬る空間を構築することが不可能なわけではない。もちろん、ポルボラ・バハのように、バーニョ・デル・インカに水が流入する方向にある斜面上の小テラスあるいは丘上も着目されてよい。いずれにせよ、すべてのバーニョ・デル・インカや水路およびその関連施設あるいはその建設に対して、犠牲が捧げられていた可能性を考慮に入れても何ら問題はないであろう[44]。

　アンデス地域においてなされる発掘調査報告は、出版されないケースも多々認められる。よって、インカ期に属する墓に関して、その数や形態を始めとする諸特徴など、全体像を掴むことには困難が伴う。仮に、本論で提示したような墓の特徴を共有しているにも関わらず、一般的な墓と解釈されているものがあるとすれば、その意味が再考されてよいだろう。インカ国家では、研究者がイメージしている以上に、神々に対して犠牲を捧げていたものと考えられ、これまでの出土資料は、墓の特質が見落とされてきた感が否めない。今後のデータの蓄積を待ちたい。

　本論は、2003年以後交付を受けている日本学術振興会の科学研究費補助金（基盤研究B[2]、海外学術調査、課題番号：15401027）の成果の一部である。

註

1) インカ以前における人間の犠牲をめぐる研究の成果は、近年、論文集としてまとめられており、たとえばモチェ社会において、犠牲者の多くは成人男性で、戦闘行為を経て捕獲されてきた可能性があること、首部前方から血液が流れ出るように切られていること、被犠牲者は裸体の状態で死に至っていること、犠牲執行後もそのまま放置されていること、乾期・雨期（大雨の時）両時期に犠牲が執行されていることなどが明らかになっている（Benson and Cook eds. 2001、大平 2002）。しかしながら、この論文集では、おそらく出土資料の不足・欠如がゆえに、インカ国家における犠牲に関しては扱われていない。

2) 高峰でも、積雪のない場所において、石積みによる方形囲いや基壇、薪や土器の散乱などが確認されており、地形の観察を加えることによって、インカ時代の登山ルートは明らかになりつつある（Reinhard 1983, Schobinger 1991）。高峰におけるこうした遺跡は115ヵ所知られており、インカの儀礼と関係していると考えられている（Schobinger 1991:65）。高峰を対象とした調査は、現在もアルゼンチンのMaria Constanza Cerutiらによって精力的に進められており、確認されている遺跡数はさらに増え続けている（Ceruti 1997・2003私信）。

3) 現代においても、たとえばチチカカ湖近辺において、人間を犠牲に捧げる慣習の存在が示唆されている（Reinhard 1992:91）。筆者も、クスコやエクアドル南部において、同質の情報を耳にしたことがある。アンデス先住民社会の世界観を考慮すれば、こうした慣習を継承していないことの方がむしろ奇異ともいえる。しかしながら、現代の法社会において、人間の犠牲に関する民族誌的記述を残すことには、あらゆる意味で多大な困難が伴う。

4) ここで使用されている「ワカ（huaca）」という用語は、聖なる場やものを意味する。ワナカウリとは、クスコ市南東に位置する聖なる丘の名称で、インカの起源神話でも重要な舞台として扱われており、現在でも重要な崇拝対象となっている。ムユ（スポンディルス貝）の特徴と意味に関しては大平（1999）を参照。

5) キプカマーヨとは、キプ（結縄）への情報の記録と解読を専門に行っていた者。Molinaの文書の編者は、"Cachaguas" が「贈り物の送付あるいは子供の贈り物をすること」を意味する "Cachacuniguagua" から転じたものと述べている（Molina 1959[1575]:95）。Duviols（1976:16-20）は、クスコから隊列を組んで犠牲品を受け渡しながら進んだグループは、セケと呼ばれる太陽神殿から放射状に延びる聖なるライン上に位置していたワカに犠牲品を奉納していったとし、そのセケは、放射状に犠牲品を運んだ使者を意味する "cacha" と直結する "cachaui" とも呼ばれ、それぞれのワカは犠牲品とともに、"cacha" も受けたと述べている。

6) たとえばBetanzos（1968[1551]:cap.11・30）は、パチャクティによる太陽神殿の建立に際し、すばらしく着飾った男女が生きたまま太陽神殿に埋められたと記述し、別の箇所ではパチャクティの死に伴ってカパクチャがなされ、首長の子供を含む、やはり着飾った5〜6歳の男女が対になって、死んだインカに奉仕するために埋められて捧げられたと述べている。同様にSarmiento de Gamboa（1965[1572]:cap.13）は、マンコカパックがカパクチャを始め、戦争時にワナカウリに男女の幼児を捧げたと述べているほか、Pachacuti Yamqui（1993[1613]:f.14v）は、やはりパチャクティの時代に、アザのない子供を金や銀とともに埋めたと記している。また本文中で示したMolinaと同様に、カパクチャに関して比較的詳述しているMurúa（1922[1590-1600]:cap.44・46）は、カパクチャの名のもとで記述している部分では4年に1度（時には7年あるいはそれ以上に1度）なされるとしながらも、子供の犠牲に関して触れていない。しかし別の箇所で太陽神殿から犠牲のグループがまっすぐに山々を貫くように進んだことを始め、血が蓋付きの土器に保管されることや、犠牲者が海に投げ込まれることなどを記述している。さらにGuamán Poma（1980[1645]:f.247・262・267-273）は、6月のインティ・ライミに際して、500人の無垢な子供が金や銀そしてムユ（スポンディルス貝）とともに埋められたとし、別の箇所では太陽やワカに対してウシヌおよび太陽神殿でアザもほくろもない、美しい9〜10歳の子供を金や銀とともに捧げたとしている。その一方で、カパクチャをワカに着させた衣服の名前と記している部分も認められるほか、インカ国家を構成する四つのスユ（地方）のワカの記述では、カパクチャとは記さずに子供の犠牲に関して述べている。このほか、ワロチリ神話（Avila 1991[c.1598]:cap.22）では、パチャカマに対して、男性と女性の犠牲を生きたまま埋めたと語られている。またDuviols（1976:13・17）は、弱小な首長が、個人的にカパクチャへの参加を申し出、埋めた大きな壺に生きた子供を入れて捧げ、インカから特権を得、後に首長自身も崇拝の対象となったことが示されているCajatamboのOtuco村に関する文書、また犠牲のグループがヒョウタンに血を入れて運び、大声を出しながら進んだとするCantaに関する文書も提示している。

7) 文書中において、カパクチャは、カパコチャ（capac cocha）と表記される場合もある。Duviols（1976:38-41）は、ケチュア語テキストで残されたワロチリの神話でcapachuchaと記されていること、インディオの記録者Pachacuti Yamqui（1993[1613]:f.14v）の文書において、capaccochaがcapachuchaに修正されていることを示したうえで意味論的考察を加え、儀礼の内容には「権力者（インカ王）の罪」を意味するcapac huchaが対応してくると述べている。本論では、この説にしたがった表記を行っている。またDuviols（1976:12）は、文書内でこの用語に与えられた意味の多様性として、①クスコでインカに敬意を表してなされる鉱物、農作物、動物、人間の犠牲、②クスコにおける犠牲と同時に地方のワカでなされる犠牲、③あらゆる地方社会が供物を集めクスコに移送すること、④犠牲に捧げる供物をクスコから四つの地方に送ること、⑤犠牲執行者一行のクスコへの帰還、⑥あらゆる「王国」の各ワカに分配される供物の数・統計、⑦インカから与えられた威信品の再分配の儀礼のようなもので、クスコでインカと地方のクラカ・神官間でなされた供物交換の経済的貸

借、⑧すべての像にまとわせていたクンビという衣服、⑨帝国の神殿のあらゆる像がクスコに集合すること、などが認められるとし、これらすべてが「カパクチャ」を構成していると述べている。

8) このため、現代の研究者の中には一部の記録者のように、人間の犠牲そのものを指してこの名称を用いる者もいる。しかしながら、儀礼の内容を問わず、人間の犠牲すべてが「カパクチャ」と称されたどうかは不明瞭である。

9) オクロス村は、かつてウルコン（Urcon）と呼ばれていた（Hernández Príncipe 1923[1621]: 51）。また、偶像崇拝根絶運動とは、アンデス先住民の伝統的信仰を根絶させ、強制的にキリスト教に改宗させるための運動を指す。植民地支配体制が落ち着き始めていた16世紀末、フランシスコ・アビラ神父がリマ市東方のワロチリにおいて、先住民の間で土着の信仰体系が維持されていることを問題として以後、急速に展開されていった。キリスト教化に際し、まず土着の信仰体系の特徴を把握することが重要とされ、各地に宣教師が送られてその実態調査がなされ、報告書も作成された。その代表的なものでマニュアルのような存在だったものが、邦訳もされているパブロ・ホセ・デ・アリアーガの報告書である。

10) Zuidema（1977-78:136・152-153）が述べているように、たとえば捧げ物がクスコに集まると神々の像の周りを2周したと述べていることを始め、エルナンデス・プリンシペのクスコにおけるカパクチャの記述は、Molinaの記述と酷似しており、同記録が参照されていた可能性がある。アクリャとは、諸地方社会から「選ばれた女性」で集団的に居住し、織物やチチャ酒の製作に従事したほか、諸儀礼にも参加して重要な役割を果たした。彼女たちの居住・労働の場は、遺跡においても確認されている。

11) この後、コリャーナのエンコミエンダに属するすべてのチャウピウランガのインディオが集められたが、二つの石を貫通させてカナルを通るのに困難が生じ、カケ・ポマは呪術師を集め、その力によって建設を行い、これに失敗した呪術師は斬首し、その血が流れた跡にカナルを建設したのでその形が不ぞろいだという神話的記述が続いている。なお、カマーヨ（camayoc）とは専門的な職務を意味する。また、カシケとは首長のこと。

12) 呪術師は、最初タンタ・カルワの兄弟が勤め、その後も親族に継承されていったことが記されている。

13) クスコを除いたインカ国家の行政センターでは、労働に従事する人びとが一定の期間のみ滞在して、その後自分たちの共同体に戻るために墓地がなく、墓が検出されている事例は、戦争による死者のものだと考えられている（Hyslop 1990:154）。筆者の知る限りにおいて、インカの行政センターでは、犠牲者の墓が検出された事例もない。

14) 巡察文書は、ビシータ（visita）と呼ばれる。植民地時代統治の基盤を構築していくために、先住民社会の現状を把握することが重要視され、スペイン人の役人が書記を伴ってセンサスを実施した。先住民側は、キプ（quip）という結縄に記録した情報を参照しながら、質問に答えていたことが知られている。

15) ハナン（上）・サヤとウリン（下）・サヤは、それぞれ半族の名称。

16) ミティマエス（mitimaes）とは、専門的な労働に従事するためにインカ国家によって移動させられた集団。

17) これらは、二つがリャマ像と一つの女性像である。前者は金・銀・銅を混在させたものとスポンディルス貝製のもので、後者はミニチュアの衣服を纏わされ、オウムの羽毛製の帽子をかぶった銀製のものである。

18) 三つは男性の像で、それぞれ金製、銀・銅製、スポンディルス貝製のものである。他の三つの像は、一つが金製、二つがスポンディルス貝製で、リャマを表象したものである。

19) これら男女の犠牲者が埋葬された墓の記述はなされていないものの、図を見ると、氷河を掘り込み、石で蓋をしているように示されている（Reinhard 1996:79）。

20) 本文中で示したMolinaやオクロス文書、ならびに註6)を参照。ただし、こうした高峰の遺跡を調査対象としているSchobinger（1991:65-68）は、地方の人びとによって崇拝されていた高所がインカの太陽崇拝の場となり、エクアドルには地方社会にはこうした慣習がなかったため、犠牲者の遺骸が確認されていないという

21) 後述するポルボラ・バハ遺跡のデータより、毛抜きの不在を性別確認の指標とすることには問題がある（本文292頁参照）。
22) ワロチリ神話に関しては註6) を参照。
23) 遺骸の顔を赤く塗る慣習は、インカ以前から認められ、たとえばバタン・グランデのロロ神殿から出土したシカン期の王墓に犠牲に捧げられていた女性の事例が挙げられる（Shimada 1995)。さらに形成期においては、クントゥル・ワシ神殿出土の頭骨が朱で塗られていることも知られている。
24) ワカ・ラルガでは、権力者に伴って犠牲に捧げられたアクリャと判断されているが、その根拠が示されておらず、また犠牲者をめぐるデータ提示と考察がほとんどなされていない。「聖なる石の神殿」では、リャマとともに人間の犠牲がなされていると述べられているが、やはり詳細なデータが提示されていない。
25) トメバンバ (Tomebamba) は、エクアドル南部高地最大の都市であるクエンカ (Cuenca) 市に相当する。スペイン人が残した文書では、インカ王と深い関連を有していた都市であったことが明らかで、インカ国家第二の中心地と捉えることも可能である。
26) ロマ・デ・ポルボラは、ムユプンゴから海岸方向に下る一つの尾根上に位置しており、ピーク付近には、両側からトラバースするように2本のインカ道が通っている（大平 2003a:25-26）。
27) 地盤沈下は、土地主からの情報にもとづく。
28) まだ未確認ではあるが、土地主を通して、この小丘のピーク付近にもバーニョ・デル・インカが建設されているという情報を得ている。おそらく、この小丘の南斜面全体にはインカ国家の水をめぐる施設が配されていたものと想定される。
29) 調査地周辺域では、夜間に山中で黄金が燃えると考えられており、それを掘り出そうとした経験のある者が少なくない（大平 2004:58・62）。ポルボラ・バハの土地主も、この理由により盗掘を行ったと語っている。また、人骨や土器は護符のような役割を果たすとも考えられており、土地主は出土した人骨と土器を複数の友人に贈ったと述べている。
30) この灰緑色土は、ムユプンゴ遺跡において、バーニョ・デル・インカ基礎部ならびに広場に面したウシヌ南側の壁体基礎部に使用されているものと同質の土である。
31) 出土した人骨の姿勢に関しては、聖マリアンナ医科大学解剖学教室・平田和明教授のご助言を受けた。
32) 組成分析など、遺物の化学分析はまだ実施していない。
33) たとえば本文286頁参照。
34) 本文中で後述してあるように、ポルボラ・バハのバーニョ・デル・インカが建設途上にあった場合、カナルの構築もその途上にある可能性がある。
35) 第5代副王フランシスコ・トレド（在位:1969-1582）の時代を中心に、税の確保、改宗などを目的とし、新たに広場を中心とするルネサンス様式の村を建設し、点在する村々に居住する先住民を1ヵ所に集めて住まわせ、管理しようとする集住化政策（レドゥクシオン）がなされた。よって、1621年の段階とインカ時代のオクロス村は、同一の場所にはなかった。なお、旧オクロス村はウルコンと呼ばれていた。註9) 参照。
36) 本文中で示したMolinaやオクロス文書、ならびに註6) を参照。
37) この老人は、成人であるにもかかわらず、身長が135cmしかなかった。肉体的に他と極端に異なる特徴を有した者が神々と人間をつなぐ役割を果たしているのは、アンデス地域に見られる伝統の一つといえる。これに儀礼の非日常性を加味すれば、犠牲執行者が左利きであった可能性、あるいはその執行が常に左手でなされた可能性も考慮に入れてよいだろう。ただし、土器に示された図像では、犠牲執行者がトゥミという儀礼用ナイフを右手にもっているのが一般的であるため、さらなる検討を要する。ポルボラ・バハに関しては、

墓の構造と被犠牲者の姿勢を考慮すると、左手によって執行された可能性がきわめて高い。
38）Zuidema（1980）は、エルナンデス・プリンシペがウスヌと呼んでいるこの管と、インカ国家の広場と関連して配される同名の施設の関連性を論じている。
39）男女を対にして捧げる文書記録に関しては註6）を参照。
40）報告書は未提出の状態にあるが、ムユプンゴ遺跡では、こうした労働者たちの居住スペースが発掘によって確認されている。
41）また、1片ではあるが、黒色の器面上に、ペルー北海岸の特徴を呈すると思われる鳥文様を白色で示した土器の小破片が、ムユプンゴ遺跡からも出土している。なお、鳥装飾の方向ならびに橋部の文様の有無に差異が認められるものの、ポルボラ・バハ出土のものと同類の土器は、ペルー北海岸チクラーヨ市近郊のトゥクメ遺跡からも出土しており、同遺跡博物館に所蔵されている。トゥクメ遺跡が位置するランバイェケ谷下流は、チムーに先立つランバイェケ（シカン）文化の領域として知られている。Shimada（1995）は、同文化の土器職人がチムーの土器製作に多大な影響を及ぼしたという説を提示している。ポルボラ・バハの土器も、シカンに特徴的な黒色を呈している。
42）たとえばクエンカ市北方に位置する、形成期のチャウリャバンバ遺跡において、ペルー北海岸のクピスニーケ様式の土器が出土している。ナインラプ王の神話とは、同名の王が北方から筏に乗ってやってきて、王朝を築き始めるというランバイェケ谷の起源神話。なおShimada（1995）は、この神話とチムーに先立つシカン文化の関連性を指摘している。
43）本文283頁参照。
44）広場の中央あるいはエッジに配され、カナルとの関連も指摘されているウシヌという聖壇も、犠牲者を葬る場所の一つとして着目されてよい。すでにペルー中央海岸の遺跡において、ウシヌに犠牲者を葬った痕跡が確認されてきている（Luis Felipe 2003:私信）。

参考文献

大平　秀一　1999　「インカ国家と『価値の高いもの』―スポンディルス貝をめぐって」『出光美術館館報』107号、4-28頁。

大平　秀一　2002　「<書評> Ritual Sacrifice in Ancient Peru」『古代アメリカ』第5号、95-102頁。

大平　秀一　2003a『エクアドル南部のインカ帝国に関する実証的研究』平成13年度～14年度科学研究費補助金 [基盤研究C（2）]研究成果報告書。

大平　秀一　2003b「エクアドル・ソレダー遺跡の発掘調査（第1次）」『古代アメリカ』第7号、85-90頁。

大平　秀一　2004　「エクアドルにおける病因観念『アイレ』の歴史性 ― 神々の両義性の崩壊」『文明』No.5、53-66頁。

Anónimo　1965　La cabidad de San Francisco de Quito. [1573], Relaciones Geográficas de Indias, Marcos Jiménez de la Espada ed., tomo2:205-232, Boblioteca de Autores Españoles, tomo184, Ediciones Madrid, Atlas.

Avila, Francisco de　1991　The Huarochiri Manuscript: A Testment of Ancient and Colonial Andean Religion. [c.1598], (Trans. by Frank Salomon and G.L.Urioste), University of Texas Press, Austin.

Benson, Elizabeth P. and Anita G. Cook eds.　2001　Ritual Sacrifice in Ancient Peru. University of Texas Press, Austin.

Besom, Thomas　1991　Another Mummy. In Juan Schobinger:66-67.

Betanzos, Juan de　1968　Suma Y Narración de los Incas. [1551], Biblioteca de Autores Españoles, Vol.209:1-56, Madrid, Atlas.

Cabello Valboa, Miguel　1951　Miscelánea antártica. [1586], Instituto de Ecología, Universidad Nacional Mayor de San

Marcos, Lima.

Cieza de Leon, Pedro de   1924   *La Crónica del Perú* (primera parte). [1553], Colección Urteaga, Historiadores Clásicos del Perú, Gil, Lima.

Cordy-Collins, Alana   2001   Decapitations in Cupisnique and Early Moche Societies. *Ritual Sacrifice in Ancient Peru.* E. P. Benson and A. G. Cook eds.:21-33, University of Texas Press, Austin.

Diez de San Miguel, Garci   1964   Visita hecha de la provincial de Chucuito por Garci Diez de San Miguel en el Año 1567. [1567], *Documentos Regionales para la Etnohistoria Andina,* Vol.1:1-299, Casa de la Cultura, Lima.

Duviols Pierre   1976   La Capacocha: mecanismo y función del sacrificio humano, su pryección geométrica, su papel en la política integracionista y en la economía redistributiva del Tawantinsuyu. *Allpanchis Phuturinqa,* Vol.9:11-57, Instituto de Pastral Andina, Cusco.

Guamán Poma de Ayala, Felipe   1980   *Nueva Crónica y Buen Gobierno.* [1615], Siglo Veintiuno, Ciudad de México.

Hernández Príncipe, Rodrigo   1923   Mitología Andina. [1621-22], *Inca, Revista Trimestral de Estudios Antropológicos,* Vol.1, No.1, Museo de Arqueología de la Universidad Mayor de San Marcos, Lima.

Heyerdahl, Thor and Daniel H. Sandweiss   1995   *Pyramids of Túcume: the quest for Peru's forgotten city.* Themes and Hudson, New York.

Hyslop, John   1990   *Inka Settlement Planning.* University of Texas Press, Austin.

Matos, M. Ramiro   1994   *Pumpu: Centro Administrativo Inka de la Puna de Junín.* Editorial Horizonte, Lima.

Molina, Cristóbal de   1959   *Ritos y Fábulas de los Incas.* [1575], Editorial Futuro, S.R.L., Buenos Aires.

Murúa, Martín de   1922   *Historia de los Incas, Reyes del Perú.* [1590-1600], Colección de Libros y Documentos Referentes a la Historia del Peru. Tomo IV (2a. Serie), Lima.

Odaira, Shuichi   1998   Un Aspecto del Conrol Inca en la Costa sur del Ecuador: una evidencia encontrada en Mirador de Mullupungo. *Tawantinsuyu, an international journal of inka studies,* Vol. 5:145-152.

Pachacuti Yamqui Salcamaygua, Joan de Santacruz   1993   *Relación de antiguedades deste Reyno del Piru.* [c.1613], IFEA y Bartromé de Las Casas, Lima/Cusco.

Reinhard, Johan   1983   High Altitude Archaeology and Andean Mountain Gods. *American Alpine Journal,* Vol.25:54-67.

Reinhard, Johan   1992   Sacred Peaks of the Andes. *National Geographic,* Vol.181, No.2:84-111.

Reinhard, Johan   1996   Peru's Ice Maidens. *National Geographic,* Vol.189, No.6:62-81.

Reinhard, Johan   1997   Sharp eyes of Science probe the Mummies of Peru. *National Geographic,* Vol.191, No.1:36-43.

Sarmiento de Gamboa, Pedro   1965   Historia de los Incas. [1572], *Biblioteca de Autores Españoles,* [1572], Vol.135:193-279, Atlas, Madrid.

Schobinger, Juan   1991   Sacrifices of the High Andes. *Natural History* (American Museum Jounal),Vol.100, No.4:63-69

Shimada, Izumi   1995   *Cultura Sican: Dios, Riqueza y Poder en la Costa Norte del Perú.* Fundación del Banco Continental para el Fomento de la Educación y la Cultura, Edubanco, Lima.

Uhle, Max   1923   *Las Ruinas de Tomebamba,* Imprenta Julio Sáenz Rebolledo, Quito.

Uhle, Max   1991   *Pachacamac: A reprint of the 1903 edition by Max Uhle.* [1903], The University Museum of Archaeology and Anthropology, University of Pennsylvania, Philadelphia.

Zuidema, R. Tom   1977-78   Shafttombs and the Inca Empire. *Journal of the Steward Anthropological Society,* Vol.9, Nos.1 and 2,

Zuidema, R. Tom   1980   El Ushnu. *Revista de la Universidad Compultense,* Vol.28, No.117:317-361, Madrid.

インカ国家における「切られた岩」の意味をめぐって
―エクアドル南部高地コヨクトール遺跡の事例から―

森下　壽典

はじめに

　インカ国家は、南米アンデス地域において、15世紀から16世紀にかけて拡大した政体である。その影響力は、現在のエクアドルとコロンビアの国境付近から、チリやアルゼンチンに至る広大な領域に及び、同領域には現在でも多くの遺跡が残されている。こうしたインカ期の遺跡やその周辺では、遺跡と関連してきわめて多くの岩や石が認められ、人為的加工の痕跡が明瞭に残存しているものも少なくない。

　アンデス先住民の世界観において、岩や石には重要な意味が付与されていた。16世紀のポロ・デ・オンデガルド（Juan Polo de Ondegardo）の記録を基盤とし、先住民の信仰や儀礼などについて詳細な記述を残したコボ（Cobo 1979[1653]）によれば、インカ国家では、クスコの「太陽神殿」（コリカンチャ）を起点として延びる概念上の線（セケ）上に、385にものぼる「ワカ」（聖なる場所や物）が配され、それぞれの「ワカ」に対して儀礼が行われていたことが知られている。これらのうち、岩や石の「ワカ」は83にのぼり、泉など水をめぐる場所についで多い（Niles 1987:173）。また、創世神話において創造神ビラコチャは石から人間を出現させ、インカ側とクスコを侵略したチャンカ族との戦いに際しては、石が兵士となって王を助けたといわれる[1]。さらに、「インカ（inca）」という言葉は、ケチュア語で太陽を意味する「インティ（inti）」の派生語であるといわれるが、石を意味する「エンカ（enqa）」から派生したという見解も提出されている（友枝 1989:95）。

　岩や石を対象とした信仰は、現在においても認められる。たとえば、クスコ近郊のチンチェーロ村には、危険だと避けられたり尊崇の対象となっている岩が存在する（Hyslop 1990:112-113）。また、キリストや聖人の像が現れたという奇跡を契機として、数多くの岩や石が多くの巡礼者を集めるようになった（細谷 1997:94）。さらに、現代ペルーの牧民たちによる家畜繁殖儀礼では、「イリャ」などと呼ばれ、リャマやアルパカ、農作物などの形状を呈した小石が用いられる[2]。17世紀初めに偶像崇拝根絶運動に従事し、先住民の信仰について記録を残したアリアーガ（1984:406）は、こうした石に「コノパ」として言及しており、同様の小石はインカ期の遺跡からも出土している。

　本稿では、このような岩や石の重要性を踏まえ、インカ期において儀礼的意味を有していたと考えられる岩や石のうち、明瞭な人為的加工がなされている「切られた岩」を考察の対象とする。こうした岩については、いくつかの論考が提出されてきたものの、必ずしも十分にその意味が明らかにされたとはいえず、加工の様相を明らかにするような、図面を含めた基礎資料も整備されていない状況にある[3]。そこで、本稿では、具体的事例としてエクアドル南部高地、コヨクトール（Coyoctor）遺跡の基礎的なデータを提示したうえで、他の事例との対比や文書資料の記述の検討

を通じ、「切られた岩」のもつ意味の一端を考察したい。

コヨクトール遺跡

コヨクトール遺跡は、エクアドル南部高地、カニャル県カニャル市近郊（標高約2,960m）に位置する。本遺跡の北約40kmには、インカ国家北方の拠点で第二のクスコとも位置づけられるトメバンバ（現在のクエンカ市）、東約7kmには、エクアドルにおけるインカ期の代表的遺跡であるインガピルカがある（図1）。本遺跡には少なくとも幅20m、長さ100m、ほぼ南北軸に沿って延びる「ロス・バーニョス・デル・インカ」（los Baños del Inca、以下、「バーニョス」と省略）という巨大な岩の露頭があり、さまざまな人為的加工がなされている（写真1）。規模や加工の程度に差はあるものの、他地域の「切られた岩」と特徴が類似していること、また、この岩と関連して切石の壁体が確認されていることなどから、この岩もインカ期に加工されたものと明瞭に判断される。土が被覆していることもあり、数百mにも及ぶと考えられる全容を観察することは不可能であるが、「バーニョス」は「切られた岩」の中でも大規模な部類で、インカ国家の中できわめて重要な位置づけがなされていたと考えられる。

現状において人為的加工が明瞭に認められる「バーニョス」主要部分は、露頭北端部から南へ約100mの地点までである。この西側にはおよそ100m×60mの大きさをもつ平坦地が隣接しており、インカ期においてさまざまな儀礼行為が行われた広場であったと判断される。一方、東側にも同程度の面積の平坦地があり、何らかの遺構があると考えられるが、耕作地のため不明瞭である[4]。「バーニョス」主要部分の頂上部には、廃屋となっている現代家屋が2軒あり、その周囲には一部にインカ期の切石が再利用された現代の壁体がめぐっている[5]。

これまで、本遺跡については学術的調査がほとんどなされず、「バーニョス」の加工の様相も提示されていない[6]。筆者は、1999年に「バーニョス」主要部分の平面図の作製と表面からの観察行ったので、この際に得られたデータにもとづき、以下「バーニョス」主要部分について記述を行う（図2）[7]。

「バーニョス」主要部分でもっとも特徴的な加工要素は、その名称の由来でもあるバーニョ・デル・インカ（水槽状の遺構）である（図3、写真2）。この遺構は南北約110cm×東西約430cmで、深さ160cm〜180cm程度岩を彫り込んで構築されている。中央部には北側の一部を除いて間仕切りの壁

写真1　「バーニョス」全景（北から）　　写真2　バーニョ・デル・インカ（北から）

インカ国家における「切られた岩」の意味をめぐって　301

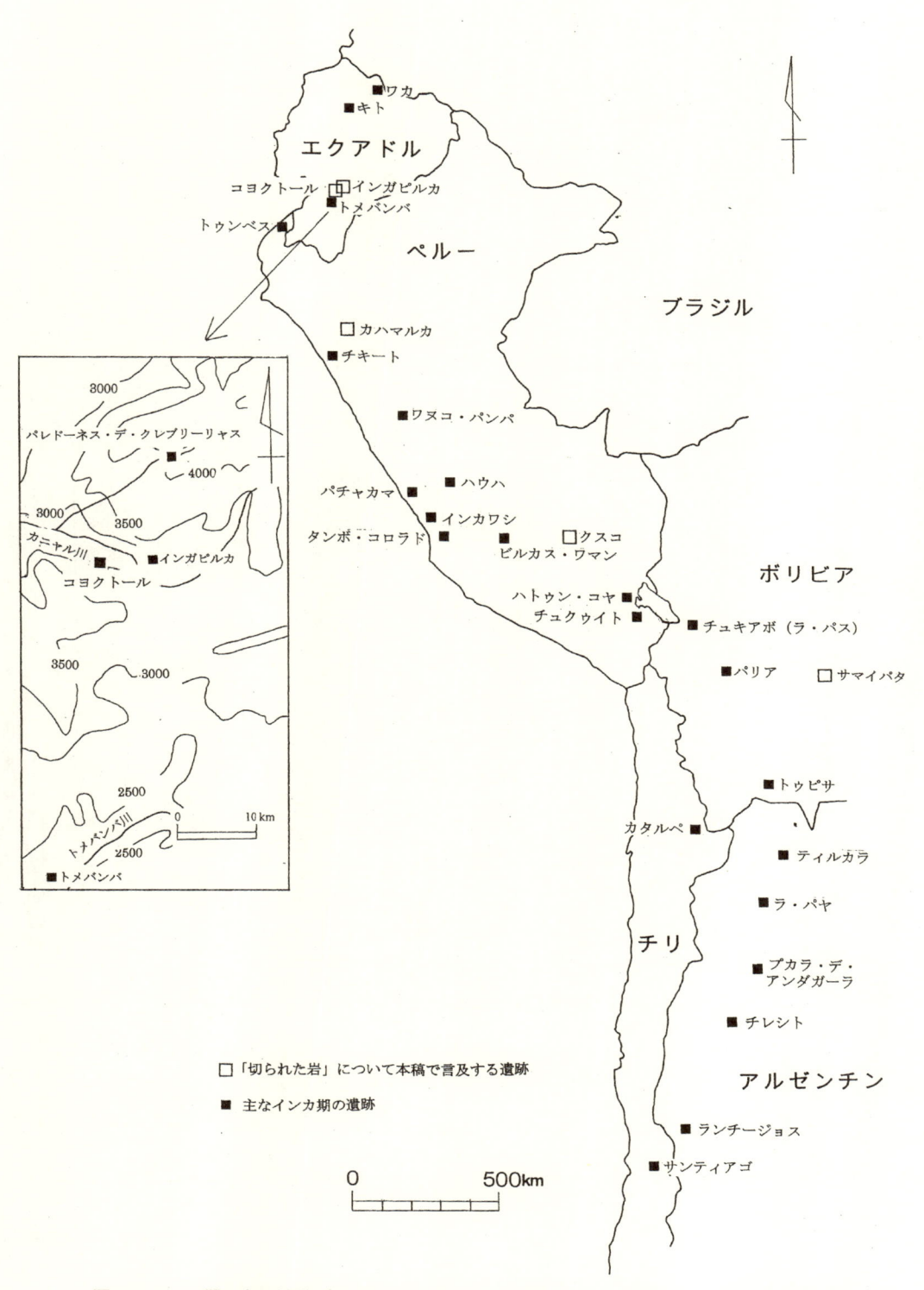

図1　インカ期の主な遺跡（John Hyslop, *Inca Road System* [Academic Press, 1984] より作製）

302 第Ⅱ部 南米編

Antonio Carrillo氏によるトレンチ

壁体の基部

切石による石組み

水路

壁体の基部？

切石による階段

椅子状ないし祭壇状の加工

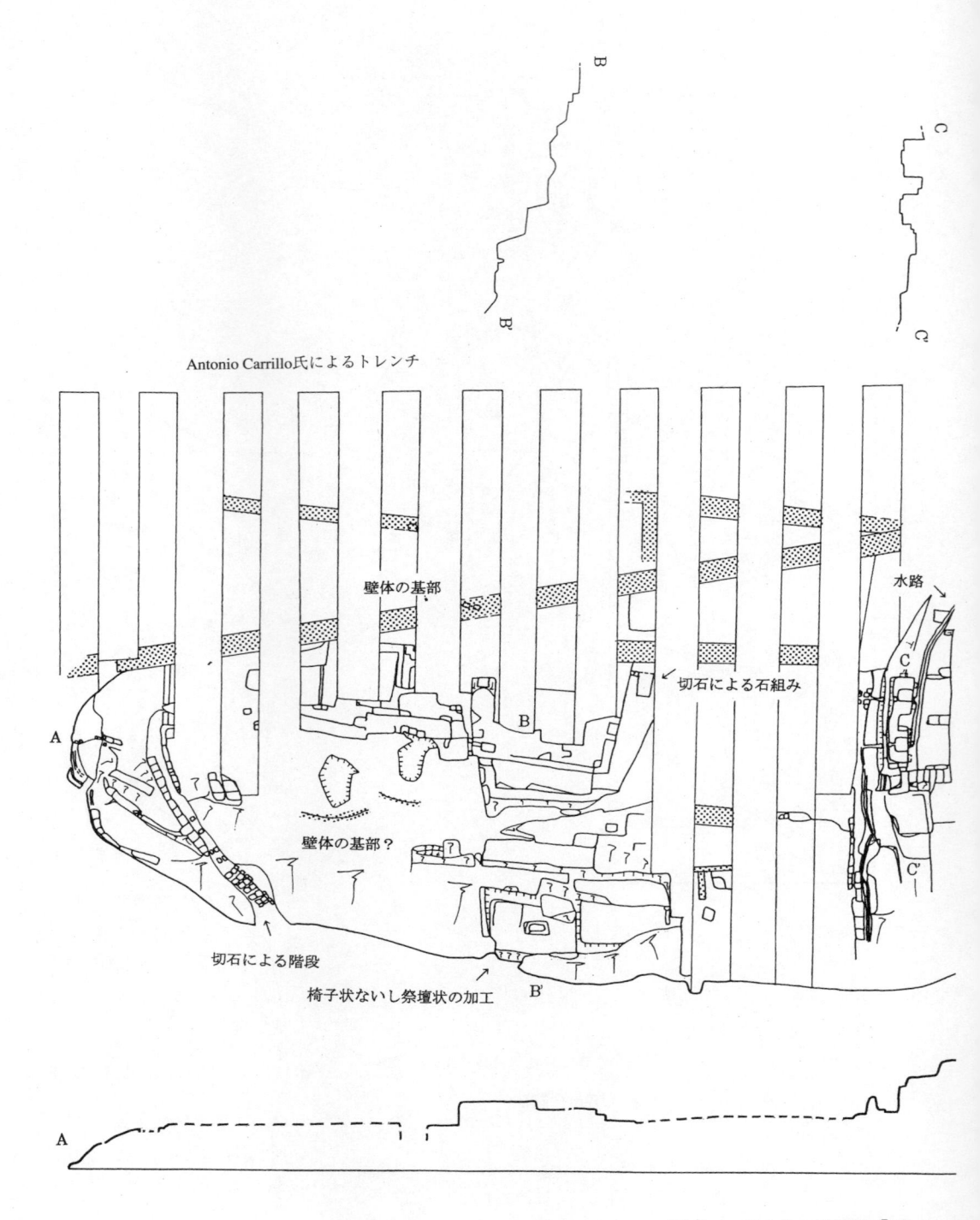

図2　コヨクトール遺跡「バーニ

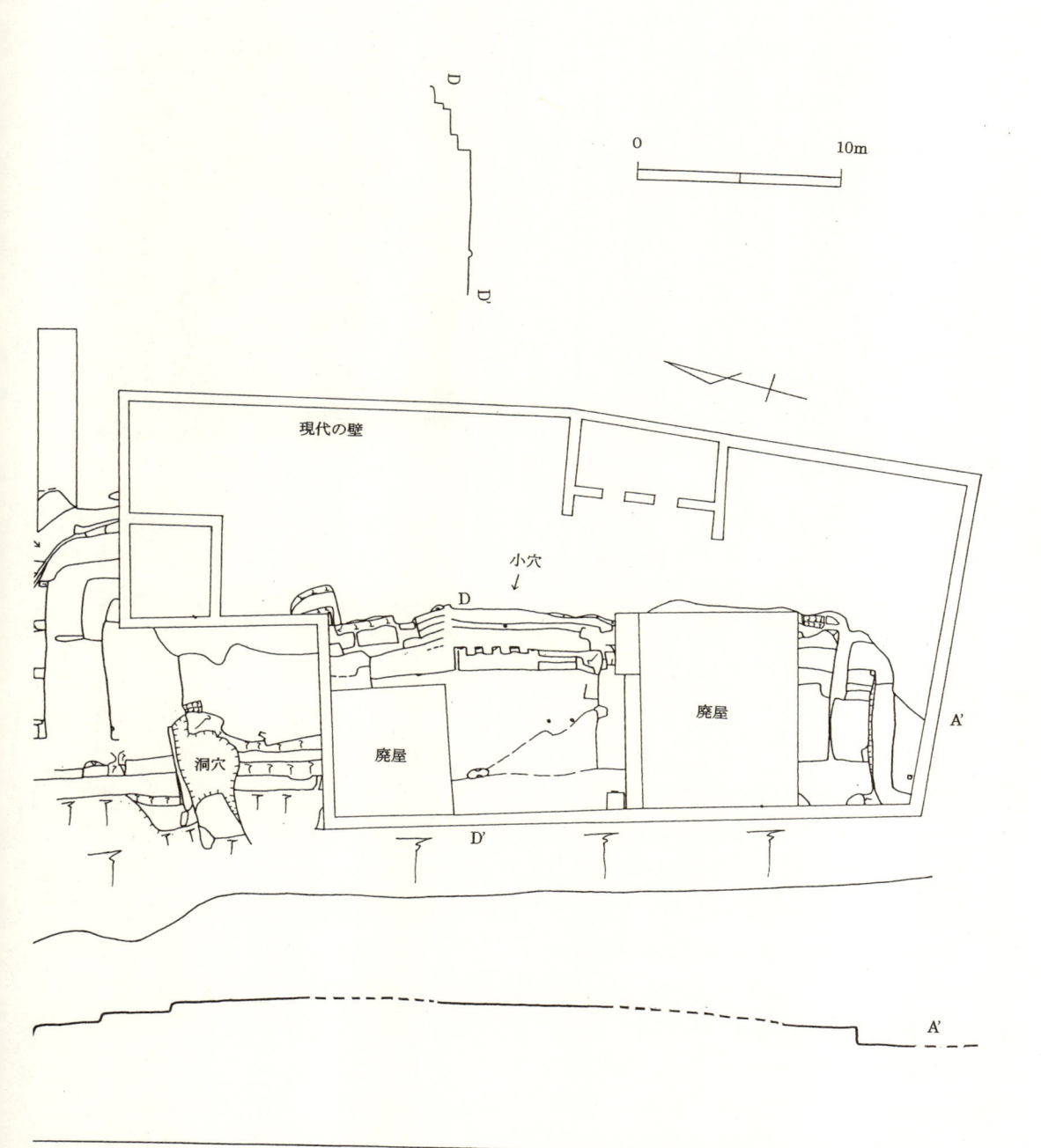

インカ国家における「切られた岩」の意味をめぐって　303

ョス」平面図・エレベーション図

写真3 バーニョにいたる水路（西から）

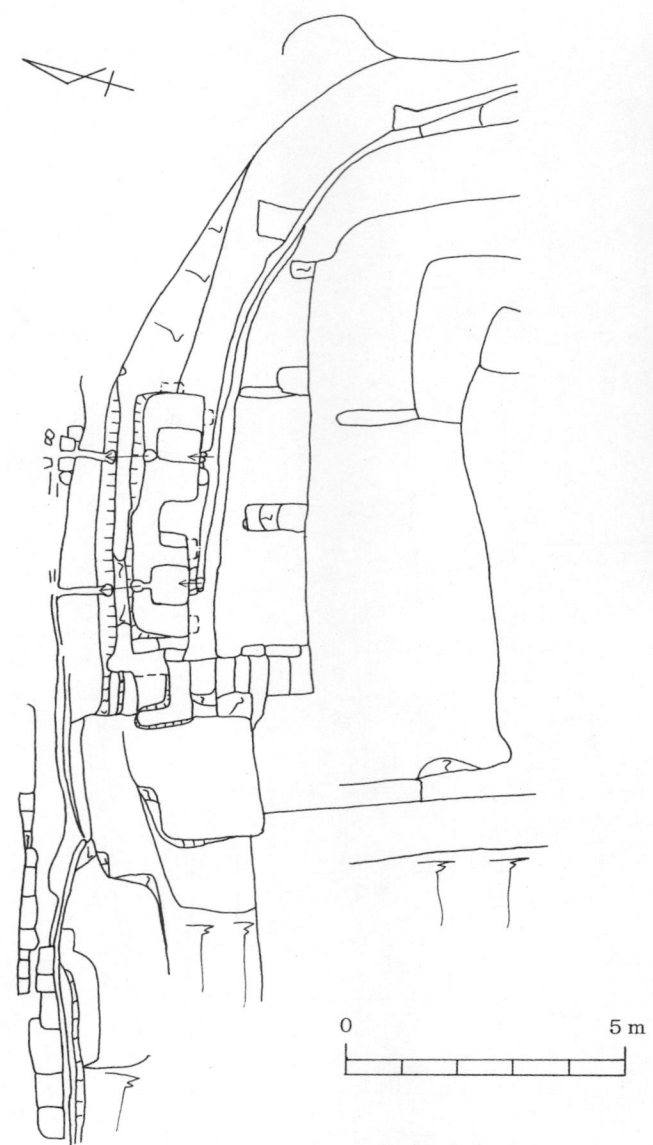

図3 バーニョ・デル・インカ周辺平面図

が彫り残されており、二つの水槽が連結したような形態をしている。それぞれの水槽底部には大きさ60cm×60cmで、深さ約20cmの浅い隅丸方形の彫込みが認められ、南側の壁には四つのニッチ（壁龕）が設けられている。本遺構の南側には、水槽へ水を導くための水路が配されている（写真3）。北側にも一部に切石を配した水路が東西方向に設けられ、水槽内部から貫通する穴を通って流れ出た水を西側にある広場方向へ流すようになっている（写真4）。この水路に沿って、広場から岩の露頭に上がるための階段も15段程度つくられている。また、バーニョ・デル・インカの西側に隣接して、北方向に岩の露頭を登る階段が設けられており、その途中から水槽内部にアクセスすることが可能である。バーニョ・デル・インカは、多くのインカ国家の遺跡に認められる主要な遺構であるが、管見では、岩に彫り込まれてつくられた事例は他に知られていない[8]。しかし、本遺構の形態は、他遺跡に見られる石組みによって構築された同遺構と酷似している。

　バーニョ・デル・インカの北側部分では、テラス状の段を始めとして「バーニョス」の頂部と西斜面に多くの加工がなされている。このうちとくに注目されるのは、広場に面してつくられた椅子状ないし祭壇状の加工である（写真5）。南北約150cm×東西約70cm、高さ約30cmの本遺構は、広場

写真4　バーニョからの水の出口（北西から）

写真5　椅子状ないし祭壇状の加工（東から）

写真6　テラス状の段（赤彩あり？　南西から）

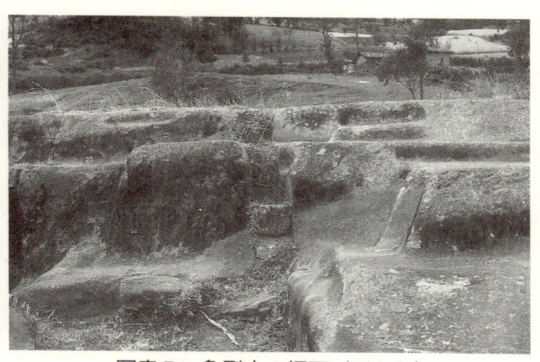

写真7　亀裂内の切石（西から）

写真8　切石による遺構（西から）

写真9　「バーニョス」北部の階段（東から）

とほぼ同じレベルまで岩を彫り下げて設けられたテラス上に位置し、東側が背もたれ状になっている。この遺構の東側、岩の露頭上には、「バーニョス」でもっとも精緻なテラス状の加工がなされており、赤彩が残存していると思われる箇所もある（写真6）。この周辺では、岩の露頭が平坦となるように亀裂内に切石が埋め込まれた状況や（写真7）、バーニョ・デル・インカ内部に見られたものと同程度の大きさをもつ浅い方形の彫込み、そしてインカ期に典型的な切石が配された箇所なども存在する（写真8）。

　さらに、「バーニョス」主要部分最北端には、広場から岩の露頭に登るための階段が20段以上認められる（写真9）。階段は岩の割れ目に配されており、広場に近い部分では割れ目の中に切石を配置することで踏み面を設け、階段の上方では岩自体を削ることでそれをつくっている。階段に

沿うように、岩には小さな浅い方形の彫込みが連続的に加工されており（写真10）、その一部には切石がはめ込まれていることから、かつて切石が列状に配されていたと考えられる。また、この周辺では水路も確認されるが、土に埋もれていて一部しか露出していないため、バーニョ・デル・インカ周辺に配されている水路との連続性は不明である。

　一方、バーニョ・デル・インカの南側を見ると、北側の状況とは異なり、岩の西側斜面（広場側）には加工の跡が認められず、東側斜面にさまざまな加工がなされている。この地区は、岩の露頭のもっとも高い部分に相当し、前述したとおり2軒の廃屋が存在する。このため全容を観察することはできないが、頂上部分には平坦な面が広がっており、そこに上がるための階段もつくられている。この平坦面は、東側の地表面から約220cm〜230cmの高さにあり、平坦面北西端にある高さ10cm程度の把手状の盛上がりと、直径約10cmの二つの円形の穴を除けば、明瞭な加工痕はほとんどない（写真11）。把手状の加工は動物を表象した彫刻の一部であった可能性がある（写真12）。平坦面の東側斜面には、3〜4段、テラス状の段がつくられている。この段差部分には、小穴が複数認められ（写真13）、上下両側から穿たれているにも関わらず、貫通していないものも存在する。この部分でもっとも特徴的なのは、幅・深さ・奥行きとも約50cmの大きさをもち、南北に四つ連続してつくられた椅子状ないし祭壇状の加工である（写真14）。この周囲には、190cm×50cmで深さ約60cm程度の方形の彫込みもあり、その底部には2ヵ所小穴が穿たれている。

　また、2軒の廃屋のさらに南側にもテラス状の段が4段つくられている。岩の露頭はこの部分で大きく南へ落ち込んでおり、「バーニョス」主要部分の南端として捉えることができる。しかし、

写真10　切石をはめ込むための加工（北から）

写真11　廃屋間の平坦面（南から）

写真12　把手状の加工（東から）

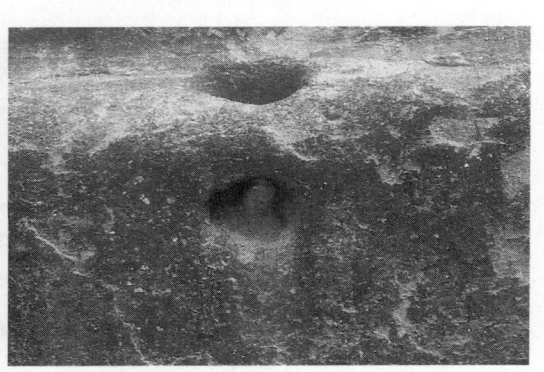

写真13　上下から穿たれた小穴（西から）

写真14　四つの連続する加工（北東から）　　写真15　洞穴（西から）

岩の露頭自体はさらに南側に続いており、一部には不明瞭ながら加工の跡が観察される。

さらに、「バーニョス」主要部分には、バーニョ・デル・インカ南西に一つ、北部に二つ、計三つの洞穴が存在しており（写真15）、後者は内部でつながっている。三つの洞穴のうち真ん中の洞穴では、開口部の際に切石を配置するためにつくられたと思われる小さな浅い方形の彫込みが連続的に加工されている。また、北寄りの

写真16　洞穴周囲の状況（東から）

二つの洞穴の周辺には覆土のため不明瞭なものの、壁体のラインが確認される（写真16）。したがって、洞穴そのものに加工の痕跡は明瞭ではないとはいえ、「バーニョス」全体のコンテクストの中で三つの洞穴が特別に意識されていたことが見てとれる。

以上のように、広場に面した「バーニョス」には、テラス状の段を始めとしてさまざまな加工が複雑になされている。岩の西側斜面に加工がなされている部分と東側斜面になされている部分があるなど、加工の方向性も多様であり、現状では「バーニョス」になされた加工全体を一定のコンテクストの中で解釈することは困難である。しかし、いくつかの特徴を抽出することは可能である。岩の露頭上にはバーニョ・デル・インカや水路が顕著に認められ、また複数の椅子状ないし祭壇状の加工も目につく。さらに、動物の彫刻であった可能性のある加工や三つの洞穴も特徴として挙げられる。いずれにせよ、亀裂を切石で埋め込んでいる一方で、複数の階段が配されていることから、実際に「バーニョス」上に登り、こうした加工をめぐって儀礼行為が行われたことは明らかであろう。次節では、このような「バーニョス」の特徴を踏まえ、他遺跡に見られる「切られた岩」のうち、主要な事例について検討する。

他遺跡に見られる「切られた岩」

「切られた岩」は、まず、クスコ周辺域で数多く認められる（図4）。たとえば、クスコ市北西部のサクサイワマン遺跡にはロダデーロの丘と呼ばれる巨大な岩の露頭があり、広場に面する岩の南側に多くの加工がなされている。とくにその最上部には、「インカの椅子」とも呼ばれる12面のき

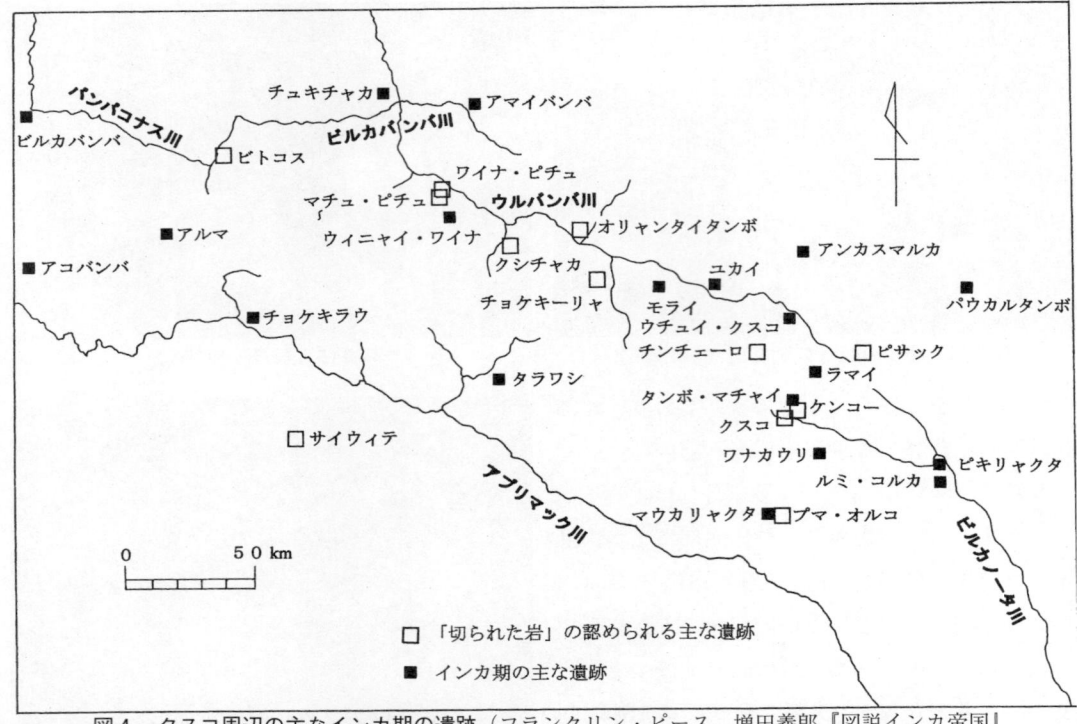

図4　クスコ周辺の主なインカ期の遺跡（フランクリン・ピース、増田義郎『図説インカ帝国』
　　　[岩波書店 1988] 図44より作製）

わめて精緻なテラス状の段が、北東－南西軸で連続的につくられている[9]。また、この丘の西方には切石が二重にめぐらされた円形の広場があり、その周囲には長辺で最大2～3mにすぎない小規模な「切られた岩」が多く存在している。加工に関しては、祭壇状の段のみを設けたものが大半を占めるが、中には階段やニッチが加工されているものもある。さらに、サクサイワマン遺跡から北に200mほどの場所には、長軸約17m・短軸約13m・高さ約7mの巨大な岩が存在する。この岩の全体は、数十cm平方の小さな段や階段、ニッチ状の加工などが複雑に加工されており、ケチュア語で「道に迷う場所」という意味をもつ「チンカナ」と呼ばれている。これは、岩のある場所が「太陽神殿」に通じる地下道の入口だとする信仰と関連している（Paternosto 1996[1989]:83）。さらに、この岩が水源としての意味をもっていたという指摘もあり（Sherbondy 1982a:21）、近年の発掘調査によって、石組みにより構築されたバーニョ・デル・インカが岩に隣接して配されていることが明らかとなった。

　サクサイワマン東方に位置するケンコー遺跡には、「大ケンコー」「小ケンコー」という緩やかに傾斜する二つの巨大な岩の露頭が存在している。双方とも多くのテラス状の段など、複雑な加工がなされているほか、ジグザグ状のものを始めとする多くの水路が認められる。さらに、「大ケンコー」には座ったピューマを表しているという高さ5m以上の柱状の岩がある（Paternosto 1996[1989]:69）。この部分は、弧を描く壁体で囲まれた広場に隣接しており、岩の内部には祭壇状の加工がなされた洞窟がある。一方、「大ケンコー」の南側に位置する「小ケンコー」は、岩の露頭全体が切石による壁体に囲まれているが、全体の加工の様相は「大ケンコー」と同質である。本遺跡には、

ほかにも小規模な「切られた岩」が複数存在しており、中には水路が認められるものもある。

　一方、クスコ市の南方40kmに位置する「プマ・オルコ」も、インカ期に人為的加工がなされた巨大な岩の露頭である[10]。この岩を調査したアメリカ合衆国の考古学者バウアー（Bauer 1992:109-123）によれば、さまざまに加工されている露頭の頂上部には、破壊されているものの2匹のピューマの彫刻が残存している。さらに、頂上部の周囲には石をはめ込むための浅い方形の彫込みが認められ、かつては石組みがめぐっていたことを示している。露頭の北側に存在する落石によって構築された幅6m・高さ4m・奥行き4mの洞窟を始め、岩の周囲には複数の洞窟や岩陰が認められる。

　クスコ市西方のアプリマック県のサイウィテは、段々畑・階段・水路など、地上世界の景観と多くのピューマ・蛙などの動物が具象的に彫刻された「サイウィテの石」と呼ばれる岩が配された遺跡として知られている。岩の側面には、地上と地下を分けるように1本の線がめぐらされ、側面南側にはピューマの顔がつくられていることから、「地下にピューマが宿り、その背中の部分（山）が地上世界だという観念」の存在が指摘されている（友枝・藤井 1992:92）。この岩は、遺跡の最高所につくられた基壇上に置かれており、その東側にはいくつかの部屋を伴う方形の構築物が存在している。この基壇の東部には急斜面上に22段のテラスが配され、中央の水路を水が流れ落ちるようになっている。このさらに東側には、主要なもので三つの「切られた岩」がまとまって存在する場所がある。これらの岩のうち「ルミワシ」と呼ばれるものは、高さ約2.2m・長軸6m・短軸4m程度の大きさをもち、中央部で真っ二つに割れている。この岩にはテラス状の段が加工されており、反対側には岩の内部をくり抜くように小部屋が設けられているほか、頂部に上がるための階段や水路のような溝も加工されている。これらの岩の周囲には、現状では不明瞭なものの、水路ならびに壁体の基礎部が残存している。

　クスコ市北西約30kmにあるチンチェーロも、きわめて多くの「切られた岩」が認められる遺跡である。同遺跡でもっとも知られた「切られた岩」は、「プマカカ」と呼ばれる岩である。本遺跡の広場の一部は壁体によって囲まれており、「プマカカ」は広場東側の壁体に組み込まれている。この岩にはテラス状の段が設けられているほか、長さ40cm程度のピューマの彫刻が少なくとも二つ認められる。また、広場の北側には「ティティカカ」と呼ばれる巨大な岩の露頭が存在している。この岩の中央部を通り抜けるように洞窟状の部分があり、そこには階段およびコンドルの彫刻が認められる。さらに、露頭の北側から頂部にかけて多数のテラス状の段や階段、ピューマやヘビの彫刻などが加工されている。この岩の地下には湖があるとされ、東に約400mほど行ったところにある「チンカナ」という別の「切られた岩」と地下水路でつながっていると信じられている（Sherbondy 1982a:22）。「チンカナ」の側には「メサカカ」と呼ばれる「切られた岩」もあり、テラス状の段が複数加工されている。このほかチンチェーロ遺跡には、祭壇状の段のみが設けられた長辺でも1m程度の小規模な岩など、多くの「切られた岩」が点在している。

　一方、クスコ市の北側にはインカ期の遺跡が多く点在する、いわゆる「聖なる谷」がビルカノータ川に沿って広がっており、「切られた岩」も多数認められる。たとえば、クスコの北東約40kmに位置するピサック遺跡には、頂部に「インティワタナ」と呼ばれる高さ約28cmの小突起をもった「切られた岩」が存在している（Uhle 1998[1913]:297）。この岩の周囲は精巧な石組みがめぐってお

り、頂部だけでなく側面などにも複数の突起が認められる。なお、この岩の周囲ではほかにも小規模な「切られた岩」が認められる。

　インカ期の代表的遺跡の一つであり、岩がちな場所に構築されているマチュピチュでも、やはり多くの「切られた岩」が認められる。たとえば、多くの墓が検出された遺跡の南端部には、「葬儀の石」と名づけられた長辺で3m程度の「切られた岩」がある。岩の上部は水平に加工され、階段も設けられているほか、東端には把手状の加工がなされている。広場の南西側には、一部曲線を描く精緻な壁体で囲まれた岩の露頭がある。この構築物は「太陽神殿」と呼ばれ、その下部には明瞭な加工が施された岩陰があり、頂上部にも不明瞭なものの加工が施されている。広場の西側には、「インティワタナ」と呼ばれる岩が存在し、約60cmの角柱がつくり出されているほか、祭壇状の加工を伴っている。広場の東側の一角には、地表上に「コンドルの石」と呼ばれる扁平な石の彫刻が配されている。また本遺跡では、背景にある山並を模していると思われる「切られた岩」が複数存在していることも特徴的であり、祭壇状の加工を伴っているものや周囲に切石がめぐらされているものもある。さらに、マチュピチュの北側に位置する峰は、老いた峰（マチュピチュ）に対して若い峰（ワイナピチュ）と呼ばれており、全体に岩が露出している頂上には、不明瞭なものの祭壇状ないし椅子状の加工が認められる。

　ビトコス遺跡は、マチュピチュ遺跡の西方約80kmのところにあり、フランシスコ・ピサロらによってインカ王アタワルパが殺された後、その異母弟にあたるマンコ・インカが征服者に抵抗するために一時期拠点を築いた場所として知られている（ティトゥ・クシ 1987[1570]:124-141）。この遺跡の調査者であるビンガム（Bingham 1912:52-54）によれば、祭壇状ないし椅子状の加工がなされたものや、内部にニッチ状の加工が設けられた洞窟を伴う岩を始め、本遺跡やその周囲にも複数の「切られた岩」が存在する。もっとも大きい岩は長軸15m・短軸9m・高さ7.5m程度の大きさの「ユラック・ルミ（白い岩）」と呼ばれるものであり、その東側から水が湧き出ているため周囲は湿地になっている。岩の上面には水路や祭壇状の加工がつくられており、北東側面には短い角柱状の突起が連続して設けられている[11]。

　こうした「切られた岩」は、クスコ周辺域にのみ認められるものではない。たとえば、ペルー北部高地のカハマルカ市のサンタ・アポロニアの丘には、一つの岩に半円形の祭壇状ないし椅子状の加工が複数なされた「切られた岩」があり、「インカの椅子」とも呼ばれている。また、コヨクトール遺跡の東方約7kmにあるインガピルカ遺跡でも、いくつかの「切られた岩」を確認することができる。とくに「インガチュンガナ」と呼ばれる岩は、二つに割れているものの中央部に水溜状の彫込みがあり、その周囲に蛇などの彫刻が施されている。クスコから遠く離れたボリビアのサマイパタ遺跡にも、「切られた岩」は存在している。この遺跡では、東西方向に延びる長さ約200m、幅約60mの巨大な岩の露頭に、テラス状の段や祭壇ないし椅子状の加工、ニッチ状の加工など、多様な加工がなされており、規模や構成要素の点で「バーニョス」と類似している。

　以上のように、「切られた岩」には長軸で1m程度のものから数百mに及ぶ岩の露頭までさまざまな事例が存在し、その様相もきわめて多様である。しかし、多くの事例に共通する加工要素や特徴を抽出することは可能であり、「バーニョス」と共通して認められる要素も多い。まず、岩に水

平な段をつくることは、ほとんどの「切られた岩」で共通して見られる加工要素である。大きさは、数十cm平方の小さいものからテラス状のものまで多様であり、そのほとんどは方形であるものの、カハマルカの事例のように半円形や円形を呈する場合もある。最大でも長辺で2～3m程度の岩の場合、このような水平の段が一つないし少数設けられているだけのことが多い。コボ（Cobo 1979[1653]:20・22・30）によれば、チャチャコマカハという木の「ワカ」に隣接して供犠のための場所として石があったと述べられているほか、パチャトサという「ワカ」では「犠牲は岩の上で焼かれた」と記されており、サクサイワマン遺跡の「インカの椅子」にも供犠が捧げられたことが述べられている。したがって、ヒスロップ（Hyslop 1990:103）もいうように、椅子に似た形状をもつことから「インカの椅子」と呼ばれているものも含め、水平に加工された段は供犠のための祭壇であったと解釈することが可能となる[12]。大規模な「切られた岩」には、多くの場合、階段状の加工が設けられており、「バーニョス」と同様に岩の上で儀礼が執り行われたと考えられる。したがって、そこにつくられているテラス状の段の一部は供犠のための場であったと考えられる。「バーニョス」やプマカカのように広場に隣接している事例があることも、「切られた岩」が儀礼の場として機能していたことを明瞭に示している。しかし、サクサイワマン遺跡北方の「チンカナ」のように、小規模な段が無数といってよいほど多くつくられていることもあり、この場合、次節で後述するように岩を加工する行為そのものの意味を含めて考察する必要がある。

　水路など、水と関連する加工要素は、これまで水をめぐる儀礼と関わると指摘されてきた。たとえば、ケンコー遺跡は水路の多さなどからそのような儀礼と関連していると解釈されている（Carrión Cachot 1955:18）。また「サイウィテの石」は、その側面にいくつか穴が穿たれており、岩にかけた液体が地面にまで流れ落ちるようになっているのに加え、岩上に彫刻された猫科動物も川の流れを見守る位置にいることから、やはり水をめぐる儀礼と関連していると考えられている（Carrión Cachot 1955, 友枝・藤井 1992:92-93）。この岩は、前述したように、遺跡のコンテクストにおいても水との関連性が強く示唆されている。さらに、バーニョ・デル・インカが実際に確認されたサクサイワマン遺跡北方の「チンカナ」や、地下水路でつながっていると信じられているチンチェーロ遺跡の「チンカナ」と「ティティカカ」に見られるように、水源への近接性も「切られた岩」のもつ重要な特徴の一つとして挙げられる。これは、ファン・デ・フッチ（Van de Guchte 1990）も多くの事例を挙げて繰り返し指摘している特徴であり、先述したようにビトコス遺跡の「ユラック・ルミ」の側からは、実際に水が湧き出ている。

　「切られた岩」に伴う洞窟については、「プマ・オルコ」の事例が示唆的である。インカの起源神話には、始祖マンコ・カパックがクスコ南方にあるタンボ・トコという洞窟から生まれるというヴァージョンがある。バウアー（Bauer 1991:17-18）は、文書資料ではタンボ・トコが加工されていると描写されていることから、現在タンボ・トコと呼ばれている自然の洞窟は本来のタンボ・トコではないと考え、起源神話中に現れる地名と現存する地名を比較検討した結果、「プマ・オルコ」こそマンコ・カパックの出自の場所であると述べている。さらに、洞穴が墓地あるいはミイラの安置所として利用されたという見解もある（たとえばUhle 1998[1910]:287, Van de Guchte 1990:14・150-151）。

また、「バーニョス」では明瞭に残存していなかった動物の彫刻については、多様な解釈がなされている。たとえば、ピューマなどの猫科動物については、雨や灌漑、つまり水と深く関わるシンボルであるとか（Zuidema 1985:241）、地下性を象徴するものであるといった意見が提出されている（友枝・藤井 1992）。

　一方、いくつかの「切られた岩」で共通して認められながら、「バーニョス」では確認されない要素もある。まず「インティワタナ」と呼ばれる突起については、一般的に太陽の運行の観察と関わっていたとされるが、ピサック遺跡のように一つの「切られた岩」に複数の突起が認められたり、岩の側面に突起が設けられている事例もあって判然とせず、祭壇状の加工を伴うことが多いことも指摘されている（Uhle 1998[1913]:295-299）[13]。また、「サイウィテの石」のように具象的に景観が彫刻されている事例は例外的であるものの、マチュピチュ遺跡に存在する多くの事例のように、山並みを模していると考えられる「切られた岩」も、「バーニョス」には認められれない要素である[14]。

　このようにさまざまな事例を対比しても、「バーニョス」をはじめとする「切られた岩」全体について、その機能や意味を解釈する単一の枠組みを導くことはできない。しかし、多くの事例に共通する諸特徴がそれぞれ意味や役割を有し、儀礼行為の一部を担っていたことは明らかである。ここで問題となるのは、どのような背景をもって「切られた岩」がこうした多様な儀礼的意味をもちえたのかということであり、アンデス先住民の世界観における岩や石の意味を考察することが必要となってくる。

アンデスにおける岩や石の意味

　はじめに述べたように、アンデス地域においては岩や石がきわめて重要な存在であった。文書資料を見ても、さまざまなコンテクストで岩や石が記述されている。

　まず、16世紀の記録者シエサ・デ・レオン（1979［*c.*1550]:25）が採録した神話では、アンデスの創造神とされるティシ・ビラコチャが岩から水を湧き出させており、岩と水源の関わりが明確に示されている。アリアーガ（1984[1621]:408・583）の記録には、灌漑用水に関連して崇拝されていたという岩が挙げられており、神話の世界だけでなく先住民社会において水と関連する岩が実際に崇拝の対象となっていたこともわかる。さらに、以下のような記述も認められる。

> ヤモールの村の上で、私たちはリビアック、すなわち稲妻の「ワカ」を除きました。これは稲光によってまんなかを割られた大きな石でたくさんの土地の羊〔リャマやアルパカ〕その他のものが犠牲として捧げられていました（アリアーガ 1984[1621]:484,〔〕内は訳者による）。

　この記述で注目したいのは、登場する稲妻の「ワカ」が「稲光によってまんなかを割られた大きな石」であるという、「切られた岩」を示す記述がなされている点である。インカ時代において、稲妻は創造神・太陽神と並ぶ重要な崇拝対象の一つで、チュキイリャなどと呼ばれていた。16世紀の記録者モリーナは、このチュキイリャが雷鳴や雷光を伴い雨をもたらすと述べている（Molina 1959[1572]:35-36, 44-62）。したがって、「稲光によってまんなかを割られた大きな石」という記述は、岩と稲妻との関連だけでなく、岩と雨あるいは水の直接的な関わりを示すといえる。

　当時、チュキイリャのように天候を操作する存在は、山の神としても捉えられていたことが明ら

かである。1600年前後にペルー中央高地で採取されたワロチリ神話には、稲妻や雨を操る神であり山でもあるパリア・カカが登場する（Salomon and Urioste 1991）。16世紀にペルー北高地のワマチューコ地方で採録された神話（Agustinos 1918[1557]:21-22）では、カテキルという神がオンダ（投石紐）で石を投げることで雷鳴や稲妻が起きると恐れられており、地域でもっとも高い岩山の上の三つの大きな岩が崇拝の対象になっていたという。この神話には、天候を操作する山岳神のイメージとともに、雷の神と山、そして岩の関わりが明瞭に示されている。

　アンデス先住民社会において「切られた岩」に伴うことも多い洞穴が、出自の場として捉えられていることは前述したとおりである。岩や石そのものも、こうした出自の場として記述されている。偶像崇拝根絶運動の記録を残しているアルボルノスは、以下のように記述している。

　　前述したように、インカに属する前にあったワカの主要な種類には、自然の創造者を意味し、彼らがパカリスカと呼ぶものがある。パカリスカは、地方によって異なった形と名前をもち、あるものは石で、あるものは泉や川で、あるものは洞穴で、あるものは動物や鳥で、あるものは木や草であり、インカたちがタンボ・トコと呼ばれる洞穴であるパカリクタンボから現れたといわれているのと同様に、彼らはそういった多様なものから生まれ、その子孫であるといわれており、アンガラとソラの人びとは、チョクロ・コチャという湖が祖先であり、ペルーのすべての地方で同様である（Albornoz 1984[1582]:197）。

　アンデス地域の世界観においては、各水源は地下の水脈でつながっており、祖先たちはこうした水脈に沿って地下世界を旅し、それぞれの水源から登場したと考えられている（Sherbondy 1982b: 120-125）。したがって、出自の場として選択される場所の多くは、泉や湖といった水源そのものや水源と関わるものである[15]。つまり、岩や石が出自の場として選択されるのは、岩や石が水源としての意味をもっているからだと考えることが可能になる。さらに、アリアーガ（1984[1621]:389-390・394）によれば、洞窟・岩陰はマチャイと呼ばれ、ミイラを安置して祖先崇拝の場ともなっていたとされ、その状況は多くの遺跡でも確認されている。出自の場である水源は、死者が帰っていく場であるともされることから（Sherbondy 1982b:121・124）、祖先のミイラを安置する場所として洞窟や岩陰が選択されたことも理解される。

　以上のように、アンデス先住民の世界観において、岩や石は水をめぐる観念、そして出自の場という観念と直結する意味を有していたことが明らかである。こうした観念は、アンデス先住民社会において根幹的な重要性を帯びた豊穣や繁殖の観念と直接的に関係するものであり、岩や石が重要な儀礼の場となっていたことも理解することができよう。しかし、インカ期の遺跡やその周辺に無数といって良いほど見られる岩や石は、必ずしも人為的加工を受けているわけではない。前述したように「切られた岩」の中には、単に祭壇や水路などの構築を目的としたと考えられないような加工痕が認められるものもある。したがって、どのような意味合いで岩に加工が施される必要があったのかという点を考察する必要がある。

　まず、前節で触れたように、マチュピチュ遺跡に存在するいくつかの「切られた岩」は、その背後にそびえる山々の姿を模して加工されていると考えられるし、サイウィテの石には具象的に地上世界の景観が彫刻されている。アンデスにおいて、山は雨をもたらす神々が宿り、水源とも捉えら

れていることを考慮すれば、崇拝の対象となった山並を模すために岩の加工が行われた可能性を指摘しうるだろう。クスコ近郊のワナカウリという丘は、インカの起源神話の中で始祖マンコ・カパックの兄弟が石になった場所とされ、きわめて重要な崇拝の対象であった。コボ（Cobo 1979[1653]:35）によれば、このワナカウリの形をした石が「ワカ」として捉えられていたという。「切られた岩」が周囲の景観を模倣する意味をもっていたというのは、ファン・デ・フッチ（Van de Guchte 1990）が繰り返し強調する主張でもある。

一方、コボ（たとえばCobo 1979[1653]:18・30）は石切り場の「ワカ」を複数挙げており、切石を採取する石切場も崇拝の対象となっていたことが明らかである。クスコ市近郊のカリャチャカ遺跡がそのうちの一つに比定されており、実際に「切られた岩」が点在する様子が確認されている（Niles 1987:183-190, Cobo 1979[1653]:34）。こうした石切場において石が切り出された痕跡は、「切られた岩」に認められるきわめて多くの水平の段と類似した特徴をもつ。この状況は、「切られた石」に認められるきわめて多くの水平の段が、石を切り出した跡である可能性を示唆するものである。

また、実際に膨大な数の小規模な段が残されている事例としては、先述したサクサイワマン遺跡北方の「チンカナ」が挙げられる。この岩は、移動させることが不可能な岩の露頭であることが明らかである（Hyslop 1990:115）。しかし、「チンカナ」は、多くの文書資料において、運搬中に疲れて動けなくなったため現在ある場所に残されたという「ピエドラ・カンサーダ（疲れた岩）」として言及されている（Van de Guchte 1984:548）。たとえば、先住民の記録者ワマン・ポマは以下のように述べている。

> トパ・インガ・ユパンキ［第10代インカ王］の息子で第9代の指揮官インガ・ウルコンは、複数の石をクスコからワヌコへと運ぼうとした。しかし、一つの石が疲れた、もう動きたくないといって血の涙を流した。ワイナ・カパック・インカ［第11代インカ王］は、この岩をクスコから何千レグアも離れたキト、トゥミ、ノボ・レイノ［それぞれクスコから見て北方の地名］に運ぼうとしたが、今日までその場所に残っている（Poma 1993[*c*.1615]:125[160-162]、［ ］内は筆者による。以下同様）。

動かすことが不可能な巨大な岩の露頭を動かすという神話的記述については、複数の地域の関係性を示すという解釈がなされている（Van de Guchte 1984:544）。前述のように、出自の場が地下水脈でつながっているという観念があることを考慮すれば、こうした可能性も否定できないだろう。しかし、より現実的に、他の場所で構築物をつくるためピエドラ・カンサーダから切石を切り出して運んだという可能性もある。たとえば、インカ王の血を引く記録者ガルシラソ・デ・ラ・ベガ（Garcilaso 1963[1609]:288）は、ピエドラ・カンサーダの移動の目的地を「建物」としており、石壁を構築するための建材としてこの岩の一部が運ばれたことを示唆している。さらに、インカ国家の建造物の一部に、特別な意味が与えられていた文書記録も認められる。たとえば、コボ（Cobo 1979[1653]:20）は、サクサイワマン遺跡の壁体の一部を構成する巨大な石のブロックが3度落下して人間が犠牲になり、呪い師が石に尋ねたところ、このままにすると全員に悪い結果をもたらすと石が答え、以後「ワカ」として崇拝されたという神話を採録している。また、シエサ（1979

[c.1550]:349）は、出自の場を記念するために壁をつくり崇拝の対象としたと述べており、さらに、建物を構築するための切石が遠隔地から運ばれたことを示唆する以下のような記述を残している。

　[トメバンバの]太陽の神殿は、きわめて巧妙に整形された石でできており、それらの石のうちのあるものはひじょうに大きい。中には黒い荒い石もあるし、また碧玉のように見える石もある。あるインディオたちは、これら宿泊所や太陽神殿を作っている石の大部分が、グァイナカパ[ワイナ・カパック]とその父トパインガの命により、クスコから太い綱で引っぱってこられたものだ、と言いたがっている（シエサ 1979 [1553]:326）。

　実際に、クスコ近辺から運ばれたと考えられる切石がエクアドルにおいて確認されている（Ogburn 2004）。出自の「ワカ」を飾っていた織物の切れ端を移住地にもっていくと、その切れ端自体が「ワカ」となって、結果的に出自の場所が増えたという記述があり（Albornoz 1984[1582]:199）、このような観念は「聖なる」切石を「聖なる」岩から切り出しても、その意味は失われないという思考に通じるものであろう。

　これまで述べてきた要素に加え、「切られた岩」の背後では岩を切る行為そのものが特別な意味を有していた可能性もある。まず、ピエドラ・カンサーダをめぐるポマの記述に見られるように、アンデスにおいては岩や石が人格化されるという特徴が認められる[16]。一方、17世紀後半、クスコ派画家によって描かれたインカ国家最後の王、アタワルパの処刑を題材とした絵画では、実際には絞首刑とされたアタワルパが斬首として描かれ、史実には認められない虹や雨が描き込まれている。このことに注目した民族学者の友枝（1992:230-253）は、ペルー南海岸のナスカ土器（100～800年頃）に見られる首切りのモチーフが農作物の豊穣のモチーフと関連して現れることや、現代ボリビアにおけるジャガイモ植付けの際の儀礼に、クイ（テンジクネズミ）の首を爪で切り裂いて血を空中や大地に散らし、コカの葉と一緒に地中に埋めるという事例があることなどから、アンデスにおいて首切りのモチーフと雨や水や豊穣性が連合するのはごく自然なことだと論じている。ピエドラ・カンサーダが「血の涙を流す」という記述は人格化された描写であるのと同時に、血液あるいは液体との関わりを示唆している。そして、ピエドラ・カンサーダは、実際に人為的加工を受けた「切られた岩」であり、水源とも捉えることが可能なバーニョ・デル・インカが岩の一部を利用して設けられている。したがって、人格化されて捉えられる岩を「切る」行為を、友枝の考察した首切りのモチーフと同様、岩から血液あるいは水を噴き出させる、いい換えれば豊穣や繁殖をもたらすという意味として捉えることも可能になるだろう。

まとめ

　以上、コヨクトール遺跡の「バーニョス」の基礎資料を基盤としながら、インカ国家の遺跡に無数といって良いほど見られる「切られた岩」について考察してきた。本論を通じ、アンデス先住民の世界観において岩や石は重要な意味づけがなされており、とくに水あるいは豊穣や繁殖といった観念と直結する物質であることが明瞭となった。「バーニョス」に見られる加工要素の中で、もっとも顕著なものは、バーニョ・デル・インカや水路などの水をめぐる加工である。さらに、岩や石を「切る＝加工する」行為そのものが、水を噴き出させる意味を有していた可能性もある。いわば、

もともと水と直結する意味を有する岩に人為的に水と関連する施設を加工することで、水をめぐる意味が二重三重に強調されていることになる。いうまでもなく、農耕社会を基盤としたインカ国家において、水はきわめて重要な意味をもち、文書資料中に記された代々のインカ王の事績としても、水利は重視されている（Sherbondy 1982b:12-13）。「バーニョス」には、インカ国家あるいはインカ王が、水・豊穣・繁殖を人びとにもたらすという観念が表象されていたと考えることができよう。

また、岩・石・洞穴は、出自の場としての意味合いも有していた。前述したように、プマ・オルコに伴う三つの洞窟はインカ王族の出自の場とされ、プマ・オルコの人為的加工は起源神話を事実としてインカ王による支配を正当化しようとするインカ国家側の政治的な行為だと解釈されている（Bauer 1991, 1992:109-123）。「バーニョス」にも、切石を伴う三つの洞窟が存在する。エクアドル領域には、クスコとは別のインカ王の系譜があった可能性が少なくなく、「バーニョス」は、これと関連した出自の場としての意味を付与されていた可能性も考慮して良いだろう。

はじめに述べたように、岩や石をめぐる儀礼的観念は、変容を経ながらも現在にまで継承されていることが明らかである。しかしながら、これにはインカ期のように岩や石の加工が伴っているわけではない[17]。また、インカ以前においても岩や石は重要であったと考えられるが、インカ期と同様のスタイルをもつ「切られた岩」は認められない[18]。したがって、「切られた岩」はインカ国家に特有なものと判断することができる。文書資料中にはさまざまな出来事を記念し、インカ王の命で石や岩がつくられたり置かれたりしたという記述も認められる[19]。以上の状況から、インカ国家は豊穣性あるいは出自（起源神話）を現実に視覚化し、インカ王の支配を権威づける行為の媒体として、「切られた岩」を利用していた可能性がある。

「切られた岩」をめぐる意味は、先述のとおり先行研究でも十分に明らかになってはおらず、本論を通してその意味の重層的意味合いが確認された。今後は、本稿で提示したように比較考察を容易にする図面などの基礎資料の充実が求められるし、発掘によって「切られた岩」の周囲でなされた行為を確認していくことも重要であろう。

　本稿は、1999年度早稲田大学文学部提出の卒業論文、2002年度同大学院文学研究科提出の修士論文の一部をもとに大幅に書き改めたものである。

註
1) このような記述は、Garcilaso（1963[1609]）を始めいくつかの文書資料で認められる。
2) 「イリャ」を使用する儀礼については、Flores Ochoa（1976）, 友枝（1978・1980・1984）、細谷（1997:56-91）などを参照のこと。
3) 「切られた岩」をめぐっては、Uhle（1998[1910]）、Paternosto（1996[1989]）、Hyslop（1990:102-128）、Van de Guchte（1990）、Stanish（2004:272-276）などによる研究がある。
4) 筆者は未確認であるものの、ヤナカウリと呼ばれる「バーニョス」東方の山は自然の日時計として機能し、インカ期以前よりこの地域に居住するカニャリの人びとに神聖視されていたとされ、「バーニョス」周辺には他にも考古学的な遺構が存在しているという（Siguencia Pinos 1995）。こうした遺構がインカ期に属すものか、それ以前のものかも不明であるが、「バーニョス」以外にも広場に隣接していくつかの岩が存在しており、不

明瞭なものの、インカ期に加工された可能性が高いものもある。

5) コヨクトールの住人の話によれば、数十年前に建てられたという廃屋の下には、岩に彫り込まれた水路などが存在しており、家屋の建設にあたっても、「バーニョス」の表面には手を加えていないということであった。廃屋の床の一部が開閉式となっており、そこを開けて岩の一部を観察したものの、観察可能な範囲では、明瞭な加工の跡を確認することはできなかった。

6) コヨクトール遺跡については、その存在に触れている研究（Van de Guchte 1990:369, Idrovo 2000:76）のほか、周辺域を含めてコヨクトールを紹介するシゲンシア・ピノスによる著書（Siguencia Pinos 1995）もあるが、内容は概略的なものである。「バーニョス」そのものについては、エクアドル文化庁（当時）のアントニオ・カリーリョ（Antonio Carrillo）氏によって、表面清掃とトレンチを用いた部分発掘が行われたが、報告書は作成されていない。

7) エクアドル文化庁クエンカ支部の依頼を受け、ムユブンゴ考古学プロジェクト（研究代表者：大平秀一）の一環として、1999年9月に行われたものである。平面図は平板測量を用い、縮尺40分の1で作製した。なお、発掘は実施していない。

8) マチュピチュ近郊に位置するチャチャバンバ遺跡では、重要視されていたと考えられる岩の周囲に14のバーニョ・デル・インカが配されている（MacLean 1987:41-42）。

9) 12段であることから、12ヵ月と関連しているという指摘や、太陽の昇る方向にあり聖なる山として考えられていたアンサンガテ山を指向しているという解釈もある（Paternosto 1996[1989]:79）。

10) この岩はコボの記録にも登場するが、そこではセケの終わりを示す石だとしか触れられていない（Cobo 1979[1653]:34）。

11) 17世紀初めの記録者カランチャ（Antonio Calancha）は、ビトコス近郊の「太陽の家」と呼ばれるところに、チュシパルパという名の泉が湧く白い岩山があり、そこに悪魔が住んでいると記録しており、「ユラック・ルミ」がこの岩に比定される（Bingham 1912:55）。

12) インカ王が座ったとされるものとしては、ウシヌと呼ばれる遺構も挙げられる。ウシヌは、一般的に広場と関連して設けられる基壇であるが、ポマ（Poma 1993[c.1615]:303[398]）はウシヌに座ったインカ王の姿を描いており、ウシヌの上に椅子状の石が配されているビルカスワマン遺跡という事例もある。

13) 「インティワタナ」については、ウシヌであるとする見解もある（Hyslop 1990:73）。

14) クスコ近郊のカリャチャカ遺跡では、岩を加工して景観を模すのではなく、岩の上部に背後の山並みを模すように石組みの壁を構築している事例がある（Niles 1987:113-114）。

15) たとえば木は、古木がしばしば水の湧き出るところの近くに生えていることから水源と関わりをもつ（Sherbondy 1982b:124）。アリアーガ（1984[1621]:405）は、「はんのき」が崇拝されていた事例を記録している。これは、はんのきが一般に湿地帯を好んで繁殖するという性質と関わっていると想定される。

16) アリアーガ（1984[1621]:400）も、人間が石になってしまったという伝説が数多くあるという記述を残している。

17) インカ国家のイデオロギーは、あくまで国家のイデオロギーであり、先住民諸社会一般にそのまま根づくことはなかったとされる（van Buren 2000:86-87）。

18) まったく新しいイデオロギーを創出するよりも、それまであったものに新しいイデオロギーを接合することによって、強固なイデオロギーは生まれると主張されている（Conrad 1992:165）。インカ期と様相が異なるとはいえ、形成期（紀元前2500年頃～）以降、アンデス高地においては石彫が重要な意味をもっていたことを考えれば、岩や石をめぐる意味の重要性はおそらくインカ期以前に遡るものであると考えられる。インカ国家のイデオロギーを、こうした岩や石を媒体として表出することは、まさに強固なイデオロギー創出の手段

としてふさわしいものであったといえよう。

19) シエサ（1979 [c.1550]:173）は、第6代インカ王インカ・ロカの死後、第7代のインカ・ユパンキ（ヤワル・ワカック）が即位する場面において、クスコに「戦いの石」と呼ばれる「金と宝石をはめこんだ大きな石がつくられた」ということを記録している。第9代のインカ王とされるパチャクティがヘビの助けを得た敵を倒し、ヘビが加工された岩を置かせたという記録も認められる（Pachacuti Yamqui 1950[1609]:245, Van de Guchte 1990:70）。

参考文献

アリアーガ，パブロ・ホセ・デ（増田義郎訳）　1984[1621]　「ピルーにおける偶像崇拝の根絶」『ピルー王国史』大航海時代叢書Ⅱ 16（増田義郎・旦敬介訳）、371-606頁、岩波書店（Extirpación de la idolatría del Piru by Pablo José de Arriaga. 1621）。

シエサ・デ・レオン，ペドロ・デ（増田義郎訳）　1979 [c.1550]　「インカ帝国史」『インカ帝国史』大航海時代叢書Ⅱ 15、17-312頁、岩波書店（El Senorio de los Incas by Pedro de Cieza de Leon .1967[c.1550]）。

シエサ・デ・レオン，ペドロ・デ（増田義郎訳）　1979[1553]　「ペルー誌第一部」同上、313-382頁、岩波書店（Parte pirmera dela chronica del Peru by Pedro de Cieza de León.1553）。

ティトゥ・クシ・ユパンギ（述）（染田秀藤訳）　1987[1570]　『インカの反乱 被征服者の声』岩波文庫（Ynstrución del Ynga Don Diego de Castro Titu Cussi Yupangui para el muy ilustre señor el Licenciado Lope García de Castro…. 1570の邦訳）。

友枝　啓泰　1978　「セニャル儀礼の増殖表象―中央アンデスの家畜増殖儀礼―」『国立民族学博物館研究報告』Vol. 1、No. 3、1-39頁。

友枝　啓泰　1980　「セニャル儀礼の呪物イリャ」『国立民族学博物館研究報告』Vol.5、No. 4、1047-1071頁。

友枝　啓泰　1984　「コノパ＝イリャ信仰」（増田・旦訳）前掲書、補注 九、631-638頁。

友枝　啓泰　1989　「石の呪力」『アンデス文明』大アンデス文明展図録、95頁、朝日新聞社。

友枝　啓泰　1992　「テクストとしての『新しい政治と良き統治』」『アンデスの記録者ワマン・ポマ　インディオが描いた＜真実＞』（染田秀藤・友枝啓泰編）第 4 部、229-271頁、平凡社。

友枝啓泰・藤井龍彦　1992　「ジャガー神からビラコチャ神へ」『ジャガーの足跡』（友枝啓泰・松本亮三編）、71-94頁、東海大学出版会。

細谷広美　1997　『アンデスの宗教的世界 ペルーにおける山の神信仰の現在性』明石書店。

Agustinos　1918[1557]　Relación de la Religión y Ritos del Peru hecha por los Primeros Religiosos Agustinos（Huamachuco）. H. Urtega y C. Romero (ed.), Colección de Libros y Documentos Referentes a la Historia del Perú, T.XI. Lima.

Albornoz, Cristóbal de　1984 [1584]　La instrucción para descubrir todas las guacas del Perú. Pierre Duviols (ed.), Albornoz y el espacio ritual andino prehispánico. Revista Andina 2(1):169-222. Cuzco.

Bauer, Brian S.　1991　Pacariqtambo and the Mythical Origins of the Inca. Latin American Antiquity, 2 (1) :7-26.

Bauer, Brian S.　1992　The Development of the Inca State. University of Texas Press, Austin.

Bingham, Hiram　1912　Vitocos, The Last Inca Capital. the American Antiquarian Society, Worcester.

Carrión Cachot, Rebeca　1955　El culto al agua en el antiguo Perú：La paccha, elemento cultural panandino. Revista del Museo e Instituto Arqueológico, 2 (2): 50-140.

Cobo, Bernabé　1979[1653]　Relación de las guacas del Cuzco. John H. Rowe, An Acount of the Ancient Cuzco. Ñawpa Pacha 17:1-80.

Conrad, Geoffrey W. 1992 Inca Imperialism. Arthur A. Demarest and Geoffrey W. Conrad (eds.), *Ideology and Pre-Columbian Civilizations*:159-174. School of American Research Advanced Seminar Series. School of American Research Press, Santa Fe, New Mexico.

Flores Ochoa, Jorge A. 1976 Enqa, Enqaychu, Illa y Khuya Rumi: Aspectos Mágico-religiosos entre Pastores. *Journal of Latin American Lore*, 2 (1):115-134.

Garcilaso de la Vega, El Inca 1963[1609] Comentarios Reales de los Incas Ⅰ, Ⅱ. *Biblioteca de Autores Españoles*, Vol. 133・134. Madrid.

Hyslop, John 1990 *Inka Settlement Planning*. University of Texas Press, Austin.

Idrovo Urigüen, Jaime 2000 *Tomebamba: Arqueología e Historia de una Ciudad Imperial*. Ediciones del Banco Central del Ecuador.

MacLean, Margaret G. 1987 *Sacred Land, Sacred Water: Inca Landscape Planning in the Cuzco Area*. Ph.D. dissertation. University of California, Berkeley.

Molina 'el Cuzqueño', Cristóbal de 1959[1572] *Ritos y fábulas de los Incas*. Editorial Futuro, Buenos Aires.

Niles, Susan A. 1987 *Callachaca: Style and Status in an Inca Community*. University of Iowa Press, Iowa City.

Ogburn, Dennis E. 2004 Evidence for Long-Distance Transportation of Building Stones in the Inka Empire, from Cuzco, Peru To Saraguro, Ecuador. *Latin American Antiquity* 15(4):419-439.

Pachacuti Yamqui Salcamayhua, Juan de Santa Cruz 1968[1608] Relacion de antiguedades daste reyno del Peru. *Biblioteca de Autores Españoles*. Cronicas de Interés Indigena. Madrid.

Paternosto, César (trans. by Esther Allen) 1996[1989] *The Stone and the Thread: Andean Roots of Abstract Art*. University of Texas Press, Austin. (*Piedra abstracta, le escultura Inca: una vision contemprorana*. Fondo de Cultura Economica, Mexico.)

Poma de Ayala, Felipe Guaman 1993[c. 1615] *Nueva Corónica y Buen Gobierno*, Tomo Ⅰ-Ⅲ (Edicion de Franklin Pease G. Y). Fondo de Cultura Económica, S. A., Lima.

Salomon, Frank and George L. Urioste (trans.) 1991 *The Huarochiri Manuscript*: A Tastament of Ancient and Colonial Andean Religion. University of Texas Press, Austin.

Sherbondy, Jeanette Evelyn 1982a El regadio, los lagos y los mitos de origen. *Allpanchis Phuturinqa* 17, No.20:332. Instituto de Pastoral Andina, Cuzco.

Sherbondy, Jeanette Evelyn 1982b *The Canal System of Hanan Cuzco*. Ph.D. dissertation. University of Illiois at Urubana-Champaign.

Siguenicia Pinos, Rolando 1995 *Coyoctor un recinto sagrado (Ensayo histórico)*. Casa de la cultura núcleo del Cañar.

Stanish, Charles 2003 *Ancient Titikaka: The Evolution of Complex Society in Southern Peru and Northern Bolivia*. University of California Press, Berkeley and Los Angels, California.

Uhle, Max 1998[1910] Acerca de la interpretación de los intihuatanas. truducción por Peter Kaulicke. Peter Kaulicke (ed.), *Max Uhle y el Perú Antiguo*:283-300. Fontificia Universidad Católica del Perú, Lima. (Zur Deutung der Intihuatana. Verhandlungen del ⅩⅥ. Internationalen Amerikanisten-Kongresses, Wien, 9. bis 14. September, 1908:371-388.)

van Buren, Mary 2000 Political fragmentation and ideological continuity in the Andean highlands. Janet Richards and Mary van Buren (eds.), *Order, lgeitimacy, and wealth in ancient states*:77-87. New Directions in Archaeology. Cambridge University Press, Cambridge.

Van de Guchte, Maarten J. D. 1984 El ciclo mítico andino de la Piedra Cansada. *Revista Andina*, 2 (2) : 539-556.

Van de Guchte, Maarten J. D.　1990　"*Curving the world*": *Inca monumental sculpture and landscape*. Ph.D. dissertation. University of Illinois at Urbana-Champaign.

Zuidema, R. Tom　1985　The Lion in the City. Gary Urton（ed.），*Animal Myths and Metaphors in South America*: 183-250. University of Utah Press, Salt Lake City.

執筆者一覧（五十音順）

青山　和夫（あおやま・かずお）
1962年生。
茨城大学人文学部助教授。
〈主要著作論文〉Ancient Maya State, Urbanism, Exchange, and Craft Specialization:Chipped Stone Evidence from the Copán Valley and the La Entrada Region, Honduras.University of Pittsburgh（1999年）、『メソアメリカの考古学』（共著、同成社、1997年）。

石原　玲子（いしはら・れいこ）
1978年生。
カリフォルニア大学リバーサイド校人類学部博士課程在籍。
〈主要著作論文〉「土器からみた古代マヤの洞窟利用—ベリーズ、チェチェム・ハ洞窟遺跡を一例として」（『古代アメリカ』第5号、2002年）。

伊藤　伸幸（いとう・のぶゆき）
1962年生。
名古屋大学大学院文学研究科助手。
〈主要著作論文〉『クレブラ』（タバコと塩の博物館、2001年）、「南メソアメリカ出土石彫に表現される四脚付テーブル状台座の考古学的分析」（『古代文化』第56巻第1号、2004年）。

岩田　安之（いわた・やすゆき）
1972年生。
青森県埋蔵文化財調査センター文化財保護主事。
〈主要著作論文〉「インカ土器の文様変容について」（『文明の考古学』海鳥社、1998年）、「考古学的分類に関する一考察　ひとつの記号学的見地からのアプローチ—」（『研究紀要』第9号、青森県埋蔵文化財調査センター、2004年）。

大越　翼（おおこし・つばさ）
1956年生。
メキシコ国立自治大学文献学研究所マヤ研究センター研究員。
〈主要著作論文〉「聖なる樹の下で—マヤの王を考える—」（『古代王権の誕生　II東南アジア・南アジア・アメリカ大陸編』角田文衞・上田正昭監修、初期王権研究会編、角川書店、2003年）、「スペインのくびきのもとに—マヤ人の植民地時代—」（『マヤ学を学ぶ人のために』八杉佳穂編、世界思想社、2004年）。

大平　秀一（おおだいら・しゅういち）
1962年生。
東海大学文学部助教授。
〈主要著作論文〉『世界考古学』（共著、有斐閣、1996年）、『アンデスの染織』（出光美術館、1997年）。

嘉幡　茂（かばた・しげる）
1972年生。
メキシコ国立自治大学哲文学部人類学研究所博士課程考古学専攻。
〈主要著作論文〉「トゥーラにおける都市発展の内的要因—土器および埋葬形態による考古学データからの考察—」（『関西大学西洋史論叢』第3号、2000年）。

黒崎　充（くろさき・みつる）
1972年生。
ベラクルス州立大学言語学部外国語学科講師。
〈主要著作論文〉「メキシコ湾岸地方におけるユーゴについて」（『山口大学考古学論集』近藤喬一先生退官記念事業会、2003年）。

古手川博一（こてがわ・ひろかず）
1971年生。
メキシコ国立自治大学大学院博士課程在学中。
〈主要著作論文〉「Olmecaの遺跡における彫刻品の配置とその機能—San Lorenzo遺跡を中心として—」（『史学研究集録』第24号、1999年）、「Olmeca文化における衣裳・アクセサリー—考古学研究の課題と方向性—」（『國學院大學考古学資料館紀要』第19輯、2003年）。

坂井　正人（さかい・まさと）
1963年生。
山形大学人文学部助教授。
〈主要著作論文〉Reyes, Estrellas y Cerros en Chimor. Editorial Horizonte（Lima）（1998年）、「チムー王都の空間構造」（『古代王権の誕生』II、角川書店、2003年）。

執筆者一覧

佐藤　悦夫（さとう・えつお）
1959年生。
富山国際大学助教授。
〈主要著作論文〉『文明の考古学』（共著、海鳥社、1998年）、『マヤ学を学ぶ人のために』（共著、世界思想社、2004年）。

佐藤　孝裕（さとう・たかひろ）
1959年生。
別府大学文学部助教授。
〈主要著作論文〉「古典期マヤ文明崩壊再考―環境破壊の観点から―」（『歴史学研究』654号、1994年）、「11EbのEntrada―A.D.378のティカルの政変―」（『史学論叢』第34号、2004年）。

芝田幸一郎（しばた・こういちろう）
1972年生。
日本学術振興会特別研究員。
〈主要著作論文〉「ペルー、ネペーニャ河谷セロ・ブランコ神殿の第一次発掘調査」（『古代アメリカ』第7号、2004年）、Nueva cronología tentativa del Período Formativo:aproximación a la arquitectura ceremonial. In *El Desarrollo Arqueológico Costa Norte del Perú*―Tomo 1. Ediciones SIAN.（2004年）。

多々良　穣（たたら・ゆたか）
1967年生。
東北学院榴ケ岡高等学校教諭。
〈主要著作論文〉「メソアメリカの洞窟とその思想概念」（『文明の考古学』海鳥社、1998年）、「副葬品・埋納品としてのメタテとマノ」（『古代アメリカ』第4号、2001年）。

鶴見　英成（つるみ・えいせい）
1972年生。
日本学術振興会特別研究員。
〈主要著作論文〉「ペルー北部、ヘケテペケ川中流域の形成期社会の研究―2003年度ラス・フカス遺跡発掘調査と一般調査―」（『古代アメリカ』第7号、2004年）。

中村　誠一（なかむら・せいいち）
1958年生。
コパン考古学プロジェクト・ディレクター。
〈主要著作論文〉『マヤ文明はなぜ滅んだか』（ニュートン・プレス、1999年）、「コパン王朝興亡史」（『神秘の王朝　マヤ文明展』2003年）。

長谷川悦夫（はせがわ・えつお）
1967年生。
埼玉大学教養学部非常勤講師。
〈主要著作論文〉「先コロンブス期のマナグア湖畔―チョロテガの移住に関する諸問題―」（『古代アメリカ』第2号、1999年）、「伝播か在地発展か―1980年代以降の中央アメリカ南部考古学の動向―」（『古代アメリカ』第5号、2001年）

森下　壽典（もりした・ひさのり）
1977年生。
早稲田大学文学学術院助手。

横山　玲子（よこやま・れいこ）
1963年生。
東海大学文学部アメリカ文明学科助教授。
〈主要著作論文〉「マヤの時間」（『時間と空間の文明学Ⅰ』松本亮三編、花伝社、1995年）、「球戯と王権―マヤの神話『ポポル・ヴフ』に語られた世代交代と権力の継承」（『時間と支配』齋藤道子編、東海大学出版会、2000年）。

渡部　森哉（わたべ・しんや）
1973年生。
日本学術振興会特別研究員。
〈主要著作論文〉Wari y Cajamarca. *Boletín de Arqueología PUCP* 5（2001年）、El reino de Cuismancu:orígenes y transformación en el Tawantinsuyu. *Boletín de Arqueología PUCP* 6（2002年）。

マヤとインカ
——王権の成立と展開——

■編者略歴■
貞末　堯司（さだすえ・たかじ）
1928年　福岡県中間市に生れる
1957年　東京大学大学院人文科学研究科考古学専攻中途退学
1958年　東京大学文学部助手（〜1965年）
1960年　東京大学アンデス地帯学術調査に出向（コトシュ遺跡発掘）
1965年　城西大学経済学部専任講師
1980年　金沢大学文学部史学科教授（〜1992年）
1999年　早稲田大学大学院文学研究科博士課程客員教授（〜2002年）
現　在　金沢大学名誉教授

〈主要編著書・論文〉　『中南米の建築』（1959年）、『Excavation at Kotosh, Peru』（共著、1963年）、『メキシコ・オアハカ州、アヤウトラ村考古学調査報告』（1976年）、「新大陸文化史の諸問題」（『城西大学教養関係紀要』1977年）、「中米における非マヤ的石造彫刻品」（『三上次男博士頌寿記念論集』1979年）、「中米の古典期文明形成過程の一考察」1, 2, 3（『金沢大学文学部論集』1982〜84年）、「マヤ首長権における一側面」（『早稲田大学大学院文学研究科紀要』1997年）ほか多数

2005年9月20日発行

編　者　貞　末　堯　司
発行者　山　脇　洋　亮
印　刷　㈱深高社
　　　　モリモト印刷㈱

発行所　東京都千代田区飯田橋
　　　　4-4-8 東京中央ビル内　㈱同成社
　　　　TEL 03-3239-1467　振替 00140-0-20618

ⒸSadasue Takaji 2005. Printed in Japan
ISBN4-88621-328-6 C3022